UTB **3641**

Eine Arbeitsgemeinschaft der Verlage

Böhlau Verlag · Köln · Weimar · Wien
Verlag Barbara Budrich · Opladen · Farmington Hills
facultas.wuv · Wien
Wilhelm Fink · München
A. Francke Verlag · Tübingen und Basel
Haupt Verlag · Bern · Stuttgart · Wien
Julius Klinkhardt Verlagsbuchhandlung · Bad Heilbrunn
Lucius & Lucius Verlagsgesellschaft · Stuttgart
Mohr Siebeck · Tübingen
Orell Füssli Verlag · Zürich
Ernst Reinhardt Verlag · München · Basel
Ferdinand Schöningh · Paderborn · München · Wien · Zürich
Eugen Ulmer Verlag · Stuttgart
UVK Verlagsgesellschaft · Konstanz
Vandenhoeck & Ruprecht · Göttingen
vdf Hochschulverlag AG an der ETH Zürich

BORIS BRAUN | CHRISTIAN SCHULZ

Wirtschafts-geographie

85 Abbildungen
10 Tabellen

UTB basics

Verlag Eugen Ulmer Stuttgart

Inhaltsverzeichnis

Vorwort 6

1 Einführung 8
1.1 Zentrale Fragestellungen der Wirtschaftsgeographie 8
1.2 Geschichte der Wirtschaftsgeographie 10
1.3 Aktuelle Paradigmen und Denkstile der Wirtschaftsgeographie 16
1.4 Traditionelle Ordnungsprinzipien der Wirtschaftsgeographie 18

2 Neoklassische Standorttheorie 27
2.1 Neoklassische Standortmodelle im Überblick 29
2.2 Theorie der landwirtschaftlichen Bodennutzung (Johann Heinrich von Thünen) 30
2.3 Landnutzung und Bodenmarkt im städtischen Raum (William Alonso) 38
2.4 Theorie der Zentralen Orte und deren Weiterentwicklung (Walter Christaller) 42
2.5 Theorie der Marktnetze (August Lösch) 49
2.6 Unternehmerische Standortwahl: Industriestandortlehre (Alfred Weber) 51
2.7 Weiterentwicklung der industriellen Standortlehre (David M. Smith) 55
2.8 Interdependente Standortwahl (Harold Hotelling) und Agglomerationseffekte 57

3 Prozess- und innovationsbezogene Ansätze der Standortforschung 63
3.1 Behavioristische Ansätze der Standortlehre 64
3.2 Strukturelle Ansätze der Standortlehre 65
3.3 Faktoren der unternehmerischen Standortwahl (Standortfaktoren) 66
3.4 Neue Unternehmens- und Betriebsformen und ihr Einfluss auf wirtschaftliche Standortmuster 68
3.5 Innovationsbezogene Konzepte der wirtschaftsräumlichen Entwicklung 70

4 Raumwirtschaftliche Theorien und Modelle der Regionalentwicklung 82
4.1 Region und Entwicklung 83
4.2 Räumliche Disparitäten und Entwicklungsindikatoren 85
4.3 Regionalwirtschaftliche Entwicklungstheorien im Überblick 90
4.4 Wirtschaftsstufentheorien 91
4.5 Neoklassische Theorie der Regionalentwicklung 93

4.6 Exogene und endogene Wachstumsdeterminanten: Exportbasistheorie und endogene Regionalentwicklung 102
4.7 Regionale Entwicklung als Polarisationsprozess 106
4.8 Neue Modellvorstellungen zur regionalen Wirtschaftsentwicklung 120
4.9 Naturräumliche und demographische Bestimmungsfaktoren 128

5 Regionale Wirtschaftsentwicklung im institutionellen und sozialen Kontext 132
5.1 Institutionen als Bestimmungsfaktoren der wirtschaftlichen Entwicklung 133
5.2 Interaktion zwischen Wirtschafts- und Gesellschaftssystem auf der Makroebene: Spielarten des Kapitalismus und Regulationstheorie 138
5.3 Wirtschaftsakteure in Netzwerken 143
5.4 Rolle sozialer Kontexte für Unternehmen und Netzwerke 148
5.5 Entstehung und Dynamik regionaler Wirtschaftsräume 150

6 Wirtschaftliche Globalisierung 167
6.1 Globalisierung als komplexer, multikausaler Prozess 168
6.2 Aktuelle räumliche Muster des Austausches von Waren, Dienstleistungen und Kapital 180
6.3 Transnationale Unternehmen und ihre Strategien 183
6.4 Räumliche Folgen der Globalisierung 191
6.5 Globale Ketten der Wertschöpfung und Produktionsnetzwerke 207

7 Wirtschaftliche Entwicklung und natürliche Umwelt 218
7.1 Umweltperspektive in der Wirtschaftsgeographie 219
7.2 Industrielle Unternehmen und Wirtschaftssysteme aus stofflich-energetischer Perspektive 221
7.3 Mehrebenensystem der Umweltgovernance 228
7.4 Wirtschaftliche Entwicklung und Umweltbelastung auf der Makroebene 232
7.5 Umweltmanagement in Unternehmen und Wertschöpfungsketten 237
7.6 Neue Wachstumspfade – neue Wachstumsparadigmen? 246

8 Abschließende Betrachtung und Perspektiven der Wirtschaftsgeographie 249
8.1 Rückblick auf die vorhergehenden Kapitel 249
8.2 Abschließende Definition 249
8.3 Zukunftsfelder wirtschaftsgeographischer Forschung 250
8.4 Arbeitsmärkte für Wirtschaftsgeographen 251

Service
Literaturverzeichnis 253
Sachregister 262

Vorwort

Das vorliegende Lehrbuch aus der Reihe UTB basics wendet sich an Studienanfänger der Geographie sowie an Studierende der angrenzenden Disziplinen, in denen wirtschaftgeographisches Wissen eine Rolle spielt. Zudem kann dieses Kompendium in der Endphase des Studiums sowohl der Prüfungsvorbereitung als auch der Festigung des Gelernten dienen.

Das Ziel der Autoren besteht darin, Studierenden und Studieninteressierten einen Überblick über die Konzepte, Themen und Forschungsansätze der Wirtschaftsgeographie zu geben, wie sie aktuell an deutschsprachigen Hochschulen gelehrt werden. Stärker als in vergleichbaren Lehrwerken sollen die derzeit relevanten Grundperspektiven, Theorien und Modelle der Wirtschaftsgeographie mit ihren Unterschieden, aber auch mit ihren vielfältigen Verknüpfungen dargestellt werden. Dahinter steht die Überzeugung, dass sich verschiedene – konzeptionell teilweise konkurrierende – Paradigmen und Betrachtungsweisen in ihrem Erkenntniswert ergänzen. Erst zusammen liefern sie eine umfassende Erklärung für zentrale wirtschaftsgeographische Fragestellungen.

Als Folge dieser Ausrichtung steht im vorliegenden Band die theoriegeleitete Einführung in die Wirtschaftsgeographie im Vordergrund. Empirische Einzelbefunde sowie Fragen der Forschungsmethodik werden berücksichtigt, sie erfahren aber – auch aufgrund des begrenzten Buchumfangs – keine Vertiefung. Weiterhin tritt die sektorale Gliederung der Wirtschaftsgeographie zugunsten anderer Aspekte in den Hintergrund. Hierzu zählen beispielsweise die Entwicklungs- sowie die Umweltproblematik, die in anderen deutschsprachigen Lehrbüchern der letzten Jahre nur am Rande Beachtung fanden.

Die kompakten übergeordneten Ausführungen der jeweiligen Teilkapitel stützen sich auf anschauliches Abbildungs- und Tabellenmaterial. Zusätzlich werden in speziellen Textboxen besondere Beispiele erläutert oder im Haupttext angesprochene Aspekte knapp und leicht verständlich vertieft. Die fett gedruckten Begriffe ermöglichen einen schnellen Überblick zu wesentlichen Inhalten einzelner Abschnitte. Die Zahl der Literaturverweise wurde – der UTB basics-Reihe angemessen – bewusst knapp gehalten. Alle Kapitel folgen dem gleichen Aufbau: Der Informationskasten zu Beginn umreißt jeweils knapp die zentralen Inhalte, es folgen die

Ausführungen im Detail. Jedes Kapitel schließt mit Fragen zur Prüfung des Kenntnisstandes sowie weiterführender Literatur, die Studienanfängern für eine vertiefende Beschäftigung mit den Grundlagen der Wirtschaftsgeographie empfohlen werden kann. Hinsichtlich dieses einheitlichen Aufbaus fällt lediglich das Abschlusskapitel 8 aus dem Rahmen. Als fokussierter Rück- und Ausblick gestaltet rundet es die Themenfülle dieses Lehrwerks ab.

Der Anhang umfasst ein Verzeichnis aller verwendeten Quellen sowie ein alphabetisches Stichwortregister zum gezielten Nachschlagen.

Von der Idee zur Umsetzung war es ein langer Weg. Viele Personen haben dazu beigetragen, dass dieses Vorhaben gelingen konnte. Unser ganz besonderer Dank gebührt dabei Dr. Regine Spohner, Kartographin am Geographischen Institut der Universität zu Köln, die mit großer Umsicht und Geduld die Reinzeichnungen der Abbildungen anfertigte. Wir wissen ihre graphischen und geographischen Kompetenzen sehr zu schätzen. Für die Recherche von Daten und Literatur möchten wir Sabine Brandt, Fabian Faller und Sebastian Fastenrath ganz herzlich danken. Letzterer übernahm auch die mühevolle Kleinarbeit für das Stichwortverzeichnis. Schließlich geht unser Dank an Dr. Susanne Braun-Bau für die kritische Durchsicht des Manuskripts auf Lesbarkeit, an Sabine Bartsch für das sorgfältige Lektorat sowie an Dr. Nadja Kneissler, Allesandra Kreibaum und Sabine Mann für die redaktionelle Bearbeitung und die stets angenehme Zusammenarbeit mit dem Verlag. Von ihnen haben wir immer Bestätigung und Ermunterung erfahren, auch wenn das Erstellen des Manuskripts länger gedauert hat als wir anfangs gedacht und gehofft hatten.

Die sich über mehrere Jahre erstreckende Arbeit an einem Lehrbuch erfordert auch vom privaten und beruflichen Umfeld viel Verständnis und Rücksichtnahme. Für die Gewährung von Freiräumen und für viele anregende Gespräche sei an dieser Stelle unseren Familien sowie unseren Kolleginnen und Kollegen in Köln und Luxemburg ganz herzlich gedankt.

Den Leserinnen und Lesern des Buches wünschen wir eine anregende Lektüre, Durchhaltevermögen bei den anstrengenderen Teilen des Textes sowie das Gewinnen neuer Einsichten.

Köln und Luxemburg　　　　　Boris Braun und Christian Schulz
Im Frühjahr 2012

Anmerkung zur Schreibweise der weiblichen und männlichen Form: Ausschließlich aufgrund der besseren Lesbarkeit wird in diesem Werk auf die jeweilige Doppelnennung oder Anpassung der Schreibweise bestimmter Bezeichnungen verzichtet. So stehen u. a. Fachvertreter, Wirtschaftsgeographen oder Wissenschaftler selbstverständlich für alle Frauen und Männer, die diese Berufe ausüben oder vertreten.

1 | Einführung

Inhalt

Dieses Kapitel führt in die Geschichte, die grundlegenden Paradigmen sowie die Gliederungsmöglichkeiten der Wirtschaftsgeographie ein. Dabei zeigt sich, dass die Wirtschaftsgeographie schon immer an räumlichen Fragen in Bezug auf die wirtschaftliche Tätigkeit des Menschen interessiert war. Allerdings haben sich ihre Betrachtungsweisen und Hauptfragestellungen im Laufe der Zeit immer wieder verändert. Auch heute ist die Wirtschaftsgeographie von einer durchaus produktiven Heterogenität von Paradigmen, Ansätzen und Denkstilen geprägt. Traditionelle Untergliederungsmöglichkeiten der Wirtschaftsgeographie in einzelwirt- und gesamtwirtschaftliche Analysen, aber auch in Subdisziplinen wie Agrargeographie, Industriegeographie oder Dienstleistungsgeographie liefern erste, intuitiv nachvollziehbare Ordnungsprinzipien. Angesichts der zunehmenden Komplexität wirtschaftlicher Strukturen wird es jedoch zunehmend schwieriger, diese aufrechtzuerhalten.

1.1 | Zentrale Fragestellungen der Wirtschaftsgeographie

Zu den Kerninteressen der modernen Wirtschaftsgeographie gehört das Bestreben, Erklärungsansätze für die Ursachen und Folgen ungleicher Entwicklung sowohl innerhalb als auch zwischen Regionen zu finden. Im Mittelpunkt der Forschungsarbeit steht aber auch die Frage nach günstigen oder ungünstigen Standortvoraussetzungen für wirtschaftliche Tätigkeiten sowie nach den positiven und negativen Folgen bestimmter Handlungen oder Standortentscheidungen. **Beispiele typischer Fragestellungen**, für die sich Wirtschaftsgeographen interessieren, sind daher folgende:
- Wie lässt sich der rasche Aufstieg Chinas und Indiens zu wirtschaftlichen Großmächten erklären?
- Warum bestehen auch viele Jahrzehnte nach dem Entstehen von Mas-

senkonsumgesellschaften dauerhafte Inseln von Armut nicht nur in vielen Ländern des Globalen Südens, sondern auch in den wohlhabenden Teilen der Welt?
- Wie kommt es, dass sich manche Wirtschaftsräume – wie beispielsweise das Silicon Valley oder der Großraum London – schon seit vielen Jahrzehnten eine Vorrangstellung in der Weltwirtschaft sichern können, während Industrieräume wie Detroit oder das Ruhrgebiet unter dem Strukturwandel leiden?
- Wie lässt sich die Wettbewerbsfähigkeit von Wirtschaftsregionen politisch und planerisch fördern?
- Welche Standorte sind für Industriebetriebe oder Einzelhandelsgeschäfte besonders geeignet?
- Warum führt die Globalisierung an manchen Orten zu einer Verbesserung der Lebensbedingungen der Menschen, während sie woanders zu einer Konzentration von sozialen und ökologischen Problemen beiträgt?
- Wie reagiert die Wirtschaft auf den wachsenden Einfluss energie-, umwelt- und klimapolitischer Maßnahmen?

Um Antworten auf diese Fragen finden zu können, entwickeln Wirtschaftsgeographen spezifische Theorien, Modelle und Methoden, mit denen ökonomische Prozesse dargestellt, erforscht und erklärt werden können.

Es gibt keine verbindliche, allgemeingültige Definition für die Wirtschaftsgeographie. Vielmehr stehen interessierte Leser beim Blick in verschiedene Lehrbücher der Wirtschaftsgeographie einer großen Zahl sich vielfach bestätigender oder inhaltlich überlagernder, sich in Teilen aber auch widersprechender Definitionen gegenüber. Aufgrund dieser Unübersichtlichkeit soll eine eigene Definition der Wirtschaftsgeographie durch die Autoren auch erst am Ende dieses Lehrbuchs versucht werden. Zunächst werden einige wesentliche Grundmerkmale der Wirtschaftsgeographie festgehalten:

- Die Wirtschaftsgeographie ist sowohl fachinhaltlich als auch institutionell-organisatorisch eine Teildisziplin des Faches Geographie, welche wirtschaftliche Entscheidungen, Handlungen und Organisationsstrukturen insbesondere im Hinblick auf die räumliche Differenzierung ihrer Entstehungsbedingungen und Folgen untersucht.
- Die Wirtschaftsgeographie geht davon aus, dass die Frage, wo im Raum, unter welchen Standortbedingungen oder auf welcher Skala bzw. räumlichen Maßstabsebene etwas stattfindet, einen erheblichen Erklärungsbeitrag für das Warum und Wie liefert.
- Neben dieser, in den letzten Jahrzehnten in der praktischen wirtschaftsgeographischen Forschung dominierenden räumlichen Pers-

pektive fragt die Wirtschaftsgeographie im Rahmen ihrer Einbindung in das Gesamtfach mit seiner ausgeprägten Mensch-Umwelt-Perspektive in den letzten Jahren aber auch verstärkt nach den kausalen Beziehungen zwischen wirtschaftlichen Tätigkeiten und der physischen Umwelt.

1.2 | Geschichte der Wirtschaftsgeographie

Die Wirtschaftsgeographie war in ihrer Geschichte immer wieder von Neuorientierungen und Umbrüchen geprägt. Diese Neuorientierungen beziehen sich nicht nur auf methodische Weiterentwicklungen, sondern auch auf die Kernfrage, womit sich die Wirtschaftsgeographie primär beschäftigen soll und welche Forschungsfragen im Vordergrund stehen sollen. Die Geschichte der Wirtschaftsgeographie ist deshalb auch eine Geschichte konkurrierender Paradigmen sowie des **Paradigmenwechsels**, also einer immer wieder aufflammenden Diskussion um Grundperspektiven und Leitfragestellungen.

1.2.1 | Anfänge der Wirtschaftsgeographie

Während das Interesse der Gelehrten an topographischen Beschreibungen bis in die griechische Antike zurückverfolgt werden kann, treten dezidiert wirtschaftsgeographische Fragestellungen erst in der frühen Neuzeit in den Vordergrund. Sie sind eng mit der europäischen Expansion und vor allem dem zunehmenden praktischen Interesse an der Ausbeutung von Rohstoffen in neu entdeckten Weltregionen verbunden. Die zunehmende Kolonialisierung der Erde durch die europäischen Mächte sorgte vor allem im 19. Jahrhundert für einen anhaltenden Bedarf an regionalwissenschaftlichen Kenntnissen. So kam es im Laufe des Jahrhunderts zur Ausbildung einer ausgesprochenen **Produktenkunde**, die sich insbesondere mit Rohstoffen und Waren aus fernen Ländern beschäftigte, sowie zu einer im deutschen Sprachraum – insbesondere mit dem Namen Karl Andree (1808–1875) verbundenen – **Geographie des Welthandels**.

Die wirtschaftsgeographischen Arbeiten der damaligen Zeit waren zumeist an unmittelbaren kolonialwirtschaftlichen Verwertungsinteressen orientiert, aber noch weitgehend unsystematisch und im Wesentlichen beschreibend. Dennoch konnte sich die Wirtschaftsgeographie auf dieser Basis ab Ende des 19. Jahrhunderts und verstärkt nach dem Ersten Weltkrieg zunehmend als eigenständige Subdisziplin einer universitär geprägten wissenschaftlichen Geographie profilieren. Rudolf

Lütgens (1881–1972) stellte die Wirtschaftsgeographie zu Beginn der 1920er-Jahre auf eine landschaftskundliche Grundlage. Das von ihm formulierte **Wechselwirkungsprinzip** zwischen Naturraum und wirtschaftendem Mensch ersetzte zumindest teilweise das seit Friedrich Ratzel (1844–1904) vor allem in der deutschsprachigen Geographie dominierende Konzept des **Geo- oder Naturdeterminismus**. Während der Geodeterminismus noch von einer weitgehend einseitigen Bestimmung menschlichen Handelns durch die räumlich differenzierten Naturgegebenheiten ausging und so eine **Geographie des Menschen** (Anthropogeographie) auf naturwissenschaftlicher Grundlage ermöglichte, erkannte das Wechselwirkungsprinzip zumindest an, dass der wirtschaftende Mensch durch sein Handeln die Natur zugleich umgestaltet.

Auf der Grundlage von Lütgens' Überlegungen ließ sich die Wirtschaftsgeographie in das System der, insbesondere durch den Einfluss von Alfred Hettner (1859–1941), im Gesamtfach dominierenden geographischen **Länder- und Landschaftskunde** gut integrieren. Der Wirtschaft kam hierbei die Rolle eines Geofaktors neben vielen anderen zu. Allerdings koppelte sich die Wirtschaftsgeographie durch die hiermit verbundene Konzentration auf die Deskription und Interpretation der in der Kulturlandschaft sichtbaren Erscheinungen von den Entwicklungen in den modernen Wirtschafts- und Sozialwissenschaften immer stärker ab. Es gab zwar bereits in der Zwischenkriegszeit von Fachvertretern wie Leo Waibel (1888–1951) und Alfred Rühl (1882–1935) Vorschläge zur Überwindung dieser paradigmatischen Verengung. Außerdem lieferte Walter Christaller (1893–1969) im Jahre 1933 mit seiner Arbeit über Zentrale Orte einen eigenständigen Beitrag zur modernen Theorie der **räumlichen Ordnung der Wirtschaft** (siehe **Kapitel 2.4**). Die Vorstellung eines überwiegend naturbedingten Kausalgefüges und die Beschränkung des Erkenntnisinteresses auf die in der Landschaft sichtbaren Elemente konnte jedoch erst nach dem Zweiten Weltkrieg vollständig überwunden werden.

In groben Zügen treffen die für die deutschsprachige Wirtschaftsgeographie beschriebenen Entwicklungsphasen auch für die britische, französische, skandinavische oder nordamerikanische Forschung zu. Allerdings konnte sich der prägende Einfluss der Länder- und Landschaftskunde im deutschsprachigen Raum länger halten. Auch verharrte die Geographie länger als im englischen oder französischen Sprachraum in geodeterministischen Vorstellungen. So stellte etwa der französische Geograph Paul Vidal de la Blache (1845–1918) bereits kurz nach der Jahrhundertwende dem Geodeterminismus das Konzept des **Possibilismus** gegenüber. Dieses geht davon aus, dass der Mensch in seinen Handlungen innerhalb eines von der Natur gesetzten Rahmens prinzipiell frei ist. Natürliche Voraussetzungen wirken danach nicht determinierend, sondern ermöglichen in räumlich differenzierter Weise unterschiedliche Lebens- und Wirtschaftsformen. In Nordamerika hatte George P. Marsh (1801–1882) bereits 1864 auf den dominierenden Einfluss des Menschen auf die Natur hingewiesen.

1.2.2 Entwicklung nach dem Zweiten Weltkrieg

Nach dem Zweiten Weltkrieg setzten sich vor allem in den USA immer stärker die Forderungen nach einer theoriebezogenen Wirtschaftsgeographie durch. Zugleich wandten sich Wirtschaftsgeographen dort zunehmend praktischen Fragestellungen, wie den Gründen für regionales Wirtschaftswachstum oder der Standortoptimierung industrieller Tätigkeiten, zu. So versuchten Regionalökonomen wie Walter Isard (1919–2010) seit Anfang der 1950er-Jahre die räumliche Dimension stärker in ökonomischen Theorien zu verankern. Dies half auch der Wirtschaftsgeographie sich in Richtung einer raumwissenschaftlichen Analyse (**spatial analysis, regional science**) weiterzuentwickeln. Interessanterweise wurde dabei, neben Arbeiten französischer Ökonomen zu **Wachstumspolen**, auch die deutsche Tradition der (neoklassischen) Standorttheorie aufgegriffen. Ältere Arbeiten deutscher Nationalökonomen wie Johann Heinrich von Thünen (1793–1850), Alfred Weber (1868–1858) und August Lösch (1906–1945), aber auch die Theorie der Zentralen Orte von Walter Christaller stellten eine wichtige Grundlage für diese von Nordamerika ausgehende Neuorientierung der Wirtschaftsgeographie dar.

Für die weitere Entwicklung der Wirtschaftsgeographie in Deutschland war insbesondere die Auffassung von Theodor Kraus (1894–1973) wegweisend. Er reduzierte Naturgunst und -ungunst auf den Faktor Kosten und interpretierte damit die Naturabhängigkeit der Wirtschaft als ein betriebswirtschaftliches Problem (Kraus 1957). Somit waren die konzeptionellen Voraussetzungen geschaffen, auch die deutschsprachige Wirtschaftsgeographie wieder an die internationale Entwicklung im Fach sowie an die modernen Wirtschafts- und Sozialwissenschaften heranzuführen. Bis der Geodeterminismus und die einseitige Konzentration auf die sichtbaren Elemente der Landschaft endgültig überwunden waren, dauerte es in Deutschland allerdings noch bis in die späten 1960er-Jahre, weil Fachtraditionen und etablierte Fachvertreter eine Erneuerung lange Zeit blockierten.

Erst im Zusammenhang mit dem Kieler Geographentag von 1969 setzte auch im deutschen Sprachraum der Übergang von einer überwiegend idiographischen zu einer nomothetischen, theorie- und modellorientierten Wissenschaftsauffassung ein. Das konzeptionelle Gerüst hierfür entwarf Dietrich Bartels (1931–1983) mit seiner einflussreichen, 1968 als Buch erschienen Habilitationsschrift „Gedanken zur wissenschaftstheoretischen Grundlegung der Geographie des Menschen".

Fortan suchten auch deutsche Geographen vor allem nach **Raumgesetzen**. Die idiographische Frage nach den individuellen Merkmalen bestimmter Ausschnitte der Erdoberfläche wurde dabei weitgehend durch ein nomothetisches Interesse an allgemeingültigen raumökonomischen Gesetzmäßigkeiten ersetzt. Damit einhergehend gewannen auch quantitativ-statistische Analyseverfahren stark an Bedeutung. Man spricht deshalb in diesem Zusammenhang auch von der **quantitativen Revolution**. Innerhalb der Wirtschaftsgeographie drückte sich dieser grundlegende Wandel des Erkenntnisinteresses und der Methoden vor allem in der Etablierung der **Raumwirtschaftslehre** als dominanten Zweig der Wirtschaftsgeographie aus, mit der sich eine deutliche konzeptionelle Annäherung an die Wirtschaftswissenschaften vollzog.

Mit der Erstauflage des einflussreichen dreibändigen Lehrbuchs Wirtschaftsgeographie von Ludwig Schätzl (geb. 1938) im Jahre 1978 erreichte die Entwicklung der Raumwirtschaftslehre in Deutschland ihren ersten Höhepunkt. Die Hauptaufgabe der Wirtschaftsgeographie sieht die Raumwirtschaftslehre in der Beschreibung und Erklärung „der räumlichen Ordnung und der räumlichen Organisation der Wirtschaft" (Schätzl 2003: 21). Analog zur **ökonomischen Neoklassik** spielt das **Menschenbild** des vollständig rational handelnden, perfekt informierten und auf individuelle Nutzenmaximierung ausgerichteten **homo oeconomicus** in den Modellvorstellungen der Raumwirtschaftslehre eine zentrale Rolle. Während der gesamten 1980er-Jahre blieb die Raumwirtschaftslehre im deutschsprachigen Raum der eindeutig dominierende Ansatz der Wirtschaftsgeographie. Hierzu trugen neben dem in sich konsistenten, stark an den Wirtschaftswissenschaften orientierten Theoriegebäude auch die praktische Relevanz des Ansatzes für die Regionalpolitik und Raumplanung bei.

Im englischen Sprachraum war die spatial analysis – die zwar nicht identisch mit der umfassender formulierten deutschen Raumwirtschaftslehre war, aber enge Bezüge zu ihr aufwies – bereits ab Mitte der 1960er-Jahre einer immer stärkeren Kritik ausgesetzt. So entwickelte sich aus der Kritik am abstrakten, die Realität keineswegs vollständig abbildenden Menschenbild des homo oeconomicus vor allem ab den frühen 1970er-Jahren der sogenannte **verhaltens- und entscheidungstheoretische Ansatz** (behavioral geography). Die Protagonisten dieser behavioral geography interessierten sich insbesondere für die individuell-subjektiven Komponenten wirtschaftlicher Entscheidungen (Schamp 1983). Der handelnde Mensch wird dabei nicht als immer rational handelnder **optimizer**, sondern vielmehr als begrenzt rationaler **satisfizer** gesehen, der in der Regel gar nicht nach absoluter Nutzenmaximierung strebt und auch nicht über alle hierzu notwendigen Informationen verfügt. Allerdings brachte der verhaltens- und entscheidungstheoretische Ansatz keine grundlegende Weiterentwicklung der Wirtschaftsgeographie. Trotz seines didaktischen Wertes blieb er weitestgehend in der Beschreibung von Entscheidungsprozessen stecken, ohne diese wirklich erklären zu können.

Während der verhaltens- und entscheidungstheoretische Ansatz auch in der deutschsprachigen Geographie zumindest vorübergehend breit rezipiert wurde, blieben andere zumeist in Nordamerika und Großbritannien entwickelte Ansätze der 1970er- und 1980er-Jahre in der deutschsprachigen Wirtschaftsgeographie ohne großen Widerhall. Dies trifft beispielsweise auf den **Wohlfahrts-Ansatz (welfare geography)** zu, der sozialökonomische Ungleichheiten im Raum (räumliche Disparitäten) und ihre Überwindung in den Mittelpunkt des Forschungsinteresses stellt. Zwar entwickelte sich auch in der deutschen Geographie eine Disparitätenforschung. Diese erschöpfte sich aber nicht selten in der reinen Beschreibung von Ungleichheiten und fand in der Regel auch außerhalb des Kernbereichs der Wirtschaftsgeographie statt.

Auch **strukturalistische Ansätze** der Politischen Ökonomie, die langfristig wirksame gesellschaftliche Makrostrukturen und Zwänge in den Mittelpunkt der Betrachtung stellen, haben in der deutschen Geographie nie wirklich Fuß gefasst. Dies gilt insbesondere für den neomarxistischen Ansatz, der international vor allem von dem US-amerikanisch-britischen Geographen David Harvey (geb. 1935) prominent vertreten wird. Die Gründe, warum der Neomarxismus in der westdeutschen Wirtschaftsgeographie, von wenigen Ausnahmen abgesehen, nie eine wesentliche Bedeutung erlangt hat, sind vielfältig. Sicher spielte hierfür neben einer insgesamt eher konservativen Grundstruktur des Faches auch die unmittelbare negative Grenzerfahrung mit dem real existierenden Sozialismus eine Rolle. So hat von den strukturalistisch argumentierenden Ansätzen lediglich die ursprünglich aus Frankreich stammende, in ihrer heutigen Form aber weniger normative **Regulationstheorie** breitere Resonanz gefunden (siehe **Kapitel 5.2**).

Die Schärfe der Diskussion zwischen einerseits strukturalistischen und andererseits die Wahlfreiheit des Individuums betonenden Ansätzen hat sich auch aufgrund der Strahlkraft des gesellschaftstheoretischen Gebäudes gemildert, das der britische Soziologe Anthony Giddens (geb. 1938) seit Ende der 1970er-Jahre mit der **Strukturationstheorie** entwickelt hat. Vereinfacht gesagt wird dabei eine Dualität der Struktur angenommen, indem einerseits die gesellschaftlichen Makrostrukturen einen limitierenden Rahmen für die Handlungen der Individuen setzen und deren

Wahlfreiheit begrenzen. Anderseits werden aber die Makrostrukturen durch die Handlungen der Individuen auch ständig verändert (siehe **Kapitel 5.2**).

Verhältnis zwischen Wirtschaftsgeographie und Wirtschaftswissenschaften

| 1.2.3

Während die Produktenkunde und die Landschaftskunde kaum Berührungspunkte mit den Wirtschaftswissenschaften der damaligen Zeit hatten, wurde diese Verbindung in den Jahrzehnten nach dem Zweiten Weltkrieg deutlich enger. Der raumwirtschaftliche Ansatz integriert in großen Teilen Modelle und Theorien aus der Ökonomie. Letztlich ist die Raumwirtschaftslehre in ihrem konzeptionellen Kern eine Wirtschaftswissenschaft, die vorwiegend die räumliche Komponente ökonomischer Prozesse analysiert und sich damit der Regionalökonomie (als Teil der Wirtschaftswissenschaften) annähert. Regionalökonomie und Wirtschaftsgeographie beschäftigen sich oftmals mit gleichartigen Fragen und wenden hierzu auch ähnliche Verfahren der Ökonometrie an.

Auch wenn mit den neueren relationalen und kulturwissenschaftlichen Ansätzen in der Wirtschaftsgeographie vor allem soziologische und kulturwissenschaftliche Aspekte an Bedeutung gewonnen haben (siehe **Kapitel 1.3**), stellt die **Ökonomie** auch heute noch eine wichtige Nachbardisziplin dar, die der Wirtschaftsgeographie **wesentliche theoretische Impulse** liefert. Allerdings blieben zwischen Wirtschaftsgeographie und Wirtschaftswissenschaften immer Unterschiede bestehen. Dies betrifft die stärkere empirische Ausrichtung der Wirtschaftsgeographie, aber auch eine ausgeprägte Tendenz zur methodischen Vielfalt (einschließlich qualitativer Methoden) sowie zur Betonung der sozialen, kulturellen und naturräumlichen Kontextbedingungen spezifischer Raumausschnitte. Diesen räumlichen Besonderheiten wird seitens der Wirtschaftsgeographie auch bei der Suche nach allgemeinen Gesetzmäßigkeiten regionalwirtschaftlicher Entwicklungen in der Regel eine eigene Erklärungskraft zugesprochen, während sie in der Regionalökonomie oft nur als Störgröße bzw. als „Datenrauschen" betrachtet werden. Dies ist letztlich auch dafür verantwortlich, dass die Wirtschaftsgeographie immer ein Teil der Geographie geblieben ist.

1.3 | Aktuelle Paradigmen und Denkstile der Wirtschaftsgeographie

Von großem Einfluss auf die aktuelle Wirtschaftsgeographie waren weltweit zwei empirische Beobachtungen:
- So stellten Wissenschaftler ab Ende der 1970er-Jahre fest, dass die industrielle Massenproduktion und die von ihr geprägten Wirtschaftsräume (z. B. Detroit, Ruhrgebiet) zunehmend in die Krise gerieten, während sich neben modernen Hightech-Standorten (z. B. Silicon Valley in Kalifornien) und großen Finanzzentren (z. B. New York, London) auch kleinbetrieblich strukturierte, in flexibleren Formen produzierende Wirtschaftsregionen (z. B. Drittes Italien, Teile Baden-Württembergs) oft überraschend positiv entwickelten.
- Die sich seit den 1980er-Jahren dramatisch beschleunigende wirtschaftliche Globalisierung führte zur Überraschung vieler Beobachter keineswegs dazu, dass sich regionalwirtschaftliche Strukturen weltweit anglichen und nun alles überall hergestellt werden konnte. Vielmehr profitierten einzelne Wirtschaftsräume mit besonderen Kompetenzen in hohem Maße von der Globalisierung. Diese sind oft hoch spezialisiert und aufgrund der dort vorherrschenden optimalen Produktionsbedingungen in der Lage, ihre Produkte weltweit erfolgreich zu verkaufen.

Da klassische raumwirtschaftliche Einflussgrößen, wie die regionale Ausstattung mit bergbaulichen Rohstoffen, besonders fruchtbaren Böden oder die quantitative Verfügbarkeit von Arbeitskräften, für die beobachteten raumwirtschaftlichen Veränderungen und insbesondere das Wachstum der neuen Wirtschaftsräume keine ausreichende Erklärungskraft besaßen, musste nach alternativen Konzepten gesucht werden. Dies führte nach und nach zu Ansätzen, welche regionale Unternehmensnetzwerke, eine flexible Produktionsorganisation, die Einbettung der wirtschaftlichen Akteure in historisch gewachsene politisch-gesellschaftliche Rahmenbedingungen sowie günstige Voraussetzungen für die Entstehung von neuem Wissen, Innovationen und regionaler Wettbewerbsfähigkeit in den Vordergrund stellten.

Prägend für diese neuen Ansätze sind eine stärkere Einbindung sozialwissenschaftlicher Konzepte und die Bezugnahme auf eine vielschichtige Akteurs-Perspektive. Letztere gesteht den wirtschaftlich Handelnden die Fähigkeit zu, nicht nur auf gegebene Standortfaktoren zu reagieren, sondern die Standortbedingungen für Unternehmen aktiv mitzugestalten (etwa durch Einflussnahme auf die Politik, Aufbau lokaler Zulieferbeziehungen oder Investitionen in Ausbildungsangebote und Forschungseinrichtungen). Diese auch als **New Economic Geography oder Kalifornische**

Schule (Allen Scott, Michael Storper, Richard Walker, AnnaLee Saxenian u. a.) bekannt gewordene und stark **regional orientierte Perspektive** zeigt am Beispiel von new industrial spaces wie dem Silicon Valley, dass sich die traditionelle Standortfaktorenlehre und ihr eher euklidisches Raumverständnis zur Erklärung post-fordistischer Standortmuster kaum eignen. Ausgehend von der mitunter historischen Zufälligkeit von Standortentscheidungen in der Gründungsphase eines Unternehmens zeigen diese Ansätze ein starkes Interesse an der Entstehung lokaler und regionaler Standortkonzentrationen (siehe **Kapitel 5.5**).

Diese New Economic Geography ist nicht zu verwechseln mit der gleichlautenden Bezeichnung einer an räumlichen Zusammenhängen interessierten Theorieströmung innerhalb der Wirtschaftswissenschaften (Paul Krugman, Masahisa Fujita, Jacques-François Thisse, Anthony J. Venables u. a.), die seit den 1990er-Jahren die neoklassische Außenhandelstheorie mit wachstumstheoretischen Ansätzen verknüpft und um raumwirtschaftliche Standortkonzepte der Wirtschaftsgeographie ergänzt hat (siehe **Kapitel 4.8**). Aus Sicht der Wirtschaftsgeographie empfiehlt es sich, die für den letztgenannten Ansatz ebenfalls üblichen Bezeichnungen Geographical Economics oder Économie spatiale zu verwenden, da sie weniger missverständlich sind.

Weil fast alle dieser neuen Forschungsansätze wirtschaftliche Entscheidungsträger nicht mehr isoliert, sondern vielmehr als in vielfältige soziale Beziehungen eingebundene Akteure verstehen, wurde von Harald Bathelt und Johannes Glückler (2003) der Begriff **Relationale Wirtschaftsgeographie** als Dach für diese Forschungsrichtungen vorgeschlagen. Inwieweit dieses Konzept tatsächlich ein neues Paradigma umreißt oder vor allem ein klug gewählter Sammelbegriff für im Einzelnen durchaus unterschiedliche konzeptionelle Ansätze darstellt, lässt sich noch nicht abschließend beurteilen.

Fest steht aber, dass die Wirtschaftsgeographie heute konzeptionell vielfältiger und weit weniger von einem einheitlichen Paradigma geprägt ist als noch vor zwei Jahrzehnten. Eike Schamp (2007) spricht in diesem Zusammenhang von verschiedenen **Denkstilen**. So wird von einigen Fachvertretern die Raumwirtschaftslehre noch immer mit Erfolg weiterentwickelt (und durch die Öffnung in Richtung Geographical Economics befruchtet), während sich andere eher der Relationalen Wirtschaftsgeographie zugehörig fühlen. Zudem gibt es jüngere Strömungen, die im Rahmen des sogenannten **cultural turn** versuchen, unter der Bezeichnung Kulturelle Ökonomien der Geographie wieder stärker kulturwissenschaftliche und symbolische Aspekte in die Wirtschaftsgeographie einzubringen (Berndt und Glückler 2006). Andere Fachvertreter legen unter der dem Stichwort **umweltorientierte Wirtschaftsgeographie** wieder einen stärkeren

Akzent auf die Zusammenhänge zwischen Ökonomie und Ökologie (Braun et al. 2003). Weiterhin werden von vielen Fachvertretern **institutionentheoretische und evolutorische Ansätze** akzeptiert, welche die Rolle von gesellschaftlichen Werten und Normen für ökonomische Prozesse in den Vordergrund stellen und nach historisch angelegten Entwicklungspfaden der Regionalentwicklung (Pfadabhängigkeit) suchen. Diese grundsätzliche Hinwendung zu sozialwissenschaftlichen Theoriekonzepten wird mitunter auch als **institutional turn** der Wirtschaftsgeographie bezeichnet (Hayter und Patchell 2011, für den deutschsprachigen Raum vor allem Schamp 2000).

Aus wissenschaftlicher Sicht erweist sich diese breite Palette an teilweise konkurrierenden, sich aber auch produktiv ergänzenden Ansätzen und Denkstilen in der Wirtschaftsgeographie als befruchtend. Letztlich ist die heutige Heterogenität der Ansätze somit eher eine Stärke denn eine Schwäche des Faches. Auch für die zeitgenössische Wirtschaftsgeographie gilt deshalb wohl, was Peter Weichhardt (2004) treffend für die Humangeographie als Ganzes gesagt hat: Sie ist ein „Multi-Paradigmen-Spiel".

1.4 | Traditionelle Ordnungsprinzipien der Wirtschaftsgeographie

1.4.1 | Einzelwirtschaftliche und gesamtwirtschaftliche Perspektive

Wirtschaftsgeographische Untersuchungen wie auch Theorieansätze lassen sich idealtypisch in einzelwirtschaftliche und gesamtwirtschaftliche Analysen differenzieren. Bei der **einzelwirtschaftlichen Betrachtung** (mikroökonomische Perspektive) stehen einzelne Betriebe oder Unternehmen im Mittelpunkt (z. B. Standortfaktoren, Standortmuster). Bei der **gesamtwirtschaftlichen Analyse** (makroökonomische Perspektive) hingegen werden wirtschaftliche Aktivitäten bzw. ihre Beziehungs- und Standortmuster in einem Wirtschaftsraum, also beispielsweise in einem Nationalstaat oder einer Industrieregion, untersucht.

Angesichts der zunehmenden Auslagerung von Leistungen durch Unternehmen an externe Dienstleister und Zulieferer kommen aber auch primär einzelwirtschaftlich interessierte Studien nicht mehr umhin, unternehmens-, branchen- und sektorenübergreifend angelegt zu werden und die relevanten Nachbarbranchen mit zu erfassen (z. B. EDV-Dienstleister oder Kunststoffhersteller im Umfeld der Automobilindustrie). Gleichzeitig können sich gesamtwirtschaftlich ausgerichtete Studien angesichts der Internationalisierung des Wirtschaftsgeschehens in der

> **Box 1.1**

Unternehmen und Betrieb

Als **Unternehmen** werden wirtschafts- und steuerrechtlich verfasste, eigenständige Organisationen verstanden. Diese reichen vom einzelnen Freiberufler (z. B. Rechtsanwältin, Architekt) über kleinere Kapitalgesellschaften (z. B. GmbH) bis hin zu multinationalen Konzernen (meist Aktiengesellschaften). Als **Betrieb** bezeichnet man einzelne Standorte von produzierenden Unternehmen oder Niederlassungen von Dienstleistungsunternehmen. Je nach Organisationsform kann zwischen Einbetriebsunternehmen (z. B. Handwerksbetrieb) und Mehrbetriebsunternehmen (z. B. Supermarktkette, Automobilhersteller mit mehreren Werken) unterschieden werden. Vor allem innerhalb international agierender Unternehmen sind aus steuer- und eigentumsrechtlichen Gründen sowie im Zuge von Unternehmensfusionen zunehmend komplexe Organisationsformen entstanden (z. B. übergeordnete Holdingstrukturen, nationale Tochterunternehmen oder rechtlich eigenständige Filialstandorte), die eine klare Unterscheidung von Unternehmen und Betrieben erschweren. Dies gilt insbesondere für die wachsende Zahl von **Franchise-Modellen**, in denen Einzelstandorte (z. B. Schnellrestaurantkette) als rechtlich unabhängige Unternehmen arbeiten, aber dennoch über Liefer-, Marketing- und Ausstattungsverträge unmittelbar und exklusiv mit dem sogenannten Franchise-Geber verbunden sind.

Regel nicht auf geschlossene Raumausschnitte, wie Nationalstaaten oder Verwaltungsbezirke beschränken, sondern müssen auch den Verflechtungen mit anderen Regionen und Maßstabsebenen Rechnung tragen (siehe **Kapitel 5 und 6**).

Wirtschaftssektoren und sektorale Gliederung | 1.4.2

Die Wirtschaftsgeographie wurde und wird bis heute in Anlehnung an das Wirtschaftssektorenmodell gegliedert. Dies führte nicht zuletzt zur Ausprägung von Subdisziplinen wie der Agrargeographie, der Industriegeographie oder der Dienstleistungsgeographie (auch: Geographie des Tertiären Sektors). Letztere wird aufgrund der Heterogenität des Tertiären Sektors oft weiter in Fremdenverkehrsgeographie, Einzelhandelsgeographie oder Verkehrsgeographie untergliedert.

Die Einteilung der Wirtschaft in einen Primären (rohstoffbasierten), Sekundären (verarbeitenden bzw. produzierenden) und einen Tertiären (dienstleistungsbasierten) Sektor ist Grundlage der insbesondere mit dem Namen Jean Fourastié (1907–1990) verbundenen **Drei-Sektoren-Hypothese** (Fourastié 1949/1954). Diese postuliert einen fortschreitenden Strukturwandel von einem agrarisch geprägten Wirtschaftssystem über eine von industrieller und handwerklicher Produktion dominierte Phase hin zu

Abb. 1.1

Sektorenmodell nach Fourastié

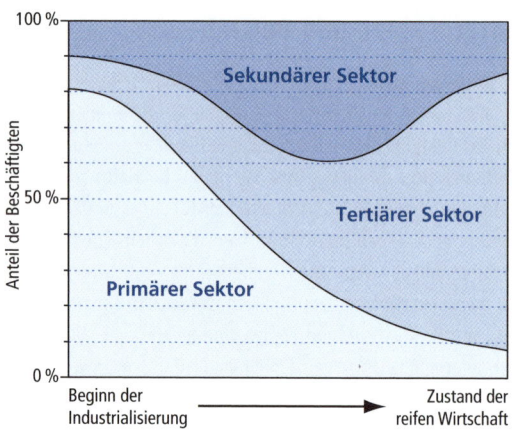

einem sozioökonomischen System, das vor allem auf Dienstleistungsaktivitäten beruht (siehe **Abb. 1.1**). Mit dem sektoralen Wandel verschieben sich demnach nicht nur Wertschöpfung und Arbeitsplätze zwischen den Wirtschaftssektoren, sondern auch institutionelle Rahmenbedingungen wie öffentliche Förderung, Forschung und Entwicklung, Ausbildungsangebote oder Konsummuster.

Fourastié selbst erklärte die Verschiebungen zwischen den Sektoren vor allem mit einer **unterschiedlich schnellen Entwicklung der Arbeitsproduktivität**. Während die Landwirtschaft und die Industrie vor allem durch Mechanisierung und Automatisierung (Sachkapital ersetzt menschliche Arbeitsleistung) immer mehr Güter pro Arbeitskraft produzieren können, erwartete er für die Dienstleistung eine langsamere Produktivitätsentwicklung und damit einen vergleichsweise großen Arbeitskräftebedarf. Dies gilt etwa für einfache personenbezogene Dienstleistungen (z. B. Haarschnitt), die eine unmittelbare Interaktion zwischen dem Anbieter der Leistung und dem Kunden erfordern und bei denen der technische Fortschritt begrenzt ist. Selbst für die beratungsintensive Beziehung zwischen einem Rechtsanwalt und seinem Mandanten oder bei Pflegediensten mag das Argument eines relativ langsamen Produktivitätsfortschritts gelten. Bei vielen anderen Dienstleistungen ist dieses Argument aus heutiger Sicht aber kaum mehr haltbar. So haben beispielsweise Computer und die elektronische Datenverarbeitung enorme Produktivitätsfortschritte in Banken oder Versicherungen bewirkt. Gleiches gilt für den Container im Transportgewerbe oder das Selbstbedienungskonzept im Einzelhandel. Die Fourastiésche These der Produktivitätsentwicklung ist also keine hin-

> Box 1.2

Wirtschaftssektoren

- **Primärer Sektor:** rohstoffbasierte Aktivitäten (z. B. Bergbau, Erdölförderung, Gasgewinnung), Land- und Forstwirtschaft, Fischerei
- **Sekundärer Sektor** (Produzierender Sektor): Industrie, Handwerk, Bauwirtschaft, Energieerzeugung
- **Tertiärer Sektor** (Dienstleistungssektor): öffentliche und private Dienstleistungen (inkl. Groß- und Einzelhandel, Transport), die für Privatpersonen, Unternehmen und andere Organisationen erbracht werden (inkl. unentgeltlicher Leistungen der öffentlichen Verwaltung)

reichende Erklärung für das schnelle Wachstum der Dienstleistungen in hoch entwickelten Volkswirtschaften.

Schon früh wurde deshalb dem Argument auf der Angebotsseite ein Argument auf der Nachfrageseite gegenübergestellt. Die erklärt den sektoralen Übergang vor allem auf der Basis **unterschiedlicher Einkommenselastizitäten** von Gütern und Leistungen. Die Einkommenselastizität beschreibt dabei das Verhältnis zwischen der mengenmäßigen Nachfrage nach einem Gut und der Veränderung des Einkommens. Insgesamt steigt die Nachfrage nach landwirtschaftlichen Produkten bei steigendem Wohlstand der Konsumenten nur langsam oder gar nicht, weil einerseits einem immer größeren Nahrungsmittelkonsum ab einem bestimmten Konsumniveau bei den einzelnen Menschen physiologische Grenzen gesetzt sind und es andererseits für die Produzenten nur sehr begrenzt möglich ist, immer wieder neue Produkte auf den Markt zu bringen. Demgegenüber ist es für den Industriesektor viel einfacher durch Produktentwicklungen neue Nachfrage zu generieren (z. B. Kühlschränke, Personalcomputer, MP3-Player), und auch der Dienstleistungssektor kann immer wieder innovative Leistungen anbieten (z. B. Fernreisen, neuartige Finanzprodukte oder weiterentwickelte medizinische Behandlungsmöglichkeiten). Hierdurch machen industriell gefertigte Produkte und Dienstleistungen einen immer größeren Teil der Ausgaben der Konsumenten aus, während sich der Anteil der Produkte des Primären Sektors mit zunehmenden Einkommen reduziert. Güter des Primären Sektors haben somit eine deutlich geringere Einkommenselastizität als diejenigen aus dem Sekundären und Tertiären Sektor. Güter mit einer geringen Einkommenselastizität werden auch **inferiore Güter** genannt, solche mit einer hohen Einkommenselastizität **superiore Güter**.

Weitere Erklärungen für den wirtschaftsstrukturellen Wandel hin zu den Dienstleistungen liefert die **zunehmende Arbeitsteilung in der Wirtschaft**,

Box 1.3

Industrie

Mit dem Begriff Industrie wird die arbeitsteilige **Serien- oder Massenherstellung** überwiegend standardisierter Produkte für einen anonymen und in der Regel überregionalen Markt bezeichnet (Brücher 1982). Dabei kommen (kapitalintensive) technische Produktionseinrichtungen in größeren Betriebsstätten zum Einsatz. **Hohe Stückzahlen, Arbeitsteilung, Kapitalintensität** sowie die weitgehende **Anonymität** der belieferten Märkte stellen ein wichtiges Abgrenzungskriterium zum Handwerk dar, das ebenfalls zum Produzierenden Gewerbe gezählt wird. Das deutsche Begriffsverständnis definiert Industrie damit sehr viel enger als beispielsweise das englische Wort industry, das über manufacturing (Verarbeitendes Gewerbe) hinaus auch Dienstleistungsbranchen umfasst (z. B. tourism industry, software industry). Gleiches gilt für die französische Bezeichnung industrie (manufacturière). Vor allem im Deutschen kann deshalb auch die Verwendung von Begriffen wie Industrieland oder Industriegesellschaft irreführend sein. Der fortschreitende Strukturwandel hat mittlerweile in allen üblicherweise so bezeichneten Volkswirtschaften dazu geführt, dass der Dienstleistungssektor im Hinblick auf Beschäftigung und Wertschöpfung zahlenmäßig dominiert. Deshalb werden in dem vorliegenden Lehrbuch die weniger missverständlichen Bezeichnungen „hoch entwickelte Volkswirtschaft" bzw. „hoch entwickeltes Land" verwendet (siehe **Kapitel 4.1**).

---

also die Zunahme und immer größere Komplexität des ökonomischen Austausches. Diese erfordert immer mehr Informationen, die beschafft, verarbeitet und weitergegeben werden müssen. Die Wissens- und Informationsvermittlung ist eine typische Leistung des Tertiären Sektors und trägt vor allem dort zu Arbeitsplatz- und Umsatzwachstum bei (Interaktionsthese). So sind gerade die wissensintensiven unternehmensorientierten Dienstleistungen in den letzten Jahren besonders rasch gewachsen (Kinder 2010, Strambach 1995). Zudem kommt es bei großen Industrieunternehmen vermehrt zur Auslagerung bestimmter Bereiche, wie Wach-, Reinigungs- oder Entsorgungsdienste, aus denen sich selbstständige Dienstleistungsunternehmen entwickeln. Häufig kaufen sich Großunternehmen aber auch Dienstleistungen von spezialisierten Beratern oder Werbeagenturen von außen ein (Externalisierungsthese) (Kulke 2004, 2010).

Wenngleich in vielen Ländern ein wie von Fourastié beschriebener sektoraler Wandel beobachtet werden kann, wird die dem Modell innewohnende Modernisierungs- oder Aufwertungshypothese heute kritisch betrachtet. Zum einen unterstellt das Modell einen zwangsweise phasenhaften Verlauf von einer Entwicklungsstufe zur nächsten. Zum anderen wird impliziert, dass es sich bei der jeweils nächsten Stufe auch um das

> Box 1.4

Dienstleistungen

Eine Dienstleistung lässt sich wie folgt definieren: Es handelt sich um die „nutzenstiftende Arbeitsleistung einer Person oder Institution (bzw. eines Objekts dieser Person oder Institution), die im Rahmen einer Interaktion mit dem Konsumenten (Person/Institution) zu einer Veränderung bei diesem (bzw. seinem Objekt) führt" (Ellger 1993: 293). Adressaten einer Dienstleistung können demnach Einzelpersonen wie auch Organisationen (z. B. Unternehmen) sein. Dabei ist die eigentliche Dienstleistung immaterieller Natur, wenngleich sie eine materielle Dimension haben kann (z. B. Haarschnitt, Datenträger mit Software). Lange Zeit galt auch das sogenannte **uno-actu-Prinzip**, das zeitliche und räumliche Zusammenfallen von Leistungserbringung und -verwendung, als geeignetes Merkmal zur Abgrenzung von Dienstleistungen gegenüber anderen Wirtschaftssektoren. Typische Beispiele wären eine medizinische Behandlung oder der klassische Einzelhandel. Aber viele andere Dienstleistungen erfolgen heute nicht mehr nach dem uno-actu-Prinzip, etwa wenn Musik auf Tonträgern weit entfernt von ihrem Entstehungsort konsumiert werden kann oder Börsengeschäfte über den Computerhandel erfolgen. Auch kann das Maß der Interaktion zwischen Dienstleister und Kunden stark variieren. Bei weitgehend standardisierten Leistungen ist dieses in der Regel gering, bei individualisierten Dienstleistungen (etwa bei der Beratung durch einen Rechtsanwalt oder Architekten) meist deutlich höher. Neben dem Grad der Interaktivität stellt die Wissensintensität der erbrachten Leistung ein wichtiges Charakteristikum dar, das Einfluss auf die räumliche Organisation des Wirtschaftszweigs hat (z. B. wissensintensive unternehmensorientierte Dienstleistungen bzw. knowledge-intensive business services = KIBS). Die Abgrenzungen spezieller Teile des Tertiären Sektors als Quartärer Sektor (v. a. Informations- und Kommunikationsdienste sowie andere wissensintensive Dienste einschließlich Bildung und Forschung) oder (seltener) als Quintärer Sektor (v. a. für Gesundheitswesen, Tourismus und Freizeitgestaltung, mitunter auch für die Entsorgungswirtschaft) konnten sich, auch wegen ihres uneinheitlichen Gebrauchs, nicht durchsetzen und sind aus der wissenschaftlichen Literatur weitgehend verschwunden.

qualitativ höherwertige Wirtschafts- bzw. Gesellschaftssystem handele (Agrargesellschaft – Industriegesellschaft – Dienstleistungsgesellschaft). Die Situation vieler Entwicklungsländer, in denen heute ein teilweise informeller, teilweise aufgeblähter öffentlicher Dienstleistungssektor dominiert, ohne dass es zuvor zu einer substantiellen Industrialisierung gekommen wäre, widerspricht aber nicht nur dem modelltypischen Ablauf, sondern auch der Vorstellung eines mit dem sektoralen Strukturwandel verbundenen Modernisierungs- oder Aufwertungsprozesses.

Ein genauerer Blick auf entwickelte Volkswirtschaften zeigt zudem, dass es sich bei der sektoralen Zuordnung von Unternehmen oder Tätigkeiten auch um ein **Klassifizierungs- bzw. Zuordnungsproblem der Wirtschaftsstatistik** handelt. Die entsprechenden Prozesse wurden als Interaktion und Externalisierung bereits kurz angesprochen. Das Beispiel der unternehmensbezogenen Dienstleistungen (Leistungen, die für andere Firmen erbracht werden, wie Rechtsberatung, Werbung oder Reinigungsdienste) weist auf eine zunehmende Verschränkung zwischen den einzelnen Wirtschaftssektoren hin. Auch können vor allem innerhalb von Großunternehmen ganz unterschiedliche ökonomische Tätigkeiten nebeneinander bestehen. Ein Beispiel hierfür wäre ein Großunternehmen der Chemischen Industrie, das aufgrund seines Tätigkeitsschwerpunkts (Herstellung chemischer Produkte) von der Wirtschaftsstatistik als Ganzes dem Produzierenden Gewerbe zugeordnet wird, wenngleich ein Großteil der Beschäftigten in der Verwaltung des Unternehmens, in Forschung und

Box 1.5

Klassifikation in der amtlichen Wirtschaftsstatistik

Der von den Vereinten Nationen entwickelte **International Standard Industrial Classification of all Economic Activities (ISIC)** ist eine weltweit gebräuchliche Klassifikation von wirtschaftlichen Tätigkeiten, die im Zuge internationaler Harmonisierungsbestrebungen zur Grundlage zahlreicher nationaler Wirtschaftsstatistiken wurde. So basiert auch die letzte Fassung der Wirtschaftsklassifikation der Europäischen Union (EU) – die **Nomenclature générale des Activités économiques dans la Communauté Européenne (NACE)** – auf der ISIC-Systematik. Im Zuge ihrer Neufassung im Jahre 2006 wurden die EU-Mitgliedstaaten verpflichtet, ihrerseits die jeweilige nationale Wirtschaftsklassifikation an den europäischen Standard anzugleichen. Aus diesem Grund hat das Statistische Bundesamt 2008 eine deutlich veränderte Neufassung seiner **Klassifikation der Wirtschaftszweige (WZ 2008)** vorgelegt. Diese unterscheidet 21 Abschnitte, die wiederum hierarchisch in Abteilungen, Gruppen, Klassen und Unterklassen untergliedert sind. Zuordnungsmerkmal ist die jeweilige Haupttätigkeit einer statistischen Einheit. Damit wird ein Unternehmen derjenigen Aktivität zugeordnet, die den größten Anteil an seiner Wertschöpfung ausmacht. Dieser Anteil kann aber durchaus unter 50% der Gesamtwertschöpfung liegen.

Für wirtschaftsgeographische Fragestellungen kann es wichtig sein, differenzierte Informationen über die Aktivitäten einzelner Unternehmensteile zu erhalten. Hier bietet die Klassifikation der International Labour Organization (ILO) mit ihrem **International Standard Classification of Occupations (ISCO)** eine Systematik, die den tatsächlichen Tätigkeitsbereich der Beschäftigten zu erfassen versucht.

Ausführlichere Informationen zu statistischen Klassifikationen und Erhebungsmethoden sind zu finden unter http://unstats.un.org, www.ec.europa.eu/eurostat, www.destatis.de und www.ilo.org

Entwicklung (FuE) oder in der Logistik eher Dienstleistungen verrichten, die teilweise sogar als neue Geschäftsfelder entwickelt und externen Kunden angeboten werden (z. B. Entsorgungsdienstleistungen). Erst wenn solche Unternehmensteile in eigenständige Firmen überführt oder nach dem Abbau eigener Kapazitäten von externen Anbietern bezogen werden (outsourcing), werden sie von der Wirtschaftsstatistik als Dienstleistungsunternehmen erfasst und dem Tertiären Sektor bzw. entsprechenden Branchen zugeordnet. Die anhand wirtschaftsstatistischer Daten messbare Tertiärisierung geht also zumindest teilweise auf die Zunahme von unternehmerischen outsourcing-Prozessen und gar nicht auf eine Veränderung der tatsächlichen Tätigkeiten innerhalb der Volkswirtschaften zurück (siehe Externalisierungsthese).

Diese wirtschaftsstatistischen Zuordnungsprobleme sowie die immer komplexer werdenden Produktionssysteme und die mit ihnen verbundenen branchen- und sektorenübergreifenden Verflechtungen lassen eine strenge **sektorale Gliederung der Wirtschaftsgeographie** als zunehmend unzeitgemäß erscheinen. Das vorliegende Lehrbuch meidet daher eine vorrangig sektorale Strukturierung des Stoffes. Wenn dennoch vor allem industriewirtschaftliche Perspektiven in vielen Kapiteln dominieren, liegt es daran, dass in diesem Kontext in den letzten Jahrzehnten die Mehrzahl der wirtschaftsgeographisch relevanten Theorieansätze und Konzepte entstanden und weiterentwickelt worden sind.

Fragen

1. Was versteht man unter Paradigmen und welche Rolle spielen diese für die Wirtschaftsgeographie?
2. Wie unterscheiden sich Geodeterminismus und Possibilismus?
3. Welchen Paradigmenwechsel vollzog die deutschsprachige Wirtschaftsgeographie Ende der 1960er- bzw. Anfang der 1970er-Jahre?
4. Nennen Sie Paradigmen bzw. Denkstile, die die aktuelle wirtschaftsgeographische Forschung prägen.
5. Welche empirischen Beobachtungen waren von großem Einfluss auf die Paradigmen bzw. Denkstile der aktuellen Wirtschaftsgeographie?
6. Was versteht man unter einzelwirtschaftlichen, was unter gesamtwirtschaftlichen Analysen?
7. Wie verläuft nach der Drei-Sektoren-Hypothese nach Fourastié der Strukturwandel zwischen Primärem, Sekundärem und Tertiärem Sektor?
8. Erklären Sie den in vielen Volkswirtschaften zu beobachtenden sektoralen Übergang sowie die Bedeutungszunahme des Dienstleistungssektors im Verlauf der Wirtschaftsentwicklung.

Weiterführende Literatur

Aoyama, Y., Murphy, J. T. und Hanson, S. (2011): Key Concepts in Economic Geography. Sage, London.

Bryson, J. R. und Daniels, P. W. (2007): The Handbook of Service Industries. Edward Elgar, Cheltenham.

Kulke, E. (2004): Ansätze wirtschaftsgeographischer Betrachtung von Dienstleistungen. Petermanns Geographische Mitteilungen 148, 4, 6–15.

Schamp, E. W. (2007): Denkstile in der deutschen Wirtschaftsgeographie. Aktuelle Umbrüche seit 1970. Zeitschrift für Wirtschaftsgeographie 51, 3 + 4, 238–252.

Scott, A. (2000): Economic Geography: The Great Half Century. In: Clark, G. L., Gertler, M. S. und Feldman, M. P. (Hrsg.): The Oxford Handbook of Economic Geography. University Press, Oxford, 18–44.

Neoklassische Standorttheorie | 2

Inhalt

Dieses Kapitel befasst sich mit den Grundlagen der neoklassischen bzw. raumwirtschaftlichen Standorttheorie. Durch isolierende Abstraktion werden dabei Probleme der Standortwahl nach definierten Regeln in Modellkonstruktionen überführt, um deduktiv Erkenntnisse über allgemeine ökonomische Mechanismen zu gewinnen. Das zugrunde liegende Menschenbild ist der homo oeconomicus (optimizer), dessen Eigenschaften nur in einigen jüngeren Modellen etwas gelockert werden (satisfizer). Die Ausgangsbasis ist ein (zweidimensionaler) euklidischer Raum, der durch einfache Geometrie und metrische Distanzen beschreibbar ist. Metrische Entfernungen werden dabei in Transportkosten übersetzt, die für verschiedene Güter oder Materialien unterschiedlich hoch sind. Letztlich handelt es sich bei den neoklassischen Standorttheorien also um Transportkosten- bzw. **Transportaufwandmodelle**. Naturräumliche Bedingungen können dabei in abstrahierter Form eine Rolle spielen, häufiger werden naturräumliche Differenzierungen aber zumindest in den Grundmodellen bewusst als „Störgrößen" ausgeschlossen. Während einige Theorien nur die Kostenseite betrachten und die Erlöse im Raum konstant halten, gehen andere von im Raum variablen Erlösen bei räumlich konstanten Kosten aus. Von den beschriebenen Modellen analysiert nur dasjenige von D. M. Smith explizit **Kosten und Erlöse** als räumlich differenzierte Bestimmungsgrößen.

Alle in diesem Kapitel vorgestellten Theorien liefern **Partialerklärungen**, die nur unter bestimmten Bedingungen und für einzelne Wirtschaftsbereiche gelten. Auch haben sinkende Transportkosten und neue Technologien (geschlossene Kühlketten für Lebensmittel, Miniaturisierung durch elektronische Bauteile usw.) sowie der wirtschaftliche Strukturwandel dazu beigetragen, dass sich die von neoklassischen Modellen beschriebenen **Raummuster teilweise aufgelöst** haben. Neoklassische Standortmodelle sind dennoch bis heute bedeutsam, weil damit unabhängig von der komplexen und schwer erfassbaren räumlichen Wirklichkeit **Mechanismen der Lokalisierung** wirtschaftlicher Tätigkeiten aufgezeigt und erklärt werden können. Die häufig geäußerte Kritik, die Modelle würden nicht die räumliche Realität abbilden, läuft deshalb zumindest teilweise ins Leere. Ihre eigentliche Stärke liegt gerade in der Abstraktion.

Ein weiterer Kernkritikpunkt an der neoklassischen Standorttheorie sind die rigiden homo oeconomicus-Annahmen, welche die Vielfältigkeit menschlicher Verhaltensweisen und Entscheidungsgrundlagen nur unzureichend abbilden. Die Frage ist aber weniger, ob der homo oeconomicus, der alles weiß und keine individuellen Präferenzen oder kulturell bedingten Tabus kennt, in seinen Eigenschaften realen Menschen entspricht, sondern ob er in Bezug auf die Problemstellung eine adäquate, Erkenntnis fördernde **Modellierung menschlicher Verhaltensweisen** und Fähigkeiten darstellt. Heute wird in diesem Zusammenhang vielfach vom Bild des satisfizer oder von einer **begrenzten Rationalität** (bounded rationality) der wirtschaftlichen Entscheidungsträger ausgegangen.

Eine signifikante Schwäche der neoklassischen Ansätze ist ihr statischer Charakter. Dieser wiegt schwer, weil die Wirtschaft einem ständigen Wandel unterliegt. Sich im Zeitverlauf verändernde Bedingungen lassen sich zwar exogen in neoklassische Standortmodelle über die Eingangsvariablen einlesen, endogene Erklärungen für Wandel, Dynamik und Veränderungen über die Zeit liefern die Modelle aber nicht. Aus diesem Grund hat sich die wirtschaftsgeographische Forschung in den letzten Jahren verstärkt prozess- und innovationsbezogenen Ansätzen der Standortforschung zugewendet (siehe **Kap. 3**).

Das Interesse der Wirtschaftsgeographie gilt seit jeher den **Landnutzungen und Standortmuster**n ökonomischer Aktivitäten. Phänomene wie regionale Differenzen in der agraren Landnutzung, die Ballung von Unternehmen der Montanwirtschaft in bestimmten Industriezonen oder die hohe Dichte von Einzelhändlern im Inneren von Großstädten lassen sich empirisch beobachten und beschreiben. Wissenschaftler interessieren sich aber immer auch dafür, wie das Beobachtete erklärt werden kann.

In einigen Fällen ist ein erster Erklärungsansatz über **Differenzen in der naturräumlichen Ausstattung** leicht zu finden. So lassen sich zum Beispiel Standorte bergbaulicher Aktivitäten durch geologische Ausgangsbedingungen und unterschiedliche landwirtschaftliche Nutzungsformen über lokale Bodenqualitäten oder klimatische Bedingungen zumindest teilweise erklären. Produzenten an ungünstigeren Standorten wären aufgrund ihrer hohen Kosten schlicht nicht wettbewerbsfähig. Dagegen lassen sich die Verteilungsmuster von Einzelhändlern oder Automobilfabriken über naturräumliche Unterschiede kaum begründen. Selbst bei der Landwirtschaft lassen sich viele beobachtbare Landnutzungsmuster mit Unterschieden in der Naturraumausstattung nicht hinreichend erklären. Deshalb hat sich die Standorttheorie schon früh damit beschäftigt, ob und gegebenenfalls wie sich die Lokalisierung ökonomischer Aktivitäten unabhängig von den ortsspezifischen Naturraumbedingungen allein aus Marktgesetzlichkeiten heraus begründen lässt.

Neoklassische Standortmodelle im Überblick | 2.1

Die **Tradition der Standorttheorie** reicht bis ins 18. Jahrhundert zurück. Angefangen bei Johann Heinrich von Thünen, über Alfred Weber bis hin zu Walter Christaller und August Lösch waren es vor allem deutsche Wissenschaftler, die diesen Ansatz maßgeblich entwickelt und so die international beachtete deutsche Tradition der Standortlehre begründet haben (Aoyama et al. 2011: 75). Allerdings handelt es sich bei der Standortlehre nicht um einen genuin wirtschafsgeographischen Ansatz. Bis auf den Geographen Walter Christaller handelt es sich bei den genannten Wissenschaftlern um Nationalökonomen. Zunächst in den USA, etwas später auch im deutschsprachigen Raum, fand die Standorttheorie nach dem Zweiten Weltkrieg endgültig Eingang in das wirtschaftsgeographische Theoriegebäude und spielt vor allem in der Raumwirtschaftslehre bis heute eine wichtige Rolle. Zusammenfassend spricht man daher auch von raumwirtschaftlichen Standorttheorien. Weiterhin gebräuchlich ist auch die Bezeichnung **neoklassische Standorttheorie**. Dieser Begriff bezieht sich auf die Übernahme zentraler Annahmen der ökonomischen Neoklassik wie methodologischer Individualismus (Erklärung gesellschaftlicher Strukturen aus dem Verhalten des Einzelnen), vollkommene Märkte (Leistungen können von allen Marktteilnehmern frei getauscht werden) oder ökonomische Rationalität der Entscheidungsträger.

Alle neoklassischen Standorttheorien weisen untereinander große Ähnlichkeiten auf. Neben dem Interesse an Lokalisationsproblemen ist den Theorien gemein, dass sie die Vielfältigkeit menschlicher Verhaltensweisen und die Komplexität des realen Raumes in stark vereinfachende, **abstrakte Modelle** überführen. Letztlich stellen sie „Modellmenschen" mit genau berechenbaren Verhaltensweisen in eine „Modellwelt" mit ganz wenigen, aber ebenfalls genau bekannten Merkmalen. Damit wird, ähnlich wie bei einem naturwissenschaftlichen Experiment, die Vielfalt möglicher intervenierender Randbedingungen kontrolliert. Dies hat den Vorteil, dass ein bestimmter Einflussfaktor von Störgrößen isoliert analysiert

Abb. 2.1

Systematisierung der neoklassischen Standorttheorien

Wirtschafts-sektor	Aussageziel	
	Theorien der unternehmerischen Standortwahl einzelwirtschaftliche Perspektive	Standort-strukturtheorien gesamtwirtschaftliche Perspektive
Land- und Forstwirtschaft	✕	Theorie der Landnutzung von J. H. von Thünen (1826/1875)
Industrie	Industriestandorttheorie von A. Weber (1909), Weiterentwicklung von D. M. Smith (1971/1981)	Theorie der Marktnetze von A. Lösch (1940)
Dienst-leistungen	Theorie der Standortwahl unter Konkurrenz-bedingungen von H. Hotelling (1929)	Theorie der Zentralen Orte von W. Christaller (1933)

werden kann. Bei den Standorttheorien ist dies der Faktor Distanz, der in den Modellen über **Transportkosten** abgebildet wird.

Trotz der großen Ähnlichkeit der neoklassischen Standorttheorien untereinander konnte bis heute keine sektorenübergreifende, allgemein gültige Theorie entwickelt werden. Einerseits haben verschiedene Wirtschaftszweige unterschiedliche Standortanforderungen und andererseits unterscheiden sich auch die Fragestellungen stark voneinander: Soll der optimale Standort für eine Fabrik gefunden oder die Verteilung von wirtschaftlichen Zentren auf dem Territorium eines Staates erklärt werden? Die unterschiedlichen Aussageziele der Theorien lassen sich in einer zweidimensionalen Matrix darstellen, die zum einen zwischen den Wirtschaftssektoren und zum anderen zwischen Theorien der unternehmerischen Standortwahl und Standortstrukturtheorien unterscheidet (**Abb. 2.1**).

2.2 | Theorie der landwirtschaftlichen Bodennutzung (Johann Heinrich von Thünen)

Der deutsche Gutsbesitzer und Nationalökonom Johann Heinrich von Thünen (1783–1850) gilt als der erste bedeutende Standorttheoretiker. In seinen Arbeiten zur wirtschaftlich optimalen agrarischen Landnutzung hat er die Bedeutung räumlicher Entfernungen zum ersten Mal explizit in ökonomischen Analysen berücksichtigt. Von Thünens Grundprinzipien der Landnutzung und die von ihm entwickelte Methode der isolierenden Abstraktion haben sowohl in der Wirtschaftsgeografie als auch in den Wirtschaftswissenschaften bis heute Bedeutung. In seinem Hauptwerk „Der isolierte Staat in Beziehung auf Landwirtschaft und Nationalökonomie" stellte sich von Thünen die Frage, wie eine optimale Nutzung landwirtschaftlicher Flächen aussieht und welche ökonomischen Gesetzmäßigkeiten das Muster der Landnutzung bestimmen (Thünen 1875). Dabei interessierten ihn nicht der lokale Einfluss der natürlichen Bedingungen wie Bodengüte, Niederschlagsmenge oder Temperaturgang. Vielmehr wollte er herausfinden, ob unterschiedliche Landnutzungszonen – unabhängig von den natürlichen Produktionsvoraussetzungen – nur durch die Entfernung der Produktionsflächen vom Markt determiniert werden. Um dies zu klären, entwickelte er als gedankliches Experiment den isolierten Staat. Er definierte über verschiedene Prämissen (Voraussetzungen) einen idealisierten Modellstaat, der in einer fruchtbaren Ebene gelegen keinerlei Unterschiede in seiner naturräumlichen Ausstattung aufweist, in dem die Transportbedingungen überall gleich sind (keine Flüsse, Kanäle oder Straßen) und der im Zentrum nur einen einzigen großen Marktort aufweist. Nur an diesem Marktort können die im Staat erzeugten Produkte verkauft werden. Umgeben ist dieser Staat von einer unkultivierten Wildnis, durch die er vollständig von der übrigen Welt getrennt ist (kein Handel, kein Austausch von Produktionsfaktoren).

In diese Modellwelt setzt von Thünen einen ökonomisch stets rational handelnden, ausschließlich auf individuelle Gewinnmaximierung bedachten Modellmenschen – den **homo oeconomicus** (den er allerdings noch nicht so nannte). Zudem nimmt er an, dass die Transportkosten zwischen Produktions- und Marktort abhängig von Gewicht und Verderblichkeit der zu transportierenden Waren direkt proportional zur metrischen Entfernung sind.

Box 2.1

Der isolierte Staat in den Worten von J. H. von Thünen

„Man denke sich eine sehr große Stadt in der Mitte einer fruchtbaren Ebene gelegen, die von keinem schiffbaren Flusse oder Kanale durchströmt wird. Die Ebene selbst bestehe aus einem durchaus gleichen Boden, der überall der Kultur fähig ist. In großer Entfernung von der Stadt endige sich die Ebene in eine unkultivierte Wildniß, wodurch dieser Staat von der übrigen Welt gänzlich getrennt wird. Die Ebene enthalte weiter keine Städte, als die eine große Stadt, und diese muß also alle Produkte des Kunstfleißes für das Land liefern, sowie die Stadt einzig von der sie umgebenden Landfläche mit Lebensmitteln versorgt werden kann." (von Thünen 1875: 1)

Box 2.2

Homo oeconomicus – der Wirtschaftsmensch

Der Begriff homo oeconomicus bezeichnet einen fiktiven Akteur, der stets ökonomisch zweckrational handelt. Er ist bestrebt, seinen eigenen Nutzen zu maximieren (Erlösmaximierung, Kostenminimierung) und hat keinerlei individuelle Präferenzen oder Vorlieben. Zudem kann er auf veränderliche Bedingungen sofort reagieren und verfügt über eine uneingeschränkte Marktkenntnis (perfekte Information).

Für von Thünen war der **isolierte Staat** ein Kunstgriff, um die Komplexität der wirklichen Welt wie in einem naturwissenschaftlichen Experiment kontrolliert zu reduzieren. Indem er andere Einflussgrößen wie beispielsweise die Bodenfruchtbarkeit oder das Relief in seinem Modell konstant hält, konnte er die ökonomischen Bestimmungsgrößen der Landnutzung im Raum genauer erkennen. Diese Methode, die von Thünen als erster konsequent anwendete, wird auch **isolierende Abstraktion** genannt. Als sogenannte ceteris paribus-Regel (unter sonst gleichen Bedingungen) spielt sie bis in die Gegenwart in der Ökonomie eine zentrale Rolle.

Die Schlüsselgröße, auf die es von Thünen vor allem ankam, war die Distanz zwischen der jeweiligen landwirtschaftlichen Produktionsfläche und dem Marktort, an dem alle Produkte verkauft werden. Er erkannte, dass abhängig von der Distanz zum Marktort unterschiedliche Lagerenten existieren, weil mit zunehmender Entfernung die Transportkosten die mit dem Anbau landwirtschaftlicher Produkte zu erzielenden Reinerlöse aufzehren. Der Landwirt, der seine Anbauflächen an der Schwelle besitzt, an der die Transportkosten vom Erlös nichts mehr übrig lassen, ist der **Grenzanbieter**. Auf noch weiter draußen liegenden Flächen können keine Produkte mehr angebaut werden, weil sie sich auf dem Markt nicht mit Gewinn verkaufen lassen.

Die **Lagerente** (von Thünen benutzte noch den Begriff Landrente) gibt an, welche Gewinne (Reinerlöse) bezogen auf die relative Lage der Anbauflächen zum Markt mit einer bestimmten Landnutzung erzielt werden können. Abbildung 2.2 veranschaulicht diesen Zusammenhang: Von dem erzielbaren

Abb. 2.2

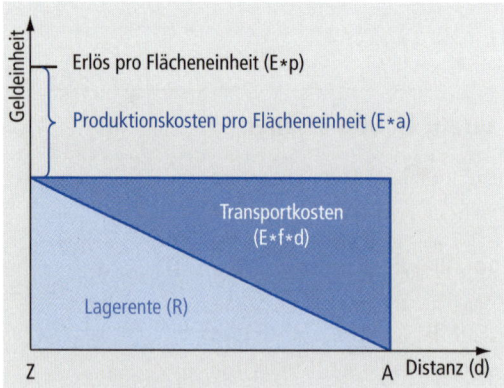

Prinzip der Lagerente nach Johann Heinrich von Thünen

Verkaufserlös einer bestimmten Menge eines landwirtschaftlichen Produkts am Markt müssen zur Berechnung des Reinerlöses (Gewinn) zunächst die Produktionskosten abgezogen werden. Diese Rechnung gilt aber nur für die Produktion am Marktort (Z). Muss das Gut zum Verkauf erst vom der Anbaufläche zum Marktort transportiert werden, fallen zusätzlich Transportkosten an, die abhängig von der Entfernung den Reinerlös nach und nach weiter reduzieren, bis dieser am Punkt A den Wert null erreicht (Grenzanbieter). Eine solche Lagerentenkurve lässt sich mit der **Lagerentenformel** für jedes Anbauprodukt bestimmen.

Box 2.3

Lagerentenformel

$R = E (p - a) - E \cdot f \cdot d$

R = Lagerente pro Flächeneinheit (z. B. in Euro)
E = Produktionsmenge pro Flächeneinheit (z. B. in Tonnen pro Hektar)
p = Verkaufserlös (Marktpreis) pro Produkteinheit (z. B. in Euro pro kg)
a = Produktionskosten pro Produkteinheit (z. B. in Euro pro kg)
f = Frachtrate pro Entfernungseinheit (z. B. in Euro pro kg und km)
d = Entfernung zwischen Markt und Produktionsort

Für eine Beispielrechnung sei angenommen, ein Landwirt könnte auf der Fläche von einem Hektar (ha) 200 Dezitonnen (dt = 100 kg) Kohlrabi zu Produktionskosten von 50 Cent pro kg erzeugen. Auf dem Markt bekäme er für ein Kilogramm Kohlrabi einen Euro (Marktpreis). Sein **Reinerlös** pro Ernte betrüge nach R = E (p − a) insgesamt 10 000 Euro ohne Transportkosten. Läge seine Anbaufläche für Kohlrabi zehn Kilometer vom Marktort entfernt und würde – als weitere Annahme – der Transport des Kohlrabis pro dt und km einen Euro kosten, betrüge sein Reinerlös pro Hektar entsprechend der Lagerentenformel nur noch 10 000 − 2 000 = 8 000 Euro. Bei einer Entfernung von 30 km würde er nur noch Euro 4 000 verdienen. Bei einer Entfernung von 50 km hätten die Transportkosten seinen Gewinn aus dem Kohlrabianbau auf null reduziert. Wäre in dem isolierten Staat nur der Anbau von Kohlrabi möglich, wäre die Lagerente von Grundstücken in einer Entfernung von 50 km vom Marktort ebenfalls gleich 0. Jenseits dieser Entfernung vom Markt wäre unter den gegebenen ökonomischen Bedingungen eine Kultivierung des Bodens für einen Gewinn maximierenden Bauern nicht mehr sinnvoll.

Das Rechenbeispiel macht die Funktionsweise der Lagerente deutlich. Nun ist die Annahme einer **Ein-Gut-Welt**, in der nur der Anbau eines einzigen Produkts möglich ist, natürlich sehr restriktiv. Der Landwirt kann

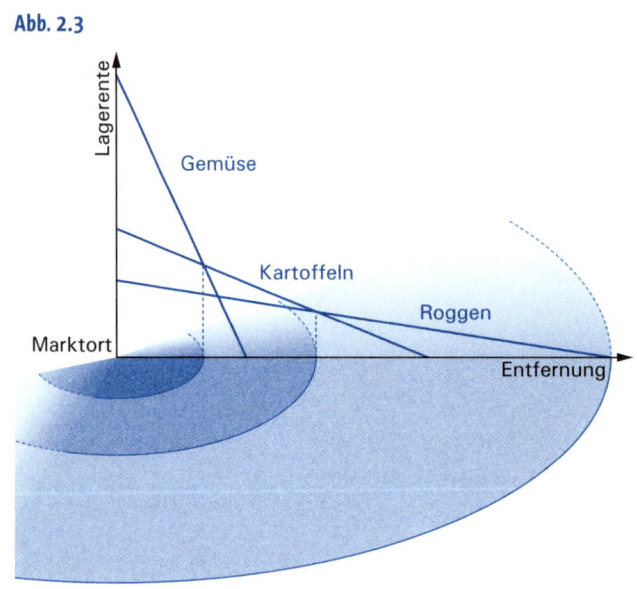

Abb. 2.3
Lagerenten und Landnutzungszonen

hier nur zwischen Anbau und Nicht-Anbau entscheiden. Um der Antwort auf von Thünens Frage nach einer Begründung für die Differenzierung der Landnutzung näherzukommen, müssen außer Kohlrabi noch weitere Anbauprodukte zugelassen werden. Aus der stark vereinfachenden Ein-Gut-Welt wird dadurch eine realitätsnähere **Mehr-Güter-Welt**. Verschiedene potenzielle Anbaugüter haben in aller Regel unterschiedliche Lagerentenfunktionen, weil beispielsweise die erzielbaren Marktpreise differieren, die Anbaukosten voneinander abweichen oder aufgrund bestimmter Produktmerkmale, wie Verderblichkeit und Sperrigkeit (hohes Volumen pro Gewichtseinheit), unterschiedliche Frachtraten anfallen. Die Folge hiervon ist, dass die Lagerentenkurven für unterschiedliche Produkte im Diagramm unterschiedlich hoch an der Ordinate ansetzen und unterschiedliche Steigungen aufweisen.

Nun kann es selbstverständlich sein, dass einige Kulturpflanzen durchweg geringere Lagerenten erzielen als andere Produkte. Dies hätte zur Folge, dass die betreffenden Pflanzen im isolierten Staat nicht angebaut würden. In vielen anderen Fällen werden sich die Lagerentenkurven aber schneiden. Die Lotrechten der Schnittpunkte bestimmen dann jeweils den Übergang von einer Anbauzone zu nächsten. Durch die Rotation des so entstandenen Diagramms um die Ordinate ergeben sich um den Marktort diskrete **ringförmige Landnutzungszonen** (siehe Abb. 2.3).

Von Thünen war aber nicht nur ein mathematisch begabter Theoretiker, sondern auch ein unermüdlicher Empiriker. Bevor er die Arbeit am Modell des isolierten Staates begann, hatte er zehn Jahre lang auf seinem Gut Tellow bei Rostock unzählige Daten über Herstellungs- und Lieferkosten von Agrargütern gesammelt und berechnet. So konnte er die theoretisch abgeleiteten Landnutzungsringe auch empirisch verifizieren.

Die sogenannten **Thünenschen Ringe** beschreiben eine regelhafte Abfolge

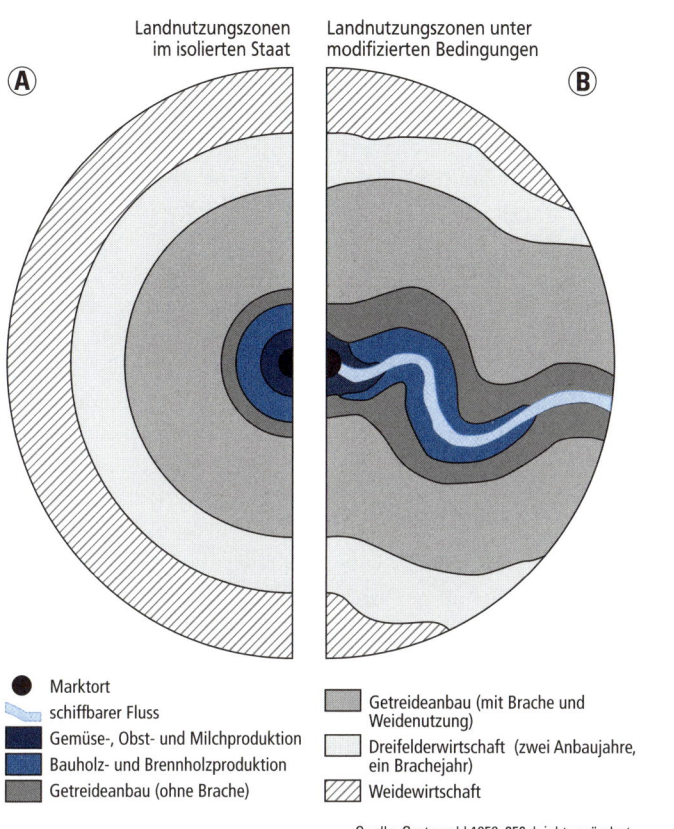

Abb. 2.4

Landnutzungszonen nach Thünen

Quelle: Grotewold 1959: 350, leicht verändert

von Landnutzungen: Im innersten Ring um den Marktort werden leicht verderbliche Güter, wie Milch oder Gemüse, hergestellt, außerdem transportempfindliche wie Heu, Kartoffeln und Rüben. Dann folgt eine forstwirtschaftliche Zone, die aufgrund des teuren Transports und der relativ geringen Preise von Holz pro Gewichtseinheit auf marktnahe Standorte angewiesen ist. Noch weiter vom Marktort entfernt finden sich verschiedene Formen des Getreidebaus und schließlich die extensive Viehzucht (siehe **Abb. 2.4 A**).

Bei der Abfolge der Thünenschen Ringe wird teilweise ein **Intensitätsgefälle** sichtbar, also ein abnehmender Einsatz der Produktionsfaktoren Arbeit und Kapital pro Flächeneinheit Boden von innen nach außen. Aufgrund der immer höheren Transportkosten müssen die Produktionskosten möglichst gering gehalten werden. Teure Arbeitskräfte, Düngemittel oder Maschinen werden weit entfernt vom Markt also möglichst eingespart (steigender Bracheanteil, geringere Flächenerträge). Demgegenüber müssen die Landwirte nahe am Markt die dort höheren Bodenpreise durch eine Intensivierung der Flächennutzung ausgleichen. Sie werden deshalb versuchen, die Erträge pro Flächeneinheit zu steigern und besonders arbeitsintensive Produkte anzubauen (z. B. Gemüseanbau, Milchkuhhaltung). Die relativ marktnahe Lage der ausgesprochen extensiven Forstwirtschaft weist aber darauf hin, dass das Intensitätsprinzip nicht die einzige Logik für die Abfolge der Ringe darstellt. Holz verursacht aufgrund seiner Sperrigkeit hohe Transportkosten pro Gewichts- und Volumeneinheit, erzielt am Markt aber relativ geringe Preise. Es kann aufgrund des relativ geringen Eigenwertes keine hohen Frachtkosten tragen und muss deshalb nah am Markt angebaut werden. Letzteres gilt auch für Milch und Gemüse, für die am Markt zwar hohe Preise gezahlt werden, die aufgrund ihrer leichten Verderblichkeit aber nur mit großem Aufwand transportiert werden können bzw. zu Thünens Zeit über längere Strecken gar nicht zu transportieren waren (steiler Verlauf der Lagerentenkurve). Ganz anders sind die Verhältnisse bei Produkten der (extensiven) Weidewirtschaft wie Wolle oder Rindfleisch. Diese erzielen am Markt relativ hohe Preise und sind zudem kostengünstig transportierbar. Wolle ist praktisch unverderblich und Rinder lassen sich durch Viehtrieb auch über weite Strecken problemlos „transportieren". Der Verlauf der Lagerentenkurve ist bei diesen Produkten entsprechend flach.

Generell lässt sich deshalb sagen, dass nahe am Markt angebaute Güter entweder eine geringe **Transportfähigkeit** oder eine geringe **Frachttragfähigkeit** besitzen, marktfern angebaute Güter aber eine hohe Frachttragfähigkeit und eine gute Transportfähigkeit aufweisen müssen. Hieraus lässt sich auch ableiten, wie Anbieter in peripheren Regionen dort noch eine Lagerente erzielen könnten, wo dies mit dem Anbau landwirtschaftlicher Produkte alleine nicht mehr möglich wäre. Ziel ist hier eine Erhöhung der Transportfähigkeit (geringe Verderblichkeit) und der Frachttragfähigkeit (hoher Marktwert pro Gewichts- oder Volumeneinheit). Dies kann durch die **Veredelung** landwirtschaftlicher Produkte erreicht werden. Beispiele hierfür wären Schweizer Käse (aus Milch) aus abgelegenen Alpentälern oder Whisky (aus Gerste) aus peripheren Regionen Schottlands.

Die idealtypische ringzonale Abfolge der Landnutzungen in von Thünens Modell ergibt sich logischerweise nur unter den Prämissen des isolierten States. Einzelne **Modellrestriktionen können** aber kontrolliert **gelockert werden**. So führt die Annahme eines für Frachtschiffe befahrbaren Flusses aufgrund der entlang des Wasserwegs verringerten Transportkosten zu einer Veränderung der Form der Landnutzungszonen. Die grundsätzliche

Logik der Lagerente bleibt aber erhalten (siehe **Abb. 2.4 B**). Ähnliches gilt auch, wenn etwa ein zweiter Marktort eingeführt oder der Marktort an eine Meeresküste verlegt wird. Das Modell der Thünenschen Ringe ist gegenüber kontrollierten Modifikationen der Raumausstattung nicht nur sehr robust, es lassen sich auch deren Wirkungen auf die Landnutzung gut nachvollziehen. Empfindlicher reagiert das Modell auf sinkende Transportkosten. Dies gilt vor allem dann, wenn diese nur noch einen marginalen Teil der Gesamtkosten ausmachen und deshalb von anderen Kostenbestandteilen überlagert werden (etwa unterschiedliche Lohnhöhe oder mikroklimatische Gunstlagen). Dies kann zu einer völligen **Auflösung der Ringstruktur** führen. Tatsächlich lassen sich die Thünenschen Ringe wegen der technischen Fortschritte im Transportwesen (sinkende Transportkosten, geschlossene Kühlketten), aber auch aufgrund stark differenzierter Konsumentenansprüche, zunehmender Konkurrenz auf dem Bodenmarkt durch urbane Nutzungen und des Einflusses der Agrarpolitik in hoch entwickelten Volkswirtschaften kaum mehr beobachten. Dies hat die Erklärungskraft der Standorttheorie nach Thünen in den letzten Jahrzehnten deutlich gemindert. Kritik hat sich aber auch an grundsätzlichen Fragen entzündet. Vor allem wird angezweifelt, ob die unrealistischen Homogenitätsannahmen und die mechanistische Struktur der Theorie eine sinnvolle Modellierung des komplexen Standortproblems darstellen. Außerdem wird der statische Charakter des Ansatzes kritisiert, weil damit Veränderungen über die Zeit weder adäquat beschrieben, noch erklärt werden können. Diese Kritik ist sicher nicht unberechtigt. Allerdings darf dabei nicht übersehen werden, dass von Thünens Überlegungen zur Lagerente bis heute Gültigkeit haben und die Theorie im wirtschaftshistorischen Kontext sowie in Entwicklungsländern mit mangelhafter Transportinfrastruktur noch immer stimmige Erklärungen für beobachtete Raumstrukturen liefern kann.

Johann Heinrich von Thünen hat nicht nur als Erster eine in sich geschlossene wirtschaftsräumliche Theorie formuliert, er **gilt** auch **als einer der Begründer des modellhaften Denkens in der Ökonomie**. Auf seinen Überlegungen fußen die Theorien von Walter Christaller und August Lösch sowie die aktuelle volkswirtschaftliche Forschungsrichtung der Geographical Economics (Paul Krugman u. a.). Von Thünens Modellvorstellungen wurden in den letzten Jahrzehnten von Geographen und Agrarökonomen immer weiter verfeinert – oft mithilfe mathematisch hoch komplexer Computersimulationen (siehe O'Kelly und Bryan 1996). Anwendung fanden von Thünens Überlegungen aber auch bei Analysen des städtischen Bodenmarktes.

2.3 | Landnutzung und Bodenmarkt im städtischen Raum (William Alonso)

Das Konzept der Lagerente wurde nach dem Zweiten Weltkrieg vor allem von William Alonso (1933–1999) erfolgreich auf den Bodenmarkt in der Stadt übertragen. Seine Arbeiten aus den 1960er-Jahren sind Klassiker der (ökonomischen) **Stadtstrukturtheorie**, er gilt als Begründer der New Urban Economics. Alonso machte sich dabei einen Zusammenhang zunutze, den auch von Thünen bereits erkannt hatte. Unter Konkurrenzbedingungen orientiert sich der Pachtpreis, den potenzielle Nutzer für ein Stück Land zu zahlen bereit sind, an der erzielbaren Lagerente. Das heißt, dass die Bodenwerte oder Pachtpreise für Land umso höher sind, je dichter dieses am zentralen Markt liegt. Langfristig stellt sich dadurch ein Gleichgewicht ein, bei dem der Pachtpreis unmittelbar abhängig von der Lagerente ist und überall derselbe Gewinn pro Flächeneinheit erzielt wird. Nach Alonso (1960) existieren auch für städtische Nutzungen, wie Einzelhandel, Industrie oder private Haushalte, jeweils eigene Lagerentenfunktionen. Diese bestimmen, wie viel die entsprechenden Akteure für den Grundstückskauf oder die Pacht von Immobilien zu zahlen bereit sind. Diese Bereitschaft nennt Alonso **ability ot pay (Zahlungsbereitschaft)**, die entsprechenden Funktionen bezeichnet er als **bid rent functions (Rentenangebotskurven)**.

Die Rentenangebotskurven richten sich nach dem jeweils erwarteten Nutzen der Käufer oder Pächter. Alle in der Stadt vorkommenden Bodennutzungen haben ihre eigene Rentenangebotskurve, die sich modellhaft am Central Business District (CBD), dem Hauptgeschäftszentrum, ausrichten. Hier befinden sich nicht nur die Arbeitsplätze und Versorgungseinrichtungen für private Haushalte, sondern durch den Ausbau der Verkehrsinfrastruktur ist der CBD auch der für alle Bodennutzer am besten erreichbare Punkt der Stadt. Für den Einzelhandel ist eine zentrale, **verkehrsgünstige Lage** besonders wichtig, weil nur hier entsprechende Umsätze erzielt werden können. Die Rentenangebotskurve des Einzelhandels verläuft deshalb relativ steil. Ähnliches gilt für Bürobetriebe, die entweder auf Laufkundschaft angewiesen sind und/oder aus der innerstädtischen Lage besondere Vorteile ziehen (Banken, Beratungsunternehmen usw.). Für Industrieunternehmen ist die gute Erreichbarkeit im Zentrum zwar auch ein Vorteil (gute Erreichbarkeit für Arbeitskräfte, guter Verkehrsanschluss für An- und Ablieferung), aber der relative Nachteil einer nicht ganz so zentralen Lage ist weniger groß. Deshalb verläuft die Rentenangebotskurve für industrielle Nutzer flacher als zum Beispiel beim Einzelhandel. Für alle geschäftlichen Nutzungen aber gilt, dass der erwartete Gewinn pro Flächeneinheit das entscheidende Kriterium für die Durchsetzung der Standortpräferenzen darstellt. Dieser ist im innerstädtischen Einzelhandel mit seinen hohen Umsätzen bei gleichzeitig geringem Flächenbedarf höher als in der Industrie und deutlich höher als in der Landwirtschaft.

Für die **Wohnstandortwahl privater Haushalte** ist der Fall etwas komplizierter. Zum einen ist hier nicht der lageabhängige Gewinn, sondern die Wohnzufriedenheit an einem bestimmten Standort das entscheidende Kriterium. Dabei werden Pendelkosten mit den Vorteilen geringerer Bodenpreise und größerer Grundstücke am Stadtrand abgewogen. Zum anderen ließ sich in den US-amerikanischen Städten der 1960er-Jahre oft beobachten, dass die weniger wohlhabende Bevölkerung relativ innenstadtnah – also an aufgrund der starken Nutzungskonkurrenz besonders teuren Standorten wohnte –, während die wohlhabendere Bevölkerung am Stadtrand mit geringeren Bodenpreisen lebte. Alonso erklärt diesen auf den ersten Blick widersprüchlichen Befund damit, dass die wohlhabende Bevölkerung eine starke Präferenz für größere Grundstücksflächen hat, während sich ärmere Menschen überall im Stadtraum relativ gesehen weniger Fläche leisten können. Die Preisunterschiede zwischen Zentrum und Peripherie sind aufgrund der geringeren Flächenansprüche für die ärmere Wohnbevölkerung weniger bedeutend, die Vorteile der geringen Pendelkosten überwiegen. Dies hat zur Folge, dass die Rentenangebotskurve für ärmere Haushalte steiler verläuft als für die aufgrund der größeren Flächenan-

Abb. 2.5

Central Business District (CBD) von Sydney

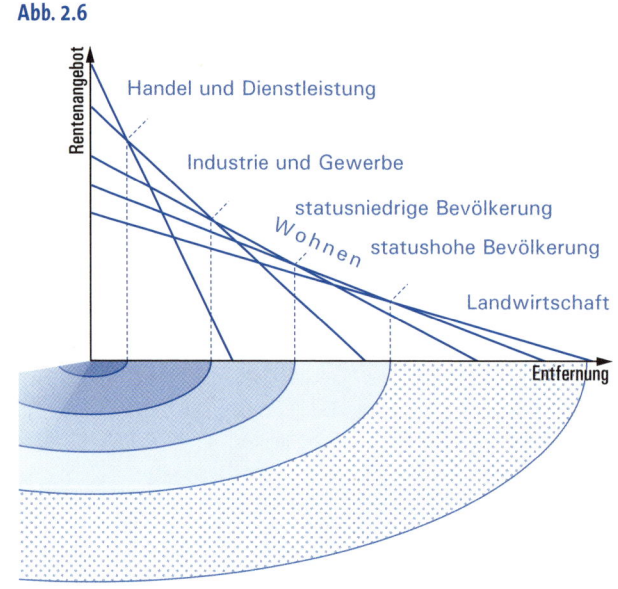

Abb. 2.6 Rentenangebotskurven und städtische Nutzungszonen

sprüche bodenpreissensibleren wohlhabenden Haushalte. Prozesse wie die **Gentrifizierung** (gentrification), also die bauliche und soziale Aufwertung innerstädtischer Arbeiterwohnquartiere, haben diese Muster in den letzten Jahren allerdings spürbar verändert.

Wie beim Modell nach J. H. von Thünen lassen sich auch aus den Rentenangebotskurven **für verschiedene Nutzungsansprüche diskrete Landnutzungszonen** ableiten **(Abb. 2.6)**. Dabei setzen die Nutzungen mit der höchsten Zahlungsfähigkeit ihre Standortpräferenzen am Bodenmarkt durch. Aufgrund der hohen Boden- und Pachtpreise in zentralen Lagen entsteht aber auch ein Anreiz, die Bodennutzung zu intensivieren, also mehr Geschossfläche auf einem Grundstück unterzubringen. Dadurch stellt sich ein Intensitätsgefälle mit höheren Gebäuden in der Stadtmitte und niedrigeren am Stadtrand ein. Viele nordamerikanische oder australische Großstädte **(Abb. 2.5)** mit ihren Wolkenkratzern im CBD sind hierfür gute Beispiele.

In Europa hat die Stadtplanung die Höhenentwicklung in den Innenstädten zwar begrenzt, aber auch hier lässt sich eine **vertikale Nutzungsverteilung** innerhalb mehrgeschossiger Innenstadtgebäude feststellen: Einzelhandel im Erdgeschoss, darüber Büros und in den darüber gelegenen Geschossen eventuell noch Wohnflächen. Die horizontale Abfolge der Nutzungen im Stadtraum findet sich also auch in der vertikalen Nutzungsaufteilung der Gebäude wieder.

Alonsos Modell liefert überzeugende ökonomische Erklärungen für Nutzungsmuster im Stadtraum. Es sei aber noch einmal darauf hingewiesen, dass auch sein Modell nur unter bestimmten Voraussetzungen gilt: vollständige Nutzungskonkurrenz; freier Bodenmarkt, der nicht durch politische oder planerische Interventionen beeinflusst wird; zweckrational Profit und Nutzen maximierende Akteure; Stadt mit nur einem Zentrum (monozentrische Stadtstruktur); Verkehrsinfrastruktur auf das Zentrum

Abb. 2.7

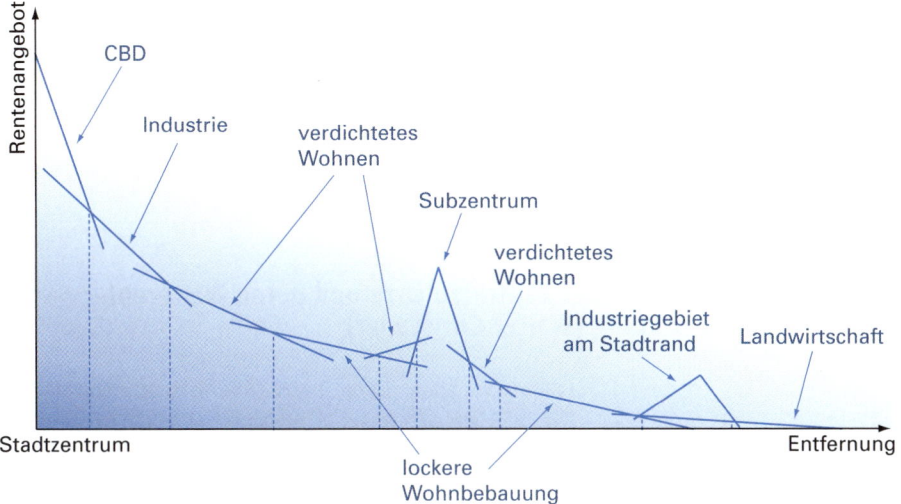

Rentenangebotskurven in einer polyzentrischen Stadtregion

ausgerichtet (Erschließung durch radial verlaufende Verkehrsachsen); keine Unterschiede in der landschaftlichen Attraktivität in den Teilräumen der Stadt.

Erwartungsgemäß hat sich die Kritik an Alonsos Modell genau an diesen sehr restriktiven Annahmen entzündet. Die Annahme eines freien Bodenmarktes sei unrealistisch, weil die Stadtplanung fast überall die Nutzungsmöglichkeiten begrenzt und Nutzungsänderungen aufgrund schon bestehender Gebäude oder Infrastruktureinrichtungen fast immer mit hohen Kosten verbunden sind. Die Handlungsspielräume der Marktteilnehmer werden somit in erheblichem Maße von früheren Investitionsentscheidungen beeinflusst – mit der Folge, dass städtische Strukturen sich nur langsam verändern und immer auch ein Spiegel früherer ökonomischer Verhältnisse sind. Zudem sind urbane Raumstrukturen in Wirklichkeit sehr viel komplexer als im Modell angenommen (polyzentrische Stadträume, Ausbau von Schnellstraßen im Stadtumland oder soziale und ethnische Segregation).

Die **Vertreter der New Urban Economics haben in den letzten Jahren versucht, die Theorie weiterzuentwickeln** und die Komplexität von Städten durch immer aufwändigere Modellierungen besser abzubilden. Teilweise gelingt dies problemlos. So lassen sich beispielsweise polyzentrische Strukturen (Subzentren an Transportknotenpunkten) oder randstädtische Industrie-

und Gewerbegebiete (etwa an Autobahnringen) relativ einfach in das Grundmodell integrieren (Abb. 2.7). Aber andere Faktoren, wie Agglomerationseffekte (siehe Kapitel 2.8), soziale Wechselwirkungen oder historische Abhängigkeiten, sind in den Modellen bis heute nur unzureichend berücksichtigt. Dies erklärt auch, warum die Stadtökonomie zwar wertvolle Erklärungen für die wirtschaftliche Dimension der Stadtstruktur liefern kann, überwiegend induktiv abgeleiteten kulturgenetischen oder sozial-ökologischen Stadtstrukturmodellen aber weitestgehend unvermittelt gegenübersteht.

2.4 | Theorie der Zentralen Orte und deren Weiterentwicklung (Walter Christaller)

Während sich Alonso vor allem für die interne Raumstruktur von Städten interessierte, beschäftigte sich **Walter Christaller** (1893–1969) mit der Verteilung von Siedlungen im Raum. Mit seiner 1933 erschienen Arbeit „Die zentralen Orte Süddeutschlands" begründete er eine Standorttheorie, die bis heute nicht nur Einfluss innerhalb der Geographie, sondern auch auf die Raumordnung Deutschlands und die vieler anderer Länder hat. Ausgangspunkt seiner Überlegungen ist, dass eine optimale Funktionsverteilung im Raum (z. B. Einzelhandel, öffentliche Infrastruktur wie Krankenhäuser, Schulen) nur in einer geordneten Hierarchie sogenannter **Zentraler Orte** möglich ist. Bei seinen empirischen Arbeiten in Süddeutschland ermittelte Christaller anhand der vorhandenen Telefonanschlüsse eine gewisse Regelhaftigkeit der Verteilung Zentraler Orte im Raum. Diese Orte verfügten offensichtlich über einen gewissen **Bedeutungsüberschuss**, da sie besser mit Privatunternehmen und bestimmten öffentlichen Einrichtungen ausgestattet waren – den damaligen Hauptnutzern von Telefonanschlüssen.

Vor dem Hintergrund dieser Beobachtungen widmete sich Christaller der Modellierung einer optimalen Aufteilung des Raums in **Versorgungsgebiete (Versorgungsprinzip)**, wie es sich am Beispiel des Einzelhandels anschaulich erläutern lässt. Das kleinstmögliche Versorgungsgebiet eines Einzelhandelsstandorts (z. B. einer Bäckerei) berechnet sich aus dem für den Betrieb notwendigen Mindesteinzugsgebiet (minimale Marktgröße), das sich idealtypisch in Kreisform darstellen lässt (Abb. 2.8). Erst wenn das Absatzgebiet des Einzelhändlers mindestens diese **innere Reichweite** (untere Reichweite) umfasst, wird aufgrund der hier vorhandenen Kaufkraft der Bevölkerung die für einen rentablen Betrieb notwendige **Umsatzschwelle** erreicht. Nach außen ist das Marktgebiet durch die von den Kunden maximal in Kauf genommene Entfernung zum Standort des Einzelhändlers

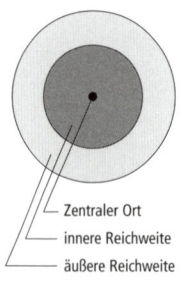

Abb. 2.8

Zentraler Ort
innere Reichweite
äußere Reichweite

Prinzip der inneren und äußeren Reichweite

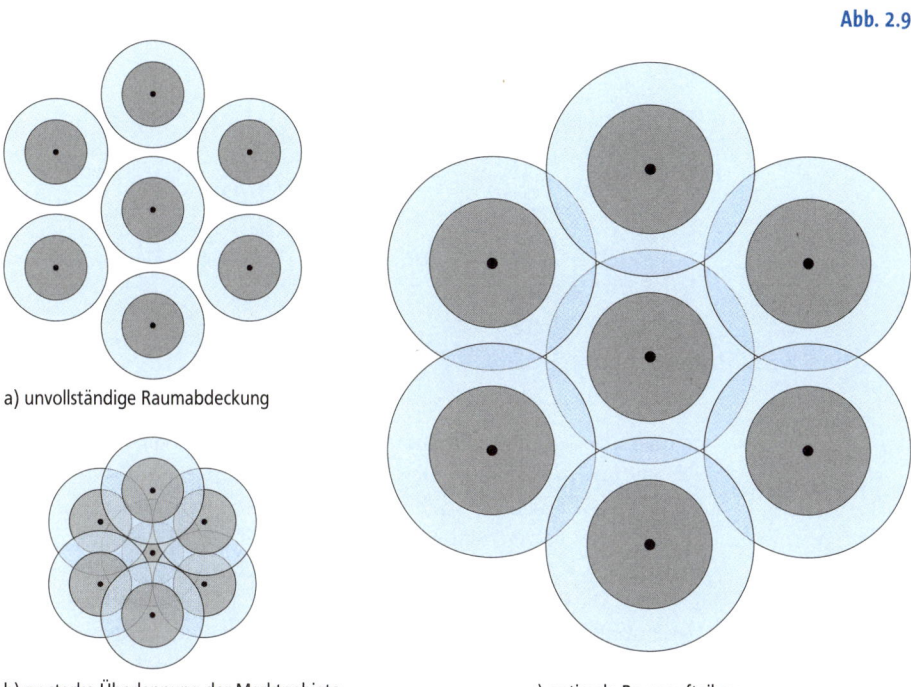

Abb. 2.9

a) unvollständige Raumabdeckung

b) zu starke Überlappung der Marktgebiete

c) optimale Raumaufteilung

Überlagerung der Marktgebiete

(bzw. des Zentralen Ortes) begrenzt. Außerhalb dieser **äußeren Reichweite** (obere Reichweite) übersteigen die Kosten der Raumüberwindung aus Sicht der Konsumenten den Nutzen (maximale Transportdistanz). Wenn möglich, werden dann näher gelegene Versorgungsorte bevorzugt und die Kunden fragen dasselbe Produkt an einem anderen Ort nach.

Bei einer optimalen Raumstruktur liegen die Marktgebiete demnach so, dass zum einen die gesamte Bevölkerung innerhalb der maximalen Transportdistanz mit den entsprechenden Gütern versorgt werden kann. Zudem wird für keinen der Anbieter die innere Reichweite, also die Rentabilitätsschwelle, unterschritten. Mit anderen Worten: Die kreisförmigen Marktgebiete sind idealerweise so im Raum angeordnet, dass weder (Versorgungs-)Lücken entstehen, noch durch zu große Überlappung die innere Reichweite einzelner Orte unterschritten wird **(Abb. 2.9)**. Geometrisch ergibt sich hieraus eine Sechseck- oder **Hexagonalstruktur** (Wabenmuster) der Marktgebiete **(Abb. 2.10)**.

Die innere Reichweite variiert in Abhängigkeit von der Nachfrage-

Abb. 2.10

Ideale Raumabdeckung durch Hexagonalstruktur

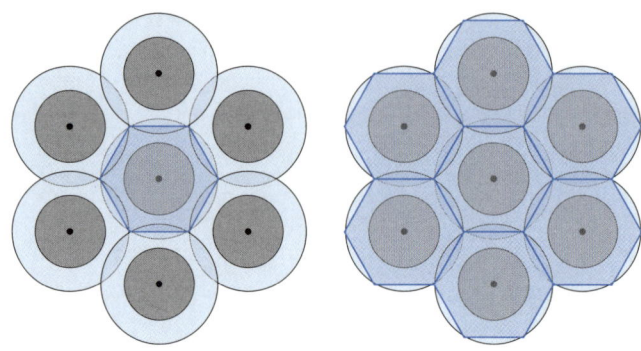

frequenz des jeweiligen Produkts. Güter des täglichen Bedarfs (Backwaren, Fleisch- und Wurstwaren, Obst- und Gemüse) erreichen bereits in relativ kleinen Marktgebieten ihre Umsatzschwelle (Nahversorgung), während seltener nachgefragte Produkte des periodischen oder episodischen Bedarfs (z. B. Kleidung, Autos, Elektrogeräte, Schmuck) ein entsprechend größeres Marktgebiet erfordern. Hieraus ergibt sich eine **räumliche Hierarchie** der Einzelhandelsstandorte, die Christaller als Orte unterschiedlicher Zen-

---

Box 2.4

Einzelhandelssortimente und Bedarfsstufen

Das **Sortiment** eines Einzelhändlers umfasst das angebotene Spektrum an Gütern. Mit **Sortimentsbreite** wird dabei die Zahl unterschiedlicher Produkte oder Produktgruppen bezeichnet. Ein Verbrauchermarkt, der beispielsweise Lebensmittel, Haushaltswaren, Textilien, Sportartikel und Spielwaren führt, weist eine besonders große Sortimentsbreite auf. Demgegenüber ist mit der **Sortimentstiefe** die Vielfalt des Angebots innerhalb einer Produktgruppe gemeint. Sie ist bei einem spezialisierten Facheinzelhändler (z. B. für Schuhe) mit seinem Angebot an Produkten verschiedener Hersteller, unterschiedlicher Preiskategorien, für verschiedene Nutzungsformen und Kundengruppen in der Regel größer.

Ausschlaggebend für die Zentralität eines Einzelhändlers (und damit seines Standorts) ist dabei, wie häufig ein bestimmtes Produkt üblicherweise von einer Person oder einem Haushalt nachgefragt wird. Gebräuchlich ist hier eine Unterscheidung in sogenannte **Bedarfsstufen**, welche die Güter und Dienstleistungen je nach durchschnittlicher Verkaufsfrequenz in Angebote des täglichen oder kurzfristigen (z. B. frische Lebensmittel), periodischen (z. B. Haarschnitt, Kleidung) oder episodischen (z. B. Fahrrad, Möbel) Bedarfs unterteilt.

tralität bezeichnet. Das Prinzip der räumlichen Gliederung bleibt dasselbe, jedoch variiert die Reichweite der Zentralen Orte. Sie reicht von kleinräumigen Marktgebieten der Nahversorgung (Hauptorte ländlicher Gemeinden, Kleinstädte oder Stadtteilzentren mit eingeschränktem Warenangebot) über Orte mittlerer Reichweite (Zentren von Kreis- und Mittelstädten mit zusätzlichen speziellen Warengruppen) bis hin zu Orten der höchsten Zentralitätsstufe (großstädtische Zentren), in denen auch Güter des episodischen Bedarfs sowie insgesamt größere Sortimentstiefen angeboten werden. Dabei bietet jeder höherrangige Ort auch die Angebote und Funktionen der jeweils niedrigeren Hierarchiestufe(n) an. Beispielsweise deckt der Einzelhandel einer Großstadt alle genannten Bedarfsstufen ab. So entsteht eine sich überlagernde Wabenstruktur **(Abb. 2.11)**, wobei die Eckpunkte eines Hexagons jeweils von Orten der nächstniedrigeren Versorgungsstufe gebildet werden. Rechnerisch sind jeweils zwei dieser Orte auf den nächst zentraleren Ort ausgerichtet, oder anders formuliert: Jeweils drei Zentrale Orte „teilen" sich die Kaufkraft der in gleicher Entfernung liegenden sechs Orte der nächst niedrigeren **Zentralitätsstufe**.

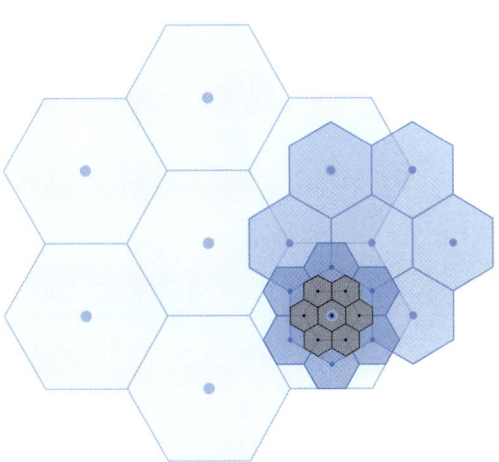

Abb. 2.11

Räumliche Hierarchieebenen und Zentralitätsstufen

Die heute übliche Hierarchisierung in A-, B- und C-Orte oder Ober-, Mittel- und Grundzentren ließe sich bei Bedarf weiter differenzieren. Das hier am Beispiel des Einzelhandels erläuterte Versorgungsprinzip lässt sich analog auf andere Versorgungsbereiche übertragen, beispielsweise auf die ideale Ausstattung der Orte mit Schulen und höheren Bildungseinrichtungen, auf das Gesundheitswesen, die Rettungsdienste und andere öffentliche Dienstleistungen.

Neben dem Versorgungsprinzip (Marktprinzip) hat Christaller zwei weitere Gliederungsprinzipien abgeleitet: das Verkehrsprinzip und das Verwaltungsprinzip. Auch dem **Verkehrsprinzip** liegt zunächst eine empirische Beobachtung zugrunde, nämlich dass sich bestimmte Zentrale Orte bzw. ihre historischen Siedlungskerne entlang der überörtlichen Verkehrswege in den Abständen vorindustrieller Tagesreiseentfernungen aufreihen (fußläufig bei unterster Zentralität, Pferderitt- oder Kutschenentfernung bei mittlerer Zentralität). Blendet man wieder modellhaft alle

Abb. 2.12

Zentralität im Versorgungs-, Verkehrs- und Verwaltungsprinzip

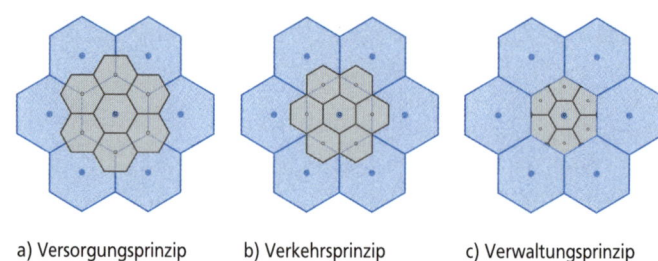

a) Versorgungsprinzip b) Verkehrsprinzip c) Verwaltungsprinzip

topographischen und naturräumlichen Barrieren aus, ergibt sich eine Gleichverteilung der Zentren im Raum, bei der jeder Ort niedrigerer Zentralität idealtypisch auf halbem Weg zwischen zwei Orten höherer Zentralität liegt. Hieraus ergibt sich wiederum eine Hexagonalstruktur, diesmal mit den nachrangigen Orten an den Kanten der Sechsecke (Abb. 2.12). Mithilfe des Verkehrsprinzips ließe sich so eine bestmögliche Anbindung der Orte unterschiedlicher Zentralitätsstufen an das Verkehrswegenetz planen.

Aus dem **Absonderungs- oder Verwaltungsprinzip** lässt sich eine optimale Zuordnung der Zentralen Orte und ihrer Einzugsgebiete zu administrativen Gebietseinheiten vornehmen. Jeder Verwaltungshauptort (z. B. Kreisstadt) wäre demnach zuständig für sieben Waben der nächst niedrigeren Hierarchiestufe (z. B. Kommune), dies entspricht in etwa dem Marktgebiet der Stadt selbst sowie dem der sechs umliegenden Gemeinden (Abb. 2.12).

Die Kritik an der Theorie der Zentralen Orte bezieht sich vor allem auf deren unrealistische Modellannahmen. Neben topographischen Gegebenheiten und naturräumlichen Aspekten (Rohstofflagerstätten, Klima, Gebirge) tragen auch andere Einflussfaktoren (periphere Grenzlagen, sozioökonomische und politische Rahmenbedingungen, historische Entwicklungspfade) dazu bei, dass großräumig weder eine Gleichverteilung der Bevölkerung noch eine homogene Ausstattung mit Verkehrsinfrastruktur und damit eine gleichbleibende Erreichbarkeit angenommen werden können. Auch weichen die Aktionsräume der einzelnen Einwohner in Abhängigkeit von Arbeitsstandorten, sozialen Beziehungen oder Konsumpräferenzen mitunter deutlich von ausschließlich auf einen zuständigen Zentralen Ort ausgerichteten Verhaltensmustern ab. Zudem bleibt das Modell statisch und blendet dynamische Veränderungen in der Zeit vollkommen aus.

Gleichwohl hat das Prinzip der Zentralen Orte bis heute maßgeblichen Einfluss auf das Prinzip der räumlichen Ordnung in Deutschland und

THEORIE DER ZENTRALEN ORTE UND DEREN WEITERENTWICKLUNG

Abb. 2.13

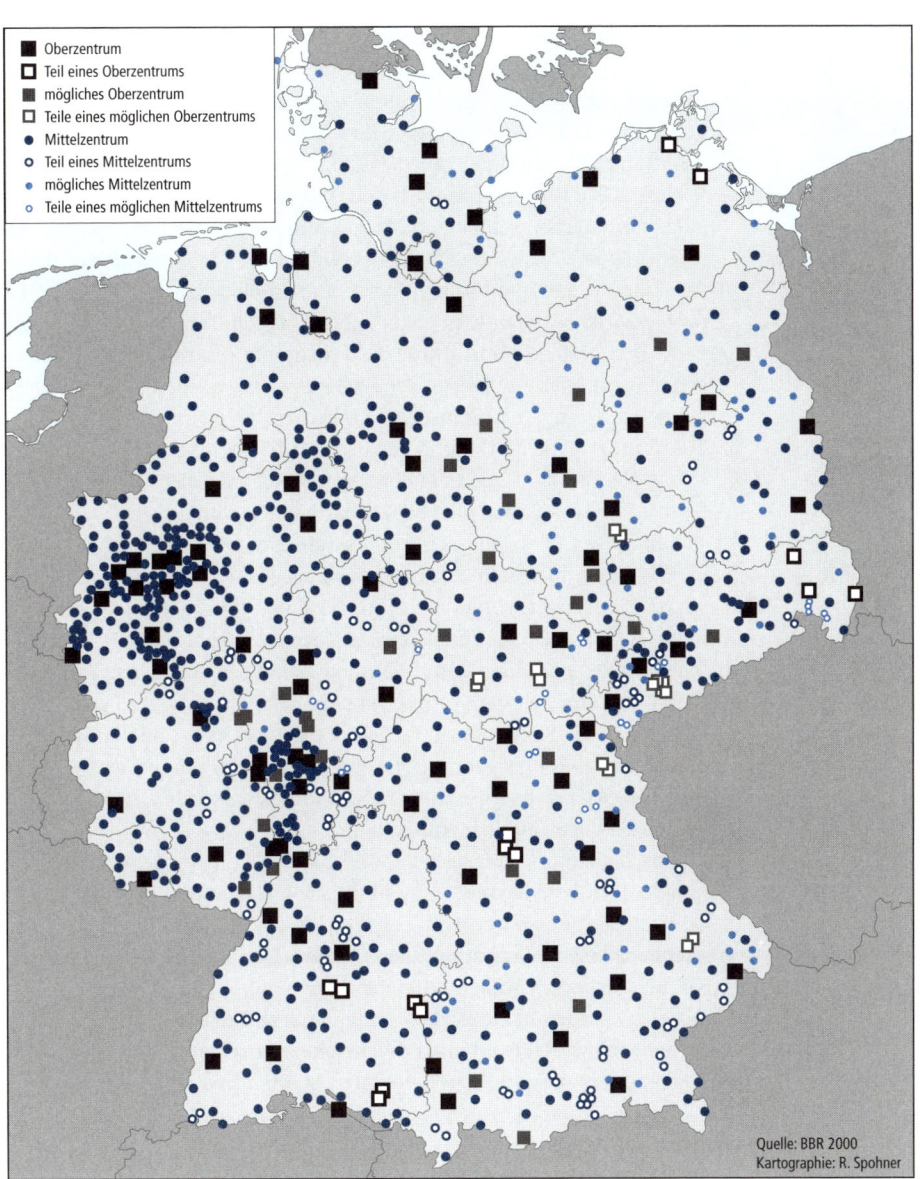

Zentrale Orte in Deutschland

findet sich in verschiedensten **Instrumenten der Raumordnung** wieder (z.B. Landesentwicklungspläne, Regionalpläne). Ober-, Mittel- und Grundzentren werden dabei normativ als idealer Entwicklungszustand festgelegt **(Abb. 2.13)**. Damit verbunden ist einerseits das Ziel, durch die angestrebte Ausstattung der Orte mit zentralörtlichen Funktionen zu einer ausgewogenen Raumstruktur beizutragen (Erreichbarkeit sozialer Einrichtungen, Schaffung gleichwertiger Lebensbedingungen in allen Teilräumen eines Staates). Gleichzeitig ermöglichen es diese planerischen Festsetzungen auch, ein unerwünschtes und überproportionales Wachstum rangniedriger Orte (z.B. Ansiedlung großer Einkaufszentren in ländlichen Gemeinden) und die damit zusammenhängenden Implikationen (z.B. Verkehrsproblematik, Leerstände in historischen Stadtzentren) zu unterbinden.

Ab den 1990er-Jahren wurde das Prinzip der Zentralen Orte in erweiterter Form auch im **Konzept der Städtenetze** aufgegriffen. Dieses weicht aber von streng hierarchischen Strukturprinzipien und eindeutigen Zuordnungen von Markt- und Versorgungsgebieten ab und sieht arbeitsteilige Netzwerke der gemeindeübergreifenden Kooperation vor. So ist beispielsweise denkbar, dass benachbarte und in Konkurrenz zueinander stehende Orte derselben Zentralitätsstufe sich partnerschaftlich darauf verständigen, nicht alle ihrem Status zugeordneten öffentlichen Infrastrukturleistungen vorzuhalten, sondern abgestimmte Teilaufgaben zu übernehmen (z.B. Bau und Betrieb von Sportzentren, Schulen, Krankenhäusern, Regionalflughäfen). Während es bei der Politik der Zentralen Orte vor allem um eine Optimierung der Versorgung in der Fläche geht, stehen bei den Städtenetzen Fragen der Entwicklung und der Synergieeffekte durch Kooperation im Vordergrund. Außerdem basieren sie auf freiwilligen Zusammenschlüssen bzw. Projekten, und nicht auf formal verfassten Verwaltungshierarchien.

Anschauliche Beispiele sind etwa das sächsisch-bayerische Städtenetz, in dem die Städte Bayreuth, Chemnitz, Hof, Plauen und Zwickau kooperieren. Die fünf Kommunen konzentrieren ihre Zusammenarbeit vor allem auf die Verkehrsinfrastruktur, auf die Tourismusförderung und die Kultur. Das bergische Städtedreieck (Remscheid, Solingen, Wuppertal) ist dagegen stärker auf die Themen Arbeitsmarkt, Beschäftigung und Strukturpolitik sowie Umwelt und Energie fokussiert. Es unterhält ein eigenes Regionalbüro, das von den beteiligten Städten finanziert wird und die Aktivitäten koordiniert. Dass auch größere Metropolen die Zusammenarbeit mit Nachbarstädten anstreben, zeigt erfolgreich das Beispiel des Städtenetzes München-Augsburg-Ingolstadt (MAI).

Theorie der Marktnetze (August Lösch) | 2.5

August Lösch (1906–1945) **greift in seiner Theorie der Marktnetze** („Die räumliche Ordnung der Wirtschaft", 1940) **Grundüberlegungen von Christallers Theorie auf und entwickelt diese** in Bezug auf Standortmuster des Produzierenden Gewerbes modellhaft **weiter.** Neben den Grundannahmen zur physischen Raumbeschaffenheit und zum rationalen Verhalten wirtschaftlicher Akteure übernimmt er das Prinzip der unteren/inneren Reichweite zur Bestimmung des Marktgebiets eines am Standort X hergestellten Gutes A.

Hieraus ergibt sich wiederum eine im optimalen Falle wabenförmige Aufteilung des Raums in Marktgebiete mit jeweils einem zentralen Produktionsstandort. Aufgrund unterschiedlicher Produktmerkmale (z.B. Preis/Gewinnmargen, Nutzungshäufigkeit, Lebensdauer, Transportmöglichkeit) variiert jedoch der Zuschnitt der Marktgebiete einzelner Industriegüter **(Abb. 2.14)**. In seinem Modell überlagert und verschiebt Lösch diese verschiedenen Standortmuster so lange, bis die größtmögliche Konzentration von Produktionsstandorten erreicht ist **(Abb. 2.15)**. Aus diesen Marktnetzen ergibt sich ein Gefüge von Orten höherer Zentralität.

Die vereinfachte Darstellung in Abbildung 2.16 lässt erkennen, dass – anders als im Modell der Zentralen Orte – kein homogenes Raummuster entsteht, sondern es zur ungleichen Verteilung städtischer Siedlungen im Raum kommt. Zudem ergibt sich kein striktes Hierarchiegefüge, da nicht an jedem Zentralen Ort zwangsläufig auch alle Produkte der rangniedrigeren Orte hergestellt werden. Vielmehr kommt es zur Ausprägung einer horizontalen Hierarchiedimension in Form komplementärer Ausstattungen benachbarter Orte. Dem Modell von Lösch wird deshalb eine **höhere Realitätsnähe** bescheinigt. Ansonsten können insbesondere hin-

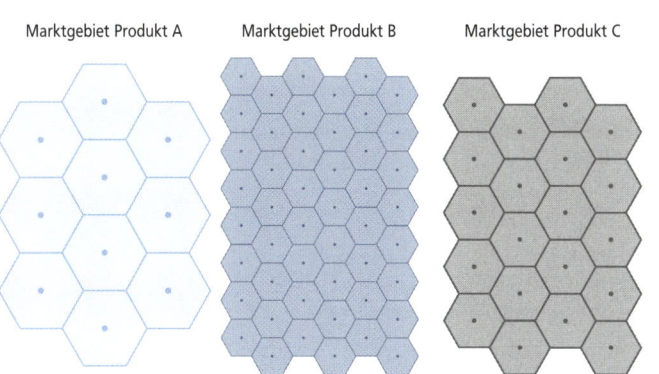

Abb. 2.14

Marktgebietsgrößen unterschiedlicher Industrieprodukte

sichtlich des statischen Charakters des Ansatzes dieselben Kritikpunkte vorgebracht werden wie bei Christallers Theorie. Für die Raumplanung haben Löschs Marktnetze im Vergleich zu Christallers Theorie der Zentralen Orte jedoch nie eine besondere Bedeutung erlangt.

Abb. 2.15

Das Marktnetz als optimale Überlagerung der Marktgebiete

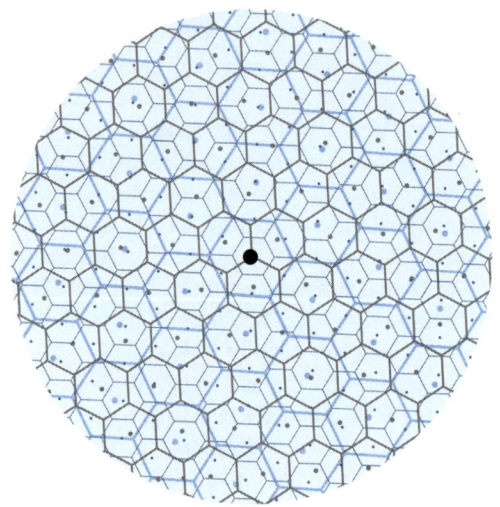

Abb. 2.16

Zentrale Orte im Marktnetz (auf zwei Hierarchieebenen vereinfacht)

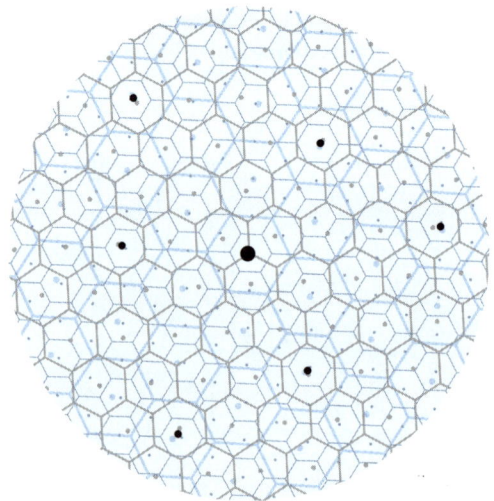

Unternehmerische Standortwahl: Industriestandortlehre (Alfred Weber) | 2.6

Die bisher vorgestellten neoklassischen Theorien und Modelle gehen analytisch zwar von den Verhaltensweisen einzelner Marktteilnehmer aus, beschäftigen sich auf dieser Grundlage aber vor allem mit Fragen der ökonomisch optimalen Raumstruktur. **Alfred Weber** (1868–1958) versuchte dagegen in seiner bereits 1909 veröffentlichten Industriestandorttheorie zu klären, wie der **transportkostenoptimale Standort** für ein einzelnes Unternehmen bzw. einen einzelnen Betrieb bestimmt werden kann (Weber 1909).

Wie von Thünen, Christaller und Lösch geht auch Weber deduktiv und entsprechend der Methode der isolierenden Abstraktion vor. Seine Prämissen sind ähnlich, auch er geht beispielsweise von zu Gewicht und Entfernung proportionalen Transportkosten sowie dem homo oeconomicus aus. Um die Komplexität des industriellen Standortproblems zu reduzieren, nimmt er zudem an, dass sowohl die Lokation der zur Produktion notwendigen Rohmaterialien als auch die Konsumorte gegeben und bekannt sind. Da die Preise für Industrieprodukte und die Produktionskosten im Raum als konstant angenommen werden, können Unternehmen ihren Gewinn nur durch Transportkosteneinsparungen maximieren. Der optimale Standort für einen Industriebetrieb ist nach Weber also derjenige, bei dem zwischen den Abbauorten der Rohmaterialien, dem Produktionsort und dem Konsumort die wenigsten Tonnenkilometer (verstanden als Produkt aus Entfernung und Gewicht) zurückgelegt werden müssen. Diesen Punkt bezeichnet er als **tonnenkilometrischen Minimalpunkt**.

Die im Produktionsprozess verarbeiteten Materialien lassen sich wie folgt unterscheiden:

Lokalisierte Materialen sind aus geologischen Gründen an bestimmte Abbauorte gebunden. Dabei gibt es *Reingewichtsmaterialen*, die mit ihrem ganzen Gewicht in das Endprodukt eingehen (z. B. Edelmetalle) sowie *Gewichtsverlustmaterialien*, die entweder gar nicht (z. B. Energieträger) oder nur zu einem Teil (z. B. Eisenerz) in das Endprodukt eingehen.

Ubiquitäre Materialien sind in ihrer Gewinnung nicht an bestimmte Standorte gebunden, sondern überall frei verfügbar (z. B. Luft, Sauerstoff, weitgehend auch Wasser).

Davon ausgehend lässt sich das Problem der Standortsuche in einer einfachen Form wie folgt modellieren: Für einen Produktionsprozess sind zwei Materialien notwendig, deren Abbauorte (M1 und M2) bekannt und gegeben sind. Daneben gibt es einen ebenfalls bekannten und gegebenen Konsumort (K), an dem das fertige Produkt verkauft werden kann. Sind

Abb. 2.17

Standortdreiecke nach Alfred Weber

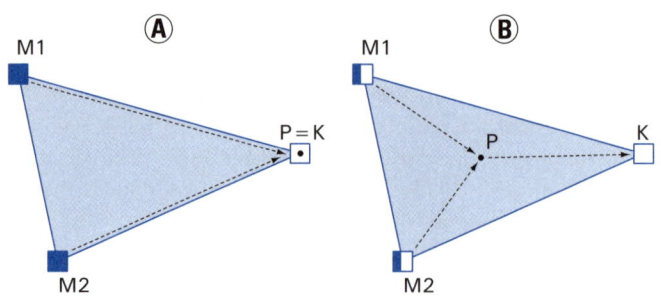

nun beide Materialien Ubiquitäten, liegt der tonnenkilometrische Minimalpunkt (P), am Konsumort (K). Weil beide Materialien überall – also auch am Konsumort – verfügbar sind, macht es keinen Sinn, sie von woanders heranzutransportieren.

Ist eines der beiden Materialien (M1) ubiquitär verfügbar, das andere ein Reingewichtsmaterial (M2), liegt der tonnenkilometrische Minimalpunkt (P) entweder auf der Verbindungslinie zwischen M2 und K (Ubiquität geht gewichtsmäßig nicht ins Endprodukt ein) oder bei K (Ubiquität geht ganz oder teilweise ins Endprodukt ein).

Sind beide Materialien lokalisiert und Reingewichtsmaterialien, ist ebenfalls der K der tonnenkilometrische Minimalpunkt, weil in diesem Fall nur die beiden Strecken von M1–K und M2–K zurückgelegt werden müssen **(Abb. 2.17 A)**. Bei allen anderen Lösungen müsste entweder das Gewicht eines der beiden Materialien über zwei Strecken transportiert werden (P = M1, P = M2) oder es müsste eine zusätzliche Strecke von P zu K zurückgelegt werden (P irgendwo im Dreieck zwischen M1, M2 und K).

Insgesamt ergeben sich **sechs** grundsätzlich **unterschiedliche Kombinationen von Ubiquitäten, Reingewichts- und Gewichtsverlustmaterialien** – und noch sehr viele mehr, wenn unterschiedliche Grade von Gewichtsverlusten berücksichtigt werden. Hier müssen nicht alle Möglichkeiten detailliert dargestellt werden, weil es weniger um die exakte Bestimmung von möglichen tonnenkilometrischen Minimalpunkten (P) als um die zugrundeliegende Logik geht. In den meisten Fällen spannt sich zwischen M1, M2 und K ein Standortdreieck auf, auf dessen Fläche der tonnenkilometrische Minimalpunkt liegt **(Abb. 2.17 B)**. Wo genau im Standortdreieck er sich befindet, hängt von den Charakteristika der Materialien ab, die in der Produktion verwendet werden (Grad der Gewichtsverluste von M1 und M2). Grundsätzlich rückt aber der tonnenkilometrische Minimalpunkt bei hohen Gewichtsverlusten in Richtung der Materialfundorte, bei geringen Gewichtverlusten in Richtung des Konsumorts.

Das in diesem ersten Schritt von Weber entworfene Standortmodell stellt eine starke Simplifizierung der industriellen Standortfindung dar, weil außer dem Transport keinerlei raumabhängige Kosten berücksichtigt werden. Deshalb erweitert Weber sein Grundmodell der Standortdreiecke und führt mit im Raum **variablen Arbeitskosten** (Lohnkostendifferenzen) und den **Agglomerationseffekten** (Kostenvorteile der Unternehmen bei räumlicher Vergesellschaftung) zwei zusätzliche Bedingungen ein. Der optimale Produktionsstandort entfernt sich danach vom tonnenkilometrischen Minimalpunkt, wenn an einem anderen Ort die Lohnkostenersparnisse höher ausfallen als die zusätzlichen Transportaufwendungen. Die Linien gleicher zusätzlicher Kosten, die sich durch eine Abweichung vom tonnenkilometrischen Minimalpunkt ergeben, nennt Weber Isodapanen. Die **kritische Isodapane** ist diejenige Linie, bis zu welcher die Ersparnisse höher ausfallen als die zusätzlichen Transportkosten. Gleiches gilt, wenn Kostenersparnisse dadurch erzielt werden können, dass der Betriebsstandort im Raum in Richtung anderer vergleichbarer Betriebe gerückt wird (Agglomerationsvorteile z. B. durch gemeinsam nutzbare Infrastruktur). Weitere Deviationen, wie räumlich begrenzte Subventionszahlungen oder räumlich variable Stromkosten, wären denkbar.

Abb. 2.18

Zuckerfabrik an der Küste von Queensland/Australien

Abb. 2.19

Braunkohletagebau Garzweiler im rheinischen Revier, im Hintergrund ein Braunkohlekraftwerk

Immer würde der ökonomisch-rational denkende Unternehmer die Kosten für die zusätzlichen Tonnenkilometer gegenüber den an einem anderen Standort erzielbaren Kosteneinsparungen abwägen und auf dieser Basis seine Entscheidung treffen.

Das wesentliche Verdienst Webers war es, die industrielle Standortwahl für einen einzelnen Betrieb in einem in sich konsistenten theoretischen Ansatz abgebildet und analysiert zu haben. Sein Ansatz lieferte wesentliche **Impulse für eine theoretische Weiterentwicklung** der industriellen Standortlehre und vielfältige empirische Untersuchungen. Gleichwohl zog auch Webers Industriestandorttheorie aufgrund der starken Vereinfachungen und teilweise realitätsfernen Annahmen erhebliche Kritik auf sich. Moniert wurden die Vernachlässigung der Absatz- bzw. Erlösseite, die Annahme der Transportkosten als lineare Funktion der kilometrischen Entfernung, die unzureichende Abbildung der Produktionsprozesse und Agglomerationseffekte sowie die isolierte Betrachtung der Standortwahl von anderen unternehmerischen Entscheidungen. Webers Ansatz ist zudem deutlich in der Zeit der Industrialisierung und des Ausbaus der transportkostenempfindlichen Schwerindustrie verhaftet. Für heutige Standortfragen sogenannter footloose industries (siehe **Kapitel 3.2**), die nicht mehr unmittelbar an Rohstofffundorte gebunden sind, kann die Webersche Theorie kaum Antworten liefern. Aufgrund des industriellen Strukturwandels der letzten Jahrzehnte lassen sich die Grundzüge von Webers Überlegungen nur noch auf wenige, besonders **transportkostensensible Produktionszweige** anwenden. Beispiele hierfür wären besonders energieaufwendige Produktionsprozesse, wie die Aluminiumverhüttung und die Stromgewinnung aus Braunkohle (Standorte am Energieträger, **Abb. 2.19**), sowie die Standortwahl von Betrieben der Nahrungsmittelindustrie, die Gewichtsverlustmaterialien zu standardisierten Massengütern verarbeiten. Letzteres trifft beispielsweise auf Zuckerfabriken **(Abb. 2.18)** zu, die aufgrund des Gewichtsverlusts bei der Produktion und des drohenden Qualitätsverlusts bei Transport und Lagerung in unmittelbarer Nähe der Anbauflächen von Zuckerrohr oder Zuckerrüben angesiedelt sind.

Weiterentwicklung der industriellen Standortlehre (David M. Smith) | 2.7

Eine der bedeutendsten Weiterentwicklungen der Weberschen Theorie stammt vom britischen Wirtschaftsgeographen **David M. Smith** (geb. 1936), der als einer der wichtigsten Vertreter der sogenannten **Marginalschule** gilt. Smith bezieht sich in seinem 1971 (erste Auflage, 1981 erweitert) erschienen Werk „Industrial Location" explizit auf Webers Überlegungen, nimmt aber zwei wesentliche Änderungen vor. Erstens berücksichtigt er neben variablen Kosten auch im Raum variable Erlöse. Zweitens geht er davon aus, dass Unternehmen zwar Gewinne erwirtschaften wollen, aber nicht zwangsläufig deren Maximierung anstreben. Aufgrund dieser zweiten Erweiterung ergeben sich nicht mehr punktförmige Standorte maximaler Gewinne, sondern Standortzonen, innerhalb derer sich Gewinne realisieren lassen.

Anhand von einfachen räumlichen **Kosten- und Erlösfunktionen** werden die Zusammenhänge graphisch dargestellt **(Abb. 2.20)**. Die Abszisse stellt dabei einen Schnitt durch einen abstrakten Raum dar. Auf der Ordinate werden die im Raum variierenden Kosten und Erlöse abgetragen. Ein Teil der Gesamtkosten ist standortunabhängig (Grundkosten, z. B. Kosten für Maschinen oder Ubiquitäten), ein anderer Teil wird von variablen Lage-

Abb. 2.20

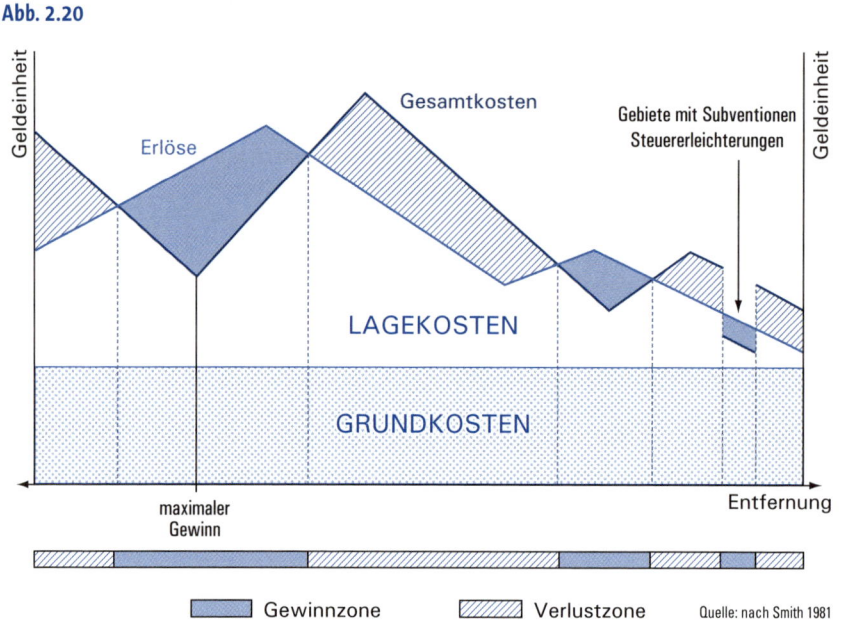

Räumliche Erlös- und Kostenkurven nach David M. Smith

kosten bestimmt (Grundstückskosten, Transportkosten, regional unterschiedliches Lohnniveau usw.). Die Erlöse variieren ebenfalls im Raum, weil beispielsweise in großen Städten mehr Produkte abgesetzt werden können oder aufgrund der höheren Kaufkraft bessere Preise zu erzielen sind als auf dem Land. Durch die **Schnittpunkte der Erlös- mit der Gesamtkostenkurve** lassen sich nun Zonen darstellen, innerhalb derer ein Industriebetrieb mit Gewinn wirtschaften kann und eine gewisse Wahlfreiheit bei der Standortentscheidung hat. Diese **Gewinnzonen** werden durch sogenannte margins begrenzt (darauf basiert der Begriff Marginalschule). Stellt man sich nun anstatt einer einfachen zweidimensionalen Liniengraphik ein dreidimensionales Bild mit Kosten- und Erlösoberflächen vor, ergeben sich daraus geometrische Gewinnzonen mit mehr oder weniger ringförmig verlaufenden Linien gleichen Gewinns.

Auf Basis der Kosten- und Erlösfunktionen lassen sich kontrolliert weitere Einflüsse auf die Standortwahl analysieren (Smith 1981: 167ff.). Es zeigt sich, dass besonders kosteneffiziente Unternehmen durch eine insgesamt niedriger verlaufende Kostenkurve mehr Standortalternativen haben als weniger kosteneffiziente. Aber auch die Wirkungen staatlicher

Einflüsse lassen sich einfach veranschaulichen. So können beispielsweise gezielte, räumlich begrenzte Steuererleichterungen ceteris paribus dazu führen, dass auch außerhalb der ursprünglichen Gewinnzonen sekundäre Standortalternativen entstehen **(Abb. 2.20)**. Andersherum könnten zu starke Belastungen durch hohe lokale Gewerbesteuern oder besondere Umweltschutzauflagen dazu führen, dass Gewinnzonen eingeschränkt werden.

Das Modell von Smith ist nicht nur weniger restriktiv als das von Weber, sondern vor allem auch flexibler, weil damit vielfältigere Einflüsse auf unternehmerische Kosten- und Erlösstrukturen analysiert sowie empirisch beobachtete Entscheidungssituationen besser abgebildet werden können. Aufgrund der Flexibilisierung der homo oeconomicus-Annahmen schlägt das Konzept von Smith auch eine Brücke zur behavioristischen Standortforschung (siehe **Kapitel 3.1**).

Interdependente Standortwahl (Harold Hotelling) und Agglomerationseffekte | 2.8

Weber und Smith modellieren die Standortwahl eines Unternehmens als weitgehend isolierten Entscheidungs- und Optimierungsprozess, in dem die Verhaltensweisen anderer Unternehmen entweder gar keine Rolle spielen oder lediglich summarisch über Kosten- und/oder Erlösfunktionen abgebildet werden. Einen grundsätzlich anderen Ansatz hat der US-amerikanische Statistiker und Wirtschaftswissenschaftler **Harold Hotelling** (1895–1973) im Jahre 1929 entwickelt (Hotelling 1929). Er analysiert die unternehmerische Standortwahl in Abhängigkeit von **marktstrategischen Entscheidungen** gleichartiger Unternehmen derselben Branche.

In seinem einfachen Gedankenspiel geht er von zwei Anbietern aus, welche bei gleichen Produktionskosten ein vergleichbares Produkt zum gleichen Preis an einen identischen potenziellen Kundenkreis verkaufen. Die Kunden haben keine Präferenz für einen der beiden Anbieter, versuchen aber ihren Verkehrsaufwand zu minimieren und wählen deshalb immer den nächstgelegenen Anbieter. Abgesehen davon ist die Nachfrage aber gegenüber der Entfernung unelastisch, d. h. die nachgefragte Menge nimmt mit zunehmender Distanz zwischen Anbieter und Nachfrager nicht ab. Hotelling geht zudem von einem linearen Marktgebiet aus, wie es beispielsweise entlang einer Straße gegeben ist, an der die potenziellen Nachfrager gleich verteilt angesiedelt sind.

Abbildung 2.21 stellt den Prozess der Standortwahl der beiden Anbieter schematisch dar. In einer linearen Anordnung (z. B. entlang einer in West-Ost-Richtung verlaufenden Straße) sind 20 Nachfrager für ein bestimmtes

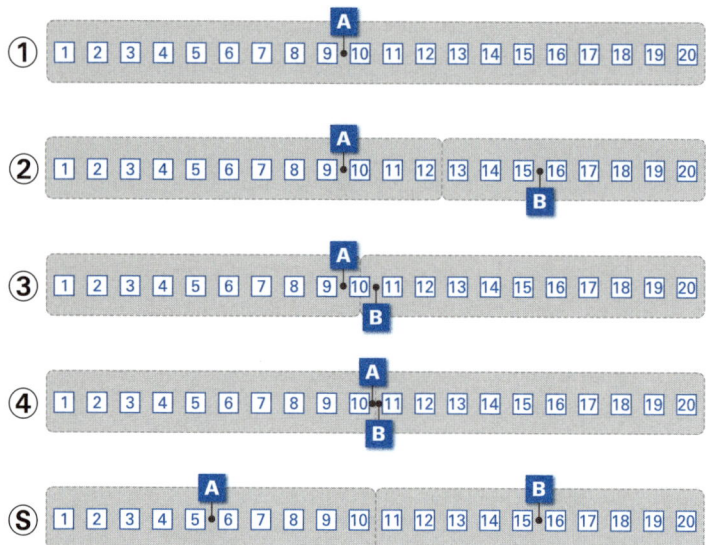

Abb. 2.21

Modell der interdependenten Standortwahl nach Harold Hotelling

Produkt lokalisiert. Zu Beginn gibt es nur einen Anbieter (A). Dieser hat aufgrund der als unelastisch angenommenen Nachfrage zwar wenig Anreiz seine Standortwahl zu optimieren, wird sich aber intuitiv nahe der Mitte des Marktgebiets niederlassen und von dort aus alle 20 Nachfrager bedienen (1). Kommt nun ein zweiter Anbieter (B) dazu, könnte sich dieser zwischen Nachfrager 15 und 16 niederlassen, um den östlichen Straßenabschnitt zu bedienen (2). Sein Marktgebiet wäre mit 8 Kunden aber deutlich kleiner als das von A (12 Kunden). Um sein Marktgebiet auf Kosten von A zu vergrößern, zieht B um, genau in die Mitte der Straße (3). Nun hat A einen Nachteil (9,5 gegenüber 11,5 Kunden) und passt deshalb seinen Standort ebenfalls an. Am Ende sind beide Anbieter genau in der Mitte der Straße, sozusagen Rücken an Rücken, lokalisiert. A bedient von dort aus den westlichen Straßenabschnitt, B den östlichen (4).

Die interdependenten Standortentscheidungen von A und B führen also zur **räumlichen Ballung bzw. Agglomeration**. Diese Situation stellt nun ein stabiles Gleichgewicht dar, weil kein Anbieter durch Änderung seines Standorts noch eine Verbesserung herbeiführen oder sein Marktgebiet vergrößern kann. Kämen nun immer mehr Anbieter hinzu, ließe sich das in dem einfachen graphischen Modell zwar nicht mehr gut darstellen, aber an dem grundsätzlichen Mechanismus würde sich nichts ändern, die Agglomeration würde immer weiter wachsen. Dieses Standortmuster

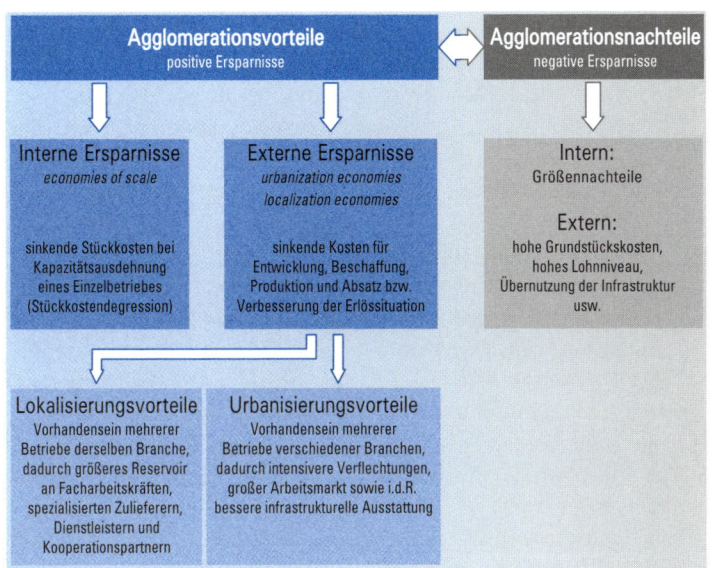

Abb. 2.22

Agglomerationseffekte

ist für die Nachfrager aber letztlich nachteilig, weil die Summe aller Wege erheblich höher ist als wenn sich die beiden Anbieter in der Mitte ihrer jeweiligen Marktgebiete niederlassen würden (S).

Das Hotelling-Modell, das häufig am Beispiel von zwei Eisverkäufern an einem Strand dargestellt wird, liefert eine plausible **Erklärung für die räumliche Konzentration gleichartiger Anbieter** und hat insbesondere für die Analyse und Planung von Standortentscheidungen im Einzelhandel Bedeutung gewonnen. Aus heutiger Sicht ist das wesentliche Verdienst von Hotelling die systematische Berücksichtigung wettbewerbsstrategischer Verhaltensweisen bei der Standortsuche. Allerdings sind seine Annahmen sehr restriktiv. Bei genauer Betrachtung wird beispielsweise deutlich, dass die beschriebene Ballung der Anbieter bei sich kooperativ verhaltenden Anbietern nicht eintreten würde und diese darüber hinaus ganz entscheidend von der unrealistischen Annahme einer entfernungsunelastischen Nachfrage bestimmt wird. Nimmt man, wie etwa Christaller, eine mit der Entfernung rückläufige Nachfrage an, ergeben sich dispersere Standortmuster, die dem gesamtgesellschaftlichen Ziel der flächenhaften Versorgung sehr viel näher kommen (siehe **Kapitel 2.4**). Während in der Theorie der Zentralen Orte nach Christaller die Kräfte der Ballung gleichartiger Anbieter stark unterschätzt werden, erhalten sie in Hotellings Ansatz zu viel Gewicht.

Hotellings Gedankenspiel spricht aber ein grundlegendes ökonomisches Phänomen an, das in der Wirtschaftsgeographie von großer Bedeutung ist. **Wirtschaftliche Akteure reagieren** bei ihren Standortentscheidungen **auf andere Akteure (interdependente Standortwahl)** und tendieren deshalb in vielen Fällen zur räumlichen Agglomeration (Ballung, Clustering).

Grundsätzlich lassen sich räumlich verteilte und räumlich konzentrierte Standortmuster wirtschaftlicher Aktivitäten unterscheiden (Dispersion und Agglomeration). Die Gründe für eine **disperse Verteilung** können vielfältig sein. Im Einzelhandel des täglichen Bedarfs (z. b. kleine Lebensmittelgeschäfte, Kioske) spielt die Erschließung der Kaufkraft in der Fläche eine wichtige Rolle (Extremfall: räumliche Monopole). Andere Tätigkeiten sind an das Vorkommen natürlicher Ressourcen gebunden (z. B. Bergbauoperationen, Sägewerke). In vielen Wirtschaftszweigen dominieren aber **Agglomerationseffekte**. Die Existenz von Millionenstädten oder von spezialisierten industriellen Ballungsräumen (z. B. Fahrzeug- und Maschinenbau in der Region Stuttgart, Computer und Halbleiterindustrie im Silicon Valley) wäre ohne die Wirkung positiver Agglomerationseffekte gar nicht zu erklären.

Eine Systematik von Agglomerationseffekten zeigt **Abbildung 2.22**. Danach lassen sich positive und **negative Effekte** unterscheiden. Letztere werden auch als **diseconomies** bezeichnet. Sie treten in der Regel auf, wenn Unternehmen oder einzelne Betriebsstätten so groß und komplex geworden sind, dass sie nur noch mit großem Aufwand zu steuern sind (interne Nachteile) oder wenn in Ballungsräumen die Arbeits- und Grundstückskosten aufgrund der großen Nachfrage stark ansteigen und die Infrastruktur überlastet ist (externe Nachteile).

Agglomerationsvorteile lassen sich ebenfalls in **(unternehmens-)interne** und (unternehmens-)externe **Vorteile** unterteilen. Intern wirken vor allem **Skaleneffekte** (economies of scale) agglomerierend. Durch die Vergrößerung der Ausbringungsmenge werden die fixen Kosten für eine produzierte Einheit gesenkt (Stückkostendegression) und Gewinnmargen erhöht. Damit erklären interne Agglomerationseffekte, warum sich in vielen Bereichen der Wirtschaft Massenproduktionsverfahren durchgesetzt haben und sowohl in der Industrie (z. B. Automobilbau, Elektronikindustrie) als auch im Bergbau und im Dienstleistungssektor (z. B. Einzelhandel, Reiseanbieter, Banken, Versicherungen) Großunternehmensstrukturen entstehen. Noch mehr interessieren sich Wirtschaftsgeographen aber für **externe Agglomerationsvorteile**, weil diese die Tendenz zur räumlichen Ballung ganzer Wirtschaftszweige erklären. Lokalisierungsvorteile (localization economies) können gegeben sein, wenn viele Betriebe derselben Branche in einer Region konzentriert sind. Sie profitieren dann beispielsweise davon, dass auf dem regionalen Arbeitsmarkt spezifische Qualifikationen zur Verfügung stehen oder viele Zulieferer von speziellen Halbfertigwaren in der Region zu finden sind. Urbanisierungsvorteile (urbanization economies) treten dagegen zwischen Betrieben unterschiedlicher Branchen auf. Dazu zählen Vorteile wie besonders große lokale Absatz- und Arbeitsmärkte, das Vorhandensein unternehmensorientierter Dienstleister (Banken, Unternehmensberatungen), hochwertiger Verkehrsinfrastruktureinrichtungen (Flughäfen, Schnellzugverbindungen, Autobahnen), spezialisierter Bildungs- und Forschungseinrichtungen (Hochschulen, Forschungsinstitute) oder vielfältiger Kulturangebote (Theater, Museen, Gastronomie).

Generell ergeben sich Lokalisierungsvorteile eher durch Spezialisierung, Urbanisierungsvorteile eher durch Vielfalt. Die beiden Effekte müssen sich aber keinesfalls gegenseitig ausschließen. Dies zeigen Metropolen wie London, New York oder Tokio aber auch kleinere Wirtschaftsräume wie die Region München. Diese Standorte bieten eine große Vielfalt an gleichwohl hoch spezialisierten Tätigkeiten. Gerade deshalb sind sie dauerhaft erfolgreich und robust gegenüber wirtschaftsstrukturellen Veränderungen (Metropolenvorteile).

Besonders auffällig ist die Tendenz zur räumlichen Ballung in Teilen des Einzelhandels, der beispielsweise in Stadtzentren oder Shopping Malls große Standortgemeinschaften bildet. Zudem agglomerieren sich gleichartige Anbieter vor allem in größeren Städten in bestimmten innerstädtischen Straßenabschnitten (z. B. Schuhgeschäfte, Juweliere; Extremform der räumlichen Branchensortierung: orientalische Basare) und bilden sogenannte **Standortallianzen**. Stärker als bei anderen Wirtschaftszweigen wirkt im spezialisierten Einzelhandel der Effekt, dass selbst vergleichbare Anbieter, wie Schuhgeschäfte, Juweliere, Galerien, Stoffhändler, aufgrund der hohen Produktvielfalt nie exakt das gleiche Angebot haben. Der Kunde profitiert deshalb in Agglomerationen von einer großen Auswahl auf kleinem Raum (Vergleichsvorteile). Die einzelnen Anbieter profitieren wirtschaftlich von der Anziehungskraft der gesamten **Standortagglomeration**, die ihnen mehr Kunden zuführt als sie aus eigener Kraft generieren könnten. Dies wiederum wirkt sich auch auf andere Anbieter aus (z. B. Bistros, Bankfilialen), welche die gleiche Zielgruppe ansprechen und von den Fußgängerströmen profitieren (Kopplungsvorteile).

Fragen

1. Erklären Sie das Prinzip der isolierenden Abstraktion.
2. Durch welche Eigenschaften zeichnet sich der homo oeconomicus aus?
3. Welche Variablen gehen in die Lagerentenformel nach J. H. von Thünen ein?
4. Wie lässt sich der Übergang von einer Landnutzungszone zu einer anderen nach J. H. von Thünen erklären?
5. Definieren Sie den Begriff „Grenzanbieter".
6. Was ist eine Rentenangebotskurve?
7. Was bedeutet die innere und äußere Reichweite eines Marktgebiets?
8. Wie unterscheidet sich das Christallersche Versorgungsprinzip vom Verkehrsprinzip?
9. Welche Steuerungsfunktionen bietet das Prinzip der Zentralen Orte in der räumlichen Planung?
10. Erklären Sie den Begriff tonnenkilometrischer Minimalpunkt.
11. Definieren Sie Reingewichtsmaterialien, Gewichtsverlustmaterialien und Ubiquitäten.
12. Wie unterscheiden sich optimizer und satisfizer?
13. Warum führt das marktstrategische Verhalten zweier gleichartiger Anbieter im Modell von H. Hotelling nicht zur sozial optimalen Lösung?
14. Was unterscheidet Lokalisierungs- von Urbanisierungsvorteilen und welche konkreten Effekte werden damit angesprochen?
15. Nennen Sie wesentliche Kritikpunkte, die gegenüber neoklassischen Standortmodellen geäußert werden.

Weiterführende Literatur

Blotevogel, H. H. (Hrsg.) (2002): Fortentwicklung des Zentrale-Orte-Konzepts. Forschungs- und Sitzungsberichte der ARL 217. Akademie für Raumforschung und Landesplanung, Hannover.

Maier, G., Tödtling, F. und Trippl, M. (2005): Regional- und Stadtökonomik 1. Standorttheorie und Raumstruktur. 4. Aufl., Springer, Wien/New York.

Schätzl, L. (2003): Wirtschaftsgeographie 1: Theorie. 9. Aufl., UTB 782. Schöningh, Paderborn et al.

Prozess- und innovationsbezogene Ansätze der Standortforschung | 3

Inhalt

Hauptanliegen dieses Kapitels ist es, Ansätze vorzustellen, die die **Standortfrage als dynamischen Prozess** auffassen und erklären. Weiterhin soll eine Sensibilisierung für das prozessbezogene Verständnis von Wirtschaftsgeographie geweckt werden, das in der aktuellen Forschung eine zentrale Rolle spielt. Zunächst geht es um die Klärung zentraler Grundbegriffe. Im Anschluss werden wegweisende Modelle vorgestellt, die zum einen Innovationen als Ausgangspunkt für räumliche Veränderungen sehen und zum anderen einen Eindruck vermitteln, wie ineinandergreifende Einflussfaktoren unternehmerisches Handeln und vorherrschende Wirtschaftsstrukturen bestimmen können. Dabei wird darauf verwiesen, dass gesellschaftliche Rahmenbedingungen und institutionelle Einflüsse in den vorgestellten Modellen und Theorien oft nur unzureichend berücksichtigt werden.

Schon früh wurden in der Wirtschaftsgeographie Alternativen zur neoklassischen Standortlehre entwickelt sowie Modelle und Theorien aus Nachbardisziplinen an räumliche Fragestellungen adaptiert. Zunächst griffen ab den 1960er-Jahren Vertreter der **behavioristischen Ansätze** die Kritik an den Rationalitätsvorstellungen des homo oeconomicus auf. Im Gegensatz zur Neoklassik betonen sie die Rolle individueller Entscheidungen und die Wahlfreiheit unternehmerischer Akteure. **Strukturelle Ansätze** verweisen dagegen auf die Abhängigkeit individueller Entscheidungen von politischen und gesellschaftlichen Makrostrukturen. Schließlich tragen **Konzepte der Innovationsforschung** sowie **Modelle technisch-ökonomischer Zyklen** dazu bei, das statische Konzept der neoklassischen Standortlehre durch einen deutlichen Prozessbezug zu überwinden. Entwicklungen über die Zeit hinweg stehen dabei im Fokus.

3.1 | Behavioristische Ansätze der Standortlehre

Die verhaltens- oder entscheidungstheoretischen Ansätze der **behavioral geography** versuchen, ein differenzierteres Bild des individuellen Verhaltens wirtschaftlicher Akteure – d.h. ihrer Motive, Handlungszwänge, Informationsdefizite und Abhängigkeiten – zu zeichnen. Bei dieser mikroskaligen Betrachtungsweise stehen Entscheidungsprozesse im Vordergrund, wie sie etwa im Zuge der Standortwahl, bei Investitionsentscheidungen oder bei einer strategischen Neuausrichtung von Unternehmen zum Tragen kommen. Anders als bei den neoklassischen Standorttheorien (siehe **Kapitel 2**), die davon ausgehen, dass die Akteure stets optimal informiert sind und streng rational handeln, interessieren sich die Vertreter verhaltenswissenschaftlicher Ansätze für die den Handelnden tatsächlich vorliegenden Informationen sowie für deren Informationsverarbeitungskapazität und Motive (z.B. Pred 1967, Überblick in Schamp 1983). **Im Gegensatz zum optimizer der Neoklassik gehen die verhaltenswissenschaftlichen Ansätze dabei von einem satisfizer aus.** Überwiegend induktiv angelegte empirische Arbeiten untersuchen und analysieren daher das tatsächliche, mitunter ökonomisch suboptimale Standortverhalten sowie die zugrunde liegenden Motive der Entscheidungsträger. Dabei zeigt sich zumeist ein mehrstufiger Suchprozess, der von Unsicherheiten, Zufälligkeiten, aber auch von individuellen Erfahrungswerten und Vorlieben geprägt ist. Während Großunternehmen bzw. ihre Berater systematische und standardisierte Prozeduren der Standortwahl und des Standortvergleichs entwickeln und Zugang zu entscheidungsrelevanten Daten haben, verfügen Kleinunternehmen häufig über einen eingeschränkten Informationsstand. Daher werden beispielsweise auch Nachahmereffekte innerhalb eines Wirtschaftszweigs, also das Kopieren erfolgreicher Entscheidungen anderer Unternehmen, beobachtet. Mit diesem Verhalten können Risiken minimiert werden, es lässt sich durch die neoklassische Standortfaktorenlehre aber nicht befriedigend begründen.

Durch die starke Spezialisierung auf stochastische Verfahren sowie aufgrund ihrer Annäherung an die Psychologie ist die explizit behavioristische Perspektive aus der aktuellen Wirtschaftsgeographie weitgehend wieder verschwunden. Gleichwohl haben ihre Grundkonzepte maßgeblichen Einfluss auf das Akteursverständnis neuerer wirtschaftsgeographischer Konzepte und insbesondere auf die Bewertung von Standortfaktoren.

Strukturelle Ansätze der Standortlehre | 3.2

Ähnlich wie die behavioristische Standortanalyse gehen auch **strukturelle Ansätze** davon aus, dass Unternehmen nicht nur auf spezifische Standortausstattungen reagieren. Vielmehr werden entsprechende Entscheidungen auch durch gesellschaftliche Rahmenbedingungen und externe Zwänge bestimmt. Hierzu zählen Normen und Gesetze ebenso wie ökonomische Abhängigkeiten zwischen Unternehmen oder auch persönliche und ethisch-moralische Dispositionen des Unternehmers. Zudem geht die strukturelle Standortforschung davon aus, dass Unternehmen ihrerseits in der Lage sind, Standortbedingungen aktiv zu verändern und damit selbst zur Schaffung geeigneter Rahmenbedingungen beizutragen. Dies ist beispielsweise dann der Fall, wenn ein Unternehmen durch Einflussnahme auf die Politik Infrastrukturprojekte anstößt, das Standortumfeld mit eigenen Forschungs- und Bildungseinrichtungen aufwertet oder durch Anziehung von Zulieferbetrieben und spezialisierten Dienstleistern das regionale Wirtschaftsgefüge prägt. Standortbedingungen werden daher nicht mehr als im deterministischen Sinne gegeben betrachtet, sondern werden vielmehr als Ergebnisse sozialer Prozesse verstanden, an denen Akteure aus Politik, Wirtschaft und Zivilgesellschaft beteiligt sind.

In der deutschsprachigen Wirtschaftsgeographie wurden in den letzten beiden Jahrzehnten vor allem zwei Ansätze aufgegriffen und für wirtschaftsgeographische Fragestellungen adaptiert. Die ursprünglich von neomarxistisch geprägten französischen Ökonomen und Sozialwissenschaftlern entwickelte **Regulationstheorie** trug dabei zur konzeptionellen Einordnung übergreifender Veränderungsprozesse in Wirtschaft und Gesellschaft bei (siehe **Kapitel 5.2**). Während hier auf einer metatheoretisch-strukturalistischen Ebene argumentiert wird, ist die von **Anthony Giddens** begründete **Strukturationstheorie** (1984) unmittelbarer auf Standortfragen anwendbar. Giddens richtet den Fokus auf die Wechselwirkung zwischen Strukturen und Einzelakteuren. Mit seinem Verständnis der Dualität von Strukturen erfasst er sowohl die zugrunde liegenden Normen, Regeln und Ressourcen als auch die zugehörigen sozialen Systeme. Letztere sind dabei nicht nur Ergebnis von Strukturen, sondern bestehen aus vielfältigen individuellen Akteuren, die ihrerseits Strukturen mitgestalten, reproduzieren oder auch verändern können. Struktur ist nach Giddens somit kein externer Rahmen individuellen Handelns, sondern vielmehr ein interner Gegenstand sozialer Praktiken. Diesen dynamischen Zusammenhang zwischen Struktur und System bezeichnet Giddens als Strukturation. Vor diesem Hintergrund betrachtet er den Zusammenhang zwischen Macht und Handeln und unterscheidet dabei zwischen zwei Formen machtrelevanter Ressourcen:

1. Unter **allokativen Ressourcen** versteht man die Möglichkeiten, materielle Phänomene zu verändern oder zu kontrollieren (bei wirtschaftlichen Akteuren z. B. der Zugriff auf natürliche Ressourcen, aber auch der Einfluss auf Produktionsmittel, Güter oder Infrastruktur).
2. Demgegenüber bezeichnen **autoritative Ressourcen** die „Herrschaft" über Personen oder Organisationen, also formale oder informelle Möglichkeiten der Kontrolle und Steuerung des Handelns anderer Akteure (z. B. Marktmacht eines Unternehmens gegenüber Mitbewerbern und Zulieferern, formale Weisungsmöglichkeiten gegenüber Personal, aber auch Beeinflussung politischer Prozesse durch Lobbyismus).

Durch das Handeln der Akteure und den Einsatz dieser Ressourcen verändern sich Strukturen in zeitlicher und räumlicher Hinsicht. Längerfristig bestehende Handlungsmuster, Regeln und Normen werden dabei als **Institutionen** bezeichnet (siehe **Kapitel 5**). Empirisch lassen sich die von Giddens entworfenen Ressourcenbegriffe ohne größere Probleme operationalisieren und in der qualitativen Analyse von Entscheidungsprozessen zur Standortwahl verwenden. So kann mit ihrer Hilfe beispielsweise die Durchsetzung von Interessen in Aushandlungsprozessen zwischen Unternehmen und Politik beschrieben und analysiert werden.

3.3 | Faktoren der unternehmerischen Standortwahl (Standortfaktoren)

Standortfaktoren lassen sich als Vorteile für eine wirtschaftliche Aktivität definieren, die an bestimmte Orte gebunden sind. Wie in **Kapitel 2** erläutert, spielten in den Standortmodellen der Neoklassik messbare bzw. physisch-materielle Faktoren, wie Bodenpreise, Transportkosten, Rohstoff- und Energiepreise, Arbeitskosten, Infrastrukturausstattung, eine zentrale Rolle. Basierend auf der im Abschnitt 3.2 diskutierten Erkenntnis, dass auch andere Kriterien ausschlaggebenden Einfluss auf Standortentscheidungen haben können, wurden die **harten Faktoren** um sogenannte **weiche Standortfaktoren** ergänzt. Letztere reichen von Fragen des Standortimages („Adresse" eines Unternehmens) über Aspekte der Wohn- und Lebensqualität für die Beschäftigten (z. B. Umweltqualität, Familienfreundlichkeit) bis hin zum Kultur- und Freizeitangebot. Während sich harte Standortfaktoren für Unternehmen durch ihre Messbarkeit meist unmittelbar auf das Betriebsergebnis auswirken (z. B. Kosteneinsparung, Absatzsteigerung), lassen sich weiche Standortfaktoren nur schwer messen und entfalten ihre Wirkung erst mittel- und langfristig (z. B. durch die besseren Möglichkeiten zur Personalrekrutierung aufgrund einer hohen Attraktivität der Standortregion für hoch qualifizierte Arbeitskräfte).

In diesem Kontext stehen auch die in Kommunalpolitik und Wirtschaftsförderung sehr populär gewordenen Arbeiten von Richard Florida (2002), der unter dem Etikett der creative class versucht, die Bedeutung des Kulturangebots, der Lebensqualität und Ästhetik von Städten als wirtschaftliche Erfolgsfaktoren zu bewerten. Dabei geht er davon aus, dass die kreativen Köpfe einer Gesellschaft, die in wissensintensiven Bereichen arbeiten (z. B. Wissenschaftler, Werbefachleute, Designer, Künstler, innovative Unternehmer) und die von ihnen ausgehenden Ideen und Innovationen entscheidend für das ökonomische Wachstum von Regionen sind. Da diese Menschen jedoch sehr sensibel auf weiche Standortfaktoren reagieren, stehen die Städte und Regionen in einem starken Wettbewerb, um diese anzulocken und zu halten

Box 3.1

Der Begriff der footloose industries

Aufgrund des Bedeutungswandels der Standortfaktoren und der größeren Standortflexibilität vor allem für solche Unternehmen, die nicht an Rohstoffvorkommen gebunden sind, entstand der etwas irreführende Begriff der footloose industries. Zwar ist die Standortwahl bei modernen Wirtschaftszweigen nur noch selten im Weberschen Sinne an lokalisierte physische Ressourcen gebunden, die nur wenige mögliche Standorte in Frage kommen lassen. Die Unternehmen sind aber dennoch nicht völlig frei in ihrer Entscheidung, da lokale Kontexte für den Erhalt ihrer Wettbewerbsfähigkeit in vielfacher Hinsicht relevant bleiben (z. B. Anwesenheit verwandter Branchen vor Ort, Verfügbarkeit entsprechender Qualifikationen auf dem lokalen Arbeitsmarkt, Attraktivität der Region für hoch qualifiziertes Personal).

Auch wenn sich die Standortfaktorenlehre im Standortmarketing und in der Wirtschaftsförderung noch immer großer Beliebtheit erfreut, spielt sie in der gegenwärtigen wissenschaftlichen Wirtschaftsgeographie nur noch eine untergeordnete Rolle. Das heißt aber nicht, dass Standortfaktoren irrelevant wären – ganz im Gegenteil. So kann in bestimmten Stadien des Entscheidungsprozesses ein einzelner Faktor maßgeblich sein (z. B. Arbeitskosten bei der Verlagerung eines Betriebs innerhalb Europas). Selten jedoch handelt es sich um monokausal zu begründende Standortentscheidungen. Hinzu kommt, dass Standortneugründungen von bestehenden Unternehmen in den meisten Wirtschaftszweigen seltene Ereignisse darstellen (Ausnahme z. B. expandierende und stark filialisierte Ketten des Einzelhandels, der Gastronomie und des Hotelgewerbes). Fragen des Erhalts und der Entwicklung bestehender Unternehmensstandorte sind demgegenüber stärker in das Blickfeld der Wirtschaftsgeographie gerückt. Daneben hat sich auch eine differenzierte wirtschaftsgeographische **Gründungsforschung** etabliert. Diese untersucht die regionalen Voraussetzungen, die Unternehmensneugründungen begünstigen (z.B. Fritzsch und Grotz 2004, Schmude 2003, Sternberg 2006, Tamasy 2010).

Mit den traditionellen Standortfaktoren lassen sich die Standortmuster neu entstehender Branchen in der Regel nicht befriedigend erklären. Hierzu ist meist sogar ein Perspektivenwechsel nötig, da junge Unternehmen in neuen Wirtschaftszweigen häufig weder über klare Standortanforderungen verfügen (bzw. diese noch nicht kennen) noch mit Unternehmen derselben Branche um den Standort konkurrieren. Sie verfügen somit zumindest theoretisch über eine relativ große Wahlfreiheit. Das im Zuge der Betrachtung neuer Technologieregionen von Allen Scott und Michael Storper (1987) geprägte Konzept der **windows of locational opportunity** geht davon aus, dass Pionierunternehmen weniger auf der Grundlage rationaler Standortvergleiche entscheiden, sondern vielmehr ein sich bietendes Gelegenheitsfenster für ihre Standortwahl nutzen. Die Standortwahl ist dabei in hohem Maße vom individuellen Verhalten der Akteure, von irrationalen Komponenten, biographischen Aspekten sowie Zufällen bestimmt. Diese Aspekte werden im Zusammenhang mit regionalen Entwicklungspfaden und ihrer historischen Dimension in **Kapitel 5** ausführlich behandelt.

3.4 | Neue Unternehmens- und Betriebsformen und ihr Einfluss auf wirtschaftliche Standortmuster

Viele Wirtschaftsunternehmen des Produzierenden Gewerbes und des Dienstleistungssektors haben in den letzten zwei bis drei Jahrzehnten einen tief greifenden organisatorischen Wandel erfahren, der vielfach auch die Standortmuster sowie die dazugehörigen funktionalen Verflechtungen (z.B. Güter- und Informationsströme) wesentlich verändert hat. Grundsätzlich lassen sich **zwei Entwicklungstendenzen** feststellen:

- eine rasant zunehmende **Internationalisierung** des Wirtschaftsgeschehens, die mit internationalen Fusionen, der Entstehung großer transnationaler Unternehmen (siehe **Kapitel 6.3**) sowie mit **Konzentrationsprozessen** und Oligopolbildung in wichtigen Branchen einhergeht (z.B. Chemische Industrie, Automobilindustrie, Einzelhandel, Telekommunikation, Banken, global agierende Finanzdienstleister)
- ein als **vertikale Desintegration oder flexible Spezialisierung** bezeichnetes Phänomen, nach dem in vielen Branchen solche Produktionssysteme besonders erfolgreich sind, die auf einer engen Zusammenarbeit spezialisierter Unternehmen basieren (siehe **Kapitel 5.6**).

Diese auf den ersten Blick widersprüchlichen Trends der Konzentration und Desintegration schließen sich nicht gegenseitig aus, sondern können mitunter in einem Unternehmen oder einer Branche gleichzeitig beobachtet werden. Dies zeigen die jüngeren Zusammenschlüsse und Strategischen Allianzen in der Automobilindustrie, die dazu geführt haben, dass der Weltmarkt gegenwärtig von wenigen großen Herstellern bestimmt wird. Als Beispiele können hier die französisch-japanische Renault-Nissan-Allianz einschließlich der Submarke Dacia oder die Volkswagen AG mit ihren Marken VW, Audi, Seat, Škoda, Porsche, Bentley, Bugatti und Lamborghini genannt werden. Gleichzeitig haben diese vormals vertikal stark integrierten Unternehmen ihre Produktionstätigkeiten auf die Endfertigung der Fahrzeuge konzentriert und die Mehrzahl der vorgelagerten Arbeitsschritte zur Herstellung von Einzelteilen und modularen Komponenten an spezialisierte Zulieferunternehmen abgetreten (Verringerung der Fertigungstiefe). Dabei wird auch in der Entwicklung neuer Fahrzeuge und Komponenten zunehmend mit externen Dienstleistern (z. B. Ingenieurfirmen, EDV- und Softwareentwickler) zusammengearbeitet (simultaneous engineering), um so auf spezialisiertes Know-how zugreifen zu können und eigene Personalkapazitäten einzusparen. Neben unmittelbaren Qualitäts- und Kostenaspekten beinhalten diese Strategien der vertikalen Desintegration auch den nicht zu unterschätzenden Aspekt der **Risikostreuung** durch Verteilung von Entwicklungskosten, Infrastrukturinvestitionen oder Absatzrisiken auf die Zulieferer und Partnerunternehmen. In diesem Zusammenhang wurde auch das Prinzip der just-in-time-Zulieferung entwickelt, bei dem Teile für die Massenfertigung erst kurz vor Einbau in das Endprodukt angeliefert werden. So werden Lager- und Logistikkosten am Endmontagestandort gespart.

Während das Wirtschaftsgeschehen und seine räumliche Organisation insgesamt von veränderten Produktions-, Transport- und Kommunikationsmöglichkeiten geprägt ist, profitiert der Dienstleistungssektor – hier insbesondere der Einzelhandel – vor allem absatzseitig von neuen Informationstechnologien und internetbasierten Vertriebswegen. So haben die Möglichkeiten des Internethandels oder **E-Commerce** nicht nur den traditionellen Versandhandel aufleben lassen, sondern teilweise ganz neuen Anbietern einen Marktzugang verschafft (z. B. kleine, dezentrale Standorte von Wiederverkäufern oder hoch spezialisierten Herstellern) und mitunter zu neuen Produkten und Produktionskonzepten geführt (z. B. individuelle Konfektionierung und Gestaltung von Textilien, Taschen und anderen Gebrauchsgegenständen über interaktive Schnittstellen). Auch diese Aktivitäten legen eine Neubewertung traditioneller Standortfaktoren nahe.

3.5 | Innovationsbezogene Konzepte der wirtschaftsräumlichen Entwicklung

3.5.1 | Innovation, Wissen und Lernen

Wie im Abschnitt 3.4 bereits angedeutet, steht die räumliche Dynamik der Wirtschaft häufig im Zusammenhang mit **technischen oder organisatorischen Innovationen**. Diese stellen den Motor der wirtschaftlichen Entwicklung dar. Dabei ist für die wirtschaftsgeographische Forschung nicht nur von Interesse, welche räumlichen Auswirkungen Innovationen haben (z.B. veränderte Standortmuster durch neue Produktionskonzepte in der Industrie), sondern auch die Frage, wie und unter welchen räumlichen Rahmenbedingungen und Konstellationen Innovationen entstehen können und im Erfolgsfall verbreitet werden. Innovationen sind daher nicht als punktuelle Ereignisse (Momente der Entdeckung oder Erfindung), sondern in der Regel als längerfristige Prozesse zu betrachten.

> **Box 3.2**
>
> **Begriffsdefinition: Invention, Innovation und Diffusion**
>
> Die Innovationsforschung unterscheidet zwischen der eigentlichen **Erfindung** (Invention) eines Produktes oder Verfahrens sowie der **Innovation** als Prozess der wirtschaftlichen Umsetzung der Neuerung. Selbst theoretisch marktfähige Erfindungen müssen nicht zwangsläufig zu einer Innovation führen. Kapitalmangel, Informationsdefizite, Widerstand etablierter Anbieter von Konkurrenzprodukten, rechtlich-administrative Barrieren sowie technische oder sozioökonomische Pfadabhängigkeiten können dazu führen, dass selbst reife Produkte nicht in Serienfertigung gehen oder vielversprechende Verfahrensänderungen nicht umgesetzt werden. Der Prozess der Ausbreitung einer Innovation, also die Übernahme der Neuerung durch immer mehr Marktteilnehmer, wird als **Diffusion** bezeichnet.

Die Wirtschaftsforschung unterscheidet auf Grundlage ihrer ökonomischen Bedeutung und Tragweite zwischen Basis- und Verbesserungsinnovationen:

- **Basisinnovationen** sind neue Produkte (Güter und Dienstleistungen), Herstellungsverfahren, Logistik-, Transport- und Kommunikationssysteme oder Vertriebsformen, die zu grundlegenden Veränderungen im Wirtschaftsgeschehen führen. Aus Sicht der Wirtschaftsgeographie sind dabei besonders jene Basisinnovationen interessant, die direkt oder indirekt zur Entwicklung neuer räumlicher Muster führen. So haben etwa im Zuge der Industrialisierung die Erfindung der Dampfmaschine und der Einsatz von Steinkohle als Energielieferant die Nut-

zung zahlreicher Industrieregionen erst möglich bzw. wirtschaftlich interessant werden lassen (z. B. nördliches Ruhrgebiet). Die Einführung der Eisenbahn als Verkehrsträger oder des Internets als Kommunikationsmedium sind weitere Basisinnovationen, deren räumliche Bedeutung offenkundig ist.
- Im Gegensatz dazu versteht man unter **Verbesserungsinnovationen** (inkrementelle Innovationen) graduelle Veränderungen an bereits bestehenden Produkten, Verfahren oder Vertriebsformen. Dabei können selbst kleinere Veränderungen größere räumliche Implikationen mit sich bringen. Der – klimapolitisch motiviert – zunehmende Einsatz sogenannter Biotreibstoffe in Verbrennungsmotoren zum Beispiel stellt zwar auf der Anwendungsseite keine wesentliche technische Neuerung dar (Verwendung der bisherigen Benzinmotoren, Tankstelleninfrastruktur etc.). Produktionsseitig zeichnen sich jedoch weitreichende und von Nutzungs- und Interessenskonflikten geprägte Veränderungen in der Land- und Forstwirtschaft sowie der Lebensmittelproduktion ab.

Box 3.3

Industrielle Revolution

Der rasante Industrialisierungsprozess, der im 18. Jahrhundert seinen Ausgang in Nordengland nahm und schnell weite Teile Westeuropas prägte, wird auch als **Industrielle Revolution** bezeichnet. Zwar handelt es sich dabei nicht um eine Revolution im eigentlichen Sinne und es war kein punktuelles historisches Ereignis, das zu einem abrupten Wandel der gesellschaftlichen Verhältnisse führte. Gleichwohl sorgte aber eine ganze Reihe von Basisinnovationen innerhalb eines vergleichsweise kurzen Zeitraums für eine grundlegende und umkehrbare Veränderung von Produktionsweisen, Konsummustern und Lebensverhältnissen.

Im Zuge der zunehmenden Mechanisierung der noch vorindustriellen Textilerzeugung auf der Basis von Schafwolle kam es in der ersten Hälfte des 18. Jahrhunderts zu einer Reihe von eher inkrementellen, sich aber teilweise wechselseitig bedingenden Verbesserungen im handwerklichen Herstellungsprozess. Verbesserungen am Webstuhl führten ab 1733 zu erhöhten Produktionsmengen und zu Engpässen in der Versorgung mit Garnen. Dies erzwang Verbesserungsinnovationen in der Garnherstellung, die 1769 im wasserkraftbetriebenen Spinnrad mündeten. Die erhöhte Garnproduktion ermöglichte weitere Produktionssteigerungen in der Textilherstellung. Hierbei gilt die Erfindung und Einführung des mechanischen Webstuhls (1784) als Schlüsselereignis. Ihm folgten weitere Basisinnovationen, etwa die Baumwollentkörnungsmaschine 1793, die als Antwort auf die wachsende Nachfrage nach Garnen in den USA entwickelt wurde.

Die 1769 von James Watt patentierte Version der Dampfmaschine trug maßgeblich zu einem weiteren Entwicklungsschub bei. Ab 1789 löste die Dampfkraft in der Textilindustrie zunehmend die Wasserkraft als Hauptenergielieferant ab und ermöglichte erstmals eine industrielle Massenfertigung. Es kam im Weiteren zu einer rasant wachsenden Nachfrage nach Produktionsmitteln (Maschinen, Farbstoffe) und verbesserter Infrastruktur (z. B. Eisenbahn), wodurch auch andere Gewerbezweige von dynamischen Entwicklungen erfasst wurden und sich sukzessive industrialisierten: Chemische Industrie, Maschinenbauindustrie, Bau von Eisenbahnen (Netze und Fahrzeuge) und Dampfschiffen. Angesichts dieser Selbstverstärkungseffekte der Industrialisierung ist im französischsprachigen Raum auch die Bezeichnung **industrie industrialisante** gebräuchlich.

Erklärungen dafür, warum dieser Prozess seinen Ursprung in England hatte, werden einerseits im dortigen Gesellschaftssystem (frühzeitige Aufgabe der Leibeigenschaft, frühes ländliches Proletariat, protestantischer Wirtschaftsgeist) und andererseits in Englands Vorteilen als Kolonialmacht (Zugang zu Rohstoffen, Kapitalakkumulation durch Kolonialhandel) gesehen. Zudem konnten relativ bald Ertragssteigerungen in der Landwirtschaft erzielt werden, die das mit der Industrialisierung einhergehende Bevölkerungswachstum und die rasante Urbanisierung erst ermöglichten. Letztlich sind auch die heutigen deutlichen Wohlstandsunterschiede auf der Erde auf die Industrialisierung zurückzuführen. Waren die Einkommensunterschiede im frühen 19. Jahrhundert noch relativ gering, konnten fortan – ausgehend von Großbritannien – die Länder West- und Mitteleuropas, die USA, Kanada, Australien und Neuseeland und später auch Japan aufgrund ihrer industriellen Entwicklung für lange Zeit ein konstant deutlich höheres wirtschaftliches Wachstum erzielen als der Rest der Welt.

Der Übergang zur industriellen Massenproduktion vor allem im 19. Jahrhundert wird auch als **industrial divide** bezeichnet. Daran angelehnt bezeichnet der Begriff **second industrial divide** (Piore und Sabel 1984) den später (siehe **Kapitel 5**) eingehend beschriebenen, seit Mitte der 1970er-Jahre greifenden Übergang von der fordistischen Massenproduktion zu den postfordistischen, flexibel-desintegrierten Produktionssystemen.

Je nach Inhalt oder Zweck der Basis- oder Verbesserungsinnovation wird häufig zwischen

- Produktinnovationen (neue Produkte),
- Prozess- oder Verfahrensinnovationen (neue Herstellungsverfahren),
- Marktinnovationen (z. B. Erschließung neuer Zielgruppen),
- Vertriebsinnovationen (z. B. Eröffnung neuer Vertriebswege) und
- Strukturinnovationen oder organisatorischen Innovationen (z. B. veränderte Arbeitsteilung zwischen Unternehmen, neue Managementinstrumente) unterschieden.

Von Scheininnovationen ist dann die Rede, wenn ein Produkt nicht qualitativ verbessert wurde, sondern nach geringfügigen oder gar nur äußerlich vorgetäuschten Veränderungen als „neu" oder „leistungsfähiger" beworben und vermarktet wird. Dies ist beispielsweise immer wieder bei Konsumartikeln, wie Lebensmitteln, Kosmetika oder Arzneien, zu beobachten.

Bevor im Weiteren verschiedene Innovationsmodelle und ihre räumlichen Implikationen vorgestellt werden, sind zunächst noch zwei Begriffe zu klären, die in der jüngeren Wirtschaftsgeographie eine hohe konzeptionelle Bedeutung erlangt haben und mit deren Hilfe Innovationsprozesse aus räumlicher Perspektive analysiert werden können: Wissen und Lernen. Dabei wird auf Konzepte aus der Wissenssoziologie, der Organisationslehre und der Kommunikationsforschung zurückgegriffen.

Wissen gilt, nicht zuletzt aufgrund des im Eingangskapitel des Buches bereits angesprochenen Trends zur Tertiärisierung, heute als eine wichtige strategische Ressource oder gar **als Meta-Produktionsfaktor** (Ellger 1996: 92), weshalb beispielsweise auch von „Wissensökonomien" die Rede ist.

Box 3.4

Information – Wissen – Lernen

Während mit **Informationen** leicht zwischen Individuen austauschbare Daten und Kenntnisse von Einzeltatsachen gemeint sind, ist der Begriff **Wissen** weiter gefasst. Informationen werden hier nicht als isolierte Datensätze verstanden, sondern sind stets soziokulturell eingebettet und stehen in einem übergreifenden Zusammenhang mit anderen Informationen und Wissensbeständen. Es handelt sich bei Wissen also um von Individuen verarbeitete und zueinander in Beziehung gesetzte Informationen, die zu bestimmten Handlungen, Bewertungen und Prognosen befähigen. Wissen ist somit stets an Personen gebunden, entweder individuell (persönliches Wissen) oder kollektiv (Wissensbestand einer Gruppe bzw. Organisation, der von seinen Mitgliedern geteilt wird). Von **Lernen** spricht man, wenn sich Personen (oder Gruppen) neues Wissen aneignen, etwa durch gesammelte Praxiserfahrungen, aus entsprechenden Quellen (Literatur, Seminare, Vorlesungen) oder durch Wissenstransfer zwischen Personen (z. B. Austausch mit Fachkollegen, Zusammenarbeit mit Kunden).

Für den Transfer von Wissen im Lernprozess ist relevant, in welcher Form das Wissen verfügbar ist. Wenn es sich um **explizites Wissen** handelt, liegt es so kodifiziert vor, dass es beispielsweise durch Gebrauchsanweisungen oder Handbücher problemlos und auch ohne unmittelbaren persönlichen Kontakt an Dritte weitergegeben werden kann (z. B. Aufbauanleitungen für Möbelstücke, Übergabeprotokolle, Industriestandards). **Implizites Wissen** ist hingegen an eine Trägerperson gebunden und wird über längere Zeiträume als Erfahrungswissen akkumuliert, das praktische Arbeitsroutinen eines Handwerkers ebenso prägen kann wie Investitionsentscheidungen eines Unternehmers. Im Gegensatz zum expliziten Wissen kann es nicht in Sprache oder Zeichen gefasst und unmittelbar kommuniziert werden. Es wird daher auch als „stilles" Wissen oder tacit knowledge (Polanyi 1966) bezeichnet. Sein Transfer ist in der Regel nur im persönlichen Kontakt zwischen der Trägerperson und der lernenden Person möglich und setzt meist eine Mindestdauer oder -häufigkeit des Kontaktes voraus. So wird beispielsweise ein Schreinerlehrling in der mehrjährigen Zusammenarbeit mit einem erfahrenen Handwerksmeister durch Beobachtung und Imitation praktisches Wissen erwerben, das nicht in Lehrbüchern oder in Fachseminaren kodifiziert vermittelt werden kann.

Diese beiden Wissenstypen sind aus wirtschaftsgeographischer Sicht besonders interessant, weil ihr Transfer in unterschiedlichem Maße von räumlicher Distanz beeinflusst wird. Während kodifiziertes Wissen beispielsweise in Form eines Lehrbuchs für ein bestimmtes Fachgebiet große Entfernungen zwischen Autor und Rezipienten überbrücken kann, ist die gemeinsame Erfahrungsbildung zur Weitergabe impliziten Wissens auf den persönlichen Kontakt angewiesen und damit – trotz aller Möglichkeiten der Telekommunikation – in der Regel auf gemeinsame Präsenz am selben Ort. Lernen durch Weitergabe impliziten **Wissens gilt** daher **als distanzempfindlich.**

Unter dem Stichwort **Lernende Organisation** (Senge 1990) sind kollektive Lernprozesse und Wissensbestände in Unternehmen zu einem wichtigen Forschungsgegenstand der Wirtschaftswissenschaften geworden. Es geht dabei nicht nur um die Frage, wie individuelles Wissen in Unternehmen kollektiviert wird (auch: systemisches Lernen), sondern ebenso um die Möglichkeiten der Steuerbarkeit dieser Lernprozesse durch Standardisierung und Kodifizierung (Wissensmanagement). Die Wirtschaftsgeographie interessiert sich in diesem Zusammenhang vor allem für das sogenannte **interorganisationale Lernen**, also den Wissenstransfer zwischen Unternehmen (z.B. in Netzwerken) oder zwischen Unternehmen und anderen Organisationen (z.B. im Kontext Lernender Regionen, siehe **Kapitel 5.6**). Beim organisationalen wie beim interorganisationalen Lernen spielt das Vermögen zur Weitergabe impliziten Wissens eine entscheidende Rolle. Die Bedeutung räumlicher Faktoren im Rahmen dieser Prozesse wird in **Kapitel 5** noch ausführlicher behandelt. Im Folgenden sollen zunächst einige zentrale Modelle der Innovationsforschung vorgestellt werden.

Tab. 3.1 | **Typologien individuellen und kollektiven Lernens**
(Quelle: verändert nach Amin und Cohendet 2004: 34)

	individuell	kollektiv
explizit/kodifiziert	bewusst, kognitiv **know what**	objektiviert, kodiert **know why**
implizit/tacit	automatisiert, verinnerlicht **know how**	gemeinschaftlich, soziokulturell eingebettet **know who**

Modell des Produktlebenszyklus | 3.5.2

Das vor allem von Raymond Vernon (1966) und Seev Hirsch (1967) entwickelte **Modell des Produktzyklus** basiert auf der Außenhandelstheorie (siehe Leontief-Paradoxon, **Kapitel 4.4**) und **nimmt für jedes Industrieprodukt einen phasenhaften Lebenszyklus an**. Dieser gliedert sich idealtypisch in eine Entwicklungs- und Einführungsphase mit niedrigen Produktionszahlen, eine Wachstumsphase mit rasant steigender Produktion, eine Reife- bzw. Sättigungsphase mit verlangsamtem Wachstum bzw. Stagnation und einer Schrumpfungsphase mit deutlich zurückgehenden Produktionszahlen **(Abb. 3.1)**.

Dieser Verlauf geht mit einem **Profitzyklus** einher **(Abb. 3.2)**. Da in der Einführungsphase kleinen Stückzahlen hohe Entwicklungs-, Produktions-, Werbe- und Vertriebs- sowie Finanzierungskosten gegenüberstehen, werden durch das innovierende Unternehmen Verluste gemacht. Mit wachsenden Produktions- und Absatzzahlen wird das Produkt aber zunehmend profitabel, wobei die Gewinnmargen zunächst rasch ansteigen. Aufgrund der noch geringen Konkurrenz durch andere Anbieter lassen sich nun hohe Preise erzielen.

In der Reifephase wird zwar weiterhin rentabel produziert, die Gewinne sind jedoch tendenziell rückläufig, da die starke Konkurrenz von Anbietern ähnlicher, inzwischen standardisierter Produkte wie auch das

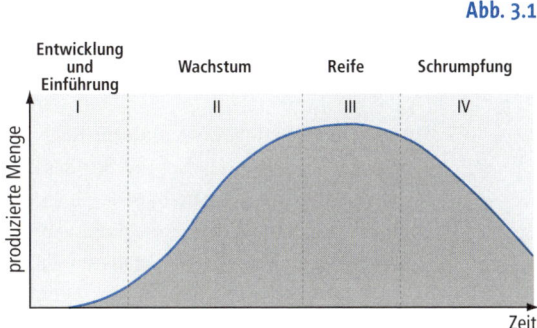

Abb. 3.1
Phasen des Produktlebenszyklus
Quelle: verändert nach Schätzl 2003: 213

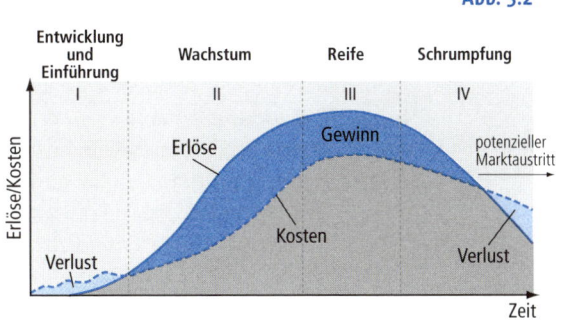

Abb. 3.2
Phasen des Profitzyklus
Quelle: verändert nach Schätzl 2003: 215

Abb. 3.3

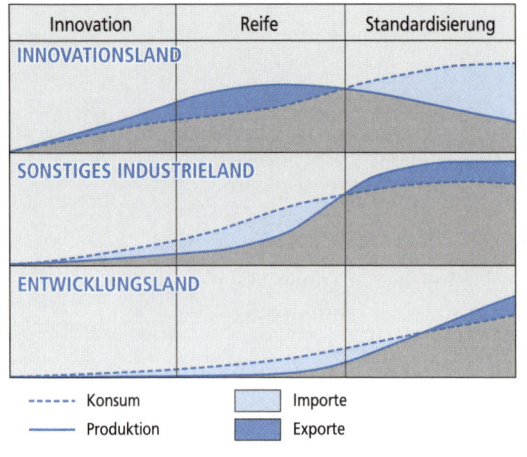

Quelle: verändert nach Sedlacek 1995: 76

Produktlebenszyklus und internationale Handelsbeziehungen

nachlassende Kundeninteresse zu Preissenkungen zwingen.

Am Ende des Profitzyklus steht entweder der Marktausstieg (Aufgabe der Produktion) oder die Substitution des Produkts durch ein wesentlich verbessertes Produkt (z. B. Röhrenbildschirm durch Flachbildschirm, tragbarer CD-Spieler durch MP3-Player). Bestimmte Maßnahmen können auch zur Verlängerung des Lebenszyklus führen, wie das Erschließen neuer Märkte, ein Technologiewechsel in der Herstellung oder am Produkt sowie spezielle Marketingstrategien (z. B. medienträchtiges Relaunch eines kaum veränderten Produkts).

Geographisch interessant ist der Produktlebenszyklus-Ansatz, weil sich in seinem Verlauf die Standortanforderungen der Produzenten ändern. Nach Hirsch (1967) ist in der Einführungsphase eines Industrieprodukts der Bedarf an wissenschaftlichem und technischem Fachpersonal sowie an externen Diensten und Zulieferern besonders hoch, während der Kapitalaufwand begrenzt und der Einsatz gering qualifizierter Arbeitskräfte zu geringen Löhnen wenig relevant ist. Dies ändert sich allerdings in der nachfolgenden Wachstumsphase mit dem Übergang zur Massenproduktion inklusive der dafür erforderlichen Infrastruktur. Im weiter fortgeschrittenen Lebenszyklus (vor allem in der Reifephase) mit zunehmendem Kostendruck werden deshalb Standortalternativen mit einer anderen Faktorausstattung erwogen. So kann beispielsweise eine Verlagerung von Produktionskapazitäten in lohnkostengünstigere Länder trotz der dort zu tätigenden Investitionen ein Produkt länger profitabel halten bzw. den Produktlebenszyklus verlängern. Daraus ergeben sich nicht nur veränderte Standortmuster, sondern auch entsprechende Veränderungen in den internationalen Handelsbeziehungen **(Abb. 3.3)**. Ehemals exportierende Industrieländer können so im späteren Lebenszyklus zu Importländern für standardisierte Produkte werden, die überwiegend in Schwellen- und Entwicklungsländern gefertigt werden.

Darüber hinaus wurde das Prinzip des Produktlebenszyklus auf Unternehmen, Branchen oder Regionen übertragen. Auch wenn sich bei traditionellen Industriezweigen (z. B. Eisen- und Stahlindustrie) oder Industrieregionen gewisse Analogien zu den Lebensphasen eines Produkts beobachten lassen, vernachlässigt der Ansatz doch die Wandlungs-

und Anpassungsfähigkeit von Organisationen und regionalen Wirtschaftssystemen. An letztere Überlegungen knüpfen dann auch die zentralen Kritikpunkte am Modell des Produktlebenszyklus an. Hierzu zählen die starre Definition von Produkten als (nach der Markteinführung) standardisierte Güter sowie die Nichtberücksichtigung von permanenten Verbesserungs- und Veränderungsprozessen. Anders als im Modell des Produktlebenszyklus, das Verbesserungsinnovationen nur als begrenzte Möglichkeit der Verlängerung eines Zyklus sieht, sind diese in vielen Produktbiographien – beispielsweise bei Autos oder Haushaltsgeräten – eher der Regelfall als die Ausnahme. Zudem kann bei bestimmten Produkten (z. B. Grundnahrungsmittel) auch über lange Zeiträume keine Zyklizität beobachtet werden. Insgesamt basiert der Ansatz des Produktlebenszyklus auf einem recht linearen Verständnis von Innovationsprozessen, er vertritt ein statisches Produkt-Verständnis und bezieht aufgrund seines technologischen Determinismus soziale, kulturelle und ökonomische Rahmenbedingungen nur unzureichend mit ein.

Box 3.5
Güter mit geringen Verlagerungstendenzen

Die nachfolgend genannten Güter gelten als stark ortsgebunden und unterliegen aufgrund ihrer langfristigen Bedeutung keinem Produktlebenszyklus: Die nach dem Mitbegründer der Außenhandelstheorie David Ricardo benannten **Ricardo-Güter** bezeichnen Produkte, deren Herstellung oder Förderung aufgrund naturräumlicher Bedingungen an bestimmte Standorte gebunden ist (z. B. Rohstoffe). **Lösch-Güter** (nach August Lösch) sind dagegen solche Produkte, die nur für lokale Märkte und kleine Einzugsbereiche hergestellt werden (z. B. Backwaren). Als **Thünen-Güter** werden schließlich solche Produkte bezeichnet, deren Herstellung auf die Nähe zu spezialisierten Zulieferern und Dienstleistern angewiesen ist (etwa die Produktionen von Filmen und TV-Sendungen, Weltraumtechnik).

Theorie der Langen Wellen | 3.5.3

Auch die sogenannte Theorie der Langen Wellen geht von einem zyklischen Verständnis wirtschaftlicher Strukturen aus, das der aus Österreich stammende und später in den USA wirkende Nationalökonom Joseph Alois Schumpeter (1883–1950) mit seiner Innovationsforschung begründete. Das von ihm entwickelte **Prinzip der kreativen Zerstörung** (1911) besagt, dass Basisinnovationen regelmäßig zunächst zum Abklingen der Konjunktur führen, bevor sie einen neuen Aufschwung verursachen. Dies erklärt er durch die komplexe Konkurrenzsituation, die im Zuge der Adaption einer Basisinnovation zwischen neuen und alten Wirtschaftsweisen entstehen kann. Etablierte Unternehmen eines zuvor dominierenden Wirtschaftszweigs finden sich plötzlich im Wettbewerb um Arbeitskräfte, Kredite, Forschungskapazitäten und nicht zuletzt um Kunden und Konsumenten wieder. Dieser Entzugseffekt verstärkt sich durch das – von Schumpeter so bezeichnete – „scharenweise Auftreten von Unternehmen". Damit ist gemeint, dass neue, erfolgreiche Geschäftsmodelle sehr schnell viele Nachahmer finden. Das rasante Gründungsgeschehen im Zuge der sogenannten Dot-Com-Euphorie Ende der 1990er-Jahre illustriert dieses Phänomen.

Der Theorie Schumpeters liegt ein Unternehmerverständnis zugrunde, das die neoklassische Theorie seiner Zeit nicht kannte oder nicht modellhaft fassen konnte. Er spricht von einem **pionierhaften, risikofreudigen Unternehmertypus**, dem weniger an ökonomischer Effizienz und Profitoptimierung als am Erkunden neuer Wege und Möglichkeiten gelegen ist. Diese intrinsische unternehmerische Motivation und permanente Suche führt nicht nur ab und an zu bedeutenden Basisinnovationen, sondern auch dazu, dass die ihrerseits suchenden Nachahmer ebenfalls zur Verbesserung der neuen Technologien und Weiterentwicklung von Produkten beitragen. Sie verhelfen dem neuen Wirtschaftszweig auf diese Weise zügig zu einer dominanten Position.

Schumpeter ging davon aus, dass es in mehr oder weniger regelmäßigen Abständen zu innovationsbedingten Konjunkturbrüchen kommt, aus denen neue Produktionsweisen und dominante Produktgruppen hervorgehen. Schumpeters Ansatz wurde vor allem von dem russischen Wirtschaftswissenschaftler Nikolai D. Kondratieff (1892–1938) durch empirische Studien untermauert. Heute spricht man deshalb – dem Vorschlag Schumpeters folgend – auch von **Kondratieff-Zyklen**.

Seit Beginn der Industrialisierung konnte Kondratieff mehrere 50 bis 60 Jahre während Zyklen (Lange Wellen) nachweisen (Kondratieff 1926), in denen jeweils zwei bis drei Industriezweige als Schlüsselbranchen galten, die das gesamte Wirtschaftsgeschehen maßgeblich bestimmten **(Abb. 3.4)**.

- Der erste Zyklus umfasst die Frühphase der Industrialisierung (Ende 18./Anfang 19. Jahrhundert) in Großbritannien und Westeuropa mit der Dampfkraft als neuer Schlüsseltechnologie sowie Eisenerzeugung und Textilindustrie als den zentralen Branchen.
- Im zweiten Zyklus ab Mitte des 19. Jahrhunderts sind dann der Ausbau des Eisenbahnnetzes sowie die Eisen- und Stahlindustrie die tragenden Säulen des weiteren Industrialisierungsprozesses und des Aufkommens neuer Wirtschaftszweige (z. B. des Maschinenbaus). Neben Westeuropa gehen diese neuen Entwicklungen auch von den USA aus.
- Zu den prägenden Technologien des dritten Zyklus in der ersten Hälfte des 20. Jahrhunderts gehören die Elektrizitätserzeugung und -nut-

INNOVATIONSBEZOGENE KONZEPTE DER WIRTSCHAFTSRÄUMLICHEN ENTWICKLUNG 79

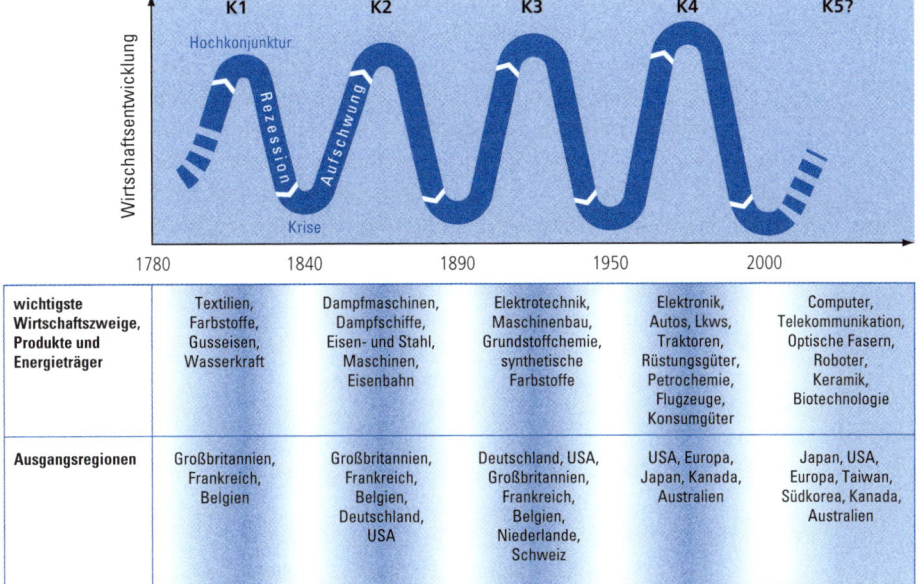

Abb. 3.4

Quelle: verändert nach Dicken 2011: 79

Lange Wellen oder Kondratieff-Zyklen

zung, die Chemische Industrie, der Maschinenbau sowie die aufkommende Automobilindustrie. Schwerpunktregionen sind hier wiederum Westeuropa und die USA.
- In einem vierten Zyklus nach dem Zweiten Weltkrieg gewinnen schließlich die Elektronik sowie die petrochemische Industrie inklusive der Erzeugung von Kunststoffen, synthetischen Fasern u. Ä. an Bedeutung. Weitere grundlegende Innovationen machen Automobile zu einem Massengut. Zur Elektronikindustrie zählen auch die Basisinnovationen im Bereich der Informations- und Kommunikationstechnologien (IuK-Technologien) und damit vor allem die Herstellung und Nutzung von Halbleitern. Neben Europa und Nordamerika können sich hierbei auch Japan und Australien als maßgebliche Innovations- und Diffusionsräume etablieren.

Die **IuK-Technologien** werden von einigen Autoren jedoch auch **als eigenständiger fünfter Zyklus** betrachtet. Darüber hinaus wird über die gegenwärtige Entstehung eines sechsten Kondratieff-Zyklus spekuliert, der von Biotechnologie, Medizintechnik, Gesundheitswirtschaft und den Umwelttechnologien getragen werden könnte (Nefiodov 2006).

Während die Frage des fünften und sechsten Zyklus gegenwärtig kontrovers diskutiert wird, gibt es hinsichtlich der Bedeutung des gesamten Ansatzes und der Kritik an ihm eine breite Übereinstimmung. Ähnlich dem Ansatz des Produktlebenszyklus gilt er als zu technisch-deterministisch. Er beschränkt sich zu sehr auf technologische Basisinnovationen, ohne den gesellschaftlichen Wandel und politische Rahmenbedingungen einzubeziehen und das Zustandekommen von Innovationen als Prozesse wirklich zu verstehen. Grundsätzlich wird auch die unterstellte Zyklizität und Wiederkehr ähnlich ausgeprägter Wellen angesichts der teilweise einseitigen Datenlage und empirischen Beweisführung angezweifelt. Gleichwohl handelt es sich beim Konzept der Langen Wellen um ein Denkmodell, das vor allem der Illustration der räumlichen Dimension wirtschaftlicher Entwicklungsschübe dient.

3.5.4 | Technisch-ökonomische Paradigmen

Neo-schumpeterianische Ansätze folgen zwar der Logik von Kondratieff und Schumpeter, modifizieren diese jedoch wesentlich, indem sie sozio-institutionelle Einflussfaktoren explizit in ihre Modellbildung einbeziehen. Beispielsweise greifen Chris Freeman und Carlota Perez (1988) in ihrer **Theorie der technisch-ökonomischen Paradigmen** (techno-economic paradigms = TEP) die Idee der phasenhaften Abfolge auf, indem sie Perioden mit einem vorherrschenden technisch-ökonomischen Paradigma definieren. Ihr Konzept erweitert die technologiebasierten Langen Wellen um die Berücksichtigung grundlegender Veränderungen in Produktionsorganisation, Arbeitsbeziehungen und Innovationsprozessen (Tab. 3.2).

Ähnlich wie bei Schumpeter werden **Paradigmenwechsel** auch im Ansatz der TEP als krisenbehaftet verstanden. Sie **gehen** allerdings **mit einem** jeweils **grundlegenden gesellschaftlichen und institutionellen Wandel einher**, der sich unter anderem in veränderten Konsummustern, Unternehmensphilosophien und politischen Strategien niederschlägt. Kritiker halten dem TEP-Ansatz aber vor, ebenfalls zu stark auf Technologien fokussiert zu sein und sozio-institutionellen Aspekten letztlich nur eine Randbedeutung beizumessen.

Von verschiedenen Autoren wird derzeit über ein mögliches neues, auf die IuK-Technologien folgendes TEP diskutiert. So erwarten beispielsweise Hayter und Le Heron (2002), dass die Anpassungsreaktionen auf Umweltprobleme und Klimawandel nicht nur den Bereich der Umwelttechnologien und erneuerbaren Energien stärken, sondern diese auch von weitreichenden politischen und gesellschaftlichen Veränderungen (Umgestaltung der Innovations- und Forschungsförderung, verändertes Konsumverhalten oder neue Lebens- und Siedlungsformen) begleitet werden.

TEP und bedeutende sozio-institutionelle Rahmenbedingungen | Tab. 3.1
(Quelle: nach Hayter 1997: 33)

TEP	Entscheidungs-strukturen	Arbeitsbeziehungen	Innovationsquellen
Frühe Mechanisierung	Einzelunternehmer	Vorarbeiter, Akkordsystem	Einzelerfinder
Dampfkraft Eisenbahn	Einzelunternehmer	Vorarbeiter, Akkordsystem	Einzelerfinder
Schwerindustrie Elektrotechnik	„Industriekapitäne"	Taylorismus	unternehmensinterne Forschung und Entwicklung (FuE)
Fordistische Massenproduktion	technokratische Strukturen	Industriegewerkschaften	unternehmensinterne und öffentliche FuE
Informations- und Kommunikationstechnologien (IuK)	Kooperationsnetzwerke	individualisiertes „Bargaining"	unternehmensinterne und kooperative FuE

Fragen

1. Mit welchen Ressourcenbegriffen arbeitet die Strukturationstheorie?
2. Welches Unternehmerverständnis wird in verhaltens- und entscheidungstheoretischen Ansätzen der Wirtschaftsgeographie vertreten?
3. Wie unterscheiden sich Innovationen von Inventionen?
4. Definieren Sie implizites und explizites Wissen.
5. Was versteht man unter interorganisationalem Lernen?
6. Welche Zusammenhänge bestehen zwischen einem Produktlebenszyklus, dem entsprechenden Profitzyklus und den Standortanforderungen der Produktion?
7. Warum sind der Produktbegriff der Lebenszyklustheorie und das zugrunde liegende Verständnis von Innovation problematisch?
8. Wie erklärt Schumpeter den Einfluss von Basisinnovationen auf wirtschaftliche Krisen und Strukturveränderungen?
9. Welche Kritikpunkte werden am Modell der Langen Wellen geäußert?
10. Wie unterscheidet sich das Konzept der technisch-ökonomischen Paradigmen von den Langen Wellen bzw. Kondratieff-Zyklen?

Weiterführende Literatur

Amin, A. und Cohendet, P. (2004): Architectures of Knowledge. Firms, Capabilities, and Communities. Oxford University Press, Oxford.

Freeman, Ch. und Louçã, F. (2001): As Time Goes By. From the Industrial Revolutions to the Information Revolution. Oxford University Press, Oxford.

Hayter, R. und Le Heron, R. (2002): Industrialization, Techno-economic Paradigms and the Environment. In: Hayter, R. und Le Heron, R. (Hrsg.): Knowledge, Industry and Environment. Institutions and Innovation in Territorial Perspective. Ashgate, Aldershot, 11–30.

Ibert, O. und Kujath, H. J. (Hrsg.): Räume der Wissensarbeit. Zur Funktion von Nähe und Distanz in der Wissensökonomie. VS Verlag, Wiesbaden, 49–69.

4 | Raumwirtschaftliche Theorien und Modelle der Regionalentwicklung

Inhalt

In diesem Kapitel werden grundlegende Theorien dargestellt, mit denen sich regionalwirtschaftliche Entwicklungen und Entwicklungsunterschiede erklären lassen. Das Schwergewicht liegt dabei auf modelltheoretischen Ansätzen, die in den letzten Jahrzehnten in der wirtschaftgeographischen Raumwirtschaftslehre und in den Wirtschaftswissenschaften entwickelt wurden. Die zum Teil deutlichen Unterschiede in den Aussagen hinsichtlich eines Abbaus oder einer Zunahme von Disparitäten und Entwicklungsunterschieden zeigen, dass die vorgestellten Ansätze letztlich selektive und zum Teil konkurrierende Partialerklärungen für wirtschaftliche Entwicklungsprozesse liefern. Viele der dargestellten Theorien geben dabei Einsichten, die unabhängig von der Größe der Regionen gültig sind. Sie können auf unterschiedlichen räumlichen Maßstabsebenen Anwendung finden, sind also prinzipiell sowohl für Volkswirtschaften als auch für subnationale Regionen gültig. Andere, spezifischere Modelle beziehen sich entweder auf großräumige Zusammenhänge wie die Nord-Süd-Problematik (z.B. Dependenztheorie, Weltsystemtheorie) oder sind zwar nicht grundsätzlich maßstabsgebunden, haben aber ihre Stärken in der Analyse kleinräumig definierter Regionalwirtschaften (z.B. Exportbasistheorie, Endogene Regionalentwicklung). Im Hinblick auf die politisch-planerischen Implikationen ist die Frage der Maßstabsebene durchaus relevant, weil beispielsweise Einkommensunterschiede durch staatliches Handeln bzw. regionalpolitische Einflussnahme innerhalb von Nationalstaaten in aller Regel schneller und effizienter ausgeglichen werden können als zwischen Nationalstaaten. Außerdem werden unterschiedliche Politikfelder angesprochen. So ist die Beseitigung oder Minderung räumlicher Disparitäten im Sinne einer Gleichwertigkeit der Lebensverhältnisse innerhalb eines Nationalstaats oder innerhalb der Europäischen Union die Aufgabe der Regionalpolitik. Im internationalen Maßstab kommt das (zumindest teilweise) Ausgleichen des Wohlstandsgefälles vor allem der Entwicklungspolitik und -zusammenarbeit zu.

Die offensichtlichen **Entwicklungsunterschiede** zwischen verschiedenen Volkswirtschaften und Regionen der Erde haben seit jeher das Interesse der Wirtschaftsgeographie geweckt. Im Mittelpunkt dieses Kapitel stehen daher folgende Fragen:
- Wie ist es zu erklären, dass der materielle Wohlstand auf der Erde räumlich so ungleich verteilt ist?
- Warum fallen einzelne Regionen in der wirtschaftlichen Leistungsfähigkeit gegenüber anderen zurück?
- Was kann getan werden, um die wirtschaftliche Entwicklung in benachteiligten Regionen zu beschleunigen?
- Wie kann der Austausch von Waren, Arbeitskräften und Kapital zur wirtschaftlichen Entwicklung beitragen?

Dabei stehen nach einer Klärung der Begriffe „Region" und „Entwicklung" modelltheoretische Ansätze im Vordergrund, die unabhängig von spezifischen Raumkontexten allgemein gültige Erklärungen liefern.

Region und Entwicklung | 4.1

Anders als in der Alltagssprache haben die Begriffe „Region" und „Entwicklung" aus geographischer Sicht eine sehr spezifische Bedeutung. Unter **Region** versteht man in der Geographie einen **Ausschnitt der Erdoberfläche**, der über bestimmte gemeinsame oder verbindende Merkmale und Eigenschaften definier- und abgrenzbar ist. In der Praxis ist die Forschung dabei oft auf administrative Einheiten bzw. Gebietskörperschaften (z.B. Gemeinden, Landkreise, Bundesländer, Nationalstaaten) angewiesen, weil auf dieser räumlichen Basis viele Statistiken erhoben und veröffentlicht werden. Allerdings lassen sich durch administrative Gebietseinteilungen wirtschaftliche Strukturen und Verflechtungen oft nicht optimal wiedergeben. Besser ist es daher, Regionen im Hinblick auf konkrete Problemstellungen selbst abzugrenzen. Dabei dient diese **Regionalisierung** immer dem Ziel, das komplexe Bild der Wirklichkeit zu vereinfachen.

Grundsätzlich lassen sich Regionen nach **Homogenitätskriterien** oder nach **Funktionalitätskriterien** abgrenzen. Im ersten Fall werden kleinere Raumeinheiten (z.B. Gemeinden) mit ähnlichen Strukturen zusammengefasst. So entstehen Regionen, die innerhalb ihrer Grenzen im Hinblick auf einen oder mehrere Indikator/en weitestgehend homogen sind (z.B. Anteil der Industriearbeitsplätze, Höhe des Pro-Kopf-Einkommens). Im zweiten Fall werden kleinere Raumeinheiten zusammengefasst, die sich zwar wirtschaftsstrukturell durchaus unterscheiden können, aber durch ein oder mehrere Verflechtungsmerkmal/e miteinander verbunden sind (z. B. Pendlerbeziehungen). Die beiden Prinzipien können auch kombiniert werden. Die Abgrenzung von Verdichtungsräumen kann hier als Beispiel genannt werden (hohe Bebauungs- und Bevölkerungsdichte, enge Pendler- und Versorgungsverflechtungen).

Regionen sind im Prinzip maßstabsunabhängig und können unterschiedlich groß sein (z. B. das Rhein-Main-Gebiet als subnationale Region sowie supranationale Regionen wie z. B. Südasien). In der Regel verstehen Wirtschaftsgeographen unter dem Begriff Region aber homogene bzw. funktional verflochtene räumliche Einheiten mittleren, also subnationalen Maßstabs.

Im Vergleich zur Bezeichnung Region treten bei der Abgrenzung des Begriffs Entwicklung noch größere Probleme auf, weil hier verstärkt normative Wertungen mitschwingen und Fragen der Messbarkeit aufgeworfen werden. Auf der Basis unterschiedlicher ideologischer Positionen sind vor allem im Kontext der Nord-Süd-Problematik mit der Bezeichnung Entwicklung sehr unterschiedliche Vorstellungen verbunden. Trotz dieser Schwierigkeiten plädieren die meisten Wissenschaftler aber – nicht zuletzt aus Mangel an Alternativen – für die Beibehaltung des Begriffs. Ganz allgemein lässt sich **wirtschaftliche Entwicklung als zielgerichtete Veränderung** definieren, die die materielle Lebenssituation der betroffenen Menschen und die Leistungsfähigkeit der wirtschaftlichen Akteure in einer Region verbessert. Räumliche Bezugseinheiten können dabei Weltregionen (eine Gruppe von Staaten), Nationalstaaten oder subnationale Regionen sein.

Nationalstaaten mit einem niedrigen Pro-Kopf-Einkommen werden oft summarisch als Entwicklungsländer bezeichnet. Dieser Begriff ist ebenfalls umstritten, weil er in gewisser Weise impliziert, dass die betreffenden Länder einem (oft nicht hinterfragten) Entwicklungspfad folgen sollten, der durch die westlichen Industrienationen vorgegeben wird. Als Alternativen haben sich in den letzten Jahren deshalb Bezeichnungen wie **Länder des Südens oder Globaler Süden** etabliert, die zwar weniger wertend, aber aus geographischer Sicht ebenfalls erläuterungsbedürftig sind. Aus Mangel an überzeugenden Alternativen und weil sie dem allgemeinen Sprachgebrauch entsprechen, werden im vorliegenden Band die Begriffe **Entwicklungsland** für Staaten mit geringem, **Schwellenland** für Staaten mit mittlerem und **hoch entwickelte Volkswirtschaft** für Staaten mit hohem Pro-Kopf-Einkommen verwendet. Diese Begriffe dienen aber lediglich der einfachen Kennzeichnung von Ländergruppen mit Unterschieden in der wirtschaftlichen Struktur und dem materiellen Wohlstandsniveau. Eine Wertung bestimmter gesellschaftlicher Strukturen oder Entwicklungspfade ist damit nicht verbunden.

Räumliche Disparitäten und Entwicklungsindikatoren | 4.2

Entwicklungs- und Strukturunterschiede zwischen Regionen werden auch als **räumliche oder regionale Disparitäten** bezeichnet (siehe Beispiel China in **Abb. 4.1**). Die Beseitigung oder Minderung dieser räumlichen Unterschiede im Sinne einer Gleichwertigkeit der Lebensverhältnisse ist die Aufgabe der Regionalpolitik. Im Nord-Süd-Kontext verfolgen Entwicklungspolitik und Entwicklungszusammenarbeit diese Aufgaben. Um regionale Disparitäten erkennen, beschreiben und messen zu können, sind **Indikatoren** notwendig. Lange Zeit wurde Entwicklung einseitig mit wirtschaftlichem Wachstum im Sinne der Zunahme des Bruttoinlandsprodukts (BIP) bzw. des Bruttonationaleinkommens (BNE) gleichgesetzt. Diese eng miteinander verwandten Indikatoren werfen aber drei grundsätzliche Probleme auf:

Abb. 4.1

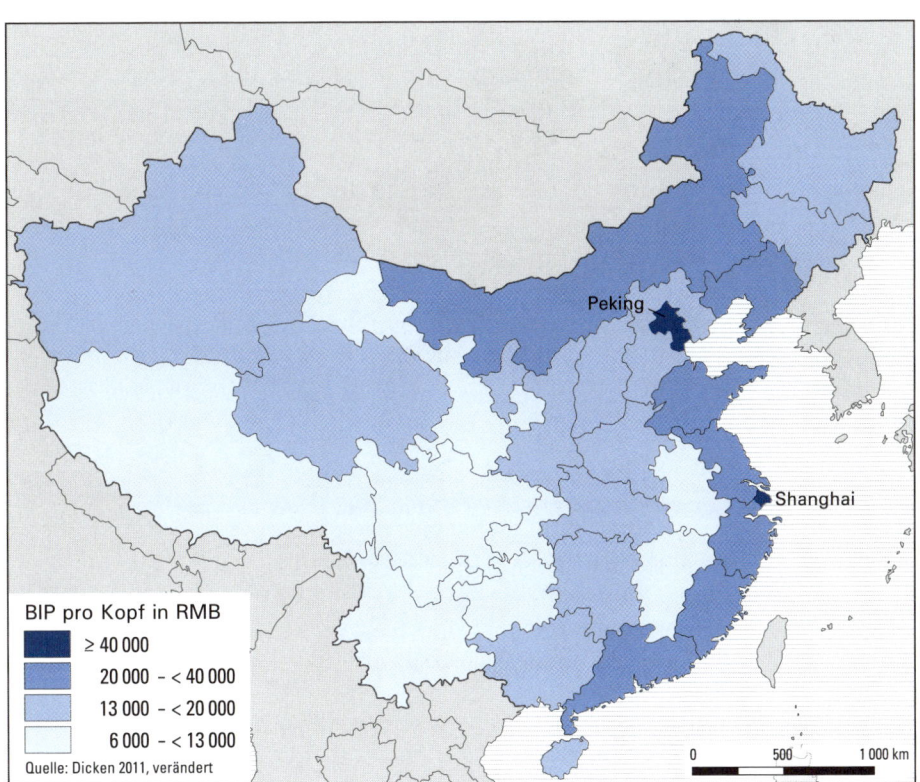

BIP pro Kopf in Regionen von China 2009

Abb. 4.2

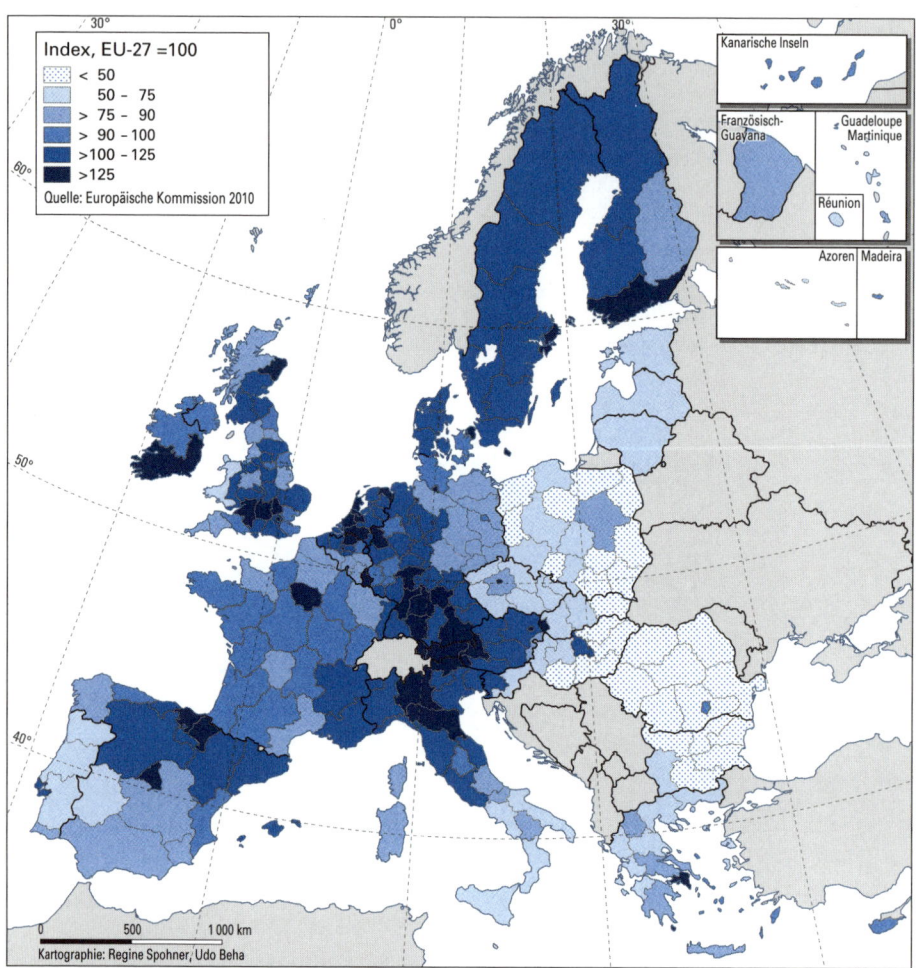

BIP pro Kopf nach Kaufkraftparitäten (KKP) in Regionen der Europäischen Union 2007

- Nicht-materielle Entwicklungsziele, wie Gesundheit, Bildung oder gesellschaftliche Teilhabe (Partizipation), werden weitgehend ausgeblendet.
- Die Verteilung der Wohlstandsgewinne zwischen Arm und Reich bleibt ungeklärt.
- Nicht alle tatsächlich erbrachten Leistungen werden adäquat abgebildet; so werden beispielsweise häusliche und ehrenamtliche Tätigkei-

ten in BIP und BNE nicht berücksichtigt. Auch werden Schäden an der Natur sowie der Verzehr an natürlichen Ressourcen, die eigentlich eine Wohlstandsminderung darstellen, nicht entsprechend gegengerechnet.

Um die Einseitigkeit der aus der volkswirtschaftlichen Gesamtrechnung abgeleiteten Messgrößen BIP und BNE zu überwinden, wurden in den letzten Jahrzehnten umfassendere Indikatoren zur international vergleichenden Wohlstandsmessung entwickelt. Der bekannteste ist der Human Development Index (HDI) der Vereinten Nationen. In den letzten Jahren haben verschiedene internationale Expertenkommissionen eine grundlegende Erweiterung des ökonomischen Indikatoren-Systems angemahnt. In der Europäischen Union soll deshalb in den nächsten Jahren eine Umweltökonomische Gesamtrechnung verbindlich eingeführt werden, welche in Ergänzung der Volkswirtschaftlichen Gesamtrechnung zusätzliche Indikatoren zum Ressourcen- und Umweltverbrauch liefert.

Darüber hinaus existieren schon heute für spezifische Fragestellungen weitere ökonomische Maßzahlen, die Rückschlüsse auf den wirtschaftlichen Entwicklungsstand von Ländern und Regionen zulassen (z.B. Arbeitslosenquote, Exportquote, Sparquote, Anteil der Bevölkerung unter der Armutsgrenze). In der Europäischen Union werden Indikatoren zur Messung regionaler Disparitäten häufig als Indizes ausgerückt, wobei der Wert der gesamten Europäischen Union (EU) als 100 gesetzt wird (Abb. 4.2).

___
Box 4.1

Indikatoren der Wirtschaftsentwicklung

Volkswirtschaftliche Gesamtrechnung (VGR):
Die VGR stellt quantitativ das Wirtschaftsgeschehen eines Wirtschaftsraumes über eine bestimmte Periode dar. Den Kern der VGR bildet die Entstehungs-, Verteilungs- und Verwendungsrechnung des Bruttoinlandsprodukts (BIP) und des Bruttonationaleinkommens (BNE). Hauptaufgabe der VGR ist die Datenbereitstellung für die Wirtschaftspolitik eines Staates sowie für gesamtwirtschaftliche Analysen (Wirtschaftswachstum, Produktivitätsentwicklung usw.). Außerdem dient sie als Grundlage für regionale Analysen und internationale Vergleiche.

Bruttoinlandsprodukt (BIP) und Bruttonationaleinkommen (BNE):
Das BIP misst die gesamte Wirtschaftsleistung, die in einem Land während eines bestimmten Zeitraums erbracht wurde. Um Doppelzählungen zu vermeiden, werden dabei vom Wert aller im Inland produzierten Waren und Dienstleistungen alle Werte abgezogen, die als Vorleistung in die Produktion anderer Waren und Dienstleistungen eingehen (etwa Halbfertigwaren). Um das BNE zu erhalten, werden vom BIP die Erwerbs-

und Vermögenseinkommen abgezogen, die während des Betrachtungszeitraums an ausländische Wirtschaftseinheiten geflossen sind. Einkommen, die von inländischen Wirtschaftseinheiten aus dem Ausland empfangen wurden, werden addiert. Während das BIP also die innerhalb eines Landes erbrachte Wirtschaftsleistung (Inlandsprinzip) abbildet, ist das BNE ein Maß für die Wirtschaftsleistung bzw. die Einkommen der in einem Land lebenden Menschen (Inländerprinzip). Die Veränderung des BIP über einen bestimmten Zeitraum wird üblicherweise als Messgröße für das Wirtschaftswachstum herangezogen und hat sich als Indikator für konjunkturelle Entwicklungen bewährt. Als genereller und vor allem international vergleichbarer Wohlstands- oder Fortschrittsindikator eignet es sich (wie auch das BNE), trotz seiner häufigen Verwendung in diesem Zusammenhang, allerdings nur bedingt.

BIP pro Kopf und **BNE pro Kopf**:
Das BIP/BNE geteilt durch die Einwohnerzahl eines Landes oder einer Region ergibt das BIP/BNE pro Kopf. Damit wird gemessen, wie viel Wirtschaftsleistung, die innerhalb eines bestimmten Zeitraums erbracht wurde, durchschnittlich auf eine Person entfällt. Auf die individuellen Einkommen erlauben BIP pro Kopf und BNE pro Kopf allerdings keine unmittelbaren Rückschlüsse. Zum einen wird die (möglicherweise sehr ungleiche) Einkommensverteilung nicht berücksichtigt, zum anderen umfassen BIP und BNE auch Abschreibungen, also die Kosten der Nutzung von Maschinen und Produktionsanlagen, die gar nicht als Einkommen wirksam werden. Ein Problem bei internationalen Vergleichen ist zudem, dass BIP und BNE jeweils in unterschiedlichen Landeswährungen erhoben werden, die nachträglich auf eine Standardwährung (in der Regel US-Dollar) umzurechnen sind. Dies kann anhand aktueller Wechselkurse oder auf Basis von Kaufkraftparitäten (KKP oder purchasing power parities – PPP) erfolgen. Wechselkurse sind leicht zu ermitteln, haben aber den Nachteil, dass sie im Zeitverlauf stark schwanken und die tatsächliche Kaufkraft einer Geldeinheit in verschiedenen Ländern nur ungenügend abbilden. Um das von Land zu Land unterschiedliche Preisniveau für Konsumwaren zu berücksichtigen, errechnet man die Austauschverhältnisse der Währungen auf der Basis eines standardisierten Warenkorbs. Entsprechend liegt das Pro-Kopf-BNE nach PPP in Entwicklungsländern in der Regel deutlich über dem Pro-Kopf-BNE nach Wechselkursen (**Tab. 4.1**). In hoch entwickelten Volkswirtschaften mit ihrem zumeist höheren Preisniveau auf dem Binnenmarkt ist es genau umgekehrt. Für die Interpretation der Daten ist es deshalb immer wichtig zu wissen, auf welche Berechnungsmethode sich diese jeweils beziehen.

Human Development Index (HDI):
Der HDI wird seit 1990 jährlich vom United Nations Development Programme (UNDP) für viele Länder der Welt berechnet. Der HDI berücksichtigt in seiner aktuellen Form das BNE pro Kopf nach KKP (als Maß für den maeriellen Lebensstandard), die mittlere Lebenserwartung bei der Geburt (als Maß für Gesundheit, Ernährung und Hygiene) sowie die mittlere Anzahl an Schuljahren und Ausbildungszeiten (als Maß für den Zugang zu Bil-

Entwicklungsindikatoren für ausgewählte Länder 2009/2010 (Quellen: nach Daten des United Nation Development Programme (UNDP) und der World Bank) | Tab. 4.1

	HDI-Rang (von 169 Ländern weltweit)	HDI	IHDI	BNE/Kopf in $ (nach KKP)	BIP/Kopf in $ (nach Wechselkursen)
Länder mit sehr hoher menschlicher Entwicklung					
Norwegen	1	0,938	0,876	54 880	70 089
Australien	2	0,937	0,864	38 210	42 279
USA	4	0,902	0,799	45 640	45 989
Deutschland	10	0,885	0,814	36 780	40 670
Japan	11	0,884	–	33 470	39 738
Schweiz	13	0,872	0,813	46 990	63 629
Frankreich	14	0,872	0,792	33 930	41 051
Österreich	25	0,851	0,787	37 960	45 562
Singapur	27	0,846	–	49 780	36 537
Polen	41	0,795	0,700	18 440	11 273
Länder mit hoher menschlicher Entwicklung					
Argentinien	46	0,775	0,622	14 090	7 626
Kroatien	51	0,767	0,650	19 040	14 222
Mexiko	56	0,750	0,593	14 100	8 143
Russland	65	0,719	0,636	18 350	8 684
Türkei	83	0,679	0,518	13 710	8 215
Länder mit mittlerer menschlicher Entwicklung					
China	89	0,663	0,511	6 890	3 744
Thailand	92	0,654	0,516	7 640	3 893
Ägypten	101	0,620	0,449	5 680	2 270
Südafrika	110	0,597	0,411	10 050	5 786
Indien	119	0,519	0,365	3 250	1 134
Länder mit geringer menschlicher Entwicklung					
Kenia	128	0,470	0,320	1 570	738
Bangladesch	129	0,469	0,331	1 550	551
Nigeria	142	0,423	0,246	2 070	1 118
Mali	160	0,309	0,191	1 190	691
Mosambik	165	0,284	0,155	880	428
Anmerkung: HDI und IHDI für 2010, BNE/Kopf und BIP/Kopf für 2009					

dung). Das BNE pro Kopf geht logarithmiert in die Berechnungsformel ein. Damit soll abgebildet werden, dass der Grenznutzen von Einkommenszuwächsen mit zunehmendem Wohlstand sinkt. Der HDI kann Werte zwischen null und eins annehmen, wobei der Wert eins das derzeit höchste erzielbare Entwicklungsniveau angibt. Der HDI bildet menschliche Entwicklung umfassender ab als BIP und BNE. Aber auch der HDI wird als zu limitiert kritisiert, wobei unterschiedliche Vorstellungen darüber existieren, welche zusätzlichen Aspekte in einen umfassenderen Index integriert werden sollten und wie die einzelnen Elemente zu gewichten sind. Um zusätzliche Dimensionen abzudecken, werden von den Vereinten Nationen mit dem Inequality-adjusted Human Development Index (IHDI, HDI mit Korrektur um Verteilungsgerechtigkeit), dem Gender Inequality Index (GII, Messung von Gerechtigkeit zwischen den Geschlechtern) und dem Multidimensional Poverty Index (MPI, stärkere Betonung der Armutsproblematik als beim HDI) weitere Entwicklungsindizes berechnet.

4.3 | Regionalwirtschaftliche Entwicklungstheorien im Überblick

Schon früh haben sich die Geographie und die Wirtschaftswissenschaften mit der Frage beschäftigt, warum es überhaupt zu räumlichen Disparitäten der wirtschaftlichen Entwicklung kommt und wie diese überwunden werden können. Die in diesem Kapitel dargestellten **raumwirtschaftlichen Erklärungsansätze lassen sich** übergeordnet **in Modernisierungstheorien und Polarisierungstheorien unterscheiden.** Erstere verstehen den Entwicklungsprozess in benachteiligten Regionen vor allem als Aufhol- und Modernisierungsprozess, bei denen die höher entwickelten Regionen den Entwicklungspfad vorgeben, dem die anderen mit zeitlicher Verzögerung folgen. Diese Vorstellung einer zeitversetzten „Höherentwicklung" zeigt sich bei den Wirtschaftsstufentheorien besonders deutlich **(Kapitel 4.4)**. Sie liegt aber auch den Gleichgewichtsmodellen der Neoklassik zugrunde, die auf der Basis marktwirtschaftlicher Prozesse einen Ausgleich regionalwirtschaftlicher Disparitäten prognostizieren **(Kapitel 4.5 und 4.6)**. Polarisierungstheorien **(Kapitel 4.7)** betonen dagegen kumulative Selbstverstärkungsprozesse, die zu einer tendenziellen Zunahme der wirtschaftlichen und sozialen Gegensätze im Zeitverlauf führen. Auf einer eigenen konzeptionellen Basis beruhend, aber in Bezug auf einige Grundannahmen eng mit den Polarisierungsansätzen verwandt sind **Zentrum-Peripherie-Modelle (Kapitel 4.7.3)** sowie **Abhängigkeitstheorien** aus der Politischen Ökonomie **(Kapitel 4.7.5)**. In jüngerer Zeit wurde zunehmend versucht, die Gegensätze zwischen dem Gleichgewichtsparadigma der Neoklassik und den polarisierungstheoretischen Ansätzen modelltheoretisch zu überwinden. In diesem Zusammenhang kommt dem Ansatz der Geographical Economics eine besondere Bedeutung zu **(Kapitel 4.8)**.

Wirtschaftsstufentheorien | 4.4

Wirtschaftsstufentheorien verstehen den ökonomischen Entwicklungsprozess als sequentielle Abfolge von mehr oder weniger diskreten wirtschaftshistorischen Phasen. In den klassischen Wirtschaftsstufenkonzepten der Historischen Schule der Nationalökonomie Mitte des 19. Jahrhunderts wurde wirtschaftliche Dynamik weitestgehend als harmonische **evolutionäre Weiterentwicklung** verstanden. Diesen Vorstellungen stellte Karl Marx (1818–1883) ein **dialektisches Konzept** gegenüber, bei dem Klassengegensätze und Widersprüche in den Produktionsverhältnissen immer wieder zu revolutionären Einschnitten führen, die den Übergang von einer Gesellschaftsform zur nächsten markieren.

Schon relativ früh wurden auch seitens der Geographie eigenständige Wirtschaftstufenkonzepte vorgelegt. Im weiteren Sinne lassen sich die „genres de vie" von Vidal de la Blache (1845–1918) dazu zählen, vor allem aber die **Theorie der Kulturstufen** von Hans Bobek (1903–1990). Die geographischen Theorien befassen sich – stärker als die ökonomischen Ansätze – mit Wechselbeziehungen zwischen sozialen Gruppen und der sie umgebenden Landschaft. Bobek (1959) unterscheidet dabei die Wildbeuterstufe, die Stufe der spezialisierten Sammler, die Stufe der Jäger und Fischer, die Stufe des Sippenbauerntums und des Hirtennomadismus, die Stufe der hierarchisch organisierten Agrargesellschaft, die Stufe des älteren Städtewesens und des Rentenkapitalismus sowie die Stufe des pro-

Box 4.2

Rentenkapitalismus nach Hans Bobek

Wesentliches Merkmal des früher vor allem im Orient und im Mittelmeerraum verbreiteten Rentenkapitalismus ist die Ausbeutung der landwirtschaftlichen und gewerblichen Produzenten durch die Abschöpfung von Renten seitens der Eigentümer der Produktionsfaktoren Boden und Kapital. Handwerker und Bauern müssen dabei feste Anteile der Produktion an die Eigentümer von Boden und Kapital abführen. Diese Gewinne werden von den Trägern der Rententitel aber nicht reinvestiert, weshalb auch keine wesentlichen Produktivitätssteigerungen oder Wachstumseffekte erzielt werden können. Da sich die Produktivkräfte in diesem System nicht voll entfalten können, wurde der Rentenkapitalismus als eine entscheidende Ursache für Unterentwicklung gesehen. Heute spielt diese Wirtschaftsform jedoch keine wesentliche Rolle mehr.

duktiven Kapitalismus, der industriellen Gesellschaft und des jüngeren Städtewesens. Über die Geographie hinaus ist vor allem das Konzept des **Rentenkapitalismus** bedeutsam geworden, das eine traditionelle, stationäre Wirtschaftsform des Orients beschreibt.

Ein jüngerer Ansatz, der sich ebenfalls als Wirtschaftsstufentheorie bezeichnen lässt, wurde mit der Drei-Sektoren-Hypothese bereits in **Kapitel 1** dargestellt. Ähnlich einflussreich wie die Arbeiten von Jean Fourastié wurde in der Zeit des Kalten Krieges die 1960 formulierte **Wirtschaftsstufentheorie von Walt W. Rostow** (1916–2003). Zu einer Zeit, in der viele ehemalige Kolonien in die Unabhängigkeit entlassen wurden, lieferte Rostow damit eine Art Blaupause für den wirtschaftlichen Aufhol- und Modernisierungsprozess der jungen Staaten. **Der Einkommenspfad einer Volkswirtschaft durchläuft** danach **idealtypisch eine S-förmige Kurve** mit zunächst langsam zunehmenden, während des sogenannten take-off dann stark ansteigenden und beim Eintritt in den Massenkonsum wieder rückläufigen Wachstumsraten **(Abb. 4.3)**. Entscheidende Faktoren für die wirtschaftliche Entwicklung sind nach Rostow vor allem der technische Fortschritt, der Anstieg der Investitionsquote sowie soziale und politische Reformen. Folgende Wachstumsstufen werden nach Rostow durchlaufen:

- Traditionelle Gesellschaft: Beschäftigung überwiegend in der Landwirtschaft, hierarchische Gesellschaftsstrukturen, produktionssteigernde Technologien sind nicht verfügbar oder werden nicht genutzt
- Gesellschaft im Übergang: ökonomische, technische, soziale und politische Veränderungen schaffen Voraussetzungen für den wirtschaftlichen Aufstieg; Anstieg der Investitionsrate; Landwirtschaft, Bergbau und der Ausbau der Infrastruktur sind Wachstumssektoren
- Wirtschaftlicher Aufstieg (take-off): Übergang zu dynamischem Wachstum; die Investitionsrate steigt auf mindestens 10 % des Volkseinkommens; ein oder mehrere Industriezweige dienen als Wachstumssektoren; es erfolgt ein starker Anstieg des Pro-Kopf-Einkommens
- Entwicklung zur Reife: beschleunigter technischer Fortschritt; die Investitionsrate erreicht 10 % bis 20 % des Volkseinkommens; die Produktion wächst schneller als die Bevölkerungszahl; neue Wachstumsindustrien entstehen; das Qualifikationsniveau der Arbeitskräfte steigt
- Zeitalter des Massenkonsums: technischer Fortschritt schreitet weiter voran; hohe Pro-Kopf-Einkommen werden erzielt; Massenkonsum hochwertiger Verbrauchsgüter und Dienstleistungen; es erfolgt eine starke Ausdifferenzierung der Märkte

Abgeleitet wurde die Theorie aus den **historischen Erfahrungen fortgeschrittener Industriestaaten**. So durchlief England nach Rostow die kritische Phase des take-off bereits Ende des 18. Jahrhunderts. Später folgten Belgien, Frankreich und die USA zwischen 1830 und 1860, Deutschland zwischen 1850 und 1873 sowie Japan um 1900.

Die Möglichkeiten der Übertragung des Rostowschen Ansatzes auf heutige Entwicklungsländer oder aktuelle Regionalentwicklungsprozesse wird inzwischen kritisch gesehen. Problematisch ist nicht nur der ideologisch überfrachtete Charakter des Ansatzes – Rostow selbst nannte ihn ein nicht-kommunistisches Manifest –, sondern auch die **deterministische Ausrichtung der Theorie** und die dahinter liegende Vorstellung eines einzigen, quasi alternativlosen Entwicklungspfades, dem alle Volkswirtschaften folgen

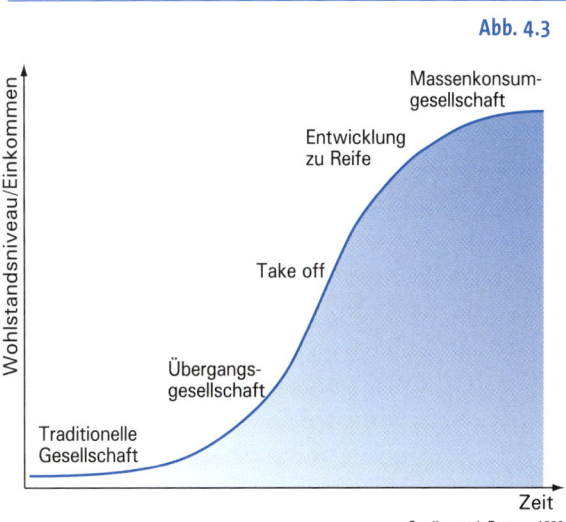

Stufen wirtschaftlicher Entwicklung nach Walt W. Rostow

(müssen). Unabhängig von dieser Kritik lässt sich jedoch festhalten, dass Wirtschaftsstufenansätze einen ausgeprägten Prozesscharakter aufweisen und auf der Basis wirtschaftshistorischer Analysen nach Entwicklungsdeterminanten suchen. Anders als etwa die Theorie der Langen Wellen (siehe **Kapitel 3.5.3**) gehen sie dabei aber nicht von einer immer wieder von Innovationen und neuen Technologien ausgelösten zyklischen Dynamik, sondern von einer quasi unumkehrbaren wirtschaftlichen Stufenabfolge aus. Unterentwicklung ist aus Sicht der Wirtschaftsstufentheorien vor allem die Folge von Reformunwilligkeit und mangelnder Veränderungsbereitschaft. Insgesamt liefern die historisch-deskriptiven Wirtschafsstufentheorien zwar Möglichkeiten zur Beschreibung und Typisierung von langfristigen Entwicklungsprozessen, können deren Entstehung und Dynamik aber nur sehr begrenzt erklären oder prognostizieren.

Neoklassische Theorie der Regionalentwicklung | 4.5

Neoklassische Theorien, die in Bezug auf die Standortforschung bereits in **Kapitel 2** angesprochen wurden, liefern auch für die Analyse der Regionalentwicklung grundlegende Einsichten. Dabei lassen sich Modelle mit nur einer Region und Zwei- bzw. Mehr-Regionen-Modelle unterscheiden.

4.5.1 Neoklassisches Modell mit einer Region

Das Grundmodell der neoklassischen Wachstumstheorie betrachtet eine Region als isolierte wirtschaftliche Einheit ohne Außenkontakte und ist der Argumentation nach Rostow in einem zentralen Punkt sehr ähnlich. Beide betonen die regionsinternen Determinanten des Entwicklungsprozesses und identifizieren eine wesentliche **Ursache für wirtschaftliches Wachstum in der Akkumulation von Sachkapital**. Grundsätzlich können neben einer Erhöhung des eingesetzten Sachkapitals zwar auch eine Erhöhung der Arbeitsleistung, der technische Fortschritt oder die Beseitigung von Ineffizienzen zu einer Steigerung der Produktionsleistung führen. Diese Möglichkeiten werden von den einfachen Grundmodellen der neoklassischen Wachstumstheorie in der Regel aber nicht weiter thematisiert. Aus Gründen der Vereinfachung konzentrieren sich die Analysen zumeist auf den Prozess der Kapitalakkumulation. Danach wird durch Sparen und Investieren der Bestand an Sachkapital (z. B. Maschinen, größere Produktionsanlagen) immer weiter erhöht. Dies führt zu einer Steigerung der Produktivität und zu einem entsprechenden Wachstum der Produktionsmenge. In einfachster Form lässt sich dies anhand des sogenannten **Robinson-**

Box 4.3

Ertragsgesetz (Gesetz vom abnehmenden Ertragszuwachs)

Das Ertragsgesetz ist die einfache Form einer Produktionsfunktion und beschreibt einen zuerst von dem französischen Ökonomen Anne Robert Jacques Turgot (1727–1781) für die Landwirtschaft festgestellten, nicht linear-proportionalen Zusammenhang zwischen Aufwand und Ertrag. Die Steigerung des Einsatzes eines Produktionsfaktors führt nach der ceteris paribus-Annahme zwar zunächst zu einer deutlichen Erhöhung der Ausbringungsmenge. Diese fällt jedoch mit jeder weiteren Steigerung des Faktoreinsatzes immer geringer aus und geht irgendwann auf null zurück. Man spricht von einem abnehmenden Grenzertrag. Am Beispiel des Getreideanbaus lässt sich dies gut illustrieren **(Abb. 4.4)**: So wird durch den zusätzlichen Einsatz von Düngemitteln die Erntemenge pro Hektar zunächst deutlich, bald aber immer langsamer ansteigen, weil die Pflanzen die zusätzlichen Nährstoffe nicht mehr aufnehmen können. Ab einem bestimmten Punkt wird der Rohertrag trotz eines Mehreinsatzes von Dünger aufgrund von Überdüngung und Vergiftungserscheinungen bei den Pflanzen sogar fallen. Der Reinertrag (Rohertrag – Aufwendungen) wird sogar schon deutlich früher negativ. Obwohl der beschriebene Kurvenverlauf in dieser Form vor allem für die Landwirtschaft gilt, lässt sich das Gesetz des abnehmenden Ertragszuwachses in seinen Grundaussagen auf viele wirtschaftliche Input-Output-Relationen übertragen.

Crusoe-Modells darstellen. Danach kann Robinson Crusoe auf seiner einsamen Insel seine tägliche Fischfangleistung erhöhen, indem er nicht alle von Hand gefangenen Fische sofort konsumiert, sondern jeden Tag einige davon zurücklegt (spart) und in der damit gewonnenen Zeit, in denen er keine Fische fangen muss, eine Reuse anfertigt (Investition in Sachkapital). Durch die Reuse kann er die Anzahl der pro Tag gefangenen Fische steigern. Die Reuse erhöht seine Arbeitsproduktivität und damit zugleich seine Produktionsleistung und seinen Wohlstand. Das kann Robinson eine ganze Zeit so weiter betreiben und immer neue Reusen anfertigen, um sein Einkommen zu erhöhen. Irgendwann hat er aber so viele Reusen, dass er sehr viel Energie in die Reparatur und Ersatzbeschaffung kaputter Reusen stecken muss und deshalb seine Fang- bzw. Produktionsleistung nicht mehr weiter erhöhen kann. Seine Investitionen ersetzen dann nur noch die notwendigen **Abschreibungen**. Neue Möglichkeiten zur Einkommenserhöhung gibt es erst wieder durch technischen Fortschritt, etwa in Form eines großen Wurfnetzes. In diese neuen, produktiveren Möglichkeiten könnte Robinson dann erneut investieren, um seine Arbeitsproduktivität weiter zu erhöhen.

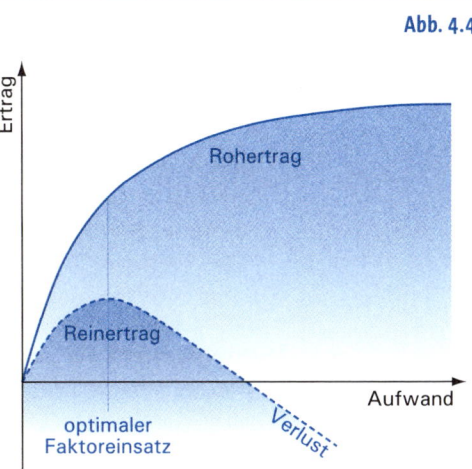

Abb. 4.4

Gesetz des abnehmenden Ertragszuwachses

Dieses sehr einfache Modell (eine Arbeitskraft, ein Produkt) lässt sich in seinen Grundzügen auf ganze Volks- oder Regionalwirtschaften übertragen. Die Zusammenhänge zwischen Sparen, Investition, Abschreibung und dem Einfluss des als modellextern angenommenen technischen Fortschritts sind dabei im Wesentlichen dieselben. Ein Gleichgewicht wird immer dann erreicht, wenn bei einem bestimmten Technologieniveau Arbeit und Kapital in einem optimalen Verhältnis zueinander stehen. In Anlehnung an das Ertragsgesetz und die Logik der immer höheren Aufwendungen für Abschreibungen lässt sich aus der modellhaften Betrachtung nur einer Region sogar ein Ausgleichsprozess zwischen zwei oder mehreren Regionen ableiten. Der abnehmende Grenzertrag des Kapitals führt dabei im Zeitverlauf zu einer Angleichung der Einkommen über verschiedene Regionen hinweg. Nur Unterschiede in der Adaption des technischen Fortschritts können danach diesen Angleichungsprozess wieder aufbrechen und (temporär) neue Ungleichgewichte schaffen.

4.5.2 Neoklassische Gleichgewichtsmodelle mit mehreren Regionen

Während einfache neoklassische Wachstumsmodelle ähnlich wie Wirtschaftsstufentheorien die regionale Wirtschaftsentwicklung vor allem als regionsintern ablaufenden Modernisierungsprozess verstehen, beschäftigen sich neoklassische Zwei- oder Mehrregionen-Modelle sowie die im Anschluss dargestellte Exportbasistheorie vor allem mit interregionalen Verflechtungen.

Neoklassische Zwei- oder Mehr-Regionen-Modelle gehen davon aus, dass regionale Entwicklungsunterschiede bei funktionierenden Märkten entweder durch die **Wanderung von mobilen Produktionsfaktoren** oder durch den **Warenhandel** ausgeglichen werden. Die Marktteilnehmer reagieren dabei auf Preissignale, die zwischen den Regionen Knappheiten oder Kostenvorteile anzeigen. Ungleichgewichte können zwar durch Störungen der Märkte temporär auftreten, langfristig bildet sich aber immer wieder ein neues Gleichgewicht heraus. In einem Modell mit zwei Regionen lassen sich diese Zusammenhänge gut und übersichtlich darstellen. Dabei gelten immer die Annahme des homo oeconomicus sowie die Annahme vollständiger Konkurrenz. Zudem existieren keine Transport- oder Mobilitätskosten und es wird von konstanten Skalenerträgen, also von einer konstanten Beziehung zwischen Einsatzfaktoren und Ausbringungsmenge, ausgegangen (keine Skalen- und Netzwerkeffekte, keine Agglomerationsvorteile, keine Abnahme des Ertragszuwachses usw.).

In einem ersten Gedankenspiel soll davon ausgegangen werden, dass es keinen Warenaustausch (Handel) zwischen den beiden Regionen gibt, die Produktionsfaktoren gegenseitig nicht substituierbar sind und in beiden Regionen identische Produktionsfunktionen existieren. Die Produktionsfaktoren sind aber zwischen den Regionen uneingeschränkt mobil. Bei gegebenem Technologieniveau kann eine Erhöhung der Wirtschaftsleistung im Sinne der Ausbringungs- oder Produktionsmenge nur durch eine Erhöhung des Arbeits- und/oder Kapitaleinsatzes erfolgen. Wenn nun in Region 1 Arbeitskräfte knapp und die Löhne entsprechend hoch sind, während das Lohnniveau in Region 2 aufgrund eines Arbeitskräfteüberhangs niedrig ist, entsteht für die Arbeitskräfte in Region 2 ein Anreiz, diese zu verlassen und in die Region 1 zu wandern. Die Migration der Arbeitskräfte hält so lange an, bis die Grenzproduktivität der Arbeit und die Lohnhöhe in beiden Regionen identisch sind. Dasselbe, nur in die andere Richtung, geschieht mit dem Kapital.

Wenn das vorhandene Kapital in Region 1 aufgrund des Arbeitskräftemangels nicht voll genutzt werden kann, resultiert dies in einem geringen Kapitalzins. Entsprechend wandert es in die Region 2 ab, wo genügend Arbeitskräfte für seine Inwertsetzung zur Verfügung stehen und die

Verzinsung höher ist. Unter den gegebenen Prämissen werden also kurzfristig auftretende Differenzen in Faktorentgelten (Arbeitslöhne, Kapitalzinsen) durch Faktorwanderung immer wieder ausgeglichen. Dauerhafte Entwicklungs- und Einkommensunterschiede zwischen zwei oder mehreren Regionen können damit nicht auftreten. Immer wieder pendelt sich auch nach Störungen ein neues Gleichgewicht ein.

Neben einer Wanderung der Produktionsfaktoren Arbeit und Kapital kann auch der Handel mit Waren und Dienstleistungen zu einem Ausgleichsmechanismus führen. Dieser Mechanismus lässt sich ebenfalls anhand von einfachen Zwei-Regionen-Modellen nachweisen. Dabei wird zur Vereinfachung und entsprechend der Methode der isolierenden Abstraktion angenommen, dass die Ausstattung mit Produktionsfaktoren von Region zu Region unterschiedlich ist, diese Differenzen aber nicht durch Faktorwanderungen ausgeglichen werden können (Annahme vollständig immobiler Produktionsfaktoren). Dafür können nun aber die Ergebnisse oder Leistungen der Produktionsprozesse frei ausgetauscht werden (Gütermobilität). Eine klassische Modellvorstellung geht auf den britischen Nationalökonomen David Ricardo zurück, der bereits Anfang des 19. Jahrhunderts die prinzipiell wohlfahrtssteigernde Wirkung der internationalen Arbeitsteilung erkannt hatte. Nach Ricardo führen nicht

Box 4.4

Produktionsfaktoren und Produktionsfunktion

Volkswirtschaftliche **Produktionsfaktoren** sind Güter und Leistungen, die zur Herstellung anderer Güter und Leistungen notwendig sind. In der klassischen Ökonomie wurden darunter Arbeit (physische und geistige Arbeitsleistung), Kapital (Anlagen, Maschinen, Werkstoffe; auch Sach- bzw. Realkapital) und Boden verstanden. Heute wird der Boden in der Regel durch den Faktor Umwelt bzw. Naturkapital oder natürliche Ressourcen ersetzt (z. B. Rohstoffe, Energieträger, Energie, landschaftliche Attraktivität), weil in modernen Industriegesellschaften die Gesamtleistungen des Naturhaushalts bedeutsamer sind als der (unbearbeitete) Boden. Produktionsfaktoren können untereinander substituierbar sein oder in einem komplementären Verhältnis zueinander stehen. Im ersten Fall kann ein Produktionsfaktor auf der Suche nach einer Minimalkostenkombination zumindest teilweise durch einen anderen ersetzt werden (etwa Arbeit durch Kapital in Form von Mechanisierung und Automatisierung), im zweiten Fall stehen sie in einem festen Verhältnis zu einander (z. B. Naturkapital oder natürliche Ressourcen als Voraussetzung für die wirtschaftliche Inwertsetzung von Sachkapital).

Die **Produktionsfunktion** beschreibt den Zusammenhang zwischen dem Einsatz von Produktionsfaktoren und der realisierbaren Ausbringungsmenge bei gegebener Technologie.

nur absolute, sondern auch **komparative Kostenvorteile** zwischen Regionen zu Spezialisierung, internationaler Arbeitsteilung und Handel. Ein freier Warenaustausch ist danach nicht nur insgesamt wohlfahrtssteigernd, sondern er führt auch dazu, dass weniger entwickelte Räume in den Güterkreislauf integriert werden und an Wohlfahrtsgewinnen partizipieren.

Tab. 4.2 Rechenbeispiel für Vorteilhaftigkeit des Handels bei absoluten Kostenvorteilen

	Region 1	Region 2	
zur Verfügung stehendes Arbeitsvolumen	20 000 PS	10 000 PS	
Produktivität bei Herstellung Gut A	1 GE in 5 PS	1 Einheit in 8 PS	
Produktivität bei Herstellung Gut B	1 GE in 10 PS	1 Einheit in 4 PS	Summe der hergestellten Güter
Produktionsleistung ohne regionale Arbeitsteilung	Gut A: 10 000 / 5 = 2 000 GE Gut B: 10 000 / 10 = 1 000 GE	Gut A: 5 000 / 8 = 625 GE Gut B: 5 000 / 4 = 1 250 GE	2 625 GE 2 250 GE 4 875 GE
Produktionsleistung mit regionaler Arbeitsteilung	Gut A: 20 000 / 5 = 4 000 GE	Gut B: 10 000 / 4 = 2 500 GE	6 500 GE
Anmerkung: PS = Personenstunden, GE = Gütereinheit			

Tab. 4.3 Rechenbeispiel für Vorteilhaftigkeit des Handels bei komparativen Kostenvorteilen

	Region 1	Region 2	
zur Verfügung stehendes Arbeitsvolumen	20 000 PS	10 000 PS	
Produktivität bei Herstellung Gut A	1 GE in 12,5 PS	1 Einheit in 8 PS	
Produktivität bei Herstellung Gut B	1 GE in 10 PS	1 Einheit in 4 PS	Summe der hergestellten Güter
Produktionsleistung ohne regionale Arbeitsteilung	Gut A: 10 000 / 12,5 = 800 GE Gut B: 10 000 / 10 = 1 000 GE	Gut A: 5 000 / 8 = 625 GE Gut B: 5 000 / 4 = 1 250 GE	1 425 GE 2 250 GE 3 675 GE
Produktionsleistung mit regionaler Arbeitsteilung	Gut A: 20 000 / 12,5 = 1 600 GE	Gut B: 10 000 / 4 = 2 500 GE	4 100 GE
Anmerkung: PS = Personenstunden, GE = Gütereinheit			

Box 4.5
Absolute und komparative (relative) Kostenvorteile

Von Adam Smith (1773–1790) stammt die Erkenntnis, dass der Warenaustausch zwischen Ländern die Wohlfahrt steigert. Nach Smith sollte sich jedes Land auf die Herstellung von Gütern spezialisieren, die zu seiner Faktorausstattung passen und die es deshalb besonders kostengünstig produzieren kann. Ein Zahlenbeispiel soll helfen, dies zu verdeutlichen (**Tab. 4.2**). Der Einfachheit halber soll dabei von nur zwei Regionen und nur zwei handelbaren Gütern ausgegangen werden. Für die Güterproduktion stehen in der bevölkerungsreicheren Region 1 insgesamt 20 000 und in der bevölkerungsärmeren Region 2 insgesamt 10 000 Personenstunden zur Verfügung. Weiterhin soll in der Region 1 eine Einheit von Gut A mit einem Arbeitseinsatz von 5 Stunden und eine Einheit von Gut B mit einem Arbeitseinsatz von 10 Stunden hergestellt werden können, während in der Region 2 für Gut A 8 Stunden und für Gut B 4 Stunden aufgewendet werden müssen. Ohne Arbeitsteilung könnten bei jeweils gleicher Aufteilung der Arbeitsstunden auf die beiden Güter in beiden Regionen zusammen 2 625 Einheiten des Gutes A und 2 250 Einheiten des Gutes B, in der Summe also 4 875 Gütereinheiten für den Konsum produziert werden. Konzentriert sich aber Region 1 auf Produkt A und Region 2 auf Produkt B können mit dem gleichen Arbeitseinsatz und in der gleichen Zeit von A 4 000 Einheiten und von B 2 500 Einheiten hergestellt werden (Summe: 6 500). Demzufolge ist es insgesamt wohlfahrtssteigernder, wenn sich jede Region auf die Herstellung desjenigen Gutes konzentriert, bei dem es aufgrund höherer Produktivität über **absolute Kostenvorteile** verfügt. Damit dennoch die Nachfrage nach beiden Gütern in beiden Regionen gedeckt werden kann, kommt es zum Warenaustausch. Region 1 exportiert Gut A in Region 2, während Region 2 das Gut B in die Region 1 ausführt.

David Ricardo (1772–1823) konnte nachweisen, dass die Vorteile von Arbeitsteilung und Warenaustausch selbst dann gelten, wenn ein Land bei keinem handelbaren Gut absolute Kostenvorteile besitzt. Auch dies lässt sich anhand eines Zahlenbeispiels zeigen. Dafür wird die obige Modellkonstruktion übernommen, die eingesetzten Zahlenwerte für den Arbeitsaufwand werden aber verändert (**Tab. 4.3**). Für Region 1 soll gelten, dass für die Herstellung von Gut A 12,5 Stunden und für die Herstellung von Gut B 10 Stunden aufgewendet werden müssen. Für Region 2 gilt weiterhin, dass Gut A in 8 und Gut B in 4 Personenstunden hergestellt werden kann. Ebenfalls stehen weiterhin 20 000 bzw. 10 000 Personenstunden zur Güterproduktion zur Verfügung. Wie sich aus den Zahlen leicht ersehen lässt, hat Region 2 nun also sowohl bei Herstellung von Gut A als auch bei der Herstellung von Gut B absolute Kostenvorteile. Dennoch ist eine Arbeitsteilung sinnvoll. Konzentriert sich Region 1 auf die Herstellung von Gut A und Region 2 auf die Herstellung von Gut B lassen sich gemeinsam von A 1 600 und von B 2 500 Einheiten herstellen (Summe: 4 100). Im Autarkiefall wäre die gemeinsame Produktionsmenge dagegen für A nur 1 425 und für B nur 2 250 Einheiten (Summe: 3 675). Der Grund für diesen auf den ersten Blick verblüffenden Effekt ist, dass Region 2 zwar beide Güter effizienter herstellen kann als Region 1, der Effizienz- bzw. Produktivitätsvorteil bei Gut B

(10 : 4) aber 2,5-mal und bei Gut A (12,5 : 8) nur 1,6-mal so groß ist. Damit hat Region 2 einen **komparativen Kostenvorteil** bei Gut A, während Region 2 einen komparativen Vorteil bei Gut B hat. Als Plädoyer für einen freien Handel spielen Ricardos Überlegungen bis heute eine wichtige Rolle, nicht zuletzt auch bei den Verhandlungen im Rahmen der World Trade Organization (WTO) und des General Agreement on Tariffs and Trade (GATT).

Nach dem **Faktorproportionentheorem** (nach seinen Begründern auch Heckscher-Ohlin-Theorem) beruhen komparative Vorteile auf der von Region zu Region unterschiedlichen Ausstattung mit Produktionsfaktoren. Die spezifische Faktorausstattung bestimmt, auf welche Güter sich eine Region oder ein Land sinnvollerweise spezialisiert. So werden vor allem diejenigen Güter produziert, für welche die erforderlichen Produktionsfaktoren vor Ort reichlich und damit kostengünstig vorhanden sind. Kapitalreiche Regionen exportieren kapitalintensive Produkte (z. B. Automobile, Maschinen, chemische Erzeugnisse), während sie arbeitsintensive Produkte (z. B. Bekleidung) importieren. Regionen mit vielen (günstigen) Arbeitskräften exportieren demgegenüber arbeitsintensive und importieren kapitalintensive Produkte. Regionen mit einer besonders guten Ausstattung an natürlichen Ressourcen spezialisieren sich auf den Bergbau, die Förderung von Energierohstoffen oder die Land- und Forstwirtschaft. Spinnt man diesen Gedanken weiter, würden sich bei vollständiger Konkurrenz und freier Mobilität die Faktorpreise für Kapital und Arbeit in den verschiedenen Regionen im Laufe der Zeit immer weiter angleichen, da die Außenhandelsspezialisierung einer Region dort zu immer knapperen und teureren Produktionsfaktoren führen würde. Demnach würde derselbe Mechanismus in Gang gesetzt werden, der schon unter Annahme vollständig mobiler Produktionsfaktoren dargestellt wurde.

Trotz seiner intuitiven Plausibilität lässt sich das Faktorproportionentheorem empirisch nicht eindeutig bestätigen. Auf einen wesentlichen Schwachpunkt weist das nach seinem Entdecker Wassily Leontief (1905–1999) benannte **Leontief-Paradoxon** hin. Leontief konnte in den 1950er-Jahren nachweisen, dass die USA, obwohl sie als besonders kapitalreiches Land galten, mehr arbeitsintensive als kapitalintensive Güter exportierten. Heute weiß man, dass der Grund für diesen zunächst überraschenden und widersprüchlichen Befund in den unterschiedlichen Qualifikationsniveaus liegt, die den Produktionsfaktor Arbeit kennzeichnen. Die USA spezialisieren sich im Export zwar auf arbeitsintensive Güter. Die Arbeit, die hierzu eingesetzt wird, ist allerdings besonders hoch qualifiziert und beruht vor allem auf der guten Ausstattung der USA mit

Humankapital, also auf dem hohen Leistungspotenzial gut ausgebildeter Arbeitskräfte. Wie der Begriff Humankapital zum Ausdruck bringt, geht es dabei nicht um Arbeit im rein quantitativen Sinne, sondern vor allem um Investitionen in Ausbildung und Qualifikation der Arbeitskräfte, wie sie vor allem von kapitalreichen Regionen geleistet werden können. Die Diskussion um das Leontief-Paradoxon ist für die moderne Wirtschaftsgeographie vor allem deshalb von Bedeutung, weil sie darauf hinweist, dass Investitionen in Bildung, Ausbildung und Wissenserwerb sowie ganz allgemein der Faktor Wissen entscheidende Bestimmungsgrößen für die Regionalentwicklung sind.

Erkenntniswert und Defizite der neoklassischen Regionalentwicklungstheorie | 4.5.3

Neoklassische Theorien und Modelle sind sowohl für die Regional- als auch für die Entwicklungsforschung von hohem Wert. Sie beziehen sich auf ein klar strukturiertes und mathematisierbares Gedankengebäude mit einer hohen Anschlussfähigkeit an andere Themenbereiche der Wirtschaftswissenschaften. Bereits einfache **Modellkonstruktionen können Grundmechanismen ökonomischer Prozesse anschaulich darstellen.** Allerdings ist das umfassende, in sich sehr konsistente Modell nur über ein hohes Maß an Abstraktion und vereinfachenden Ausgangspositionen möglich. Die allgemeine Problematik der notwendigerweise sehr restriktiven Annahmen in neoklassischen Modellen wurde bereits in **Kapitel 2** diskutiert, insbesondere auch das diesen zugrunde liegende Menschenbild des homo oeconomicus. In Bezug auf die neoklassischen Regionalentwicklungstheorien kommt erschwerend hinzu, dass diese keinen wirklichen Raumbezug im geographischen Sinne haben. Die Regionen in den Modellen haben keine mess- oder bestimmbare räumliche Erstreckung, sie weisen keine spezifischen Raumeigenschaften und keine inneren Raumwiderstände auf. Sie sind letztlich nicht mehr als abstrakte und dimensionslose Punkte. Damit bleiben nicht nur Agglomerationseffekte unberücksichtigt, sondern auch Einflussgrößen wie Informationsbarrieren, Transportkosten oder interne Differenzen bei der Ausstattung mit völlig oder überwiegend immobilen Produktionsfaktoren (z. B. lokale klimatische und ökologische Bedingungen oder lokales Anwendungswissen). Unbefriedigend bleibt auch die Berücksichtigung des technischen Fortschritts. Dieser wird letztlich nur als eine externe Einflussgröße betrachtet, deren Entstehung nicht modellintern erklärt wird. Auch Institutionen, also die prägenden Werte und Normen der Gesellschaft, finden – wenn überhaupt – nur als „Störgrößen" Berücksichtigung. Die genannten Kritikpunkte werden bei den hier betrachteten, sehr einfachen Modellen in besonderem Maße deutlich, gelten grundsätzlich aber auch für komplexere neoklassische Modellkonstruktionen.

Das von den neoklassischen Theorien beschriebene räumliche Entwicklungsgleichgewicht deckt sich kaum mit der empirischen Beobachtung, wonach erhebliche regionalwirtschaftliche Disparitäten auf allen Maßstabsebenen eher die Regel als die Ausnahme sind. Nun kann dem entgegnet werden, dass politische Interventionen den Gleichgewichtsmechanismus immer wieder stören und die Marktkräfte nicht uneingeschränkt zur Entfaltung kommen können. Tatsächlich sind die Kapital- und Arbeitsmärkte in vielen Ländern stark reguliert. Aufgrund gesetzlicher Bestimmungen existieren in vielen Ländern hohe Hürden für die Einwanderung von Arbeitskräften aus dem Ausland. Diese Hinderungsgründe für das reibungslose Funktionieren des Gleichgewichtsmechanismus spielen vor allem zwischen Staaten eine wichtige Rolle, sind aber auf kleineren räumlichen Maßstabsebenen innerhalb von Staaten weniger wirksam. Aber nicht nur die Faktorwanderung ist in der Realität oft eingeschränkt, auch für den Warenhandel existieren vielfältige Hemmnisse (z. B. Zölle, Importquoten, Subventionen). Politisch lässt sich aus neoklassischen Theorien vor allem die Forderung nach dem Abbau staatlicher Interventionen ableiten. Eine vordringliche **Aufgabe der Politik ist** danach **der Abbau von Mobilitätshindernissen**, also beispielsweise der Ausbau der Verkehrsinfrastruktur, die Beseitigung von Zöllen und Informationsbarrieren, die Sicherstellung eines freien Kapitalverkehrs oder die Deregulierung von Arbeitsmärkten.

4.6 | Exogene und endogene Wachstumsdeterminanten: Exportbasistheorie und endogene Regionalentwicklung

Wie die bisher betrachteten Theorien zur regionalen Wirtschaftsentwicklung zeigen, lässt sich Wachstum sowohl auf exogene (von außerhalb der Region kommende) als auch auf endogene (von der Region selbst ausgehende) Ursachen zurückführen. Im Folgenden werden daher zwei relativ praxisnahe Theorieansätze dargestellt, die explizit **exogene und endogene Wirkungszusammenhänge** thematisieren. Dabei betont die Exportbasistheorie den Einfluss der überregionalen Güternachfrage auf die Regionalentwicklung, während sich die endogene Regionalentwicklung mit der optimalen Nutzung der regionsinternen Potenziale beschäftigt. Im Gegensatz zu Wirtschaftsstufentheorien und neoklassischen Gleichgewichtsmodellen, die eher für größere Maßstabseben und für langfristige Prozesse anwendbar sind, haben die Exportbasistheorie und der Ansatz der endogenen Regionalentwicklung ihre Stärken bei kleinräumigen und kurzfristigeren Betrachtungen.

Exportbasistheorie

| 4.6.1

Die Exportbasistheorie geht auf Arbeiten von James S. Duesenberry, Douglass C. North und Richard B. Andrews aus den 1950er-Jahren zurück. Sie versucht, die Mechanismen einer durch auswärtige Nachfrage getragenen regionalen Entwicklung quantitativ zu erfassen. Die wirtschaftliche Basis einer Region wird danach von Unternehmen gebildet, die ihre Produkte in andere Regionen exportieren können. Diese konstituieren die Exportbasis der Region bzw. den sogenannten **basic sector**. Daneben existiert in jeder Region ein **non-basic sector**, der die intraregionale Nachfrage nach Waren und Dienstleistungen befriedigt, in seiner Entwicklung aber von den Exporteinnahmen des basic sectors abhängt. Wenn nun Güter des basic sectors exportiert werden, fließen im Gegenzug Einnahmen in Form von Geld in die Region. Ein Teil dieser Finanzmittel steht dann in Form von Unternehmensgewinnen und Arbeitslöhnen für die Nachfragebefriedigung zur Verfügung. Dies setzt innerhalb der Region einen **Multiplikatorkreislauf** in Gang (Abb. 4.5). In einem einfachen Modell lässt

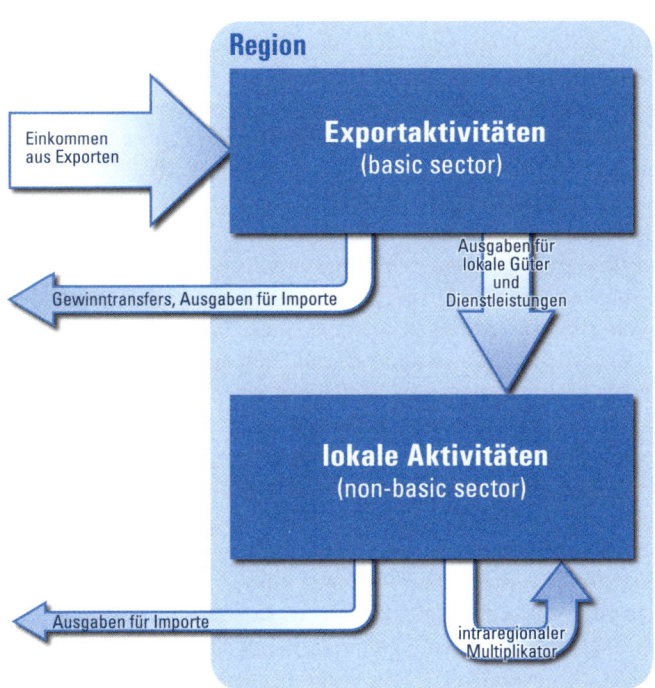

Abb. 4.5

Einkommenskreislauf nach der Exportbasistheorie

Quelle: Schätzl 2003: 151, leicht verändert

sich darstellen, dass – vorausgesetzt die Nachfrage nach Gütern und Dienstleistungen lässt sich zu signifikanten Teilen lokal befriedigen – die gesamten in der Region generierten Einkommen deutlich höher sind als der ursprüngliche Einkommenszufluss in die Region durch die Exporte. Der Multiplikatoreffekt ist dabei umso größer, je mehr Einkommensanteile in den Konsum fließen (Konsumquote) und je geringer der Anteil der Güter ist, die importiert werden müssen (Importquote). Der Gesamteffekt ist letztlich das Ergebnis einer unendlich großen Zahl an Rückflüssen von Einkommen in die lokale Wirtschaft. Allerdings wird der Effekt mit jeder Runde schwächer, da jedes Mal ein Teil des Geldes für Importe aus der Region abfließt. Um eine dauerhaft hohe Dynamik der regionalen Wirtschaft sicherzustellen, sind also konstante oder wachsende Exporteinnahmen notwendig.

Eine Stärke der Exportbasistheorie ist, dass sie regionale Einkommenseffekte und einige wichtige ökonomische Zusammenhänge plausibel darstellt und in ihren Grundzügen regionalpolitisch leicht interpretierbar ist. Eine positive Regionalentwicklung basiert danach auf dem Vorhandensein eines Leitsektors oder mehrerer exportstarker Leitsektoren (basic sectors) sowie auf der Fähigkeit, durch eine diversifizierte Struktur des non-basic sectors die lokal entstehende Nachfrage zu großen Teilen durch regionale Anbieter zu befriedigen. Problematisch ist, dass die Theorie lediglich die Nachfrageseite der Wirtschaft betrachtet, während die zur Einkommenserzielung notwendigen Voraussetzungen bzw. die Angebotsseite vernachlässigt werden. Obwohl die überregionale Nachfrage nach Gütern und Dienstleistungen den Motor der Regionalentwicklung darstellt, wird keine modellinterne Erklärung für diese Nachfrage geliefert. Weitere Kritikpunkte sind der statische Charakter der Theorie (keine Berücksichtigung des Strukturwandels) sowie Schwierigkeiten bei der eindeutigen Trennung von basic- und non-basic-Aktivitäten. Zum einen ist eine klare Zuordnung von Tätigkeiten zu einer der beiden Gruppen auf Basis wirtschaftsstatistischer Daten kaum möglich, zum anderen hängt das Verhältnis von basic- zu non-basic-Aktivitäten ganz erheblich von der Größe und konkreten Abgrenzung der Region ab.

Aufgrund dieser Probleme wird der Exportbasistheorie zwar ein Wert für die Analyse kurzer Zeiträume und kleiner Raumeinheiten zugesprochen, für das Verständnis langfristiger Prozesse und großräumiger Zusammenhänge wird sie dagegen heute als ungeeignet angesehen. Dies gilt auch für die konzeptionell eng mit der Exportbasistheorie verwandten **regionalen Input-Out-Modelle**. Regionalwirtschaftliche Strukturen und Vorleistungsverflechtungen werden darin zwar erheblich komplexer abgebildet, die wesentlichen Schwächen des Ansatzes bleiben aber die gleichen.

Endogene Regionalentwicklung | 4.6.2

Die Exportbasistheorie sieht die Regionalentwicklung als einen vor allem von exogenen Einflüssen getragenen Prozess. Entsprechend kommt der regionalen Wirtschaftspolitik die Aufgabe zu, den externen Zufluss von Kapital, Know-how und Arbeitskräften sicherzustellen, Betriebsansiedlungen von überregionalen Großunternehmen zu fördern sowie die hierzu notwendige Infrastruktur bereitzustellen und Verkehrswege auszubauen.

In den 1970er-Jahren wuchs jedoch die Skepsis gegenüber entsprechenden ansiedlungs- und mobilitätsorientierten Politikansätzen. Zum einen wurde das Potenzial ansiedlungswilliger (industrieller) Großunternehmen in den hoch entwickelten Volkswirtschaften immer geringer. Zum anderen zeigte sich, dass viele zunächst gefeierte Ansiedlungsprojekte letztlich nur verlängerte Werkbänke waren. Diese boten aufgrund ihrer nachrangigen Stellung im Werksverbund von Großunternehmen überwiegend sehr konjunkturanfällige und gering qualifizierte Arbeitsplätze. Auch blieben die erhofften Multiplikatoreffekte innerhalb der Region oft bescheiden. Als Konsequenz hieraus entwickelten sich verschiedene Theorie- und Politikansätze, die vor allem die Bedeutung interner Wachstumspotenziale für die Regionalentwicklung hervorheben und summarisch als **endogene Regionalentwicklung** bezeichnet werden.

Die endogene Regionalentwicklung konnte sich vor allem in ländlichen Räumen und als Erneuerungsstrategie für Altindustrieregionen etablieren. Einige ihrer zentralen Elemente sind:

- qualitative Verbesserung von Wirtschaftsstruktur und Lebensbedingungen statt einseitiger Orientierung auf Wirtschaftswachstum
- Konzentration auf kleine und mittlere Unternehmen
- Förderung von Lernprozessen in bestehenden Unternehmen zur Förderung der Innovationsfähigkeit
- Stärkung intraregionaler Wirtschafts- und Stoffkreisläufe
- Einbindung regionaler Akteure aus unterschiedlichen Lebensbereichen und Wirtschaftssektoren
- ökonomische und ökologische Nachhaltigkeit

Die endogene Regionalentwicklung konnte sowohl in hoch entwickelten Volkswirtschaften als auch in Entwicklungsländern einige Erfolge erzielen. Dennoch ist sie weniger eine konsistente Theorie, als vielmehr eine Sammlung allgemein formulierter Prinzipien der Regionalpolitik. Zudem erwiesen sich gerade in peripheren Regionen die endogenen Potenziale oft als zu gering, um auf ihnen aufbauend eine nennenswerte wirtschaftliche Dynamik herbeizuführen. Grenzen wurden aber auch in Altindustrieregionen sichtbar, deren stark extern kontrollierte Großunternehmensstrukturen sich mit dem Ansatz der endogenen Regionalentwicklung oft nicht adäquat fassen lassen.

4.7 | Regionale Entwicklung als Polarisationsprozess

Seit den 1950er-Jahren entstanden aus der Kritik an der Gleichgewichtsvorstellung der Neoklassik neue Denkansätze, die zusammenfassend als **Polarisationstheorien** bezeichnet werden. Ihr gemeinsames Kennzeichen ist, dass sie von der Existenz kumulativer Selbstverstärkungseffekte ausgehen. Der wirtschaftliche Entwicklungsprozess führt danach nicht primär zu einem Wohlstandsausgleich zwischen verschiedenen Regionen und Ländern, sondern kann diese Unterschiede sogar noch vertiefen. Im Unterschied zur deduktiven Vorgehensweise der Neoklassik leiten die polarisationstheoretischen Ansätze ihre Erkenntnisse überwiegend induktiv ab. Ausgangspunkt ist dabei die Ungleichheit der Wohlstandsverteilung und der ökonomischen Dynamik auf der Welt, für die systematisch nach Gründen gesucht wird. Eine Annahme besteht darin, dass die Produktionsfaktoren ungleich über den Raum verteilt und zumindest teilweise immobil sind. Auch Informationen und die Errungenschaften des technischen Fortschritts sind nach polarisationstheoretischen Vorstellungen nicht überall frei verfügbar, sondern verbreiten sich durch Diffusionsprozesse nur mit zeitlicher Verzögerung im Raum. Deshalb existiert auf den Märkten auch keine vollständige Konkurrenz. Vielmehr ist diese durch Monopole (nur ein Anbieter), Oligopole (nur wenige Anbieter) und vielfältige externe Effekte, d. h. vom Markt nicht erfasste Auswirkungen wirtschaftlicher Aktivitäten, stark eingeschränkt. Zudem werden Staat und Gesellschaft von den Polarisationstheorien als wichtige Determinanten des Entwicklungsprozesses gesehen und explizit in die Analysen einbezogen.

4.7.1 | Sektorale und regionale Wachstumspole

Der französische Ökonom François Perroux (1903–1987) entwickelte auf der Basis von Überlegungen Joseph Schumpeters (1883–1950) das Konzept der **sektoralen Wachstumspole (pôles de croissance)**. Danach vollzieht sich die wirtschaftliche Dynamik nicht gleichmäßig über alle Sektoren hinweg, sondern hat ihren Ursprung vor allem in sogenannten **motorischen Einheiten** (Perroux 1955). Diese unités motrices sind Wirtschaftszweige, die gegenüber anderen Sektoren eine gewisse Größe und Dominanz haben, schnell wachsen und intensive Verflechtungen mit anderen Wirtschaftsbereichen aufweisen (Beispiele: Automobilbau, Computer- und

Halbleiterindustrie, Petrochemie). Die motorischen Einheiten können zum einen hohe Skalen- und Agglomerationseffekte erzielen, zum anderen sind sie aufgrund ihrer personellen und finanziellen Ressourcen besonders innovativ. Beide Prozesse führen dazu, dass die wirtschaftliche Dominanz und der politische Einfluss der motorischen Einheiten weiter wachsen. Von den motorischen Einheiten ausgehend können – vor allem durch den Bezug von Vorleistungen (z. B. Rohstoffe, Halbfertigwaren) oder nachgelagerten Leistungen (z. B. Handel, Verkehr) – auf den Rest der Wirtschaft **positive Ausbreitungseffekte** wirken. Man spricht dabei von Vorwärts- und Rückkopplungseffekten (forward and backward linkages). Aber auch **negative Entzugseffekte** sind möglich. So können beispielsweise Arbeitskräfte aufgrund des in den motorischen Einheiten hohen Lohnniveaus für andere Bereiche der Wirtschaft nicht mehr zur Verfügung stehen.

Unter motorischen Einheiten verstand Perroux einzelne Unternehmen oder Wirtschaftssektoren (sektorale Polarisation). Später wurden seine Überlegungen von anderen Wissenschaftlern jedoch auf räumliche Fragestellungen übertragen (regionale Polarisation). Danach sind **Wachstumspole** räumlich abgrenzbare Orte bzw. Regionen hoher wirtschaftlicher Dynamik, von denen positive Wirkungen auf ihr Hinterland ausgehen. Diese können durch Zulieferverflechtungen, positive Einkom-

Abb. 2.18

Aluminiumschmelze Mozal bei Maputo, 1998 im sogenannten Maputo-Korridor zwischen Südafrika und Mosambik errichtet, betrieben von BHP Billiton

menseffekte oder auch aufgrund der Vorbildfunktion im Hinblick auf Unternehmensneugründungen entstehen.

In der Regionalpolitik vieler Länder erlangte das Wachstumspolkonzept erhebliche Bedeutung. So wurden ab den 1960er-Jahren in vielen Teilen der Welt große Industrieanlagen oder Infrastrukturvorhaben bewusst in peripheren Regionen angesiedelt, um dort Impulse für eine selbsttragende wirtschaftliche Entwicklung zu schaffen. Ein bekanntes Beispiel hierfür ist die italienische Politik zur Förderung des Mezzogiorno (z. B. das große Stahlwerk von Tarent). Aber auch in Entwicklungsländern entstanden ähnliche Projekte **(Abb. 4.6)**. Allerdings waren diese Vorhaben nicht immer mit Erfolg gesegnet. Viele Projekte wurden ohne vorherige Analyse der lokalen wirtschaftlichen Bedingungen durchgeführt. Die lokale Wirtschaft war dann nicht in der Lage, die Impulse des Wachstumspols aufzunehmen und die notwendigen Vor- und Dienstleistungen zur Verfügung zu stellen. Schon im Laufe der 1970er-Jahre schlug deshalb die anfängliche Euphorie in Skepsis um. Misslungene Ansiedlungsprojekte, von denen keine oder nur geringe regionale Ausstrahlungseffekte ausgehen, werden seit dieser Zeit auch als „Kathedralen in der Wüste" bezeichnet. Heute wird das Wachstumspolkonzept kaum mehr in Reinform angewandt (Parr 1999 a, 1999 b). Begriffe wie „Ankerprojekt", „Leuchtturm" oder „Entwicklungskorridor" zeigen aber, dass die Grundidee der Wachstumspole in der Regionalpolitik bis heute eine Rolle spielt.

4.7.2 Zirkulär-kumulative Selbstverstärkungseffekte

Polarisierungstendenzen in der regionalen Wirtschaftsentwicklung lassen sich auch als Teufelskreise beschreiben, in der Armut immer neue Armut und Wohlstand immer mehr Wohlstand erzeugt. Gunnar Myrdal (1898–1987) ist es zu verdanken, die eher vage Vorstellung des Teufelskreises systematisiert und in ein umfassendes Konzept **zirkulär-kumulativer Selbstverstärkungseffekte (cumulative causation)** überführt zu haben. Dabei verstand Myrdal seine Analysen als expliziten Gegenentwurf zum Gleichgewichtsparadigma der Neoklassik. Den Mechanismus zirkulär-kumulativer Selbstverstärkung erläutert er an einem einfachen Beispiel (Myrdal 1957, S. 23 ff.):

Aufgrund eines Unfalls brennt in einer Gemeinde eine Fabrik ab, in der ein Großteil der dort lebenden Menschen gearbeitet hat. Für das Unternehmen lohnt es sich nicht, die Fabrik an dieser Stelle wieder aufzubauen. Die unmittelbare Wirkung ist, dass viele Menschen arbeitslos werden. Die neoklassische Regionalentwicklungstheorie würde nun annehmen, dass ein anderes Unternehmen in der Gemeinde investiert, um von den freigesetzten Arbeitskräften und dem geringen Lohnniveau zu profitieren. Dies gilt aber nur, wenn das Kapital mobil ist und auf den Faktormärkten vollständige Konkurrenz herrscht. Nach Myrdal setzt der externe Shock dagegen eine Spirale sich gegenseitig verstärkender negativer Entwicklungen in Gang: Als Folge der erhöhten Arbeitslosigkeit gehen in der Gemeinde die Einkommen und die Nachfrage nach Gütern drastisch zurück. Darunter leiden auch die anderen Unternehmen am Ort. In der Folge verlassen auch immer mehr alteingesessen Unternehmen und junge dynamische Arbeitskräfte die Gemeinde. Nachfrage und Einkommen gehen weiter zurück und auch die Alters- und Qualifikationsstruktur der am Ort verbleibenden Arbeiter wird immer ungünstiger. Parallel schrumpft die lokale Steuerbasis. Nun hat auch die öffentliche Hand immer weniger Mittel zur Verfügung, um die Infrastruktur zu

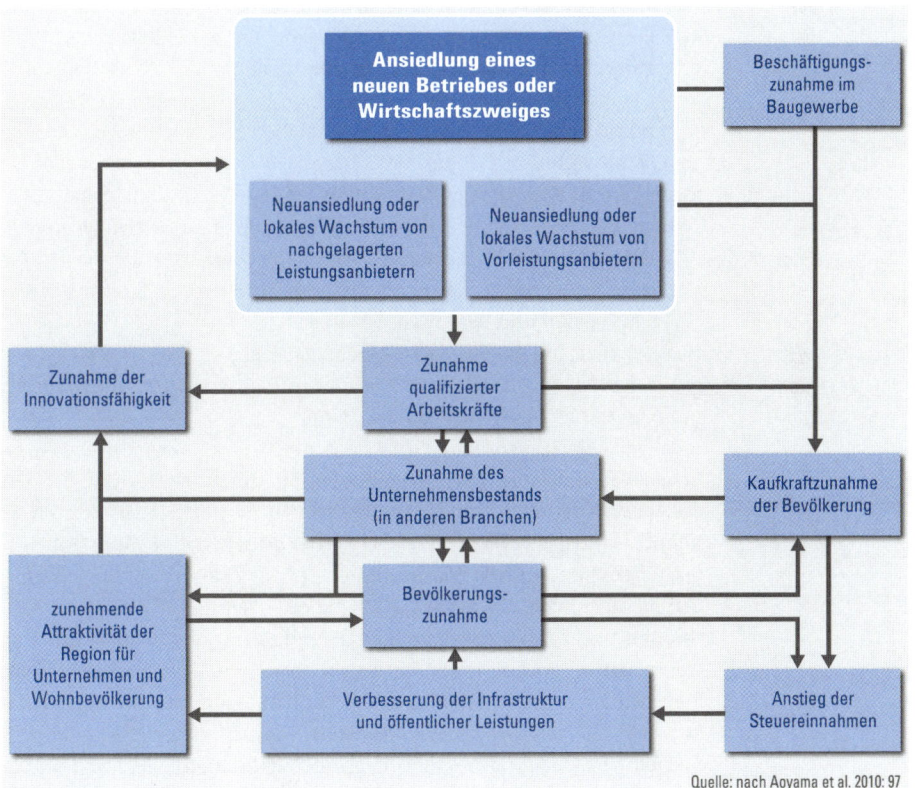

Abb. 4.7

Quelle: nach Aoyama et al. 2010: 97

Zirkulär-kumulativer Prozess der Regionalentwicklung

finanzieren, Sozialhilfe auszuzahlen oder dringend notwendige Erneuerungsimpulse zu setzen. Rein rechnerisch könnte die schrumpfende Steuerbasis zwar durch höhere Steuersätze ausgeglichen werden, aber dies würde die Region für die Unternehmen und die Wohnbevölkerung nur noch weniger attraktiver machen. Ohne Hilfe von außen, wie Subventionen oder einen kommunalen Finanzausgleich, kann die Gemeinde den negativen Entwicklungspfad nun nicht mehr durchbrechen.

Das Beispiel könnte weiter fortgesetzt werden und ist in ähnlicher Form auch als positiver zirkulär-kumulativer Selbstverstärkungsprozess konstruierbar **(Abb. 4.7)**. Myrdal zeigt damit plausibel auf, wie ökonomische Gesetzmäßigkeiten und die Interdependenz von Einkommen, Nachfrage, Investitionen und Produktion innerhalb einer Region dazu führen können, dass sich einmal entstandene regionale Entwicklungsunterschiede aufgrund **positiver Rückkopplungen** immer weiter verstärken (Polarisierung). Myrdal erkennt durchaus an, dass auch **negative Rückkopplungsschleifen** existieren, die in Richtung eines Abbaus der Entwicklungsunterschiede wirken. Er unterscheidet in diesem Zusammenhang zwei Effekte:

- **zentripetale Entzugseffekte (backwash effects)**, durch die sich schneller entwickelnde Regionen zurückgebliebenen Regionen Produktionsfaktoren und Entwicklungspotenziale entziehen (z. B. Kapital, qualifizierte Arbeitskräfte)
- **zentrifugale Ausbreitungseffekte (spread effects)**, durch die zurückgebliebene Regionen an der Dynamik anderer Regionen partizipieren (z. B. Verlagerung von Betrieben und Arbeitsplätzen aus dynamischen Regionen aufgrund von Agglomerationsnachteilen, Ausbreitung neuer Technologien und technischen Wissens)

Nach Myrdal sind die Entzugseffekte in der Regel stärker als die Ausbreitungseffekte. Diese Tendenz hält er für umso ausgeprägter, je größer die initialen Entwicklungsunterschiede sind.

Alfred Otto Hirschmann (1958), der zweite Hauptvertreter der räumlichen Polarisationstheorie, argumentiert ähnlich wie Myrdal. Er geht aber davon aus, dass sich das Verhältnis von ausgleichenden Kräften, er nennt sie **trickling-down effects (Sickereffekte)**, zu **polarization effects (Polarisierungseffekte)** im Laufe der wirtschaftlichen Entwicklung ändert. Zu Beginn der Entwicklung überwiegen danach die Polarisierungseffekte, weil Investitionen aufgrund von Skaleneffekten, Agglomerationsvorteilen und teilweise überhöhten Gewinnerwartungen vorwiegend in höher entwickelte Regionen fließen. Die Wirkung der Sickereffekte nimmt jedoch aufgrund von Agglomerationsnachteilen in den dynamischen Regionen und politischen Umverteilungsbemühungen im Zeitverlauf zu. Dadurch setzen sich die Sickereffekte auf Dauer gegenüber den Polarisierungseffekten durch. Die Entwicklungslücke schließt sich wieder.

Räumliche Zentrum-Peripherie-Modelle | 4.7.3

Hirschmanns These von zunächst zunehmenden, sich später aber wieder verringernden Entwicklungsunterschieden lässt sich auf **Siedlungsstrukturen** übertragen. Die beiden bekanntesten Modelle hierzu stammen von John Friedmann (1966) und von Harry W. Richardson (1980). Während Friedmann den Wandel der Siedlungsstruktur im Laufe eines überwiegend endogen bedingten Industrialisierungsprozesses beschreibt, hebt Richardson auf die stärker von Außeneinflüssen abhängige Raumstruktur von Entwicklungsländern ab und spricht explizit von einem **polarization reversal**. Die Modelle haben aber große Ähnlichkeiten und beide gehen davon aus, dass am Ende des wirtschaftlichen und raumstrukturellen **Transitionsprozesses** ein stabiles Hierarchiesystem der Siedlungen im Sinne Christallers entsteht. Zu Beginn des Entwicklungsprozesses kommt es allerdings zunächst zu einer Konzentration der wirtschaftlichen Dynamik auf ein Zentrum oder wenige dominante Zentren. Diese Zentren, aufgrund ihrer dominanten Stellung im Städtesystem auch **Primatstädte** genannt, wachsen vor allem aufgrund von Erreichbarkeitsaspekten (Exportfunktion) sowie Agglomerationsvorteilen und bieten zudem besonders günstige Bedingungen für Innovationen. Aufgrund des starken Wachstums werden anderen Landesteilen mobile Produktionsfaktoren, wie Arbeitskräfte und Kapital, entzogen. Dies führt zu einem immer stärkeren Auseinanderfallen der Entwicklungsdynamik und zu einem markanten Wohlstandsgefälle zwischen Zentrum und Peripherie. Mit der Zeit werden aufgrund der hohen Dynamik im Zentrum aber auch **Agglomerationsnachteile** spürbar. Dies gilt sowohl für die Unternehmen (Flächenmangel, hohe Arbeitskosten, überlastete Infrastruktur) als auch für die Arbeitskräfte mit ihren Familien (teure Immobilien, geringe Umweltqualität). Dadurch kommt es zunächst zu einer intraregionalen Dekonzentration innerhalb der Zentrumsregion (Suburbanisierung), bald aber auch zur interregionalen Dekonzentration und zum Entstehen neuer Zentren in der ehemaligen Peripherie.

Diese Subzentren weisen zwar enge wirtschaftliche Verflechtungen mit dem Zentrum auf, gleichzeitig entstehen in ihnen aber ebenfalls Agglomerationsvorteile, die einen zunehmend selbsttragenden wirtschaftlichen Aufschwung fördern. Zudem profitieren sie von der Dezentralisierungspolitik des Staates, der versucht, über die Förderung der kleineren Zentren wieder in allen Landesteilen gleichwertige Lebensbedingungen herzustellen. Schrittweise entsteht hierdurch ein stabiles **polyzentrisches Siedlungssystem** (Abb. 4.8). Immer größere Teile der ehemaligen Peripherie werden in den Wirtschaftskreislauf integriert und die Wohlstandsunterschiede gleichen sich wieder an.

Abb. 4.8

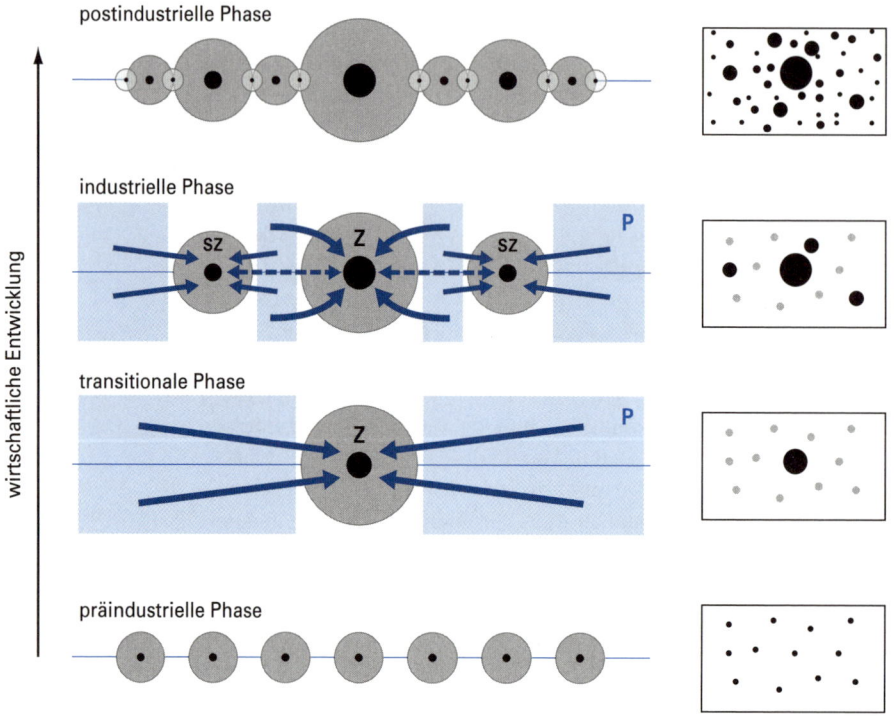

Quellen: nach Friedmann 1966 und Schätzl 2003

Veränderung der Raumstruktur im Verlauf der wirtschaftlichen Entwicklung nach John Friedmann

Bei der Übertragung der räumlichen Zentrum-Peripherie-Modelle von Friedmann und Richardson auf heutige Entwicklungsländer muss berücksichtigt werden, dass die den Modellen zugrunde liegenden Beobachtungen vor allem auf historischen Prozessen in hoch entwickelten Volkswirtschaften beruhen. In heutigen Entwicklungsländern herrschen teilweise ganz andere wirtschaftliche, raumstrukturelle und gesellschaftlich-politische Rahmenbedingungen. Die empirische Befundlage ist nicht eindeutig. Die Herausbildung von starken regionalen Ungleichgewichten zu Beginn des Entwicklungsprozesses ist dabei gut nachvollziehbar. So weisen viele Entwicklungsländer ausgesprochene Primatstädte und eine starke Land-Stadt-Wanderung auf. In Schwellenländern wie China, Indien oder Brasilien lassen sich erhebliche regionale Disparitäten und entsprechend starke Migrationsströme nachweisen (siehe **Abb. 4.1**). Weniger eindeutig sind die Befunde bezüglich des polarization reversal. Einerseits gibt es Beispiele wie Südkorea, die die Annahmen von Friedmann und Richardson weitgehend bestätigen (Lee 1989). Anderseits weisen die Städtesysteme vieler Entwicklungs- und Schwellenländer bis heute ausgesprochene Primatstadt-Verteilungen auf (z. B. Bangladesch, Peru, Mexiko, Thailand).

Dennoch scheint es sich bei den zunächst zunehmenden, im weiteren Verlauf der wirtschaftlichen Entwicklung wieder abnehmenden Ungleichheiten um ein durchaus universales Prinzip zu handeln. Dies entspricht auch der auf den russisch-amerikanischen Ökonomen Simon Kuznets (1901–1985) zurückgehenden **Kuznets-Kurve**. Diese besagt, dass die Ungleichheit der Einkommensverteilung mit steigendem Nationaleinkommen pro Kopf zunächst zu- und dann wieder abnimmt. Auf regionaler Ebene lässt sich dies anhand des Beispiels Malaysia gut zeigen: Die Armutsrate lag in der ärmsten Region vorübergehend um bis zu 60 % höher als in der reichsten Region (Kuala Lumpur), wobei sich die Unterschiede im weiteren Entwicklungsverlauf – bei überall sinkenden Armutsraten – erneut deutlich angeglichen haben **(Abb. 4.9)**. Für Volkswirtschaften wie Großbritannien, Schweden, Japan, die USA oder Deutschland lassen sich anhand historischer Daten zumindest bis in die 1970er-Jahre hinein ähnliche glockenförmige Kurvenverläufe bei den regionalökonomischen Disparitäten nachzeichnen. Auf einem hohen Einkommensniveau angekommen, verharren die regionalwirtschaftlichen Disparitäten in diesen Ländern dann auf einem mehr oder weniger stabilen Niveau bzw. weisen sogar wieder leicht ansteigende Disparitäten auf.

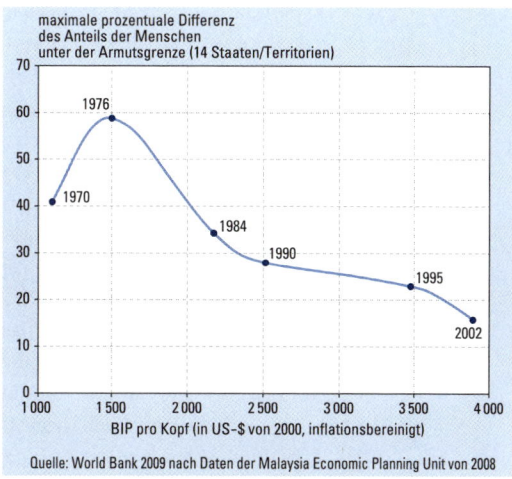

Abb. 4.9

Unterschiede der regionalen Lebensverhältnisse während des wirtschaftlichen Entwicklungsprozesses in Malaysia 1970–2002 (gemessen an der prozentualen Differenz des Anteils der Menschen unter der Armutsgrenze nach Staaten/Territorien)

Erkenntniswert und Defizite polarisationstheoretischer Ansätze | 4.7.4

Polarisationsansätze bilden keine wirklich geschlossene Theorie, sondern vielmehr eine nicht ganz widerspruchsfreie Sammlung von induktiv gewonnenen Argumenten, die den Gleichgewichtsvorstellungen der Neoklassik widersprechen. Ein wesentliches Verdienst der Vertreter dieser

Ansätze ist es, aufgezeigt zu haben, wie das freie Spiel der Marktkräfte durch positive Rückkopplungen zu einer Zunahme von räumlichen Disparitäten und Ungleichgewichten führen kann. Zudem geben die Polarisationsansätze wertvolle Einblicke in die Mechanismen der Verfestigung und Perpetuierung von wirtschaftlichen Entwicklungspfaden, wie sie sich auf der Welt vielerorts beobachten lassen. Dabei liefern Myrdal und Hirschmann eher Erkenntnisse zu Ungleichgewichten im internationalen Maßstab, während die Vertreter der Wachstumspolschule und der siedlungsstrukturellen Zentrum-Peripherie-Modelle eher subnationale Regionen im Blick haben. Allerdings fehlt es den polarisationstheoretischen Ansätzen oft an konzeptioneller Stringenz und begrifflicher Präzision. Auch lässt sich das Argument überwiegend positiver Rückkopplungen kaum generell aufrechterhalten, da dies in benachteiligten Regionen langfristig zu einem – empirisch eher selten zu beobachtenden – vollständigen Kollaps des ökonomischen und sozialen Systems führen würde. Entsprechende Gegenkräfte werden von den Vertretern der Polarisationstheorie zwar mit unterschiedlichen Terminologien benannt (spread effects, trickling-down effects, polarization reversal usw.). Es bleibt aber weitgehend unklar, unter welchen Umständen diese wie und warum wirken und in welchem Verhältnis sie zu den polarisierenden Kräften stehen.

4.7.5 | Abhängigkeitsansätze der Politischen Ökonomie

Im Bezug auf die insgesamt eher skeptische Einschätzung der wirtschaftlichen Entwicklungspotenziale benachteiligter Regionen und einiger Grundannahmen weisen strukturalistisch geprägte Theorieansätze der Politischen Ökonomie eine Ähnlichkeit mit den Polarisierungsansätzen auf. Sie beruhen aber auf einer eigenständigen konzeptionellen Basis, welche die Gründe für Unterentwicklung aus einer strukturalistischen Perspektive vor allem in Machtungleichgewichten und historisch entstandenen, strukturellen Abhängigkeiten sucht. Zu den wesentlichen Konzepten zählen die Neoimperialismustheorie, die Dependenztheorie sowie die Weltsystemtheorie. Alle drei basieren auf Modellvorstellungen von Zentrum und Peripherie. Anders als bei den Ansätzen von John Friedmann und Harry Richardson (siehe **Kapitel 4.7.3**) werden Zentrum und Peripherie aber hier nicht in einem konkreten räumlichen Sinne, sondern als abstrakte politisch-soziale Kategorien verstanden, die wohlhabende und industrialisierte Staaten von verarmten und ausgebeuteten unterscheiden.

Die **Neoimperialismustheorie** wurde von Autoren wie Dieter Senghaas (geb. 1940) ab den 1960er-Jahren entwickelt und führt Wohlstandsunterschiede zwischen Nord und Süd darauf zurück, dass auch nach der formellen Unabhängigkeit der ehemaligen Kolonien imperialistische Ausbeutungsstrukturen erhalten geblieben sind. Im Mittelpunkt der Analyse stehen die Mechanismen, mit denen hoch entwickelte kapitalistische Länder die Länder des Südens ausbeuten, abhängig machen und somit an einer eigenständigen wirtschaftlichen Entwicklung hindern. Ausbeutungsstrukturen und Ungleichheiten werden etwa durch unfaire Handelsverträge, die Aktivitäten transnationaler Konzerne (Rückführung von in Ländern des Südens erwirtschafteten Gewinnen in den Norden) oder die Abwerbung hoch qualifizierter Arbeitskräfte (brain drain) langfristig aufrechterhalten und weiter gestärkt.

Eng verwandt mit der Neoimperialismustheorie ist die **Dependenztheorie**, die in ähnlicher Weise die kapitalistischen Länder des Nordens für die Unterentwicklung im Süden verantwortlich macht. Entwicklung und Unterentwicklung werden also als interdependente Prozesse gesehen. Während die Neoimperialismustheorie aber vor allem die Prozesse der Machtentfaltung und -sicherung im reichen Norden untersucht, analysiert die Dependenztheorie vor allem die Wirkungen der Ausbeutung in den armen Ländern (oft auf Lateinamerika bezogen). Entsprechend der Dependenztheorie streben vor allem die wirtschaftlichen und politischen Führungseliten wohlhabender Staaten danach, zu möglichst geringen Kosten Rohstoffe und Agrarprodukte aus den Ländern des Südens zu beziehen. Deshalb versuchen sie, eine eigenständige Entwicklung zu verhindern sowie in der Kolonialzeit entstandene Abhängigkeitsverhältnisse aufrechtzuerhalten. Eine zentrale These der Dependenztheorie geht davon aus, dass die Ausbeutung der armen Länder auf einer Interessengleichheit und Zusammenarbeit der Eliten des Nordens mit den vielfach korrupten Eliten des Südens beruht, die Opfer der Ausbeutung also nicht die unterentwickelten Länder insgesamt, sondern die Armen in diesen Ländern sind. Besonders deutlich wird diese Vorstellung bei der **These des strukturellen Imperialismus**, die auf den norwegischen Konflikt- und Friedensforscher Johan Galtung (geb. 1930) zurückgeht. Danach lässt sich die Welt in Zentral- und Periphernationen aufteilen, die in sich wiederum jeweils ein Zentrum und eine Peripherie aufweisen (Abb. 4.10). Die jeweiligen Zentren sind von einer weitgehenden Interessenharmonie geprägt, die auf die Erhaltung des status quo und bestehender Abhängigkeitsmuster ausgerichtet ist. Die Zentren in den Periphernationen, also die kooperationswilligen und nach Eigennutz strebenden Führungseliten der armen Länder, bilden damit **Brückenköpfe** für die Durchsetzung der Interessen der Zentralnationen. Während die Interessen der Zentren große Ähnlichkeiten aufweisen, sind die Beziehungen zwischen Zentrum und Peripherie sowohl im Norden als auch im Süden von Interessengegen-

Abb. 4.10

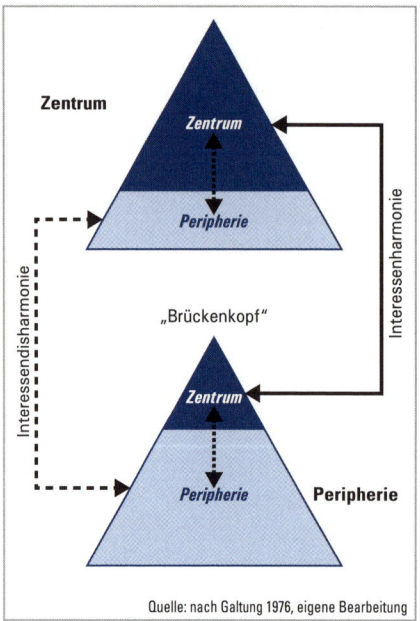

Struktureller Imperialismus nach Johan Galtung: Beziehungen zwischen Zentrum und Periphere

sätzen und Verteilungskämpfen geprägt. Letzteres gilt nach Galtung aber auch zwischen den jeweiligen Peripherien, weshalb es nicht zu einer durchgreifenden Solidarisierung der Benachteiligten in Nord und Süd kommt. Eine erhebliche Bedeutung erhielt im Rahmen der Dependenztheorie die These des argentinischen Entwicklungsökonomen Raúl Prebisch (1902–1986) von der säkularen, also langfristigen, Verschlechterung der terms of trade zuungunsten der Länder des Südens. Diese müssen demnach eine ständig steigende Menge an Primärgütern, wie Rohstoffe und Nahrungsmittel, ausführen, um eine konstante Menge an Industriegütern aus wohlhabenden Staaten importieren zu können.

Die **Weltsystemtheorie** – vom US-amerikanischen Wirtschaftshistoriker Immanuel Wallerstein (geb. 1930) auf Überlegungen seines Lehrers Fernand Braudel (1902–1985) basierend formuliert – versucht, die Perspektiven der Neoimperialismus- und der Dependenztheorie zu verbinden. Sie berücksichtigt einerseits die Mechanismen der Expansion des kapitalistischen Wirtschaftssystems und andererseits die Wirkung dieser Expansion auf die verarmten Länder des Südens. Nach Wallerstein entstand das heutige Weltsystem zusammen mit dem auf Expansion und Profitmaximierung ausgerichteten Kapitalismus im Europa des 16. Jahrhunderts. Der Kapitalismus entwickelte sich danach ausgehend von mehreren konkurrierenden, aber über Marktbeziehungen miteinander verbundenen Zentren zur heute weltbeherrschenden Wirtschaftsform. **Die Weltwirtschaft besteht** dabei **aus drei hierarchisch miteinander verbundenen Einheiten: Zentrum, Semiperipherie und Peripherie.** Die technologisch anspruchsvollsten Produkte mit der größten Wertschöpfung werden in den Staaten und Regionen des Zentrums hergestellt, technologisch einfache und geringwertige Produkte in der Peripherie. Die Semiperipherie bilden Staaten und Regionen, die technologisch zwischen Zentrum und Periphere stehen und somit gleichzeitig vom Zentrum ausgebeutet werden aber auch selbst die Peripherie ausbeuten. Die langfristig stabile Struktur des Weltsystems bestimmt die nur schwer veränderbare Stellung einzelner Staaten und Regionen in dieser Hierarchie.

Die strukturalistischen Theorieansätze der Politischen Ökonomie haben das Verständnis des Nebeneinanders bzw. der gegenseitigen Verursachung von Entwicklung und Unterentwicklung zweifellos erweitert. Sie haben nicht nur den Blick für Mechanismen der politischen und ökonomischen Machtausübung und für strukturelle Machtasymmetrien geschärft, sondern auch einen Gegenentwurf zum Fortschritts- und Aufholparadigma der Modernisierungstheorien geliefert. Kritisiert wurden aber schon früh die oft unscharfe und nicht widerspruchsfreie Verwendung zentraler Begriffe wie Abhängigkeit oder Ausbeutung sowie die mangelnde empirische Operationalisier- und Überprüfbarkeit vieler Thesen. Hinzu kommt die Tatsache, dass heute auch Länder ohne lange koloniale Vergangenheit, wie Äthiopien, Liberia oder Nepal, zu den ärmsten der Welt gehören. Auch für den raschen wirtschaftlichen Aufstieg und Industrialisierungsprozess der Volkswirtschaften in Ost- und Südostasien können die dependenztheoretischen Ansätze keine befriedigenden Antworten liefern. Letztlich erweist sich die Begründung von Unterentwicklung allein auf der Basis exogener Faktoren ähnlich vereinfachend und unbefriedigend wie die These einer rein endogenen Verursachung von Unterentwicklung in vielen modernisierungstheoretischen Ansätzen. Auch die These von der säkularen Verschlechterung der terms of trade lässt sich nicht uneingeschränkt aufrechterhalten. Zwar ließen sich in den 1970er- und 1980er-Jahren für Exporteure von Rohstoffen und landwirtschaftlichen Produkten – darunter viele Entwicklungsländer – tatsächlich eine Verschlechterung der terms of trade beobachten. Seit den 1990er-Jahren hat aber die wachsende Nachfrage nach (knappen) Rohstoffen auf dem Weltmarkt und die Zunahme der Industrieproduktion in Schwellenländern wie China dazu geführt, dass sich dieser Trend sehr deutlich abschwächte bzw. sogar teilweise umkehrte **(Abb. 4.11)**.

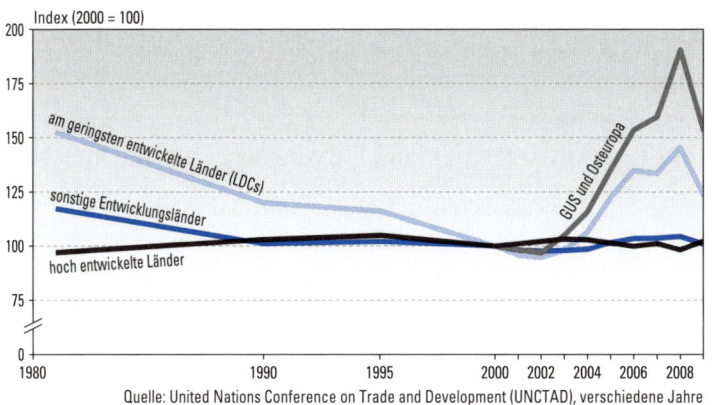

Abb. 4.11

Entwicklung der terms of trade nach Ländergruppen 1980–2009 (Index: 2000 = 100)

Box 4.6

Die terms of trade

Die terms of trade bezeichnen das Verhältnis der Export- zu den Importgüterpreisen. Sie werden als Veränderung des Index der Exportgüterpreise in Relation zum Index der Importgüterpreise ausgedrückt und beziehen sich in der Regel auf die commodity terms of trade, also den Austausch von Waren. Steigen die terms of trade, muss ein Land weniger Güter an das Ausland verkaufen, um auf dem Weltmarkt eine gleichbleibende Menge Importgüter einkaufen zu können. Sinken die terms of trade, müssen dagegen mehr Waren exportiert werden, um die heimische Nachfrage nach Importgütern zu decken. Im ersten Fall verbessern sich die Austauschverhältnisse auf den Warenmärkten aus der Sicht des betroffenen Landes, im zweiten Fall verschlechtern sie sich. Allerdings liefern die terms of trade nur eine grobe Einschätzung für die Vorteilhaftigkeit des Außenhandels aus der Sicht eines Landes, weil etwa Veränderungen der Güterqualität oder Produktivitätsfortschritte nicht berücksichtigt werden.

Bis in die 1980er-Jahre hinein konnten dependenztheoretische Ansätze sowie die aus ihnen abgeleiteten **wirtschafts- und handelspolitischen Empfehlungen** eine erhebliche Strahlkraft entwickeln. Als sich aber infolge immer höherer Staatsverschuldung (Verschuldungskrise) und stagnierender Wirtschaftsentwicklung immer mehr Entwicklungsländer von der autozentrierten, binnenmarktorientierten Entwicklung lossagten und ihre Märkte öffneten, verlor auch die Dependenztheorie sowohl in der Politik als auch in der Wissenschaft wieder an Bedeutung. So hat sich auch der ideologische Streit zwischen Dependenz- und Modernisierungstheoretikern inzwischen beruhigt und ist heute einer skeptischeren Einschätzung der Erklärungskraft von umfassenden, aber die Realität eben auch stark vereinfachenden Theorieansätzen gewichen. Eine gewisse Renaissance haben dependenztheoretische Überlegungen in jüngerer Zeit allerdings wieder im Rahmen der Globalisierungskritik erfahren.

Box 4.7

Entwicklungsstrategien und Entwicklungszusammenarbeit

Internationale Entwicklungsstrategien haben die jeweils dominierenden wissenschaftlich-theoretischen Konzepte oft rasch nachvollzogen (ausführlich: Rauch 2009). Die erste Phase der entwicklungspolitischen Empfehlungen in den 1950er- und 1960er-Jahren war von modernisierungs- und wachstumstheoretischen Vorstellungen geprägt. Dabei ging es vor allem um die Frage, mit welchen Strategien Entwicklungsländer möglichst rasch den Anschluss an die Industrieländer schaffen können. Unterschiedliche Auffassungen existierten zwar zur Rolle des Staates sowie zur Frage, ob eine **exportorientierte**

(Öffnung der Märkte, Förderung exportorientierter Industrien) oder eine **importsubstituierende** (zunächst Schutz der einheimischen Produzenten durch Zölle und Einfuhrbeschränkungen) **Industrialisierung** erfolgversprechender ist. Das Leitbild eines durch rasche Industrialisierung und Produktivitätssteigerung in der Landwirtschaft getriebenen Aufholprozesses war jedoch weitgehend unumstritten. In den 1970er-Jahren setzten sich – nicht zuletzt aus Enttäuschung gegenüber dem vielerorts gar nicht oder nur langsam verlaufenden Entwicklungsprozess – dependenztheoretische Vorstellungen durch. Dies führte zu Strategien wie (selektiver) Abschottung vom Weltmarkt, autozentrierter bzw. binnenmarktorientierter Entwicklung und in der Entwicklungszusammenarbeit zum Primat der Grundbedürfnisbefriedigung. Viele Entwicklungsländer zahlten für diese Politik aber einen hohen Preis: Durch die **Abschottung vom Weltmarkt** konnte die heimische Wirtschaft kaum Produktivitätssteigerungen erzielen und der technologische Rückstand wurde immer größer. Überbewertete Währungen senkten zwar die Kosten für Importe, machten aber eigene Exporte zunehmend teurer, wodurch die internationale Wettbewerbsfähigkeit der heimischen Wirtschaft weiter zurückging. Produkte zur Erfüllung der Grundbedürfnisse, insbesondere Nahrungsmittel, wurden staatlich subventioniert. Dies verbesserte zwar die Lebensbedingungen vieler armer Menschen, führte zusammen mit teilweise fragwürdigen Infrastrukturprojekten zu einer Erhöhung des Staatsdefizits und einer zunehmenden Verschuldung bei internationalen Gläubigern (Verschuldungskrise). In dieser Situation konnte sich zu Beginn der 1980er-Jahre, getrieben von den Interessen der wohlhabenden Gläubigerländer, eine **neoliberale Strukturanpassungs- und Freihandelspolitik** durchsetzen, die auf eine Öffnung der Märkte für Waren und Kapital sowie auf Deregulierung und Privatisierung setzte. Die konzeptionelle Blaupause für diese Reformen, die in vielen Ländern auf erbitterten Widerstand der Bevölkerung stießen, lieferten neoklassische Außenhandels- und Gleichgewichtstheorien. Eine zentrale Rolle kam dabei dem sogenannten **Monetarismus** mit seinen zentralen Forderungen wie dem Rückzug des Staates aus der Wirtschaft und der restriktiven Steuerung der Geldmenge zu. Parallel hierzu – und zum Teil die sozialen und ökologischen Konsequenzen der marktwirtschaftlichen Reformen abfedernd – erlangten in der Entwicklungszusammenarbeit im Laufe der 1990er-Jahre Leitbilder wie Basispartizipation (bottom-up-Ansatz), Förderung von Frauen und Nachhaltige Entwicklung eine größere Bedeutung. Seit der Jahrtausendwende lässt sich wieder eine Abkehr von marktradikalen Strategien beobachten. Dabei wird weiter auf eine wirtschaftliche Öffnung der Entwicklungsländer gesetzt, aber gleichzeitig dem Staat mit seinen Institutionen sowie der aktiven Armutsminderung wieder mehr Bedeutung beigemessen. Eine Signalwirkung geht dabei von den **Millennium Development Goals** (MDG) aus. Hierbei handelt es sich um acht konkrete Entwicklungsziele der Weltgemeinschaft – darunter Reduktion des Anteils der in extremer Armut lebenden und der an Hunger leidenden Menschen um die Hälfte –, die bis 2015 in allen Ländern erreicht werden sollen. Die bisherigen empirischen Erkenntnisse sprechen dafür, dass sich die Ziele in vielen Entwicklungsländern nicht oder nur teilweise umsetzen lassen. Darunter befinden sich viele Länder des subsaharischen Afrikas. Allerdings gibt es auch Staaten, vor allem in Asien, in denen sich erhebliche Fortschritte verzeichnen lassen.

Sehr kontrovers wird aktuell die Rolle der **finanziellen Entwicklungshilfe** diskutiert. Einige Experten, wie der bekannte Entwicklungsökonom Jeffrey Sachs, sehen nur in einer deutlichen Erhöhung der finanziellen Entwicklungshilfe seitens der wohlhabenden Staaten eine Möglichkeit zur Bewältigung der Armutsproblematik. Nur so lassen sich seiner Meinung nach strukturelle Entwicklungshemmnisse überwinden und in den ärmsten Ländern positive kumulative Selbstverstärkungseffekte anstoßen. Andere Experten, wie die aus Sambia stammende Ökonomin Dambisa Moyo und der kenianische Wirtschaftswissenschaftler James Shikwati, plädieren dagegen für eine weitgehende Abschaffung zwischenstaatlicher Hilfszahlungen. Sie sind der Meinung, dass diese lediglich die Stellung korrupter Führungseliten und deren Repressionsapparat stabilisieren sowie Eigeninitiative und Unternehmergeist lähmen. Unabhängig von dieser Debatte ist derzeit eine Abwendung der Entwicklungszusammenarbeit von kleinteiligen, basisnahen Projekten und eine Hinwendung zu institutionalistischen Ansätzen zu erkennen. Hierbei geht es vor allem um die Förderung demokratischer Entscheidungsprozesse und einer guten Regierungsführung (good governance). Zudem sollen die globalen Rahmenbedingungen für die Entwicklungsländer verbessert (globale Strukturpolitik) sowie durch direkte Budgethilfen die Eigenverantwortung der Regierungen in den Entwicklungsländern gestärkt werden.

4.8 | Neue Modellvorstellungen zur regionalen Wirtschaftsentwicklung

Die Vorstellung eines ständigen interregionalen Angleichungsprozesses, wie ihn die Gleichgewichtsmodelle der ökonomischen Neoklassik prognostizieren, steht nicht nur im scharfen Gegensatz zur These zirkulär-kumulativer Selbstverstärkungseffekte der Polarisierungstheorien, sie widerspricht auch der empirischen Erfahrung einer dauerhaft ungleichen Verteilung des Wohlstands auf der Erde. Seit Ende der 1980er-Jahre sind deshalb in den Wirtschaftswissenschaften neue Theorieansätze entstanden, welche diese Kluft zu überwinden versuchen und regionale Ungleichheit mithilfe formaler bzw. mathematischer Modelle beschreiben. Dabei werden einige sehr restriktive Annahmen älterer neoklassischer Regionalentwicklungsmodelle durch realitätsnähere ersetzt. Insbesondere werden die Mechanismen zirkulär-kumulativer Selbstverstärkung sowie Transportkosten, Skaleneffekte und das Entstehen des technischen Fortschritts systematisch berücksichtigt. Die beiden aus Sicht der Wirtschaftsgeographie wichtigsten neuen Forschungsrichtungen sind die Neue Wachstumstheorie und insbesondere die von ihren Vertretern selbst so bezeichnete New Economic Geography.

Als **Neue oder Endogene Wachstumstheorie** werden Modellansätze bezeichnet, welche den technischen Fortschritt nicht als extern gegeben ansehen, sondern diesen modellendogen zu erklären versuchen. Dabei ist die Endogene Wachstumstheorie (noch) kein geschlossenes Theoriegebäude, sondern eher eine Sammlung von Modellen und Modellvarianten, die verschiedene Annahmen treffen und im Detail unterschiedliche Erklärungszusammenhänge betonen. Ein verbindendes Element der Modellansätze ist aber, dass **technologische Innovationen als zentrale Motoren des Wachstumsprozesses** angesehen werden. Der technische Fortschritt wird dabei als Ergebnis von Forschungs- und Entwicklungsanstrengungen der Marktteilnehmer interpretiert, die in diesen investieren. Das einflussreiche Innovationsmodell von Paul M. Romer (1990) nimmt zudem an, dass neue Erfindungen immer auch auf Innovationen beruhen, die in der Vergangenheit getätigt wurden. Vereinfacht gesagt nimmt die Produktivität der hervorgebrachten Innovationen immer weiter zu, weil im Zeitverlauf technisches Wissen akkumuliert wird und als Humankapital zur Verfügung steht. Die Wachstumsrate der Gesamtwirtschaft verhält sich proportional zum vorhandenen und eingesetzten Humankapital. Eine Region mit einem hohen Bestand an Humankapital wächst folglich schneller als eine mit geringem. Einmal entstandene räumliche Ungleichgewichte werden deshalb im Zeitverlauf tendenziell verstärkt.

Einen noch stärkeren Nachhall als die Endogene Wachstumstheorie hat in der Wirtschaftsgeografie die New Economic Geography (NEG) ausgelöst, für deren maßgebliche Entwicklung der US-amerikanische Wissenschaftler **Paul Krugman** (geb. 1953) im Jahre 2008 den Nobelpreis für Wirtschaftswissenschaften erhielt. Das Forschungsfeld hat sich seit der Publikation von Krugmans viel beachtenden Bänden Geography and Trade (1991) und Development, Geography and Economic Theory (1995) geradezu stürmisch entwickelt. Allerdings halten viele Wirtschaftsgeographen die von Krugman geprägte Bezeichnung New Economic Geography für irreführend, weil es sich weniger um eine Weiterentwicklung der Wirtschaftsgeographie als vielmehr um ein Teilgebiet der Wirtschaftswissenschaften mit einer starken Fixierung auf mathematisch formalisierte Modelle handelt. Seitens der Wirtschaftsgeographie wird deshalb der Begriff **Geographical Economics** zur Bezeichnung dieser Forschungsrichtung bevorzugt (z.B. Bathelt 2001). Ungeachtet dieser fachpolitischen Debatte liefert die Krugman-Schule für die Wirtschaftsgeographie aber wertvolle Anregungen und grundlegende Einsichten in raumwirtschaftliche Zusammenhänge.

Ausgangspunkt von Krugmans Arbeiten ist eine **Verknüpfung der Außenhandelstheorie mit der Standorttheorie**, um hiermit Aussagen über die räumliche Verteilung der Güterproduktion und vor allem die unternehmerischen Agglomerationsprozesse treffen zu können. Im Unterschied zur traditionellen Außenhandelstheorie werden dabei aber steigende Skalenerträge der Produktion unterstellt und Transportkosten berücksichtigt (zu steigenden Skalenerträgen siehe auch **Kapitel 5.5.1**). Zudem werden sowohl die Produktionsfaktoren Arbeit und Kapital als auch das Ergebnis des Produktionsprozesses, die Güter, als grundsätzlich mobil angenommen. Im Vergleich zu den traditionellen Modellen der Außenhandelstheorie und einfachen neoklassischen Gleichgewichtsmodellen der Regionalentwicklung werden also in den Modellen der Geographical Economics realitätsgetreuere Grundannahmen getroffen. Damit können diese besser erklären, warum wirtschaftliche Aktivitäten sich nicht gleichmäßig über den Raum verteilen, sondern in der Regel eine ausgeprägte Tendenz zur Ballung aufweisen.

Aufgrund der hohen Dynamik des Forschungsfeldes sind die Modelle der Geographical Economics heute sehr stark ausdifferenziert und relativ komplex. An dieser Stelle soll eine kurze Darstellung von zwei Grundmodellen genügen, die die wesentlichen Aspekte erkennen lassen. Zunächst soll dabei die Frage beantwortet werden, warum Industrieunternehmen – ganz im Gegensatz zur Aussage der neoklassischen Gleichgewichtsmodelle – die **Tendenz zur Agglomeration** aufweisen, sich also räumlich ballen. Um dies zu veranschaulichen, entwirft Krugman (1991) ein einfaches **Zwei-Regionen-Modell** (West und Ost), in dem nur zwei Wirtschaftssektoren (Industrie und Landwirtschaft) existieren. Während die landwirtschaftlichen Betriebe entsprechend der Verfügbarkeit von kultivierbarem Boden gleichmäßig über beide Regionen verteilt sind, können die Industriebetriebe ihren Standort in einer der beiden Regionen frei wählen. Dabei wird der Einfachheit halber angenommen, dass sich die Nachfrage nach Industrieprodukten streng proportional zur Bevölkerungszahl in den beiden Regionen verhält.

Auf dieser Basis lässt sich nun die Standortentscheidungssituation für ein Industrieunternehmen anhand eines einfachen Zahlenbeispiels darstellen **(Tab. 4.4 a)**. Hierzu wird angenommen, dass 60 % aller Arbeitskräfte Bauern sind und sich diese genau hälftig über die beiden Regionen verteilen. Die Gesamtnachfrage nach Industriegütern soll 10 Einheiten betragen. Falls sich die gesamte Industrie in einer Region konzentriert, wird die Industriegüternachfrage in dieser Region 7 Einheiten betragen (3 durch die Nachfrage der Bauern, 4 durch die Nachfrage der Industriearbeiter), auf die andere Region entfallen dann 3 Einheiten. Bei einer gleichmäßigen Verteilung entfallen auf beide Regionen jeweils 5 Nachfrageeinheiten.

Um die Standortentscheidung analysieren zu können, müssen noch die Kosten für die Industrieproduktion festgelegt werden. Die Kosten teilen sich für eine Fabrik in lageunabhängige Kosten sowie in Transport-

Prinzip der geographischen Lokalsierung im Zwei-Regionen-Modell nach Paul Krugman (Quelle: nach Krugman 1991: 17)   Tab. 4.4

(a) Transportkosten von einer Geldeinheit (GE) pro Produktions- bzw. Nachfrageeinheit

Industriebeschäftigung in...	Kosten in GE für ein Unternehmen bei Produktion in...			
		nur West (I)	West und Ost (III)	nur Ost (II)
nur West (Fall A)	lageunabhängig	4	8	4
	Transport	3	0	7
	gesamt	7	8	11
West und Ost (50:50) (Fall C)	lageunabhängig	4	8	4
	Transport	5	0	5
	gesamt	9	8	9
nur Ost (Fall B)	lageunabhängig	4	8	4
	Transport	7	0	3
	gesamt	11	8	7

(b) Transportkosten von zwei Geldeinheiten (GE) pro Produktions- bzw. Nachfrageeinheit

Industriebeschäftigung in...	Kosten in GE für ein Unternehmen bei Produktion in...			
		nur West (I)	West und Ost (III)	nur Ost (II)
nur West (Fall A)	lageunabhängig	4	8	4
	Transport	6	0	14
	gesamt	10	8	18
West und Ost (50:50) (Fall C)	lageunabhängig	4	8	4
	Transport	10	0	10
	gesamt	14	8	14
nur Ost (Fall B)	lageunabhängig	4	8	4
	Transport	14	0	6
	gesamt	18	8	10

kosten auf. Die Transportkosten werden zunächst auf 1 Geldeinheit (GE) pro Nachfrageeinheit festgesetzt. Sie fallen aber nur an, wenn eine Nachfrageeinheit von einer Region in eine andere transportiert werden muss, um dort die Nachfrage zu decken. Die lageunabhängigen Kosten für den

Betrieb einer Fabrik sollen 4 GE betragen, unabhängig davon, wie viel in dieser produziert wird. Dadurch werden über die lageunabhängigen Kosten in einer einfachen Form steigende Skalenerträge abgebildet. Unabhängig von der Ausbringungsmenge bleiben nämlich die Kosten für den Betrieb der Fabrik konstant.

Nun lassen sich die Kosten berechnen, die für ein Industrieunternehmen anfallen, falls es sich für eine der **drei Standortoptionen** entscheidet: (I) Produktion nur in West, (II) Produktion nur in Ost, (III) Aufteilung der Produktion in West und Ost zu je gleichen Teilen. Grundsätzlich lassen sich **drei Fälle** unterscheiden, wobei entscheidend ist, dass jedes Unternehmen seine Standortentscheidung nach derjenigen der anderen Unternehmen ausrichtet:

Fall A – Die gesamte bisherige industrielle Produktion konzentriert sich auf die West-Region: Die Nachfrage für Industriegüter läge dann in West bei 7 Einheiten und in Ost bei 3 Einheiten. Für ein Unternehmen, das seine Standortentscheidung auf dieser Grundlage trifft, würden bei einem Standort in West also Gesamtkosten von 7 GE anfallen (4 GE lageunabhängige Kosten + 3 GE Transportkosten). Für einen Standort in Ost würden 4 GE für lageunabhängige Kosten + 7 GE für Transportkosten, also Gesamtkosten von 11 GE, anfallen. Würde das Unternehmen seine Produktion entsprechend der lokalen Nachfrage auf West und Ost aufteilen, betrügen die Gesamtkosten 8 GE (lageunabhängige Kosten von 4 + GE Transportkosten). Ein rationaler Entscheider würde demnach seine gesamte Produktion in West konzentrieren, also genau dort sein Werk ansiedeln, wo sich andere Industriebetriebe bereits befinden (weil 7 < 8 < 11 GE).

Fall B – Die gesamte bisherige industrielle Produktion konzentriert sich auf die Ost-Region: Das Zahlenbeispiel verhält sich im Ergebnis spiegelbildlich zu Fall A. Ein rationaler Entscheider würde sein Werk entsprechend in der Ost-Region ansiedeln.

Fall C – Die bisherige Industrieproduktion verteilt sich hälftig auf die West- und die Ostregion. Hier betrügen die Kosten bei einer Konzentration der gesamten Produktion auf entweder West oder Ost 9 GE (lageunabhängige Kosten von 4 GE + Transportkosten von 5 GE). Die Aufteilung der Produktion auf beide Regionen wäre nun günstiger (4 plus 4, also 8 GE).

Dieses Zahlenbeispiel zeigt, dass in diesem Modell nicht nur ein Gleichgewichtszustand existiert (wie in einfachen neoklassischen Modellen), sondern es abhängig von den früheren Standortentscheidungen anderer Industrieunternehmen **drei Gleichgewichtszustände** gibt, in denen durch eine Verlagerung keine weiteren Kosteneinsparungen erzielt werden können (Ansiedlung in Ost, Ansiedlung in West und hälftige Aufteilung der Produktion auf West und Ost). Für ein neu hinzukommendes

Unternehmen ist es grundsätzlich also immer am kostengünstigsten, die Standortentscheidung der schon bestehenden Unternehmen nachzuvollziehen. Welches der drei Gleichgewichte sich einstellt, hängt letztlich von der historisch entstandenen Ausgangssituation oder Standortverteilung ab. Dennoch ergibt sich aus dem Modell eine Tendenz zur Ballung der gesamten Industrieproduktion in einer Region, weil die Ballung in einer der beiden Regionen mit Gesamtkosten von 7 GE für jeden neu hinzukommenden Betrieb die günstigste Lösung ist.

Nach Krugman (1991) **haben** vor allem **drei Merkmale Einfluss darauf, wie stark die Tendenz zur räumlichen Ballung ausgeprägt ist**

- Ballungsprozesse sind umso markanter und verlaufen umso dynamischer, je größer in einem Wirtschaftszweig die Bedeutung von **Skaleneffekten** ist. Um mögliche Skaleneffekte realisieren zu können, sind Unternehmen bestrebt, ihre Güterproduktion möglichst auf einen Ort bzw. eine Region zu konzentrieren.
- Ballungsprozesse setzen sich besonders dann durch, wenn die **Transportkosten** im Verhältnis zu den erzielbaren Skaleneffekten **niedrig** sind. Dies lässt sich mit einer Modifikation der Modellannahmen zeigen. Dazu werden die Transportkosten pro Nachfrageeinheit von 1 auf 2 GE hochgesetzt, es wird also von höheren Transportkosten im Verhältnis zu den lageunabhängigen Kosten ausgegangen **(Tab. 4.4 b).** Dadurch ändert sich die Kostenrechnung für die oben angesprochenen Entscheidungsfälle. Für Fall A gälte dann: 4 GE für lageunabhängige Kosten + 6 GE für Transportkosten, also 10 GE Gesamtkosten bei Ansiedlung in West. Eine Ansiedlung in Ost würde deutlich höhere Kosten verursachen (4 + 14 = 18 GE). Aber eine Aufteilung der Produktion auf beide Regionen wäre nun die günstigste Lösung (4 + 4 = 8 GE). Letzteres gilt selbstverständlich auch für Fall C. Fall B verhält sich wiederum spiegelbildlich zu Fall A (Gesamtkosten von 10 GE bzw. 18 GE). Es kommt also bei erhöhten Transportkosten im Modell nicht mehr zu einer Standortballung in nur einer einzigen Region. Bei genauerer Betrachtung ist der Effekt der Transportkosten allerdings etwas komplexer. Das einfache Modell bildet nur die Transportkosten ab, die zwischen dem Ort der Produktion und dem Ort des Konsums anfallen. Bei Berücksichtigung der Transportkosten, die mit der Produktion selbst zusammenhängen, ergäbe sich ein etwas anderes Bild. Bei sehr geringen, gegen null gehenden Transportkosten wäre dann eine Ballung der Produktion nicht mehr von großem Vorteil, weil sich auch bei einer Aufteilung der Produktion auf verschiedene Standorte Skaleneffekte erzielen ließen.
- Ballungsprozesse sind besonders dort ausgeprägt, wo eine Industrie nicht an bestimmte **Rohstofffundorte** gebunden ist. Dabei wird argu-

mentiert, dass das Verteilungsmuster von Rohstofffundorten auf der Erde zwar geologisch begründbar, aus ökonomischer Sicht aber eher zufällig sei. Die wirtschaftlichen Vorteile der Ballung bzw. steigender Skaleneffekte können sich in rohstoffgebundenen Wirtschaftszweigen deshalb nicht ungestört durchsetzen, als Folge entsteht ein eher disperses Verteilungsmuster.

Insgesamt kommt es also zu Ballungen bzw. zu räumlichen Ungleichgewichten, wenn die Skaleneffekte bedeutend, die Rohstoffbindungen der Industrie gering und die Transportkosten niedrig aber dennoch größer als null sind.

Krugman und die anderen Vertreter der Geographical Economics beschäftigen sich aber auch mit der Frage, warum viele Standortregionen eine deutliche **Spezialisierung** auf eine oder wenige Industriebranchen aufweisen bzw. warum viele Industrien dazu neigen, räumlich hoch konzentriert Standortgemeinschaften zu bilden. Bekannte Beispiele hierfür wären die Computer- und Halbleiterindustrie im kalifornischen Silicon Valley, die Herstellung von Chirurgie-Instrumenten im schwäbischen Tuttlingen oder die Chemische Industrie im Raum Köln. Hierfür werden Erklärungsmuster herangezogen, die bereits der britische Ökonom Alfred Marshall im frühen 20. Jahrhundert für die Erklärung der Entstehung von Industriedistrikten angeführt hat (siehe **Kapitel 5.3**):

- **Arbeitsmarkt-Pooling:** In einer spezialisierten Standortregion verfügen viele dort ansässige Arbeitskräfte über entsprechend spezielle Qualifikationen. Dies ist aus Sicht der Unternehmen vorteilhaft, weil sie bei anziehender Auftragslage rasch qualifizierte Arbeitskräfte einstellen können. Dabei wird davon ausgegangen, dass die Konjunkturverläufe verschiedener Unternehmen nie völlig gleich sind, also immer Unternehmen existieren, die noch Arbeitskräfte freisetzen, während andere schon wieder einstellen. Für die Arbeitskräfte ist eine spezialisierte Industriestruktur in der Region ebenfalls von Vorteil, vor allem während eines Konjunkturabschwungs. Werden sie auftragsbedingt von einem Unternehmen entlassen, erhalten zumindest einige die Chance, in einem anderen Unternehmen mit besserer Auftragslage unterzukommen. Die spezialisierte Industrieballung ist also sowohl für die Unternehmen als auch für die Arbeitskräfte von Vorteil.

- **Spezialisierte Zulieferer:** Durch die Konzentration der Nachfrage bestimmter Industriezweige in einer Region siedeln sich dort mit der Zeit auch vermehrt Zulieferunternehmen an, die spezifische Vor- und Zwischenprodukte herstellen. Diese Zulieferer können in der Region ebenfalls Skaleneffekte erzielen und steigern wiederum die Effizienz der Industrie, die ihre Waren als Vorleistung benötigt.

- **Technologische Spillover-Effekte:** Räumliche Nähe führt dazu, dass Informationen durch persönliche Kontakte einfacher und schneller ausgetauscht werden können. Spezifische Informationen sind in einer spezialisierten Industrieregion deshalb besser und kostengünstiger verfügbar als in anderen Regionen. Krugman hält diesen Effekt aber für weniger bedeutend als die beiden anderen genannten Punkte und nur für Hochtechnologieregionen wirklich relevant. Außerdem führt er an, dass sich Spillover-Effekte kaum in ökonomischen Modellen abbilden lassen.

Das unbestrittene **Verdienst der Krugman-Schule ist es, räumliche Zusammenhänge wieder in die wirtschaftswissenschaftliche Analyse eingeführt zu haben.** Viele Ideen wurden zwar prinzipiell bereits viel früher von Wissenschaftlern wie Alfred Marshall (Agglomerationseffekte), Johann Heinrich von Thünen (Transportkosten) oder Gunnar Myrdal (Polarisation) beschrieben. Aber erst Krugman und seine Mitstreiter haben diese zusammengeführt und einer mathematisch-formalen Modellierung zugänglich gemacht. Damit konnten sie das traditionelle neoklassische Theoriegebäude erheblich erweitern und insbesondere die unrealistischen Annahmen der regionalökonomischen Gleichgewichtsmodelle überwinden. Die Modelle der Geographical Economics prognostizieren keinen automatischen Ausgleich von räumlichen Disparitäten, sondern lenken das Augenmerk vielmehr auf die dynamische Weiterentwicklung von regionalökonomischen Differenzen. Dabei stellen sie regionalökonomische Entwicklungen als pfadabhängige Prozesse dar, in denen Entscheidungen nicht nur von denjenigen der anderen Marktteilnehmer abhängen, sondern auch von früher getätigten Standortentscheidungen bestimmt werden.

Dennoch gibt es gerade aus Sicht der Wirtschaftsgeographie auch Kritik an den Ansätzen der Geographical Economics. So wird bemängelt, dass Spillover-Effekte in den Modellen nur unzureichend abgebildet werden und auch interaktive Lernprozesse sowie die soziale und kulturelle Einbettung ökonomischer Handlungen zu wenig berücksichtigt werden. Auch vermögen die Modelle letztlich nicht befriedigend zu erklären, an welchen Orten auf der Erdoberfläche es genau zu dynamischen Konzentrations- und Spezialisierungsprozessen kommt. Die Lokalisierung der Prozesse kann lediglich aus quasi zufälligen historischen Ausgangsbedingungen abgeleitet werden, die modellexogen vorgegeben werden (von Krugman etwas lapidar als „history matters" bezeichnet). Auch wenn die Modelle in den letzten Jahren immer stärker ausdifferenziert und durch empirische Untersuchungen ergänzt wurden (Fujita und Thisse 2009, Krugman 2011), konnten diese grundsätzlichen Grenzen ihrer Erklärungskraft bislang nicht überwunden werden.

4.9 | Naturräumliche und demographische Bestimmungsfaktoren

Immer wieder gab es seitens der Geographie auch Versuche, regionale wirtschaftliche Entwicklungschancen über die Naturraumausstattung zu erklären. Aber selbst über die Fachgrenzen der Geographie hinaus rezipierte Thesen, wie diejenige von Wolfgang Weischet zur **ökologischen Benachteiligung der Tropen** (1977), haben in der Wirtschaftsgeographie nur wenig Nachhall gefunden. In jüngerer Zeit ist es allerdings wieder zu einer gewissen Renaissance von naturräumlichen Erklärungsansätzen für wirtschaftliche Entwicklungen gekommen – allerdings weniger in der Geographie als vielmehr in der wirtschaftswissenschaftlichen Entwicklungsforschung. Zu nennen sind hier insbesondere die empirisch-ökonometrischen Studien der Arbeitsgruppe um Jeffrey Sachs (z. B. Gallup, Sachs, Mellinger 1999; Mellinger, Sachs, Gallup 2000; Sachs 2005). Nachteile in der Naturraumausstattung können demnach zwar durch den Einsatz moderner Technologien sowie effizienter organisatorischer und institutioneller Strukturen überwunden werden, sie verursachen aber vor allem zu Beginn des Entwicklungsprozesses einen erhöhten Aufwand für den Infrastrukturausbau und den Transport von Gütern. Nach Sachs und seinen Fachkollegen können deshalb besondere naturräumliche Bedingungen, wie ein Mangel an schiffbaren Flüssen, ein fehlender Zugang zum Meer, Gebirgsbarrieren oder große Feuchtgebiete, die wirtschaftlichen Entwicklungsmöglichkeiten eines Landes oder einer Region auch längerfristig behindern. Vor allem das tropische Klima, das nicht zuletzt günstige Ausbreitungsbedingungen für vektorbezogene Infektionskrankheiten wie Malaria bietet, wird als Erklärung für die zögerliche wirtschaftliche Entwicklung gerade in vielen Regionen Afrikas herangezogen. Dabei greifen die Wissenschaftler bei ihren Studien auch auf geographische Konzepte wie etwa physisch-geographische Klimaklassifikationen oder die populären, aber umstrittenen Arbeiten von Jered Diamond zurück (z. B. Diamond 1997). Seitens der Geographie werden die Arbeiten von Sachs und seinen Fachkollegen zum Teil heftig kritisiert (z. B. Müller-Mahn 2010). So wird diesen vorgeworfen, geodeterministische Vorstellungen in der Entwicklungsdebatte wieder salonfähig gemacht zu haben und die Entwicklungsproblematik Afrikas zu trivialisieren.

Ein Reichtum an natürlichen Ressourcen kann für die Exportwirtschaft eines Landes oder einer Region von maßgeblicher Bedeutung sein und sich damit prägend auf den jeweiligen ökonomischen, politischen und kulturellen Entwicklungspfad auswirken. Die **Staples-Theorie**, die vor allem auf den kanadischen Wirtschaftshistoriker Harold Adams Innis (1894–1952) zurückgeht, beschäftigt sich mit diesen Zusammenhängen (Barnes 1993). Sie wurde im kanadischen Kontext entwickelt, später aber auch zur Erklärung der Entwicklung in anderen Ländern angewendet. Als staples werden dabei weitgehend unverarbeitete Massenexportgüter, wie Metalle und fossile Brennstoffe, aber auch Getreide, Holz oder Fischereiprodukte verstanden. Dass aber eine gute Ausstattung an natürlichen Ressourcen in einer Volkswirtschaft oder einer Region keineswegs zwangsläufig zur Wohlstandszunahme führt, macht die These vom **Fluch der Ressourcen (resource curse)** deutlich (z. B. Auty 1993). Damit wird das Paradoxon angesprochen, dass oft gerade besonders rohstoffreiche Länder nur geringe wirtschaftliche Erfolge erzielen können. Als Gründe für den resource curse werden angeführt, dass das Vorhandensein von Bodenschätzen die Korruption, eine einseitige Selbstbereicherung der Eliten, tief greifende Verteilungskämpfe und politische Instabilität fördern kann. Der relativ bequeme Devisenzufluss aus den Rohstoffexporten kann zudem zu einer Vernachlässigung von Investitionen in Bildung und Ausbildung sowie in zukunftsträchtigere Wirtschafssektoren führen. Ein in diesem Zusammenhang häufig zu beobachtendes Phänomen, das auch wohlhabende Rohstoff exportierende Volkswirtschaften treffen kann, ist die sogenannte **Holländische Krankheit (dutch disease)**. Umfangreiche Rohstoffexporte können demnach zu einer Aufwertung der heimischen Währung führen, die andere exportabhängige Sektoren – insbesondere das Verarbeitende Gewerbe – stark belastet, weil deren Produkte im Ausland teurer werden. Zudem kann eine erhöhte Konkurrenz um Arbeitskräfte mit der Folge steigender Löhne die internationale Wettbewerbsfähigkeit dieser Wirtschaftssektoren mindern, sodass es zu Konjunktureinbrüchen, zum Niedergang ganzer Wirtschaftszweige, zu steigender Arbeitslosigkeit und einer Zunahme regionaler Disparitäten kommt. Die Bezeichnung des Phänomens geht auf Beobachtungen in den Niederlanden zurück, wo es in den 1960er-Jahren zu einem von Erdgasfunden in der Nordsee ausgelösten Rohstoffboom und entsprechenden Einbrüchen bei den Exporten von Industriegütern gekommen war. Aber auch andere Rohstoffexporteure, darunter so unterschiedliche Länder wie Nigeria und Australien, haben die Symptome der Holländischen Krankheit bereits erlebt. Allerdings zeigen Volkswirtschaften wie die Niederlande, Australien oder Norwegen, dass verstärkte Rohstoffexporte keineswegs zwangsläufig zu einer längerfristigen wirtschaftlichen Stagnation der gesamtwirtschaftlichen Entwicklung führen müssen. Auch lässt sich die Richtung der kausalen Kette, die der These des resource curse zugrunde liegt, im Hinblick auf wirtschaftlich wenig erfolgreiche Staaten durchaus umkehren. Danach führen Korruption und Bürgerkriege dazu, dass die lokale Wirtschaft auf den Abbau und Export natürlicher Ressourcen reduziert wird und andere Wirtschaftsbereiche sich nicht mehr entwickeln können.

Eine ähnliche Diskussion wie um das Für und Wider des Rohstoffreichtums ist in den letzten Jahren auch um die Folgen eines hohen Bevölkerungswachstums für die wirtschaftliche Entwicklung entstanden. Diese Debatte wird häufig unter dem Stichwort **demographische Dividende** geführt. Diese stellt sich ein, wenn die Gesamtbevölkerung zwar noch wächst und junge Menschen den Altersaufbau dominieren, die Kinderzahl pro Frau (Fertilitätsrate) aber schon deutlich zurückgeht. Dadurch kann zum einen in den Familien mehr in Bildung und Ausbildung eines einzelnen Kindes investiert werden, zum anderen existiert noch eine große und wachsende Zahl von Menschen im Erwerbsalter. Der wirtschaftlich produktive Teil der Bevölkerung muss deshalb weniger wirtschaftlich Abhängige, wie Kinder und alte Menschen, mit versorgen. Mehr Geld kann für Konsum ausgegeben, gespart oder investiert werden. Daraus resultiert ein sich im Idealfall selbst beschleunigender Prozess der wirtschaftlichen Belebung. Als Beispiele für Länder, die von der demographischen Dividende profitiert haben, gelten Taiwan, Südkorea, Malaysia, Thailand, Indonesien oder vorübergehend auch China. Aktuell profitieren noch Länder wie Indien und Bangladesch von der demographischen Dividende. Allerdings kann diese nur dann auch tatsächlich eingefahren werden, wenn es der Politik gelingt, entsprechende Rahmenbedingungen für ein dauerhaftes Arbeitsplatzwachstum, für den Handel- und Kapitalverkehr sowie für Mindeststandards bei Bildung und Gesundheitsvorsorge zu schaffen.

Die angesprochenen naturräumlichen und demographischen Erklärungsansätze sind nicht deterministisch zu verstehen und für die Begründung von Entwicklung und Unterentwicklung letztlich weder hinreichend noch notwendig. Im Zusammenspiel mit anderen Faktoren können sie aber Einblicke in die Voraussetzungen für ökonomische Entwicklungsprozesse liefern. Die Arbeiten von Sachs und seinen Fachkollegen sind deshalb auch eher als Hinweis zu verstehen, dass die naturräumlichen und demographischen Bedingungen bei der Suche nach Gründen für Unterentwicklung nicht völlig vergessen werden sollten.

Fragen

1. Was versteht man in der Wirtschaftsgeographie unter dem Begriff Region und wie lässt er sich definieren?
2. Mit welchen Indikatoren lässt sich wirtschaftliche Entwicklung messen?
3. Welche Stufen der Wirtschafts- und Gesellschaftsentwicklung nennt die Theorie von Walt W. Rostow?
4. Was besagt das Ertragsgesetz?
5. Welche Produktionsfaktoren sind unter welchen Bedingungen im neoklassischen Zwei-Regionen-Modell für den Ausgleichsmechanismus verantwortlich?
6. Wie lassen sich im Rahmen der Außenhandelstheorie absolute und komparative Kostenvorteile erklären?

7. Wie entsteht in der Exportbasistheorie der Multiplikatoreffekt und von welchen Faktoren hängt die Stärke dieses Effektes ab?
8. Welche regionalpolitischen Handlungsempfehlungen lassen sich aus den Prinzipien der endogenen Regionalentwicklung ableiten?
9. Welche der in Kapitel 4 vorgestellten Theorieansätze lassen sich als Modernisierungstheorien kennzeichnen?
10. Wie begründen polarisationstheoretische Ansätze die Verschärfung einmal entstandener regionalwirtschaftlicher Gegensätze?
11. Was wird mit polarization reversal bezeichnet und wie kommt es dazu?
12. Welche Hauptgründe führt die Dependenztheorie für die ökonomische Unterentwicklung des Globalen Südens an?
13. Was sind terms of trade und welche Bedeutung haben sie für Entwicklungsländer?
14. Welchen Einfluss haben in der Theorie der Geographical Economics Skaleneffekte und Transportkosten auf die räumliche Ballung der Industrie?
15. Auf welche Prozesse führt Paul Krugman die Entstehung spezialisierter Industrieräume zurück?
16. Was ist ein resource curse und wie lässt er sich begründen?

Weiterführende Literatur

Bathelt, H. (2001): Warum Paul Krugmans Geographical Economics keine neue Wirtschaftsgeographie ist! In: Die Erde 132, 2, 107–118.

Gallup, J. L., Sachs, J. D. und Mellinger, A. D. (1999): Geography and Economic Development. In: International Regional Science Review 22, 2, 179–232.

Krugman, P. (1991): Geography and Trade. MIT Press, Cambridge, Mass.

Maier, G., Tödtling, F. und Trippl, M. (2006): Regional- und Stadtökonomik 2. Regionalentwicklung und Regionalpolitik. 3. Aufl., Springer, Wien/New York.

5 | Regionale Wirtschaftsentwicklung im institutionellen und sozialen Kontext

Inhalt

Neben den neoklassischen Standorttheorien und den überwiegend wirtschaftswissenschaftlich motivierten Theorieansätzen zur Erklärung regionaler Wachstums- oder Schrumpfungsphänomene ist die Wirtschaftsgeographie seit den späten 1980er-Jahren zunehmend von sozialwissenschaftlichen Ansätzen geprägt. Diese setzen in der Wirtschaftsgeographie Unternehmen und andere ökonomische Akteure in einen gesellschaftlichen Kontext, der sich mithilfe des Begriffes Institution beschreiben und konzeptionell fassen lässt. Wirtschaftliches Handeln wird dabei nicht mehr isoliert betrachtet, sondern als integraler Teil eines weiter definierten sozialen Handelns interpretiert.

Wichtigstes Anliegen dieses Kapitels ist es daher, die wirtschaftsgeographische Relevanz gesellschaftlicher Kontexte und ihrer Institutionen aufzuzeigen. Dabei wird ein sozialwissenschaftlicher Institutionenbegriff zugrunde gelegt, der alle Formen von Normen, Regeln, Konventionen und Routinen umfasst, die wirtschaftliches Handeln beeinflussen. Besonders relevant sind diese in interorganisationalen Zusammenhängen wie beispielsweise in Unternehmensnetzwerken, die standortprägend für lokalisierte Produktionssysteme oder Cluster sind. In diesem Zusammenhang ist von besonderem Interesse, inwiefern räumliche und relationale Nähe oder Distanz die für die Regionalentwicklung wichtigen Lern- und Innovationsprozesse beeinflussen können. Dabei wird deutlich, dass auch dem überregionalen Austausch eine besondere Bedeutung zukommt.

Institutionen als Bestimmungsfaktoren der wirtschaftlichen Entwicklung | 5.1

Der Begriff der Institution ist nicht zu verwechseln mit seiner alltagssprachlichen Verwendung im Sinne von Organisationen oder Einrichtungen (z. B. Die Institution Kirche). Es handelt sich vielmehr um **Normen oder (Spiel-)Regeln der Gesellschaft**, die unterschiedlich stark formalisiert sein können. Unabhängig von ihrem jeweiligen Formalisierungsgrad haben diese Normen einerseits Einfluss auf das Wirtschaftsgeschehen und werden andererseits selbst als Ergebnis gesellschaftlicher Aushandlungsprozesse von Wirtschaftsakteuren mitgestaltet. Sie sind daher in hohem Maße kontextabhängig und somit räumlich und zeitlich variabel.

Douglass North (1990) definiert Institutionen als Spielregeln (rules of the game) und Akteure als Spieler (players). Dabei unterscheidet er **formale Regeln (rules)** von **informellen Zwängen (constraints)**, häufig auch als formelle bzw. informelle Institutionen bezeichnet. Diese Unterscheidung beruht auf der Frage, ob Regeln rechtlichen und damit expliziten Charakter haben (z. B. Formalisierung über staatliche Gesetze oder Verordnungen) oder eher im Bereich impliziter Konventionen liegen (z. B. Gepflogenheiten einer Branche, Verhaltensregeln in einer Kooperationsbeziehung). Diese kategorische Unterscheidung hilft bei einer ersten Systematisierung, ist aber nicht immer sinnvoll und kann falsch interpretiert werden, indem beispielsweise formellen Institutionen grundsätzlich eine größere Bedeutung beigemessen wird. Nützlicher erscheint es, den Charakter der jeweils gemeinten Institution konkret zu benennen. Zudem können Institutionen nicht immer auf klar definier- und abgrenzbare Regeln reduziert werden, sondern sind vielmehr als komplexe Regelsysteme zu verstehen, die die Interaktion zwischen Personen und Organisationen gleichermaßen ermöglichen und determinieren (Hodgson 2006).

Der institutionentheoretische Ansatz geht auf die sogenannte **Alte Institutionenökonomie bzw.** den **dissenting institutionalism** des ausgehenden 19. und beginnenden 20. Jahrhunderts zurück (Veblen 1904, Commons 1924). Diese Denkrichtung verstand sich als kapitalismuskritischer Gegenentwurf zur Neoklassik. Das Entstehen von Institutionen als gesellschaftliche Normen wird auf Marktunvollkommenheiten und Marktversagen zurückgeführt. Daraus wird einerseits eine Erklärung für das nicht immer zweckrationale Handeln von Wirtschaftsakteuren und andererseits die Notwendigkeit staatlicher Einflussnahme zur Steuerung unvollkommen funktionierender marktwirtschaftlicher Systeme abgeleitet. Die Alte Institutionenökonomie ist daher nicht zu verwechseln mit der überwiegend **neoklassisch geprägten Neuen Institutionenökonomie**. Im Gegenteil – die jüngeren, sozialwissenschaftlich inspirierten institutionentheoretischen

Box 5.1

Transaktionskostenansatz

Der sogenannte Transaktionskostenansatz nach Oliver E. Williamson (geb. 1932) gilt neben der Prinzipal-Agenten-Theorie sowie dem Ansatz der Verfügungsrechte (property rights) als ein wesentlicher Baustein der **Neuen Institutionenökonomie (NIÖ)**. Er geht auf Ronald Coase (1937) zurück, nach dem die optimale Koordination einer Transaktion von der Frage abhängt, ob eine zu erbringende Leistung kostengünstiger im eigenen Unternehmen (Hierarchie) oder extern durch einen Dienstleister oder Zulieferer (Markt) erbracht werden kann. Die unternehmensinternen Organisationskosten werden also mit den Tauschkosten einer Markttransaktion verglichen. Dabei fließen in die Abwägungen für oder gegen eine **Externalisierung (make or buy-Entscheidung)** nicht nur der reine Marktpreis für die zu vergebende Leistung, sondern auch die mit der Transaktion verbundenen sonstigen Kosten ein. Williamson (1985) weist auf die vielfältigen Kosten beim Leistungstausch hin und unterscheidet Kosten für Informationsbeschaffung (z. B. zur Identifizierung eines geeigneten Anbieters), sogenannte Anbahnungskosten (zur inhaltlichen Abstimmung und Vorbereitung des zu vergebenden Auftrags) sowie Beherrschungs- und Überwachungskosten (z. B. zur Qualitätsprüfung und Kontrolle der Auftragsausführung). Zu letzteren gehört auch die Frage der Informationsasymmetrie, d. h. eine auf Informationsdefiziten beruhende Abhängigkeit des Auftraggebers (Prinzipal) von einem spezialisierten Auftragnehmer (Agent), der seinen Informationsvorsprung beispielsweise zur für ihn vorteilhaften Vertrags- und Preisgestaltung nutzen und damit eine günstige Position in der Tauschbeziehung einnehmen kann (Prinzipal-Agenten-Theorie).

Zugänge lehnen rein marktlogische Erklärungsansätze sowie das Modell des homo oeconomicus grundsätzlich ab. Vielmehr gehört zu ihren zentralen Grundannahmen, dass wirtschaftliche Akteure nicht konsequent rational entscheiden, da sie weder über vollständige Informationen verfügen, noch uneingeschränkt ökonomisch-optimierend handeln. Man spricht daher auch von der **eingeschränkten Rationalität (bounded rationality)** der Wirtschaftsakteure.

Nach dem Verständnis des dissenting institutionalism **(Abb. 5.1)** unterliegen unternehmerische Entscheidungen stets unterschiedlichsten Formen institutioneller Einflussfaktoren aus Politik, Wirtschaft und Gesellschaft, die sich im Laufe der Zeit entwickeln und räumlich variieren (Hayter 2004). Gleichzeitig gestalten die Wirtschaftsakteure ihrerseits das Wesen von Institutionen. Hierzu zählt die politische Lobbyarbeit im Rahmen von Gesetzgebungsverfahren, die explizite oder implizite Etablierung von brancheneigenen Verhaltensregeln und Normen (codes of conduct) oder die konstruktive Auseinandersetzung mit gesellschaftlichen Anspruchsgruppen (z. B. Gewerkschaften, Umweltverbände, Medien;

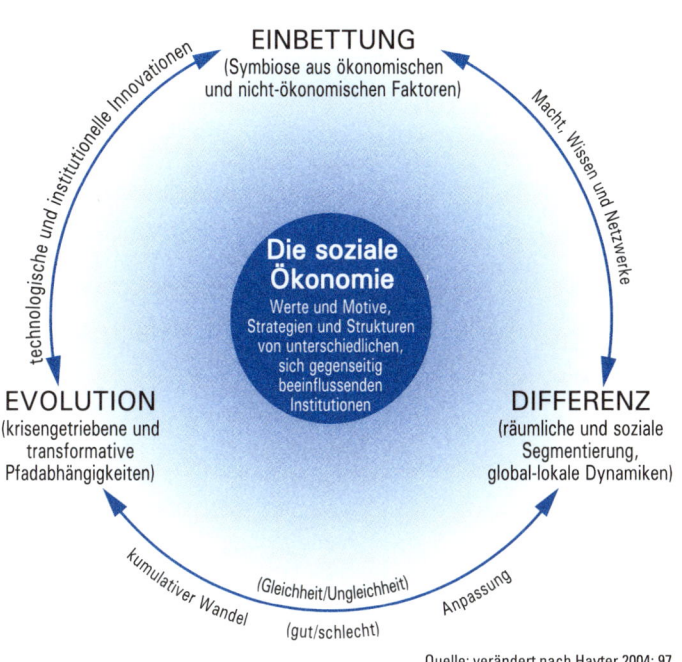

Abb. 5.1
Grundprinzipien des dissenting institutionalism

Quelle: verändert nach Hayter 2004: 97

siehe hierzu Stakeholder-Ansatz in **Abb. 5.3**). Dieses Phänomen wird in der Institutionentheorie auch als **Co-Evolution** bezeichnet. Institutionen sind somit als **gesellschaftlich verankerte bzw. eingebettete Regelsysteme** zu verstehen, die permanenten Veränderungs- und Anpassungsprozessen unterliegen.

Auch das verbreitete Phänomen, dass Unternehmen (z.B. einer bestimmten Branche) auch dann eine ausgeprägte Ähnlichkeit in Organisation und Produktionsweise, in den Standortmustern oder in Handlungsroutinen aufweisen, wenn sie nicht in unmittelbarem Kontakt zueinander stehen, lässt sich institutionentheoretisch fassen. Das **Konzept des institutionellen Isomorphismus** begründet die organisatorische Gleichförmigkeit von Unternehmen dadurch, dass ihr Handeln von ähnlichen gesellschaftlichen Rahmenbedingungen bzw. Institutionen geprägt ist. Abhängig von den jeweils dominierenden Einflussgrößen lassen sich nach DiMaggio und Powell (1983) drei Formen des Isomorphismus unterscheiden:

- Isomorphismus durch Zwang (coercive isomorphism) entsteht zum einen, wenn andere Unternehmen Druck hinsichtlich bestimmter

Abb. 5.2 Mechanismen des institutionellen Isomorphismus

Verhaltensweisen ausüben (z. B. Kunden im Bereich der Qualitätssicherung) oder wenn gesellschaftliche Erwartungen bestimmte Verhaltensweisen erzwingen (z. B. Umweltschutzstandards). Insbesondere der Staat begrenzt durch rechtliche Regelungen die zulässigen Handlungsmöglichkeiten und vermindert so die Verschiedenartigkeit legitimer organisationaler Strukturen.

- Isomorphismus durch Nachahmung (cognitive oder mimetic isomorphism) bedeutet, dass Unternehmen andere Unternehmen imitieren, beispielsweise weil diese besonders erfolgreich sind oder so wahrgenommen werden. Insbesondere bei hoher Unsicherheit oder heterogenen Erwartungen aus dem Umfeld werden Unternehmen nachgeahmt, die in bestimmten Bereichen eine führende Position innehaben. Erfolg versprechende Strukturen und Verfahren werden dabei von anderen übernommen (follow the leader-Prinzip).
- Isomorphismus durch normativen Druck (normative isomorphism) resultiert vor allem aus der zunehmenden Professionalisierung von Berufsgruppen (z. B. durch Berufsverbände von Ingenieuren, Managern, Gutachtern oder Unternehmensberatern). Dadurch werden Denkhaltungen tendenziell vereinheitlicht, was sich auch in den einschlägigen Studien- und Ausbildungsgängen niederschlägt. Bestimmte Überzeugungen, Verhaltensweisen und Methoden werden durch diese Personen in Unternehmen hineingetragen und dort nicht mehr hinterfragt.

Die genannten Prozesse führen dazu, dass sich Unternehmen, aber auch andere Organisationen, immer ähnlicher werden, um aus ihrem Umfeld weiterhin Ressourcen und Legitimität zur erhalten **(Abb. 5.2)** Aus einer akteursbezogenen Sicht lässt sich das institutionelle Umfeld als ein **Kranz von Stakeholdern** abbilden. Damit sind individuelle oder kollektive Akteure gemeint, die auf das Management von Unternehmen einwirken und dessen Entscheidungen beeinflussen **(Abb. 5.3)**. Stakeholder-Ansätze spielen in der jüngeren Governance-Forschung ein zentrale Rolle und finden in der Wirtschaftsgeographie zunehmend Anwendung.

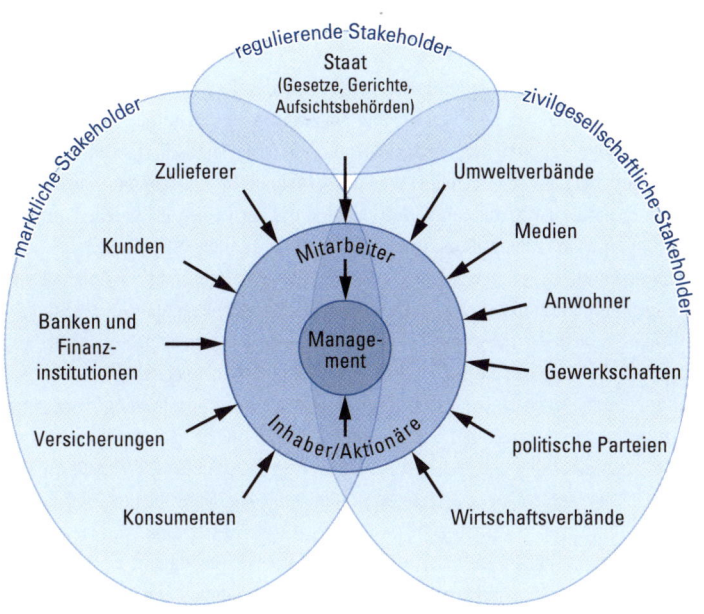

Abb. 5.3

Stakeholder unternehmerischen Handelns

Box 5.2

Stakeholder

Unter Stakeholdern (englisch: stakeholders) versteht man verschiedene gesellschaftliche Anspruchsgruppen, die ein bestimmtes Interesse bzw. einen bestimmten Anspruch (stake) haben, unternehmerische Entscheidungen in ihrem Sinne zu beeinflussen oder von ihnen beeinflusst werden. Dieses Interesse kann unmittelbarer Natur sein, wenn etwa Aktionäre eines Unternehmens kurzfristig gewinnorientierte Abstimmungsergebnisse herbeiführen, wenn ein Kundenunternehmen Lieferverträge mit Auflagen versieht oder wenn eine Anwohnerinitiative gegen die Lärm- oder Umweltbelastung durch einen Industriebetrieb prozessiert. Stakeholder-Einflüsse können sich aber auch mittelbar zeigen, wenn beispielsweise veränderte wirtschaftspolitische Strategien Anpassungsreaktionen erfordern, ein Wandel im Konsumentenverhalten zu veränderten Produktportfolios führt (z. B. Bio- oder Fair-Trade-Produkte) oder veränderte Werthaltungen und Prioritäten des Führungspersonals unternehmensintern Veränderungsprozesse auslösen.

Box 5.3

Governance

In Abgrenzung zum Begriff **government**, der das formal verfasste und organisierte Regierungshandeln umfasst, ist die Bezeichnung **governance** als Gesamtheit jener Prozesse und Institutionen zu verstehen, die das Funktionieren einer Gesellschaft ausmachen. Das Konzept resultiert aus der Erkenntnis, dass das rein staatliche Handeln mit seinen rechtlich-administrativen Strukturen und Instrumenten nur noch einen Teil gesellschaftlicher Steuerungs- und Wandlungsprozesse ausmacht, während andere Anspruchsgruppen und Institutionen an Einfluss gewonnen haben (new modes of governance). Anders als in der englischen und französischen Sprache existiert im deutschen Sprachgebrauch kein ähnliches Begriffspaar (government – governance bzw. gouvernement – gouvernance). Daher wird üblicherweise die englische Bezeichnung governance verwendet. Immer häufiger anzutreffende Übersetzungsversuche wie „Art der Regierungsführung" bzw. „neue Steuerungsformen" werden der vorstehenden Definition nicht gerecht oder verengen sie auf ein bestimmtes, anwendungsorientiertes Begriffsverständnis. Während im wissenschaftlichen Kontext das Interesse an der Beschreibung, Untersuchung und Bewertung von komplexen Governance-Prozessen (analytisches Verständnis) vorherrscht, hat der Begriff im politischen, wirtschaftlichen und medialen Raum zumeist eine normative Konnotation. Unter dem Schlagwort **good governance** werden zumeist Transparenz im Regierungshandeln sowie proaktive Formen der Stakeholder-Kommunikation und der Beteiligung von Anspruchsgruppen an Entscheidungsprozessen subsumiert. Diese Interpretation liegt auch dem Konzept der **corporate governance** von Unternehmen zugrunde, das sich neben internen organisatorischen Aspekten insbesondere auch mit Fragen der externen Kommunikation beschäftigt, etwa im Zusammenhang mit sozialen oder ökologischen Problemen. Unternehmen definieren sich aus Imagegründen zunehmend selbst als gesellschaftliche Akteure (corporate citizen), die eine entsprechende Verantwortung tragen und am Wohlergehen ihrer Stakeholder interessiert sein sollten (siehe **Kapitel 7.5.2**).

5.2 | Interaktion zwischen Wirtschafts- und Gesellschaftssystem auf der Makroebene: Spielarten des Kapitalismus und Regulationstheorie

Zu den wirtschaftsgeographisch relevanten Konzepten, die sich mit institutionellen Arrangements auf der Makroebene befassen, zählen insbesondere der Ansatz der Varieties of Capitalism sowie die Regulationstheorie. Das **Konzept der Varieties of Capitalism** (Hollingsworth und Boyer 1997, Hall und Soskice 2001) differenziert die historisch, kulturell und politisch gewachsenen Spielarten kapitalistischer Wirtschaftssysteme. Gemeinhin wird dabei zwischen liberalen Marktwirtschaften angelsächsischer

> **Box 5.4**

Fordismus

Die Bezeichnung geht auf die von Henry Ford Anfang des 20. Jahrhunderts in der Automobilindustrie eingeführte Fließbandfertigung zurück, die als Ursprung der lange Zeit dominanten Wirtschaftsweise industrieller Massenproduktion galt (starke Arbeitsteilung, hohe Stückzahlen standardisierter Produkte, horizontal und vertikal integrierte Großunternehmen, kapitalintensive Produktionsanlagen). Der Begriff Fordismus umfasst in der Regel aber auch das zugehörige gesellschaftliche und politische Umfeld, in dessen Kontext diese Wirtschaftsweise erfolgreich funktionierte. Dazu zählen beispielsweise Konsumgewohnheiten, Arbeitsbeziehungen, Standortpolitik, Forschungsförderung, Finanzinstitutionen sowie der soziale Wohlfahrtsstaat.

Prägung (z. B. Großbritannien, USA), koordinierten oder sozialen Marktwirtschaften („rheinischer Kapitalismus" bzw. „German model", neben Deutschland auch Skandinavien, Österreich, Schweiz) sowie modernen Formen des Staatskapitalismus (z. B. Frankreich, Italien, einige asiatische Länder) unterschieden. Diese bieten teilweise sehr unterschiedliche institutionelle Rahmenbedingungen hinsichtlich der Rolle des Staates, der Art der Arbeitsbeziehungen und der Unternehmenskulturen.

Während das Konzept der Varieties of Capitalism vor allem die dauerhaft wirksamen Unterschiede der verschiedenen Spielarten des Kapitalismus betont, beschäftigt sich die in den 1970er- und 1980er-Jahren von französischen Sozial- und Wirtschaftswissenschaftlern begründete Regulationstheorie mit der Entwicklungsdynamik kapitalistischer Gesellschaftssysteme. Insbesondere geht sie der Frage nach, welche Regulationssysteme zu längerfristig stabilen Wirtschaftsformationen führen. **Regulationssysteme** sind dabei zum einen als Regeln und Normen zu verstehen. Zum anderen gehören hierzu auch Interaktionsmuster und Verflechtungsbeziehungen zwischen gesellschaftlichen Akteuren, die Organisations- und Kontrollfunktionen ausüben (Krätke 1996). Das Hauptanliegen regulationstheoretischer Forschung besteht also darin, sowohl für Gleichgewichtszustände als auch für Krisen in der Entwicklung von Wirtschafts- und Gesellschaftsstrukturen Erklärungen zu finden und die sie bestimmenden institutionellen Kräfte zu identifizieren. Dabei vertritt die Regulationstheorie, anders als die in **Kapitel 3.5.3** dargestellte Theorie der Langen Wellen, ein nicht-zyklisches Geschichtsverständnis. Wie die ihr ideengeschichtlich zugrunde liegenden marxistisch-strukturalistischen Theorien geht sie also nicht davon aus, dass es in der Entwicklung von Wirtschafts- und Gesellschaftssystemen zu zwangsläufig wiederkehrenden Mustern kommt, sondern dass immer wieder grundlegende Struk-

Abb. 5.4
Grundelemente der regulationstheoretischen Perspektive

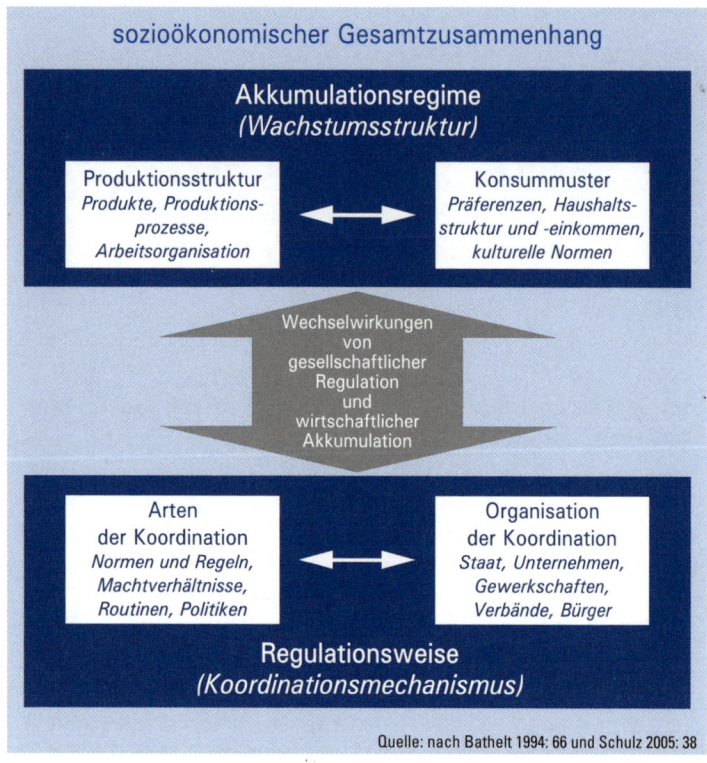

Quelle: nach Bathelt 1994: 66 und Schulz 2005: 38

turveränderungen vonstattengehen. Für das Verständnis stabiler Formationen sind deshalb jene Phasen besonders interessant, in denen sich etablierte Strukturen auflösen und neue entstehen. Regulationstheoretische Ansätze beschäftigen sich daher insbesondere mit dem Zusammenhang zwischen dem allgemeinen sozioökonomischen Wandel im Zuge der sogenannten Fordismus-Krise und der Reorganisation wirtschaftlicher Aktivitäten.

Die in den marktwirtschaftlich orientierten Volkswirtschaften seit den 1970er-Jahren mit zunehmender Dynamik ablaufenden Wandlungsprozesse in Wirtschaft und Gesellschaft werden dabei gemeinhin als Zurücktreten fordistischer zugunsten postfordistischer Strukturen interpretiert. Die Regulationstheorie betrachtet dabei explizit die Wechselwirkungen zwischen gesellschaftlicher Regulation und wirtschaftlicher Akkumulation. Das jeweils vorherrschende **Akkumulationsregime** umfasst dabei die typischen Produktionsstrukturen, Organisationsformen und Arbeitsverhältnisse sowie nachfrageseitig die Konsummuster und -präferenzen. Das Akkumulationsregime weist eine wechselseitige Abhängigkeit zur dominierenden **Regulationsweise**, d. h. zu den politisch-institutionellen Strukturen, soziokulturellen Normen und sonstigen Werten auf, die das Wirtschaftsgeschehen maßgeblich bestimmen **(Abb. 5.4)**.

Die **wichtigsten Elemente postfordistischer Produktionsweisen** lassen sich wie folgt zusammenfassen (Bathelt 1994, Boyer und Saillard 2002, Krätke 1996):

- Übergang zu flexiblen, weniger integrierten Produktionsmodellen, ermöglicht durch neue Produktions- und Kommunikationstechniken sowie veränderte Managementstrategien
- Flexibilisierung der Beschäftigungsverhältnisse (z. B. befristete Arbeitsverträge, Zeitarbeit, Scheinselbstständigkeit) und neue Formen der Arbeitsbeziehungen (z. B. geringerer gewerkschaftlicher Einfluss, individuelle Gehaltsverhandlungen statt Flächentarifverträge, erfolgsabhängige Entlohnung)
- zunehmende Differenzierung von Konsum- und Nachfragemustern, das beinhaltet eine wachsende Vielfalt von Lebensstilen sowie die individuelle Konfektionierung von Industrieprodukten wie Autos, Möbel oder Bekleidung
- zunehmende Durchsetzung marktförmiger Regulationsmechanismen im gesellschaftlichen Zusammenwirken (z. B. in Form der Kommerzialisierung ehemals ehrenamtlich gewährleisteter Freizeit- und Betreuungsangebote)

Die Vorsilbe „post" unterstreicht, dass es sich bei der Debatte über ein Regulationssystem, das möglicherweise das fordistische Regime ablösen kann, um die Betrachtung eines noch andauernden Prozesses handelt. Mit anderen Worten: Ein neues, längerfristig prägendes Gleichgewicht ist noch nicht erreicht. Ähnlich wie etwa der Begriff der Postmoderne bleibt die Bezeichnung postfordistisch aber relativ unscharf. Sie dient als vorläufiger Sammelbegriff für zum Teil sehr heterogene, mitunter gar widersprüchliche Entwicklungstendenzen und bleibt offen für einen Bedeutungswandel, der beispielsweise auch in einen **Neofordismus** münden könnte. Denn anders als im Zuge der Fordismuskrise von zahlreichen Autoren postuliert, weisen auch heutige Wirtschaftsweisen und Gesellschaftssysteme fordistische Komponenten auf. Dies zeigt sich beispielsweise in der Arbeitsorganisation und den Hierarchiesystemen von Industriebetrieben, aber auch in der – trotz zunehmender Individualisierung – weiterhin standardisierten Massenproduktion auch hochwertiger Konsumgüter (z. B. Smartphones). In diesem Kontext passt auch der Versuch der Automobilindustrie, die economies of scale der Massenproduktion mit **economies of scope** bzw. einer großen Produktvielfalt zu verbinden.

Box 5.5

Produktvielfalt und Gleichteilestrategie in der Automobilindustrie

Ein Beispiel für die Verbindung von economies of scale und scope ist die von vielen Automobilkonzernen verfolgte Plattformstrategie (z. B. Volkswagen sowie PSA mit den Marken Peugeot und Citröen). Dahinter verbirgt sich das Prinzip, in verschiedenen Fahrzeugtypen der Konzerntöchter möglichst viele identische Teile zu verwenden (z. B. Chassis, Achsen, Motoren, Getriebe). Als Extremfall gilt die Plattform des Golf V, die außer im Golf auch in vielen anderen VW-Modellen (Jetta, Touran, Tiguan, Caddy), in Modellen von Audi (A 3, TT), Škoda (Octavia) und Seat (Leon, Toledo, Altea) sowie leicht modifiziert noch in einigen weiteren Modellen verbaut wurde. In jüngster Zeit geht Volkswagen zum sogenannten Modularen Querbaukasten (MQB) über, der noch flexibler ist und beispielsweise ganz verschiedene Radstände zulässt. Der MQB soll zukünftig in über 40 konzerneigenen Modellen verwendet werden.

Aus wirtschaftsgeographischer Sicht ist die Betrachtung regionaler Differenzierungen in den vorherrschenden Regulationsweisen besonders interessant. Damit verknüpft ist die Frage, inwieweit diese als Erklärung für wirtschaftlichen Erfolg bzw. Misserfolg herangezogen werden können. Die Annahme gründet auf der Tatsache, dass wesentliche Komponenten der oben genannten Regulationsweise regional sehr unterschiedlich ausgeprägt sein können (z. B. Arbeitsbeziehungen, betriebliche Organisationsformen, staatlicher Einfluss). Damit ist die Kritik verbunden, dass sich die Ansätze der Regulationstheorie ursprünglich fast ausschließlich auf den nationalen Kontext bezogen. Versuche, sie auf regionale Fallbeispiele anzuwenden und diese miteinander zu vergleichen, führten zu der Erkenntnis, dass sich regionale Wirtschaftsformationen insbesondere in Bezug auf ihre unternehmensübergreifenden Organisationsbeziehungen unterscheiden. So gelten beispielsweise traditionelle Industrieregionen der Eisen- und Stahl- oder der Automobilproduktion als Räume mit eher integrierten Organisationsbeziehungen, in denen ein führendes Unternehmen wesentlichen Einfluss auf Zulieferer, regionalpolitische Akteure und Arbeitsbeziehungen ausübt. Demgegenüber sind neuere Branchenagglomerationen in sogenannten Hightech-Regionen in der Regel von vertikaler Desintegration sowie von flexibleren Arbeitsverhältnissen und Regulationsweisen gekennzeichnet. Die Organisationsbeziehungen sind deshalb weniger hierarchisch und basieren stärker auf Netzwerken.

Wirtschaftsakteure in Netzwerken | 5.3

In vielen Wirtschaftszweigen besteht die Tendenz, vormals innerhalb eines Unternehmens integrierte Wertschöpfungsstufen aus Gründen der Kosteneffizienz und Risikostreuung auf mehrere Unternehmen zu verteilen. Dieser als **vertikale Desintegration** beschriebene Prozess hat beispielsweise in der Automobilindustrie dazu geführt, dass die Markenhersteller ihre Fertigungstiefe reduziert haben und heute in der Regel nur noch einen kleinen Teil des Herstellungsprozesses selbst durchführen (Fuchs 2010: 174ff.). Sie stehen vielmehr an der Spitze einer mehrstufigen Zulieferpyramide **(Abb. 5.5 und 5.6)**, die von der Fertigung einzelner Teile (z. B. Schrauben, Beschläge, Fensterglas; tier 3) über Komponenten wie Scheinwerfer, Stoßdämpfer, Getriebe (tier 2) bis hin zu sogenannten Modulen reichen (tier 1). Letztere sind größere, komplexe Bauteile wie eine Achse inklusive Stoßdämpfer und Bremsen oder ein Armaturenbrett inklusive der Fahrzeugelektronik. Die auch als Systemlieferanten bezeichneten Unternehmen der ersten Zulieferstufe (tier 1) sind selbst häufig multinationale Großunternehmen, die eigene Forschungs- und Produktentwicklungssparten betreiben und zu wichtigen Partnern ihrer Kundenunternehmen geworden sind. Ähnlich gestufte Wertschöpfungssysteme lassen sich auch in anderen Branchen des Produzierenden Gewerbes finden (z. B. Elektronikindustrie, Nahrungsmittelindustrie), aber auch im Dienstleistungsbereich (z. B. Medienwirtschaft). Die Markenhersteller der Automobilindustrie werden in der Fachliteratur häufig auch Original Equipment Manufacturer (OEM) genannt **(Abb. 5.5)**; in anderen Branchen (z. B. Haushaltsgeräte, Computer) werden hingegen solche Unternehmen als OEM bezeichnet, deren (Marken-)Produkte unter verändertem Namen (z. B. Eigenmarke einer Einzelhandelskette oder eines Versandhauses) vertrieben werden.

Die vertikale Desintegration geht meist mit einem zweiten Phänomen einher, das im Zusammenhang mit dem Postfordismus bereits angesprochen wurde: der **flexiblen Spezialisierung.** Dieser auf Piore und Sabel (1985) zurückgehende Begriff verweist auf die Tatsache, dass mit der Verringerung der Fertigungstiefe bei den Großunternehmen auch insgesamt veränderte Unternehmensprofile und -strategien einhergehen. Kleinere und mittelgroße Unternehmen (KMU), die sich auf einzelne Stufen des Wertschöpfungsprozesses spe-

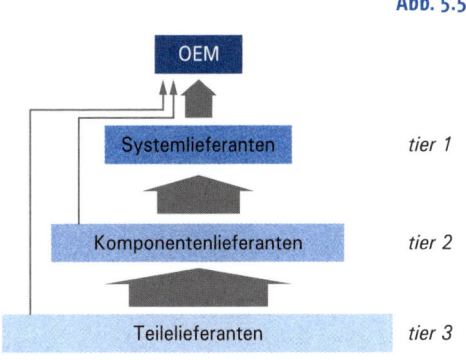

Abb. 5.5

Zulieferpyramide in der Automobilindustrie

Abb. 5.6

Smartville in Hambach (Frankreich): Beispiel für einen optimierten Produktionsstandort der vertikal desintegrierten Automobilindustrie, an dem Systemlieferanten als Mieter Gebäude und Flächen im Hauptwerk nutzen, um ohne Transportwege, zeitliche Verzögerung und größere Lagerkapazitäten just-in-sequence an das Fließband der Endmontage zu liefern. Der Markenhersteller selbst nutzt hier nur ca. ein Viertel der Flächen des Smart-Werks

zialisieren, sind in der Lage, innerhalb dieses begrenzten Segments eine große Varianz von Produkten anzubieten. Hinsichtlich Produktionskosten und Produktqualität profitieren sie dabei von der Fokussierung ihrer Ressourcen (Forschung, Know-how, Technologieentwicklung). Des Weiteren können sie aufgrund ihrer Struktur rasch und flexibel auf sich ändernde Marktbedingungen reagieren. Kleinere Unternehmen können in der Regel schneller Entscheidungen über Investitionen, Strategiewechsel und Sortimentsänderungen treffen als Großunternehmen in Aktionärsbesitz. Gleichzeitig ist der Kontakt zur Belegschaft enger. Die Produkt- und Prozessentwicklung erfolgt nah an den unmittelbaren Bedürfnissen. Flexibilität und Improvisation sind weiter verbreitet als in den zum Teil starren Arbeitsroutinen größerer Organisationen.

Gleichzeitig decken KMU aber nur kleinere Segmente des gesamten Wertschöpfungsprozesses ab und haben je nach Unternehmensgröße

Abb. 5.7

Quellen: verändert nach Sydow 1992: 104 und Schamp 2000: 68

Unternehmensnetzwerke zwischen Markt und Hierarchie

zudem Probleme, Zugang zu größeren Aufträgen industrieller Massenhersteller zu bekommen. Sie können jedoch ihr Angebotsspektrum erweitern, indem sie mit anderen, komplementär ausgerichteten Unternehmen in sogenannten **strategischen Netzwerken** kooperieren (nach Sydow 1992). Die postfordistischen Entwicklungstrends vertikale Desintegration und flexible Spezialisierung gelten daher als ein wichtiger Antrieb der netzwerkbasierten Organisation vieler Wirtschaftszweige.

Wie beim Transaktionskostenansatz bereits angesprochen, stehen Unternehmensnetzwerke hinsichtlich ihrer Produktionsorganisation und ihrer Austauschbeziehungen zwischen Markt und Hierarchie **(Abb. 5.7)**. Es handelt sich bei der Netzwerkkooperation also weder um rein preisgesteuerte Markttransaktionen, die in der Regel keinen unmittelbaren persönlichen Kontakt zwischen Auftraggeber und Auftragnehmer erfordern, noch um hierarchisch formalisierte Strukturen, wie sie innerhalb eines Unternehmens vorzufinden sind.

Als besondere Form der Unternehmensnetzwerke gelten die sogenannten **Strategischen Allianzen**, in denen Firmen einer Wertschöpfungsstufe, die eigentlich in unmittelbarer Konkurrenz zueinander stehen, auf bestimmten Gebieten Kooperationsvereinbarungen treffen. Ziel solcher Allianzen können rein funktionale Synergien und Kosteneinsparungen sein (z. B. bei der Produktentwicklung in der Automobilindustrie). Durch die gemeinsame Entwicklung von Bauteilen wie Motoren (z. B. zwischen BMW und PSA) oder von ganzen Fahrzeugtypen (z. B. bei der ersten Generation des Familienvans Volkswagen Sharan und Ford Galaxy) lassen sich

Entwicklungskosten sparen, Einkaufskosten reduzieren und andere Synergien nutzen. Wichtiges Ziel vieler Allianzen ist auch eine erhöhte Reputation und Sichtbarkeit. Letztere ist bei Vertriebs- und Marketingallianzen augenscheinlich, beispielsweise in der gemeinsamen Verwaltung und wechselseitigen Anerkennung von Bonusmeilen durch eine Gruppe von Fluggesellschaften (z. B. Star Alliance).

Als **virtuelle Unternehmen oder Quasi-Unternehmen** bezeichnet man Firmennetzwerke, die nach außen geschlossen – gegebenenfalls mit einem gemeinsamen Namen (einheitliches Logo, Marketing) – auftreten und dadurch wie ein größeres Einzelunternehmen wirken. Tatsächlich verbirgt sich dahinter jedoch eine Zahl kleinerer, teilweise hoch spezialisierter Unternehmen, die sich fachlich ergänzen und durch den Zusammenschluss inhaltlich wie quantitativ größere Auftragsvolumina akquirieren und abwickeln können (z. B. Bietergemeinschaften im Baugewerbe oder Fachbüros für Umweltgutachten). Für die Kunden reduziert dieses Modell zudem die Transaktionskosten, da sie formal nur mit einem Auftragnehmer verhandeln müssen (one window shopping). Dies gilt auch für Privatkunden. So bieten beispielsweise virtuelle Zusammenschlüsse von Handwerksunternehmen (Handwerkernetze) Komplettlösungen für Privathaushalte an.

Neben dem grundlegenden **Prinzip der Freiwilligkeit** nennt Grabher (1993) vier zentrale Merkmale von Unternehmensnetzwerken, die letztere von rein marktlichen Beziehungen unterscheiden:

- **Reziprozität** oder Wechselseitigkeit ist ein zentrales Prinzip der freiwilligen Kooperation in Netzwerken. Durch gegenseitige Unterstützung in der Projektabwicklung oder Auftragsakquisition entsteht eine Vertrauensbasis für eine längerfristige Kooperation. Partnerschaftliche Zusammenarbeit und Offenheit fördern zudem den Wissenstransfer und das gemeinschaftliche Lernen.
- **Interdependenzen**, d. h. gegenseitige Abhängigkeiten zwischen einzelnen Unternehmen, gelten als „Leim", der freiwillige Kooperationsnetzwerke auch in Problemsituationen zusammenhält (z. B. die gemeinsame Verantwortung gegenüber dem Auftraggeber oder die Komplementarität in der Problemlösungskompetenz).
- **Lockere Bindungen (loose coupling)**, die längerfristige, vertragliche Bindungen zwischen Kooperationspartnern ersetzen, gelten als wesentliches Erfolgskriterium von Unternehmensnetzwerken. Durch ihre Offenheit für neue Partner und externe Impulse genießen sie gegenüber größeren Organisationen nicht nur Flexibilitätsvorteile, sondern gelten tendenziell auch als innovativer. Der US-amerikanische Soziologe Mark Granovetter (geb. 1943) spricht hier von der Stärke schwacher Bindungen (strength of weak ties), wohingegen längerfristige

Box 5.6
Industriedistrikte (industrial districts)

Das verstärkte Aufkommen netzwerkartiger Organisationsformen in der Wirtschaft wurde vor allem in den letzten drei bis vier Jahrzehnten beobachtet. Allerdings hatte bereits der britische Nationalökonom Alfred Marshall (1842–1924) räumliche **Branchenkonzentrationen (industrial districts)** identifiziert, deren Funktionsweise und Innovativität offenbar auf der engen Zusammenarbeit vor allem kleiner und flexibler Unternehmen fußte (z. B. Produktion von Eisenwaren in Sheffield, Wollwaren in Yorkshire oder Messerschmieden im Raum Solingen). In diesen auch als Marshallian Districts bezeichneten Standortagglomerationen hatte im ausgehenden 19. Jahrhundert ein hohes Maß an Spezialisierung zu einer für die jeweilige Branche vorteilhaften und andernorts nicht anzutreffende industrielle Atmosphäre geführt. Neben spezifischen Wissensbeständen profitieren die ansässigen Unternehmen auch von einer gemeinsamen Nutzung der Ressourcen wie lokale Arbeitsmärkte, Transportinfrastruktur, Einkaufsgemeinschaften oder Vertriebswege (siehe New Industrial Districts und Cluster in **Kapitel 5.5**).

Kooperationsbeziehungen und eingefahrene Konstellationen eher innovationshemmend wirken können (weakness of strong ties).
- **Machtaspekte** spielen auch in Netzwerken eine wichtige Rolle – Gegenseitigkeit darf hier nicht mit Ausgewogenheit oder Machtsymmetrie verwechselt werden. Nach Taylor et al. (1995) verfügen die network topographies über ihre eigenen circuits of power. Nur selten sind dabei alle Partnerunternehmen eines Netzwerks mit der gleichen Machtfülle ausgestattet. Häufiger sind dagegen Konstellationen, in denen mindestens ein Unternehmen aufgrund seiner Größe, seines Angebotsspektrums oder auch seiner Nähe zu den Kundenunternehmen eine stärkere Position innehat und dadurch Entscheidungsprozesse dominieren und die Preisgestaltung der Partner beeinflussen kann. Ist diese Hegemonialstellung eindeutig und Struktur bildend, spricht man auch von **hub firms, broker firms oder** im Deutschen von **fokale**n **Unternehmen**. Im Ansatz der Globalen Waren- oder Wertschöpfungsketten werden solche Unternehmen auch als lead firms bezeichnet (siehe **Kapitel 6.5**).

Aus wirtschaftsgeographischer Perspektive sind Unternehmensnetzwerke deshalb von so großem Interesse, weil sie zu besonderen regionalen Wirtschaftsformationen führen können. Deren räumliche Strukturen und Interaktionsmuster stellen einen wichtigen aktuellen Forschungsbereich dar.

5.4 | Rolle sozialer Kontexte für Unternehmen und Netzwerke

Netzwerke zwischen Organisationen bzw. Unternehmen können als soziale Systeme betrachtet werden, da sie einerseits von Personen gestaltet werden und andererseits die oben beschriebenen Kooperationsprinzipien gewisse Parallelen zu gesellschaftlichen Regeln und Verhaltensweisen aufzeigen. Dabei sind Unternehmen und ihre Netzwerke immer im Kontext ihres gesellschaftlichen, politischen und kulturellen Umfeldes zu sehen, das handlungsleitend wirken kann. Sie sind also in einen spezifischen institutionellen Rahmen eingebettet. Dieser Erkenntnis trägt der auf Granovetter (1985) zurückgehende embeddedness-Ansatz Rechnung und schafft damit einen bewussten Gegenpol zum neoklassischen Transaktionskostenansatz, der zwar ebenfalls Netzwerkbeziehungen zwischen Unternehmen zu erklären vermag, dabei soziale Faktoren jedoch weitgehend ausblendet. Die Vertreter des embeddedness-Ansatzes definieren Unternehmen als **relational handelnde Akteure**, die unterschiedlich stark in ihren jeweiligen Kontext eingebettet sind, wovon ihr wirtschaftlicher Erfolg unmittelbar abhängen kann.

Johannes Glückler (2001) unterscheidet zwei, für die Wirtschaftsgeographie bedeutsame Ausprägungen der embeddedness: die **relationale embeddedness** als Qualität der Beziehung zwischen zwei Akteuren sowie die **strukturelle embeddedness** als Qualität der Struktur von Beziehungen zwischen einer Menge von Akteuren etwa in Netzwerken. Die Entstehung der relationalen embeddedness ist eng mit dem Mechanismus der Vertrauensbildung zwischen Akteuren, jene der strukturellen embeddedness mit der Ausbildung von Reputation verknüpft. Insbesondere lässt das Konzept der strukturellen embeddedness erkennen, dass es hierbei nicht nur um soziale Beziehungen zwischen Einzelpersonen geht, sondern auch um deren Bindung an gesellschaftliche Institutionen. Nicht zuletzt hat dieses institutionalistische Begriffsverständnis dazu beigetragen, dass der embeddedness-Ansatz angesichts der bedeutenden Rolle regionaler Institutionen aus einer räumlichen Perspektive auch als **lokale embeddedness** interpretiert wird. Diese Sichtweise beruht auf der Annahme, dass in einem räumlich begrenzten Gefüge (z. B. eine Stadtregion, in der bestimmte Branchen dominieren) die geographische Nähe zwischen den Akteuren Netzwerkbeziehungen begünstigt. So geht man davon aus, dass Finanzdienstleister in Frankfurt oder Fernsehproduktionsfirmen in Köln aufgrund der räumlichen Konzentration ihrer Branche in engerem Kontakt zu Kooperationspartnern, Auftraggebern und Branchenorganisationen stehen als an einem weniger spezialisierten Standort. Allerdings besteht bei einer zu starken Betonung der lokalen embeddedness auch die Gefahr, überörtliche Beziehungen und außerregionale Akteure und

Einflussfaktoren (z.B. nationale Institutionen, internationale Konventionen, überregionale Vernetzungen) zu übersehen oder konzeptionell von vornherein auszublenden. Zudem kann es in Wirtschaftsräumen auch zu einem Zustand der **over-embeddedness** kommen und damit zu strukturellen Verkrustungen, die der Flexibilität und Innovationsfähigkeit von Unternehmensnetzwerken schaden. Dieses Dilemma der embeddedness wurde insbesondere von Grabher (1993) am Beispiel des Ruhrgebiets nachgewiesen und als **negativer lock-in** bezeichnet (siehe **Kapitel 5.5**).

Mit dem embeddedness-Konzept ist der **Begriff des sozialen Kapitals** eng verbunden. Hierunter werden in der Wirtschaftsgeographie zumeist Wettbewerbsvorteile verstanden, die erst durch Interaktion mit (Netzwerk-)Partnern mobilisiert werden können (z.B. gemeinsame Lernprozesse, Zugang zu spezifischen Märkten, Kontrollvorteile, gegenseitige Unterstützung in Krisenzeiten). Das soziale Kapital eines Unternehmens hängt also zum einen von der Quantität und Qualität seiner unmittelbaren Vernetzung mit anderen Wirtschaftsakteuren ab, zum anderen aber auch davon, inwieweit diese Beziehungen im Bedarfsfall Zugang zu anderen Netzwerken gewähren. Soziales Kapital ist per se nicht räumlich gebunden, jedoch sind die zugrunde liegenden Verflechtungen in der Regel verdichtet in einem regionalen institutionellen Umfeld zu finden, in dem sich diese **spezifischen Beziehungen und Konventionen** entwickelt haben. Diesen Zusammenhang erklärt der US-amerikanische Wirtschaftsgeograph Michael Storper (geb. 1954), ein Hauptvertreter der Kalifornischen Schule, durch die Bedeutung von **untraded interdependencies** (Storper 1997). Der Begriff bezeichnet die in einem regionalen Netzwerk existierenden Bestände von geteiltem Erfahrungswissen, das nicht einfach kodifiziert und an Dritte weitergegeben bzw. gehandelt werden kann. Wachsende kollektive Wissensbestände sowie sich etablierende Routinen und Vertrauensbeziehungen senken Transaktionskosten und gelten als förderlich für Innovationsprozesse. Sie gehören damit zu den ganz spezifischen Standortmerkmalen einer Region und können wesentliche qualitative Unterschiede gegenüber anderen Regionen darstellen.

Storper beschreibt regionale Wirtschaftssysteme in diesem Zusammenhang auch als **„Heilige Dreifaltigkeit" (holy trinity)**, bestehend aus einer technologischen (Produkt- und Prozessinnovationen), einer organisatorischen (Unternehmensstrukturen und Kooperationsformen) sowie einer räumlichen bzw. territorialen Dimension. Dabei bietet letztere den Rahmen für die Beziehungsgeflechte und ihre sozio-institutionelle Einbettung **(Abb. 5.8)**.

Hinsichtlich der Ausstattung einer Region mit intermediären Institutionen (Kammern, Verbände, Initiativen) und einer gewissen Intensität bzw. Häufigkeit von informellen Beziehungen, Übereinkünften und

Abb. 5.8

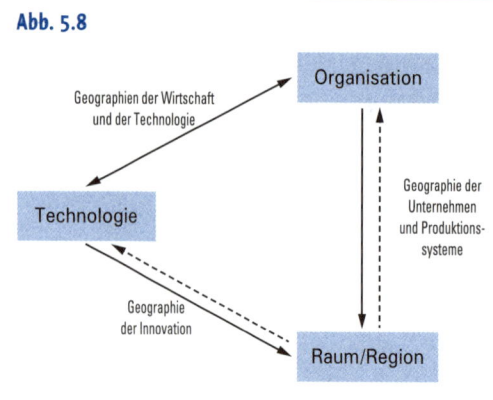

Quelle: verändert nach Storper 1997: 27

Michael Storpers holy trinity regionaler Wirtschaftssysteme

gemeinsamen Einstellungen von Wirtschaftsakteuren sprechen Amin und Thrift (1992) auch von **institutioneller Dichte (institutional thickness)**. Von dieser können die ansässigen Unternehmen profitieren, etwa durch Austauschmöglichkeiten mit anderen Unternehmen, durch Beteiligung an öffentlicher Forschung, durch gemeinsame Marketingaktivitäten oder durch den Zugang zu spezifischem Branchenwissen.

Dem in den entsprechenden Konzepten verwendeten Regionsbegriff liegt ein explizit relationales Raumverständnis zugrunde. Die Region wird dabei nicht als geometrisch definierter, klar abgegrenzter (Container-)Raum, sondern als Rahmen bzw. Kontext für wirtschaftliche und gesellschaftliche Interaktion betrachtet. Im Mittelpunkt – und dies gilt für weite Teile der aktuellen wirtschaftsgeographischen Forschung – steht dabei nicht der physische Raum. Vielmehr werden die Akteure im Raum, deren Verflechtungen und Entwicklungsdynamiken analysiert. Für die räumliche Perspektive ist dabei die Dichte und Qualität der jeweils zu beobachtenden regionalen Beziehungen und Prozesse relevant (siehe **Kapitel 5.5**). Dabei ist selbstverständlich, dass die Kooperationsbeziehungen eines Unternehmens mitunter weit über diesen regionalen Kontext hinausgreifen.

5.5 | Entstehung und Dynamik regionaler Wirtschaftsräume

Wie in dem Abschnitt über Standortfaktoren in **Kapitel 3** bereits angedeutet und vorstehend anhand der Rolle sozialer Institutionen weiter erläutert, ist die Entstehung und Entwicklungsdynamik regionaler Wirtschaftsräume von vielen Faktoren abhängig, die weit über vermeintlich determinierende Aspekte der Ressourcen- und Infrastrukturausstattung eines Standorts hinausgehen. Aus historischer Perspektive liegen die Ursprünge zahlreicher ökonomischer Entwicklungspfade in eher zufälligen oder biographisch bedingten Einzelentscheidungen von Unternehmern, Unternehmensgründern oder Investoren. Diese nutzen bei ihrer Standortwahl ein zeitlich und räumlich begrenztes **window of locational opportunity** (Scott und Storper 1987, Boschma 1994). Viel zitierte Beispiele sind die Garagenfirmen der Computerindustrie und der Softwarebranche, aus denen später nicht nur erfolgreiche und global agierende Konzerne wurden, sondern in deren Umfeld sich regional konzentrierte Schwerpunkträume innovativer Branchen entwickelten (z. B. Silicon Valley in Kalifornien).

Wachstums- und Entwicklungspfade industrieller Wirtschaftsräume | 5.5.1

Zu einem Theoriestrang, der in jüngster Zeit zunehmend von der Wirtschaftsgeographie aufgegriffen wurde und ebenfalls institutionentheoretisch motiviert ist, gehören die sogenannten **evolutionären Ansätze** (Boschma und Lambooy 2004). Dieses aus den Wirtschaftswissenschaften (evolutionary economics) übernommene und auf räumliche Fragen adaptierte Konzept beruht auf Analogien zur evolutionären Biologie. Es vergleicht Unternehmen, Technologien oder Wirtschaftsregionen und ihre Innovationsfähigkeit mit natürlichen Organismen. Demnach setzen sich auf erfolgreichen **Entwicklungspfaden** (trajectories) diejenigen Technologien, Produktionsmuster oder Organisationsweisen durch, die sich durch „Mutation" veränderten Umweltbedingungen anpassen, frühzeitig zukunftsfähige Aktivitätsfelder erschließen und dadurch **Pioniervorteile** (early mover advantages) für sich nutzen können. Variation und Selektion

Box 5.7
Steigende Skalenerträge (increasing returns)

Der Begriff increasing returns umschreibt die Tatsache, dass es im Falle einer erfolgreichen Einführung und wachsenden Verbreitung eines neuen Produktes oder Produktionskonzeptes sowohl für andere Hersteller als auch für die Nutzer zunehmend ökonomisch interessant wird, diese Entwicklung ebenfalls aufzugreifen (Netzwerkeffekt). Dies gilt insbesondere für Produkte, deren Nutzung bestimmte Infrastrukturvoraussetzungen erfordert oder auf eine Mindestverbreitung angewiesen ist. So hat beispielsweise die rasant wachsende Zahl von Mobilfunknutzern nicht nur zur Entstehung zahlreicher Konkurrenzanbieter geführt, sondern gleichzeitig zu sinkenden Preisen und einem größeren Nutzungsinteresse anderer Konsumenten beigetragen. Ähnlich kann man das funktionale System aus Straßeninfrastruktur, Treibstofferzeugung und Tankstellennetz als Bedingung für den langfristigen Erfolg von benzin- oder dieselbetriebenen Kraftfahrzeugen deuten. Zugleich gelten die so generierten Skalenerträge als eine von zahlreichen Barrieren für die Einführung alternativer Antriebssysteme (Maier 2010, Unruh 2002).
In der Wirtschaftsgeographie dient das Prinzip der steigenden Skalenerträge auch als Erklärung für die standörtliche Konzentration von Unternehmen einer Branche, die beispielsweise von spezifischen Infrastrukturen (z. B. Ver- und Entsorgung), einschlägig qualifizierten Arbeitskräften, lokalisiertem Wissen und sonstigen Synergieeffekten profitieren.

Abb. 5.9

Entstehung von Entwicklungspfaden und lock-ins

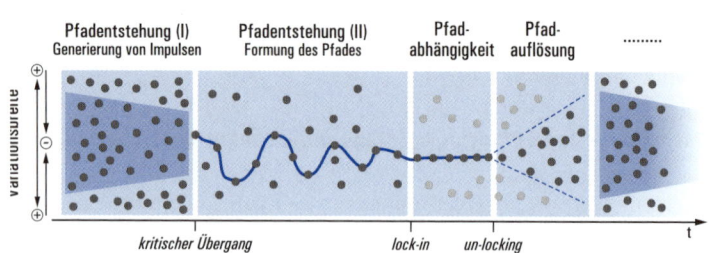

Quelle: verändert nach Schreyögg et al. 2003: 286

innerhalb der Entwicklungspfade werden zu Grundprinzipien einer Entwicklung, die von **steigenden Skalenerträgen** (increasing returns) einerseits und von der **Imitation erfolgreicher Strategien** andererseits getragen wird.

Die Anleihen aus der Evolutionsbiologie sind dabei aber keinesfalls als deterministisch zu verstehen. Entwicklungen sind durchaus von Zufällen, vor allem aber von **kontingenten Pfadverläufen** bestimmt. Voraussetzung sind auch hier unvollkommene Informationen und die bereits erwähnte bounded rationality im Unternehmerverhalten. Am Anfang grundlegender Veränderungen stehen dabei häufig sogenannte **small events**, also eher zufällige Entdeckungen, eher unbeabsichtigte Entwicklungen oder andere nicht planbare Ereignisse, die sich sodann als zukunftsfähige Option erweisen und im Wettbewerb langfristig durchsetzen **(Abb. 5.9)**.

Die Ansätze der evolutionären Wirtschaftsgeographie veranschaulichen eindrucksvoll, in welchen Zusammenhängen und aus welchen Gründen erfolgreiche Standortkonzentrationen entstehen konnten. Mi-

Box 5.8

Kontingenz

Unter **Kontingenz** (wörtlich: Möglichkeit, Zufall) versteht man im Zusammenhang mit historischen Entwicklungspfaden, dass diese nicht notwendigerweise den bekannten Verlauf hätten nehmen müssen. Unter vergleichbaren Rahmenbedingungen kann es also durchaus zu unterschiedlichen Verläufen kommen. Die Trajektorien (Entwicklungspfade) sind demnach nicht eindeutig durch bestimmte Parameter vorgezeichnet, sondern unterliegen einer gewissen Zufälligkeit. Letztere beruht zum Beispiel auch auf Unwägbarkeiten im unternehmerischen Entscheidungsverhalten, das sehr stark von der subjektiven Bewertung externer Einflüsse und künftiger Marktentwicklungen geprägt sein kann. Das Kontingenzprinzip beinhaltet somit auch eine gewisse Zukunftsoffenheit der nur teilweise prädeterminierten Pfade.

chael Storper und Richard Walker (1989) gehen in ihrem Modell der industriellen Entwicklungspfade davon aus, dass Pionierbetriebe einer neuen Branche in der **Lokalisationsphase** über eine relativ große Wahlfreiheit verfügen, weil für sie noch nirgendwo eine spezifische Infrastruktur besteht und auch localization economies noch keine Rolle spielen. Die Standortentscheidungen können deshalb durchaus zufällig sein oder auf persönlichen Präferenzen der Unternehmensgründer beruhen. Erfolgreiche Standorte oder Branchencluster durchlaufen anschließend eine sogenannte **selektive Clusterungsphase** mit Spin-off-Gründungen vor Ort. So entsteht im Zeitverlauf eine immer größere Agglomeration von Unternehmen dieser Branche. Empirische Studien zur Verpackungsmaschinenbau-Industrie in Westdeutschland (Mossig 2000), zur Informationswirtschaft in West- und Ostdeutschland (Matuschewski 2006), zur Automobilindustrie in Großbritannien (Boschma und Wenting 2007), zur Textilindustrie und zum Versandhandel in Nordfrankreich (Schulz et al. 2006) oder zur Werftindustrie in Deutschland und Südkorea (Eich-Born und Hassink 2005) liefern Belege für solche Verläufe und das Zusammenspiel technologischer, organisatorischer und sozio-institutioneller Pfadabhängigkeiten (Überblick in Boschma und Frenken 2011).

Eine wichtige Erkenntnis aus den empirischen Studien über regionale Entwicklungspfade ist, dass auch erfolgreiche Wirtschaftssysteme hinsichtlich ihrer Standortmuster und Organisationsstrukturen häufig weit von modellhaft postulierten Idealzuständen entfernt sind. Aufgrund ihrer Anpassungsfähigkeit überleben sie aber. Allerdings können sich verfestigende Trajektorien langfristig auch zu lock-ins führen. Wie bereits im Zusammenhang mit dem embeddedness-Konzept erwähnt, ist damit gemeint, dass eine oder wenige dominante Branchen in einer Region langfristig zu schwerfälligen, eher bewahrenden als wandlungsfähigen Strukturen führen können. Das Zusammenspiel aus mächtigen Großunternehmen, diesen nahe stehenden politischen Entscheidungsträgern, etablierten Routinen in Genehmigungs- und Kontrollbehörden, einseitig ausgerichteten Arbeitnehmervertretern und Ausbildungsangeboten sowie entsprechend geprägten Mentalitäten können Modernisierungs- und Diversifizierungsmaßnahmen behindern und eine vorausschauende Anpassung an den Strukturwandel verschleppen (Grabher 1993). Während das **Phänomen des negativen lock-ins** in zahlreichen Fallstudien belegt ist, gibt es vergleichsweise wenige Arbeiten, die sich explizit mit dem **Auflösen (un-locking) von Trajektorien** beschäftigen, die sich als wenig zukunftsfähig erwiesen haben.

In jüngeren Arbeiten werden zur Erklärung der Wandelbarkeit und Anpassungsfähigkeit von Wirtschaftsregionen oder -branchen daher zwei Ansätze aufgegriffen, die ein Potenzial zur wesentlichen Weiterentwicklung des evolutionären Theoriegebäudes aufweisen: die aus den niederländischen Ingenieurwissenschaften stammende Transitionsforschung sowie das aus der geographischen Risikoforschung übernommene Resilienzkonzept.

Die **transition studies** (social studies of technologies) fokussieren auf die Co-Evolution technologischer Innovationen und gesellschaftlicher Veränderungsprozesse und können so die innovationsrelevanten Rahmenbedingungen in Politik, Wirtschaft, Forschung und Gesellschaft konzeptionell fassen (Truffer 2008). Die **Resilienzforschung** geht mit einer etwas anderen Perspektive der Frage nach, ob und wie Regionen in der Lage sind, auf externe Schocks (z. B. extreme Naturereignisse, globale Finanzkrise) oder langfristigen Veränderungsdruck (z. B. Globalisierung, begrenzte Vorräte fossiler Energieträger) durch aktive Anpassung erfolgreich zu reagieren (Christopherson et al. 2010, Simmie und Martin 2010).

5.5.2 Lokale Produktionssysteme

Als lokale oder regionale Produktionssysteme werden Standorte bezeichnet, an denen eine oder mehrere Branchen besonders konzentriert sind und am Standort starke wechselseitige Verflechtungen aufzeigen. In Anlehnung an die oben beschriebenen Marshallian Districts (siehe **Box 5.6**) werden diese Agglomerationen häufig auch als **Neue Industriedistrikte** bezeichnet. Zumeist handelt es sich um eine Vielzahl kleiner und mittelgroßer Betriebe unterschiedlicher Wertschöpfungsstufen, die arbeitsteilig kooperieren, Einkaufs- und Vertriebsgemeinschaften bilden, gemeinsames Marketing betreiben und ein spezifisches Standortprofil erzeugen. Die Bezeichnung wurde in den 1980er-Jahren im Zusammenhang mit den für die Industriestruktur des nordöstlichen Italiens typischen kleinbetrieblichen Branchenkonzentrationen, vor allem der Schuh-, Lederwaren-, Bekleidungs- und Möbelherstellung, geprägt. Neben der **starken Spezialisierung und** der **Dominanz von Klein- und Kleinstbetrieben** (bis hin zu Heimarbeit) fielen diese Standorte im sogenannten Dritten Italien insbesondere dadurch auf, dass sie sich – anders etwa als großbetriebliche Strukturen der Textilbranche in Frankreich, England oder Deutschland – vergleichsweise gut gegen wachsende internationale Konkurrenz und Standortverlagerungen (insbesondere nach Südostasien) behaupten konnten.

Als Erklärung für den Erfolg dieser Industriedistrikte gelten folgende Faktoren:

- Die starke überbetriebliche Arbeitsteilung bei gleichzeitig hochgradiger Spezialisierung der einzelnen Unternehmen begünstigt eine qualitativ hochwertige Produktion aller Einzelteile und Vorprodukte.

Box 5.9

Drittes Italien

Die Bezeichnung Drittes Italien umfasst vor allem die Regionen Trentino-Alto Adige, Friuli-Venezia-Giulia, Veneto, Toscana, Emilia Romagna, Umbria und Marche mit ihren typischen Industriedistrikten. Sie spielt auf die üblicherweise als bipolar dargestellte Struktur Italiens an, nämlich die Unterscheidung in einen früh industrialisierten und traditionell wohlhabenden Norden (Städtedreieck Turin-Mailand-Genua) und einen eher agrarisch geprägten und strukturschwachen Süden (Mezzogiorno). Die vor allem in den 1980er- und 1990er-Jahren intensiv erforschten Industriedistrikte gelten weltweit als Referenz für ähnlich gelagerte Forschungsarbeiten, etwa zur Möbelindustrie Dänemarks, zur japanischen Textilindustrie oder auch zu sehr jungen Standortagglomerationen von industriellen Zulieferbetrieben in Südchina.

- Das desintegrierte Produktionsmodell erfordert enge und zuverlässige Kooperationsbeziehungen, die wechselseitige Abhängigkeiten erzeugen und nur auf der Grundlage eines weitreichenden Vertrauens funktionieren; gleichzeitig stellen diese Beziehungsgeflechte ein enges Netz institutioneller Normen und Konventionen dar, deren Missachtung unmittelbare Folgen für Mitglieder des Netzwerks haben könnte (anders als in vertraglich geregelten, marktförmig abgewickelten Transaktionen spielt in diesen Kooperationsbeziehungen die unmittelbare soziale Kontrolle und Reputation eine wichtige Rolle).
- Eine enge Kooperation sowie die langjährige Spezialisierung der Standorte haben zum Aufbau lokaler Wissensbestände geführt, die in den hier dominierenden Familienbetrieben quasi vererbt und über Generationen weiterentwickelt wurden; dabei geht es insbesondere um die Weitergabe impliziten Wissens (tacit knowledge), hierzu zählt beispielsweise das unmittelbare Lernen der Kinder von den Eltern im Handwerksbetrieb oder bei der Heimarbeit.
- Diese Wissensbestände sind nicht nur die Grundlage für die Herstellung hochwertiger (Kunst-)Handwerksprodukte (z.B. maßgeschneiderte Designerschuhe), sondern auch die Quelle für kontinuierliche Verbesserungsprozesse sowie zahlreiche Erfindungen, etwa im Maschinen- und Werkzeugbau.
- Die vorherrschenden Klein- und Kleinstbetriebe mit mitarbeitenden Familienangehörigen und wenig kapitalintensiven Produktionsanlagen sind zudem in der Lage, auf Nachfrageschwankungen oder veränderte Konsumentenpräferenzen flexibler und schneller zu reagieren als ein industrieller Großbetrieb mit standardisierter Massenfertigung.

Zwar dominieren im Dritten Italien die kleinbetrieblichen Strukturen, jedoch treten teilweise auch weltweit agierende Großunternehmen auf, die einen Teil ihrer Zulieferer traditionell vor Ort finden, etwa die Benetton-Gruppe in Ponzano/Veneto.

Aber auch die Industriedistrikte des Dritten Italiens unterliegen einem wachsenden internationalen Konkurrenzdruck. Versuche der Expansion oder teilweisen Standortverlagerung beispielsweise nach Nordafrika waren erfolgreich, zeigten jedoch auch die Grenze der Kopierbarkeit erfolgreicher Produktionssysteme auf. Daneben sind in zunehmendem Maße Auslandsinvestitionen in den italienischen Distrikten zu beobachten. So eröffnen oder übernehmen neuerdings chinesische Textilunternehmen Standorte in Prato, um hinsichtlich Verfahrens-Know-how, Produktinnovationen und verfügbarer Arbeitskräfte vom dortigen Umfeld zu profitieren (Dei Ottati 2009).

Standortkonzentrationen wie die Neuen Industriedistrikte werden auch als **geographische Cluster** bezeichnet. Anders als der allgemeine Sprachgebrauch dies vermuten lässt, ist der Begriff Cluster hier nicht nur als räumliche Bündelung bzw. Konzentration zu verstehen. Gemeint sind – wie bei den Industriedistrikten – darüber hinaus auch besondere qualitative Merkmale und Rahmenbedingungen, die die Cluster von anderen Wirtschaftsregionen abheben.

Die wirtschaftsgeographische Beschäftigung mit Unternehmensclustern fußt auf den Arbeiten des US-amerikanischen Ökonomen Michael E. Porter (geb. 1947) zu **Nationale**n **Wettbewerbsvorteile**n (Porter 1990). Dabei stellt er die wesentlichen Einflussfaktoren für die Innovations- und Wettbewerbsfähigkeit von Unternehmen innerhalb von Volkswirtschaften heraus. Aufgrund der graphischen Anordnung wird sein entsprechendes Übersichtsschema auch als **Porter-Diamant** bezeichnet **(Abb. 5.10)**.

Unter **(Input-)Faktorbedingungen** versteht Porter eine Vielzahl von produktionsermöglichenden Ressourcen und Infrastrukturen. Zu den Ressourcen gehören natürliche Rohstoffe ebenso wie der Zugang zu Kapital

---

Box 5.10

Cluster

Die wörtliche Übersetzung für Cluster lautet Klumpen, Anhäufung oder Gruppe. Als Cluster bezeichnet man in der Statistik oder der Informatik eine Menge von Objekten mit ähnlichen Eigenschaften. Aus wirtschaftsgeographischer Sicht ist darunter jedoch nicht nur das räumlich konzentrierte Vorkommen bestimmter Aktivitäten oder Unternehmen einer Branche zu verstehen, sondern auch bestehende Verflechtungsbeziehungen zwischen den Organisationen.

und die Verfügbarkeit von Arbeitskräften. Neben der physischen Infrastruktur (z. B. Verkehrsnetze) stellen auch die Infrastrukturen in den Bereichen Verwaltung, Informationsgewinnung sowie Wissenschaft und Technologie wichtige Faktorausstattungen dar.

Mit dem Komplex aus **Unternehmensstrategie und -struktur** sowie der Rivalität zwischen Unternehmen innerhalb eines Landes unterstreicht Porter den Einfluss von Wettbewerbsdruck auf die Innovationsfähigkeit von Unternehmen. Der jeweilige Kontext prägt dabei die vorherrschende Wirtschaftsweise einschließlich der Haltungen und Motive von Unternehmern (z. B. Unternehmergeist, Risikobereitschaft bei Firmengründungen).

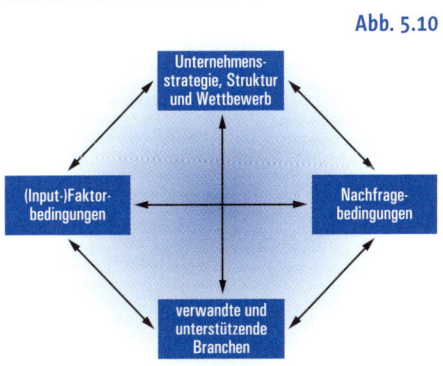

Abb. 5.10

Quelle: verändert nach Porter 2000: 258

Porter-Diamant der Nationalen Wettbewerbsvorteile

Die **Nachfragebedingungen** erfassen die inländischen Konsumpräferenzen und das allgemeine Konsumentenverhalten (z. B. qualitative Ansprüche), da diese mit ausschlaggebend sein können für Spezialisierungen und gegebenenfalls die Marktführerschaft bestimmter Unternehmen. Auf diese Weise wird beispielsweise der Erfolg hochwertiger und hochpreisiger deutscher Autos auf dem Weltmarkt erklärt.

Schließlich gilt die **Präsenz von verwandten und unterstützenden Branchen als zentraler Standortfaktor**. Damit ist zum einen die wechselseitige Befruchtung bzw. die Nutzung von Synergien mit benachbarten Wirtschaftszweigen gemeint (z. B. in Forschung und Entwicklung, Betriebsorganisation oder Logistik). Zum anderen fällt darunter die Verfügbarkeit von leistungsfähigen Zulieferern und Dienstleistern.

Die Wettbewerbsfähigkeit einer Volkswirtschaft ergibt sich demnach aus der Qualität aller vier genannten Faktorenbündel sowie deren Zusammenspiel. Damit sind auch die Rahmenbedingungen für Innovationsprozesse und wirtschaftlichen Wandel in einen breiteren Zusammenhang gestellt, wenngleich Kritiker institutionelle und soziale Aspekte weiter für unterrepräsentiert erachten (Bathelt und Glückler 2003: 150f.).

Im Weiteren hat Porter (1996) sein Modell auf regionale und lokale Kontexte übertragen (localized geographical clustering). Damit hat er einen wesentlichen Beitrag zur heutigen Clusterforschung geleistet, weshalb häufig auch von **Porter-Cluster**n die Rede ist. Diese lassen sich wie folgt charakterisieren:

- Es handelt sich um räumliche Konzentrationen miteinander verflochtener Unternehmen und Institutionen eines bestimmten Wirtschaftszweigs.

- Diese umfassen spezialisierte Zulieferer von Komponenten, Maschinen und Dienstleistungen sowie Anbieter spezialisierter Infrastrukturen.
- Sie greifen häufig auf Hersteller komplementärer Produkte sowie auf Unternehmen aus Branchen, die ähnliche Qualifikationen, Technologien oder gemeinsame Zulieferer nutzen, über.
- Sie beziehen meist staatliche und intermediäre Organisationen mit ein (z. B. Universitäten, Denkfabriken, Bildungseinrichtungen, Unternehmensverbände).

Eine zentrale Rolle spielen demnach die Vernetzungsmöglichkeiten von Unternehmen innerhalb ihres Wirtschaftszweiges aber auch mit verwandten und unterstützenden Branchen sowie ihrem institutionellen Umfeld. Als Grundannahme der Wirtschaftsgeographie gilt dabei, dass räumliche Nähe die Kooperation und den Wissenstransfer zwischen Unternehmen begünstigt (proximity matters) und damit die Innovativität und Wettbewerbsfähigkeit eines Standorts fördert. Malmberg und Maskell (2002) unterscheiden in diesem Zusammenhang vier Dimensionen von geographischen Clustern **(Abb. 5.11)**:

- Mit der **horizontalen Dimension** sind die ansässigen Unternehmen einer Wertschöpfungsstufe gemeint. Sie können einerseits unmittelbare Konkurrenten aber auch Kooperationspartner mit komplementären Angeboten sein.
- Die **vertikale Dimension** umfasst die Spanne der am Standort vertretenen Wertschöpfungsstufen.
- Zur **institutionellen Dimension** gehören die mit den Unternehmen in Verbindung stehenden öffentlichen und privaten Einrichtungen.
- Die **externe Dimension** beschreibt den Grad der Vernetzung des Clusters mit anderen Wirtschaftsräumen, ausländischen Geschäftspartnern und sonstigen Kontakten, die Impulse für Innovationen liefern können (siehe **Kap. 5.6.4**).

Als ein wesentlicher Wettbewerbsvorteil innerhalb von Clustern gilt der intensive Wissenstransfer. Neben den unmittelbaren und durchaus gewollten Lerneffekten zwischen Unternehmen eines Netzwerks oder innerhalb einer Zuliefererkette kommt es in diesen Standortagglomerationen auch vermehrt zu nicht-intentionalem, von den Wirtschaftsakteuren nicht be-

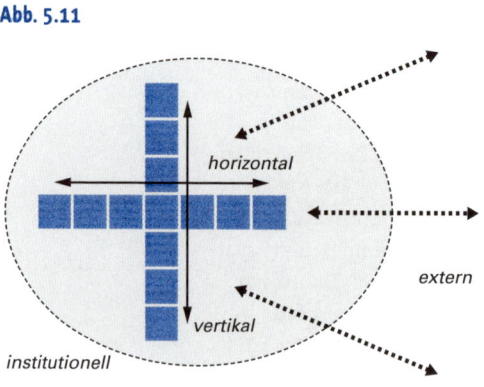

Abb. 5.11

eigene Darstellung nach Malmberg/Maskell 2002

Clusterdimensionen

Box 5.11

Nähe und Distanz

In der gegenwärtigen wirtschaftsgeographischen Forschung werden neben dem traditionellen, räumlichen Verständnis von **physischer**, also in Distanzeinheiten messbarer, **Nähe** weitere Varianten des Nähebegriffs verwendet (Boschma 2005). Unter **organisationaler Nähe** versteht man den Grad der Institutionalisierung von interorganisationalen Beziehungen. Sie ist gering bei rein marktlichen Beziehungen und wächst mit der Festigung von Netzwerkbeziehungen. Am größten ist sie in der Regel innerhalb eines festen Verbundes von Organisationseinheiten, etwa in einem multinationalen Unternehmen. Mit **sozialer Nähe** ist der Grad der gesellschaftlichen Einbettung von Kooperationsbeziehungen in einen bestimmten räumlichen Kontext (embeddedness) gemeint. **Institutionelle Nähe** (kulturelle Nähe) verweist demgegenüber auf den übergeordneten institutionellen Rahmen bestehend aus Normen und Wertesystemen. Organisationale, soziale und institutionelle Nähe weisen gewisse Ähnlichkeiten auf und umfassen vor allem Abhängigkeitsbeziehungen. Daneben bezeichnet **kognitive Nähe** die Ähnlichkeit der Wissensbestände zweier Organisationen, die die Kommunikation zwischen ihnen erleichtert oder überhaupt erst ermöglicht.

Gegenüber der physischen oder geographischen Nähe werden die vier letztgenannten Varianten zusammenfassend auch als **relationale Nähe** bezeichnet. Sie sind – neben funktionalen Aspekten (z.B. Güter-, Daten- und Finanzströme) – Grundlage eines relationalen Raumverständnisses, das heute weite Teile der Wirtschaftsgeographie prägt.

Bezogen auf Innovationen und Lernprozesse in Clustern oder Industriedistrikten bedeutet dies, dass räumliche Nähe in der Netzwerkkooperation eine wichtige Rolle spielen kann, da sie den direkten Austausch und die Interaktion begünstigt. Für den Wissenstransfer sind aber auch die übrigen Formen von Nähe erforderlich. Dabei ist das jeweilige Maß von Nähe oder Distanz entscheidend. Versteht man mit Ibert (2011) Distanz nicht als absoluten Gegenbegriff zu Nähe, sondern als Maß der Verschiedenartigkeit, also relationale Nähe als geringe **relationale Distanz**, so gilt für alle vier Varianten: Eine zu geringe kognitive, soziale, institutionelle oder organisationale Distanz kann – entgegen dem oben angesprochenen Nähepostulat – für Fragen des Wissenstransfers und Lernens auch hinderlich sein. Ein Mindestmaß an Verschiedenartigkeit (Distanz) ist also nötig, um innovative Spannungen (Ibert 2011: 57) freizulegen, Routinen zu stören und Selbstverständlichkeiten zu hinterfragen, sodass strukturelle Veränderungen und Innovationen möglich werden.

wusst und aktiv angestrebtem Wissenstransfer. Findet dieser lokale **Wissens-Spillover** zwischen konkurrierenden Unternehmen einer bestimmten Branche statt, spricht man auch von **Porter externalities**, während bei Wissenstransfer zwischen verschiedenen, am Standort benachbarten, Branchen eher Urbanisierungsvorteile (siehe **Kapitel 4)** oder **Jacobs externa-**

Box 5.12

Monostruktur, Diversifizierung und related variety

Monostrukturierte Standorte, die von einem Wirtschaftszweig dominiert werden, gelten in der Regionalforschung als besonders anfällig, da im Fall einer Krise dieser einen Branche die gesamte regionale Wirtschaft betroffen ist. Dies ist in Europa an ehemaligen Werftstandorten, in Textilindustrieregionen oder an Standorten der Schwerindustrie zu beobachten. Diversifizierung, also die Ansiedlung bzw. Entwicklung anderer Branchen, gilt demgegenüber als geeignete Strategie der Risikostreuung. Das Konzept der related variety zeigt zudem, dass auch benachbarte Branchen von der Entwicklung der Leitbranche profitieren und sich die benachbarten Branchen wechselseitig befruchten. So sind EDV-Spezialisten und Softwareunternehmen an einem internationalen Finanzplatz nicht nur einfache Dienstleister für ihre Kundenunternehmen des Banken- und Versicherungsgewerbes. Durch Spezialisierung auf diese Branche und langjährige Kooperationsbeziehungen können sie selbst zu innovierenden und über den Standort hinaus bekannten Unternehmen werden. Die Robustheit eines Standorts basiert also nicht alleine auf der Diversität des Branchenspektrums, sondern vor allem auf innovationsfördernden Verflechtungen zwischen den Branchen (Cooke 2008, Boschma und Frenken 2011).

---

lities wirken.

Dabei begünstigt die räumliche Nähe nicht nur die rasche Diffusion von Informationen und Wissen in Form eines sogenannten lokalen noise oder buzz (lokales Rauschen). Hierbei werden die informellen Kommunikationswege zwischen Unternehmern, Beschäftigten, Beratern, Journalisten oder Kommunalpolitikern inklusive der örtlichen „Gerüchteküche" genutzt. Vielmehr tragen diese Strukturen langfristig auch zum Aufbau lokalisierter Wissensbestände bei, also von Wissen, das nicht nur branchentypisch ist, sondern auch ortsspezifische Ausprägungen hat (siehe Box 5.9 Drittes Italien). Cluster gelten deshalb häufig auch als Regionale Innovationssysteme.

Das in **Abbildung 5.12** dargestellte Beispiel zeigt die Komplexität des Produktionssystems zur Herstellung einer TV-Sendung. Auf allen Produktionsstufen bis hin zum Vertrieb arbeitet eine große Zahl teilweise hoch spezialisierter Unternehmen und Freiberufler projektbezogen über einen beschränkten Zeitraum zusammen. Diese Funktionsweise kann als Extremform der vertikalen Desintegration und flexiblen Spezialisierung erachtet werden. Die Vielzahl der Interaktionen zwischen den beteiligten Firmen und nicht zuletzt der branchenübliche Zeit- und Kostendruck begünstigen Konstellationen, in die viele Unternehmen eines Standorts eingebunden sind. Vor allem erfolgt die Vergabe von Aufträgen und Unteraufträgen auf der Grundlage von Vertrauen in bereits bekannte

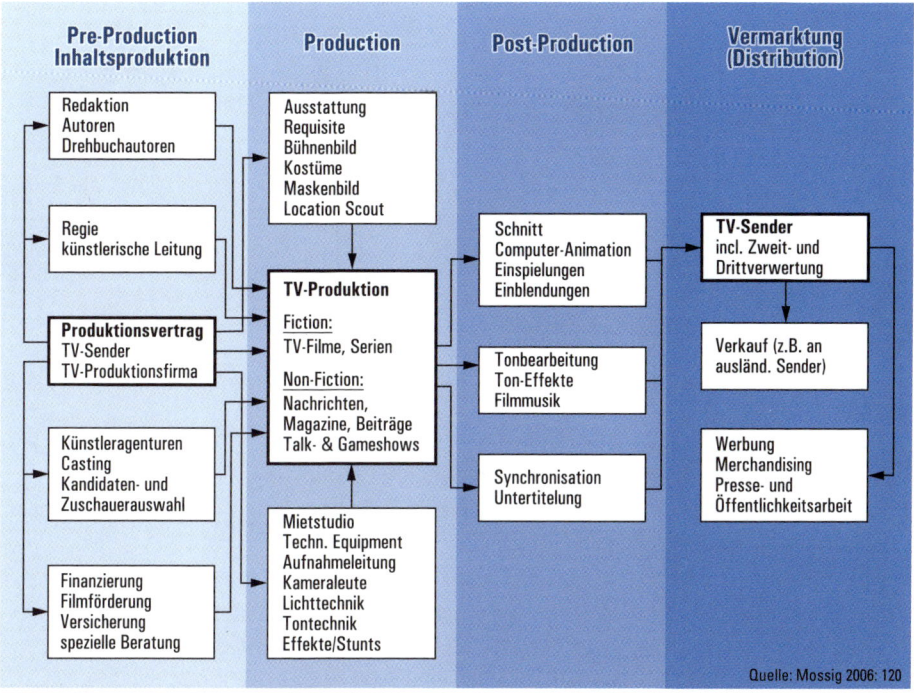

Abb. 5.12

Quelle: Mossig 2006: 120

Vereinfachte Darstellung des Produktionssystems zur Herstellung einer TV-Sendung

oder persönlich empfohlene Kooperationspartner, weshalb informellen Netzwerken und kollektivem Erfahrungswissen eine besondere Rolle zukommt (Mossig 2006).

In seiner Clustertypologie weist Gunter Tichy (2001) auch auf die Existenz von **Pseudoclustern** hin. Er meint damit Fälle, in denen die Standortkonzentration im Wesentlichen durch unternehmensinterne Strukturen, also die räumlich benachbarte Ansiedlung funktionell miteinander verflochtener Betriebseinheiten, zustande kommt **(Abb. 5.13)**. Dies gilt zum Beispiel für traditionelle Standorte der Eisen- und Stahlindustrie, an denen vertikal integrierte Großunternehmen getrennte Betriebsstandorte für die einzelnen Produktionsphasen unterhalten. Auch wenn ehemals integrierte Großunternehmen aufgeteilt und einzelne Sparten rechtlich unabhängig werden, aber weiterhin am Hauptsitz benachbart bleiben, sollte man nicht von einem Cluster sprechen (z. B. Bayer und Lanxess in Leverkusen). Von **Netzwerkclustern** spricht Tichy dann, wenn die

Abb. 5.13

Clustertypologie

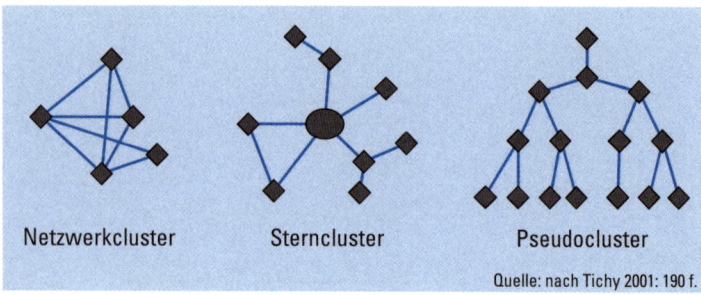

Quelle: nach Tichy 2001: 190 f.

Abb. 5.14

Cluster als Modebegriff in der regionalen Wirtschaftsförderung

Quelle: Kiese 2005: 20 (mit frdl. Genehmigung des Autors)

Standortkonzentration vor allem auf der netzwerkartigen Zusammenarbeit weitgehend gleichberechtigter Unternehmen basiert (vor allem horizontale Dimension, siehe auch Marshallian Districts). Unter **Sternclustern** versteht er Standorte, an denen ein großes Kundenunternehmen, beispielsweise ein Endmontagebetrieb der Automobilindustrie, dominiert und viele regionale Zulieferer und Dienstleister direkt oder indirekt an sich bindet.

Der Clusteransatz erfreut sich bei Wirtschaftspolitik und Wirtschaftsförderung großer Beliebtheit, was in den letzten Jahren zu einer Verwässerung der Begrifflichkeiten beigetragen hat **(Abb. 5.14)**. Aus wissenschaftlich-analytischer Sicht sollte nur dann von Clustern die Rede sein, wenn nicht nur eine überdurchschnittliche Konzentration von Unternehmen einer Branche vorzufinden ist, sondern auch die oben genannten Merkmale der Kooperationsbeziehungen, des Wissenstransfers sowie der institutionellen Einbettung gegeben sind. **In Politik und Wirtschaftsförderung findet der Clusterbegriff** dagegen **eine** eher **planerisch-normative Verwendung**, wenn es um die strategische Förderung bestimmter Branchen zur Profilierung eines Standorts geht (Medienstadt X, Automobilregion Y, BioTech-Region Z). Dabei muss die tatsächliche Wirtschaftsstruktur nicht notwendigerweise die Kriterien eines wirtschaftsgeographischen Clusters erfüllen. Im Zusammenhang mit **Clusterinitiativen** wird der Begriff fast inflationär verwendet und wäre häufig besser als „Branchenschwerpunkt" oder „regionalwirtschaftliches Entwicklungsziel" zu bezeichnen.

Lokalisierte Innovationssysteme | 5.5.3

Fragen des intentionalen und nichtintentionalen Wissenstransfers sowie Branchen übergreifende Verflechtungen spielen in der Clusterforschung eine besondere Rolle. Schon früh – d. h. vor der Ausprägung und Verbreitung des Porterschen Clusterbegriffs – hat sich die wirtschaftsgeographische, regionalökonomische und industriesoziologische Forschung mit der Frage lokalisierter Innovationssysteme beschäftigt. Im Folgenden werden die drei prominentesten Ansätze kurz dargestellt: das Innovative Milieu, das Regionale Innovationssystem sowie die Lernende Region.

Das **Konzept des Innovativen Milieus** (Kreatives Milieu) geht auf Arbeiten einer europäischen Forschergruppe aus den 1980er- und frühen 1990er-Jahren zurück (GREMI Groupement Européen de Recherche sur les Milieux Innovateurs). Einer ihrer Hauptvertreter, der Regionalökonom Roberto Camagni (geb. 1946), definiert Innovative Milieus als komplexe, aber geographisch begrenzte Netzwerke aus informellen sozialen Beziehungen, die ein gewisses externes Image und ein bestimmtes internes

Zugehörigkeitsgefühl hervorgebracht haben. Solche Milieus begünstigen kollektive Lernprozesse und erhöhen so die Innovationskapazität der Unternehmen (Camagni 1991). Stärker als bei lokalisierten Produktionssystemen stehen weniger die funktionalen und organisatorischen Aspekte der Kooperationsbeziehungen im Vordergrund, sondern vor allem soziale und kulturelle Merkmale einer Wirtschaftsregion. **Innovativen Milieus wird eine besondere kooperative Atmosphäre zugesprochen**, die im Wesentlichen auf einer starken Identifikation mit dem Standort sowie auf dem Vertrauen zwischen den unterschiedlichen Akteuren (z. B. zwischen Unternehmen, privaten und öffentlichen Forschungseinrichtungen) beruht (Moulaert und Mehmood 2010).

Der Begriff des **Regionalen Innovationssystems (RIS)** geht von einer etwas anderen Perspektive aus. Anknüpfend an das von dem schwedischen Ökonom Bengt-Åke Lundvall (geb. 1941) entwickelte Konzept der Nationalen Innovationssysteme (Lundvall 1992) richtet dieser Ansatz sein Interesse auf die regulatorischen und organisationalen Rahmenbedingungen für interaktive Lernsysteme. Im Mittelpunkt stehen dabei Unternehmensnetzwerke sowie ihre Beziehungen zu öffentlichen und privaten Forschungseinrichtungen als Grundlage für Lern- und Innovationsprozesse. Regionalen staatlichen Akteuren wird demnach eine entscheidende Rolle in der Gestaltung der Rahmenbedingungen für Innovationen zugewiesen.

Auch das Konzept der **Lernenden Region** geht davon aus, dass Innovationen auf interaktiven Prozessen beruhen, die von einer Vielzahl von institutionellen Routinen und sozialen Konventionen geprägt sind. Diese haben in der Regel regionalspezifische Ausprägungen und umfassen private wie auch öffentliche Akteure. Wie Kevin Morgan (1997) am Beispiel der walisischen Technologiepolitik aufzeigt, sollten regionale Entwicklungsstrategien an den jeweiligen Kontext angepasst sein. Dabei kommt intermediären Institutionen auf der regionalen Ebene, in Großbritannien etwa den Regional Development Agencies, eine zentrale Rolle der Moderation und Koordination zu. Diese können die Entwicklung innovativer Netzwerke zwischen Firmen, Forschung und staatlichen Akteuren am besten fördern. Es handelt sich bei der Lernenden Region zwar auch um ein analytisches Konzept, das sich mit interorganisationalem Lernen in regionalen Kontexten befasst. Vor allem aber gilt sie als ein regionales Entwicklungsinstrument, das auf den zuvor dargestellten Erkenntnissen zu regionalen Innovationsprozessen aufbaut und diese gezielt fördern will (Hassink 1997).

Aus wirtschaftsgeographischer Perspektive wurde der Begriff (weniger das Konzept) insbesondere wegen der vermeintlichen Personifizierung von Regionen kritisiert. Regionen sind als territoriale Einheiten tatsächlich weder in der Lage zu lernen, noch treten sie als homogener Akteur auf. Vielmehr gibt es in einer Region eine Vielzahl unterschiedlicher Akteure, die miteinander in Beziehung stehen und kollektive Lernprozesse tragen. Gleichzeitig bleiben aber viele andere Akteure innerhalb derselben Region von diesen Lernprozessen ausgeschlossen. Die Lernende Region hat daher weniger als akademisches denn als regional- und wirtschaftspolitisches Konzept eine gewisse Bekanntheit erlangt.

Regionale Wirtschaftsräume und Weltmarkt 5.5.4

Im Zusammenhang mit der Bedeutung externer Beziehungen und Impulse für die erfolgreiche Entwicklung regionaler Cluster wurde deutlich, dass lokalisierte Produktionssysteme nicht isoliert von anderen Wirtschaftsräumen oder übergeordneten Prozess- und Entscheidungsebenen betrachtet werden können. Jüngere Arbeiten zur Clusterforschung betonen deshalb die Bedeutung der Schnittstellen zum globalen Wirtschaftsgeschehen. Im deutschen Sprachraum hat sich in diesem Zusammenhang das Bild der Antennen etabliert, über die regionsexternes Wissen empfangen werden kann. Universitäten und außeruniversitären Forschungseinrichtungen wird etwa eine solche Funktion zugesprochen. Maskell et al. (2006) sprechen in diesem Zusammenhang von **global knowledge pipelines**, die den Wissensfluss zwischen Clustern gewährleisten und für deren Überlebensfähigkeit entscheidend sind. Als global knowledge pipelines gelten persönliche Kontakte und Austauschbeziehungen, die Rezeption internationaler Branchenmedien und wissenschaftlicher Publikationen, vor allem aber regelmäßige persönliche Treffen von Vertretern einer Branche aus dem In- und Ausland.

Besondere Bedeutung kommt hierbei den internationalen Fachmessen zu, die vorübergehend eine große und interaktionsfördernde räumliche Nähe schaffen, weshalb sie auch als **temporäre Cluster** (Malmberg et al. 2006) bezeichnet werden. Gespräche mit anderen Branchenvertretern, die Beobachtung jüngster Produktentwicklungen oder die Teilnahme an Branchenforen oder Fachvorträgen erlauben nicht nur relevante Entwicklungstrends zu identifizieren und aufzugreifen, sondern auch Kontakte zu neuen Kooperationspartnern aufzubauen.

Die Beziehungen zwischen regionalen Clustern und der globalen Ebene gehen selbstverständlich weit über Innovationsaspekte hinaus und umfassen Fragen der politischen Regulierung, der internationalen Kapitalflüsse oder der Machtverteilung in globalen Wertschöpfungsketten. Diese zentralen Fragestellungen sind Gegenstand des nächsten Kapitels **(Kap. 6)** zur Globalisierung aus wirtschaftsgeographischer Perspektive.

Fragen

1. Wie unterscheiden sich alte und neue Institutionenökonomie? Welcher Institutionenbegriff liegt jeweils zugrunde?
2. Warum ist die Unterscheidung in formelle und informelle Institutionen problematisch?
3. Was ist ein fordistisches Akkumulationsregime?
4. Beschreiben Sie das Prinzip der vertikalen Desintegration.
5. Warum gibt es in Netzwerken fast immer Machtasymmetrien?
6. Erläutern Sie die Effekte steigender Skalenerträge anhand eines selbst gewählten Beispiels.
7. Wie unterscheidet sich relationale von struktureller Embeddedness?
8. Welche Bedeutung misst M. Porter in seinem Modell der Nationalen Wettbewerbsvorteile den verwandten und unterstützenden Branchen bei?
9. Welche Rolle spielen inländische Konsummuster für Porters Erklärungsansatz?
10. Welche Nähebegriffe kennen Sie? Erläutern Sie deren wirtschaftsgeographische Relevanz.
11. Was ist ein lock-in? Wann hat dieser negative Folgen für eine Wirtschaftsregion?
12. Erläutern Sie Gemeinsamkeiten und Unterschiede zwischen Innovativen Milieus und Regionalen Innovationssystemen.
13. Warum ist der Begriff Lernende Region aus Sicht der Wirtschaftsgeographie problematisch?

Weiterführende Literatur

Boschma, R. A. und Lambooy, J. G. (2004): Evolutionary Economics and Economic Geography. Journal of Evolutionary Economics 9, 4, 411–429.

Glückler, J. (2001): Zur Bedeutung von Embeddedness in der Wirtschaftsgeographie. Geographische Zeitschrift, 89, 4, 211–226.

Grabher, G. (Hrsg.) (1993): The Embedded Firm. On the Socioeconomics of Industrial Networks. Routledge, London.

Hayter, R. (2004): Economic Geography as Dissenting Institutionalism: The Embeddedness, Evolution and Differentiation of Regions. Geografiska Annaler 86B,2, 95–115.

Krätke, S. (1996): Regulationstheoretische Perspektiven in der Wirtschaftsgeographie. In: Zeitschrift für Wirtschaftsgeographie, 40, 1 + 2, 6–19.

Storper, M. (1997): The Regional World: Territorial Development in a Global Economy. Guilford Press, New York.

Wirtschaftliche Globalisierung | 6

Inhalt

Dieses Kapitel zeigt, dass die Globalisierung neben primär ökonomischen auch politische, gesellschaftliche und kulturelle Bereiche erfasst. Die Globalisierung geht zwar mit gewissen Konvergenzen und Vereinheitlichungen einher (Angleichung von Managementstilen, Harmonisierung von Standortstrukturen, Industrialisierung und Einkommenssteigerungen auch in Entwicklungsländern usw.), die regionalen Unterschiede sind jedoch noch immer erheblich und nehmen zum Teil sogar noch zu. Differenzen zwischen Räumen, die von der Globalisierung profitieren, und solchen, für die sich Nachteile ergeben, finden sich sowohl auf der Ebene der Großräume (z. B. Westeuropa und Ostasien im Gegensatz zum subsaharischen Afrika) als auch in subnationalen und lokalen Kontexten. Die Debatte über positive und negative Folgen der Globalisierung ist vielschichtig und wird zwangsläufig von Anhängern wirtschaftsliberaler Vorstellungen grundsätzlich anders gedeutet als von Globalisierungskritikern aus Gewerkschaften oder Umweltverbänden. Aus wirtschaftsgeographischer Perspektive handelt es sich bei der Globalisierung vor allem um einen außerordentlich dynamischen und facettenreichen Prozess, der eine Anpassung bestehender oder die Entwicklung neuer Konzepte, Theorien und Modelle erforderlich macht. Neben ihrer per se an internationalen Zusammenhängen interessierten Expertise leistet die Disziplin mit ihren empirischen Arbeiten zur Governance von Wertschöpfungsketten, zur Internationalisierung von Dienstleistungen, zu Globalen Produktionsnetzen oder anderen Themenbereichen aber auch einen wichtigen Beitrag zum Verständnis der räumlichen Wirkung dieser Prozesse.

Kaum ein Phänomen hat die Welt in den letzten Jahrzehnten so stark verändert wie die Globalisierung. Da dieser Prozess zwar nicht ausschließlich aber doch ganz maßgeblich von ökonomischen Veränderungen angetrieben wird und zudem offensichtliche räumliche Konsequenzen hat, ist die Globalisierung eines der zentralen Themen der aktuellen Wirtschaftsgeographie. Dabei stehen neben der Frage nach den **Ursachen** vor allem die Analyse und Erklärung der zu beobachtenden **Erscheinungsformen** sowie die räumlichen Implikationen im Vordergrund. Dieses Kapitel beschäftigt sich mit Blick auf wirtschaftsgeographisch relevante Konzepte und Theorieansätze deshalb vor allem mit folgenden Fragen: Was heißt Globalisierung? Welches sind ihre Voraussetzungen und Triebkräfte? Wie lässt sich die wirtschaftliche Globalisierung erklären und erfassen? Welche räumlichen Folgen hat die Globalisierung?

6.1 | Globalisierung als komplexer, multikausaler Prozess

6..1.1 | Begriff der Globalisierung

Globalisierung ist ein viel benutzter Begriff, der sehr viele Facetten des menschlichen Daseins berührt. Aufgrund seiner Vieldeutigkeit ist er im wissenschaftlichen Sinne schwer zu handhaben. Im Diskurs der Sozialwissenschaften wird Globalisierung entsprechend der spezifischen fachlichen Perspektive unterschiedlich ausgelegt und zudem mal breiter und mal enger definiert. Grundsätzlich aber wird unter Globalisierung die **raum-zeitliche Ausdehnung ökonomischer, sozialer und kultureller Praktiken über staatliche Grenzen** verstanden. Viele Forscher fassen Globalisierung als weltumspannenden Durchdringungs- und Angleichungsprozess auf, der sich immer weiter intensiviert und nicht mehr umkehrbar ist. Die Wirtschaftsgeographie interessiert sich dabei vor allem für die räumlichen Konsequenzen der ökonomischen Globalisierung. Diese werden jedoch nicht nur in einer Veränderung primär wirtschaftlicher Strukturen sichtbar, sondern haben auch tief greifende soziale und ökologische Auswirkungen. Häufig liegt bei wirtschaftsgeographischen Analysen das Hauptaugenmerk auf den Zusammenhängen zwischen weltweiten Verflechtungen auf der einen sowie lokalen und regionalen Entwicklungen auf der anderen Seite.

Aufbauend auf den in der **Box 6.1** präsentierten Definitionen wird **Globalisierung** im vorliegenden Lehrbuch **als fortwährender Prozess der Internationalisierung wirtschaftlicher Aktivitäten inklusive ihres institutionellen und gesellschaftlichen Umfeldes** verstanden. Dieser führt zu wesentlichen Veränderungen in den räumlichen Mustern von industrieller Produktion, Handel, Dienstleistungen, Finanz- und Wissensströmen. Ferner hat er Auswirkungen auf die Arbeitsbeziehungen.

Box 6.1

Definition der Globalisierung aus dem Blickwinkel verschiedener Disziplinen

Globalisierung umreißt „die raum-zeitliche Ausdehnung sozialer Praktiken über staatliche Grenzen, die Entstehung internationaler Institutionen und die Diffusion kultureller Muster." (Klaus Müller 2002: 8; Sozialwissenschaften)

„Globalisierung meint das erfahrbare Grenzenloswerden alltäglichen Handelns in den verschiedenen Dimensionen der Wirtschaft, der Information, der Ökologie, der Technik, der transkulturellen Konflikte und Zivilgesellschaft und damit im Grunde genommen etwas zugleich Vertrautes und Unbegriffenes, schwer Begreifbares, das aber mit erfahrbarer Gewalt den Alltag elementar verändert und alle zu Anpassungen und Antworten zwingt." (Ulrich Beck 1997: 44; Soziologie)

„Globalisierung bezieht sich auf die Vielfältigkeit der Verbindungen und Querverbindungen zwischen Staaten und Gesellschaften, aus denen das heutige Weltsystem besteht. Sie beschreibt den Prozess, durch den Ereignisse, Entscheidungen und Aktivitäten in einem Teil der Welt bedeutende Folgen für Individuen und Gemeinschaften in weit entfernt liegenden Teilen der Welt haben." (Die Gruppe von Lissabon 1997: 50; interdisziplinär und globalisierungskritisch)

Ökonomische Globalisierung lässt sich als ein historischer Prozess interpretieren „in dem mächtige Akteure eine weltweite Integration von Wirtschaftssektoren und Produktionssystemen bewirken, die zuvor territorial weitgehend getrennt waren." (Eike Schamp 1996: 209; Wirtschaftsgeographie)

„Globalisierung [...] ist nicht ein unausweichlicher Endzustand, sondern vielmehr ein komplexes, weitgehend unbestimmbares Konglomerat von Prozessen, die sehr ungleich in Raum und Zeit ablaufen. Im Ergebnis führen diese Prozesse dazu, dass die Art und Weise sowie der Grad der Vernetzung kontinuierlich in Bewegung sind." (Peter Dicken 2011: 8, Wirtschaftsgeographie, Übersetzung aus dem Englischen durch die Autoren)

Globalisierung und weltwirtschaftliche Verflechtungen in der Geschichte | 6.1.2

Eng mit der Begriffsdiskussion um die wirtschaftliche Globalisierung ist die Frage verbunden, ob diese bereits in früheren Jahrhunderten existierte. Besitzt sie also den Charakter einer quantitative Zunahme bzw. graduellen Beschleunigung seit längerem bekannter Verflechtungs- und Beziehungsmuster oder lässt sie sich aufgrund der Vielzahl und Vielfalt von gleichzeitig ablaufenden Entgrenzungsvorgängen eher als qualitativer und irreversibler Sprung bzw. als tatsächlich neuartiges Phänomen der letzten Jahrzehnte verstehen? Die Wissenschaft ist sich hier keineswegs einig. Wirtschaftshistoriker verweisen darauf, dass bereits in der

Antike und im Mittelalter internationale Handelsverflechtungen existierten, welche große Teile der damals bekannten Erde umfassten (siehe zur Geschichte des Welthandels z. B. Hahn 2009: 9ff.).

Eine besonders bedeutende Handelsroute war beispielsweise über viele Jahrhunderte die **Seidenstraße** zwischen China und dem östlichen Mittelmeerraum. Spätestens mit der Entdeckung Amerikas, Australiens und Neuseelands durch die Europäer erreichte der Waren- und Kapitalverkehr globale Ausmaße. Während der Kolonialzeit spielte ab etwa 1700 bis ins 19. Jahrhundert in den zunehmend auf Europa ausgerichteten weltwirtschaftlichen Verflechtungen der berüchtigte atlantische **Dreieckshandel** eine zentrale Rolle. Mit Segelschiffen wurden dabei von Europa aus Stoffe, Schmuck, Feuerwaffen und einfache Manufakturwaren an die westafrikanische Küste gebracht und dort gegen Sklaven eingetauscht. Die in Afrika erworbenen Sklaven wurden auf Plantagen in den lateinamerikanischen Kolonien eingesetzt, um dort tropische Produkte (z. B. Zucker, Rum, Baumwolle, Indigo, Tabak) für die Nachfrage in Europa zu produzieren. Die Industrielle Revolution und die mit ihr verbundenen wirtschaftsphilosophischen und -politischen Veränderungen leiteten ab Mitte des 18. Jahrhunderts zudem eine Abkehr von der über drei Jahrhunderte bestimmenden Lehre des **Merkantilismus** ein, dessen zentraler Idee zufolge nationaler Wohlstand vor allem durch Überschüsse im Außenhandel und die Abschottung der jeweiligen Heimatmärkte zu mehren war.

Die fortschreitende **Industrialisierung** in Europa und den USA, **neue Transporttechnologien** (Eisenbahn, Dampfschiff), die deutliche Verkürzung von Schifffahrtsrouten durch die Fertigstellung großer Kanalbauwerke (Suez-Kanal 1869, Panama-Kanal 1914) und die sich durchsetzende Freihandelslehre (Adam Smith, David Ricardo u. a.) führten im Laufe des 19. Jahrhunderts zu einer raschen Zunahme des weltweiten Handelsvolumens, der erst der Ausbruch des Ersten Weltkriegs ein vorläufiges Ende setzte. Nach schwierigen Jahren in der Zwischenkriegszeit – während der Großen Depression Anfang der 1930er-Jahre fiel das Welthandelsvolumen auf den Wert von 1905 zurück – kam es erst nach dem Zweiten Weltkrieg wieder zu einem anwachsenden Handelsvolumen. Ab Mitte der 1970er-Jahre beschleunigte sich dieses Wachstum ganz erheblich **(Abb. 6.1)**. Infolge der weltweiten Finanz- und Wirtschaftskrise kam es 2009 zwar zu einem Einbruch des Warenhandels, aber bereits 2010 waren wieder Wachstumstendenzen zu erkennen. Der Gesamtwert der weltweit gehandelten Waren betrug 2010 rund 15,2 Billionen US-Dollar. Der größte Teil entfiel auf die sogenannte **Triade**, der Europa (EU), Nordamerika (NAFTA) sowie Ost- und Südostasien (Japan, Südkorea, China, Teile Südostasiens) angehören. Innerhalb dieser werden rund 85 % des gesamten Welthandels abgewickelt.

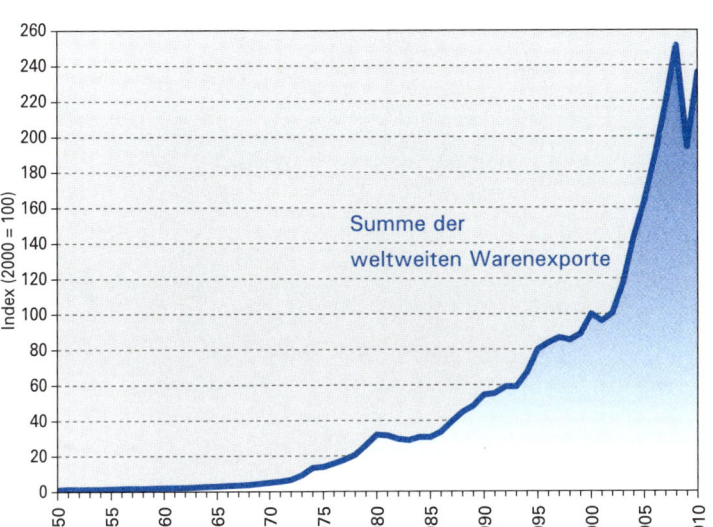

Abb. 6.1

Entwicklung des weltweiten Warenhandels 1950–2010
(Index: 2000 = 100; jeweils zu konstanten Preisen)

Quelle: World Trade Organization (WTO), eigene Berechnungen

Der Warenhandel hat sich demnach nicht ausschließlich in den letzten Jahrzehnten entwickelt, er verzeichnet aber seit den 1970er-Jahren eine erhebliche Zunahme. Deutlicher als der Warenhandel weisen jedoch andere **Internationalisierungsindikatoren** darauf hin, dass die wirtschaftliche Globalisierung als ein neuartiges Phänomen aufzufassen ist. Bis in die 1970er-Jahre hinein stellten Unternehmen ihre Produkte überwiegend in ihrem Heimatland her und exportierten diese anschließend in andere Länder. Seither verlagern Unternehmen zunehmend ihre Produktion teilweise oder komplett ins Ausland und stellen ihre Erzeugnisse in den Absatzländern selbst her. Zudem bauen sie globale Produktionssysteme auf, innerhalb derer auf bestimmte Arbeitsschritte, Produkte oder Produktvarianten spezialisierte Werke weltweit Zwischenprodukte und Bauteile untereinander austauschen. Dies wird auch als **firmeninterner Handel** bezeichnet.

Andere Unternehmen lassen ihre Waren vollständig von rechtlich unabhängigen Produzenten im Ausland herstellen und vermarkten sie unter eigenem Namen (z. B. Sportschuhe, Bekleidung). Dieser Prozess wird in der Betriebswirtschaftslehre als offshore outsourcing bezeichnet, in der Wirtschaftsgeographie aber vorwiegend mit den Konzepten der Globalen Wertschöpfungskette und der Produktionsnetzwerke analysiert (siehe **Kapitel 6.5**). Zunehmend gehen Unternehmen auch grenzüberschreitend **Strategische**

Abb. 6.2

Indikatoren grenzüberschreitender Wirtschaftsverflechtungen 1980–2009
(Index: 1980 = 100; jeweils zu konstanten Preisen)

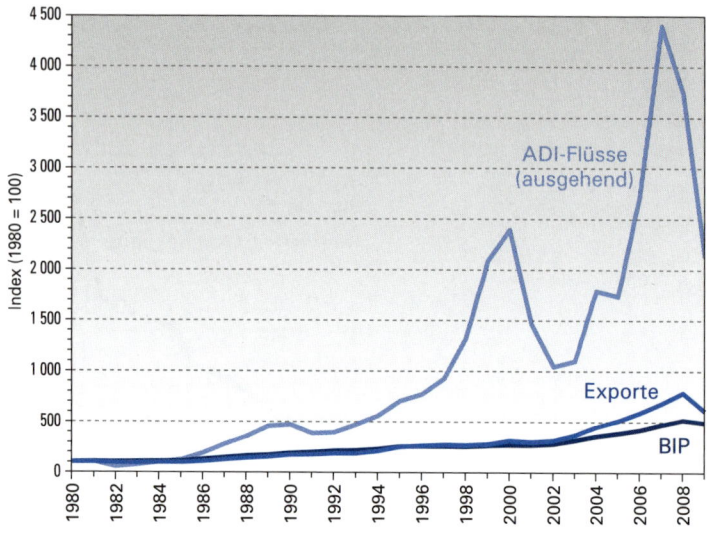

Quellen: World Trade Organization (WTO) und United Nations Conference on Trade and Development (UNCTAD), eigene Berechnungen

Allianzen (siehe **Kapitel 5.3**) ein, um beispielsweise neue Produkte gemeinsam zu entwickeln und die Kosten zu teilen (z. B. Automobile, Motoren, Computerchips). Vor allem im Dienstleistungsbereich wird erfolgreich versucht, Angebotskonzepte und Warensortimente weltweit zu vereinheitlichen bzw. weitgehend zu homogenisieren. Dies lässt sich beispielsweise im Discounthandel sowie bei Möbelhäusern, Schnellrestaurants oder Finanzdienstleistern beobachten (zur Globalisierung im Einzelhandel siehe z. B. Franz 2011). Diese neuen Strukturen der weltweiten wirtschaftlichen Verflechtungen und die damit verbundenen verschärften Wettbewerbsbedingungen rechtfertigen es aus der Sicht vieler Vertreter der Geographie sowie der Wirtschaftswissenschaften, die Globalisierung als ein neuartiges und weitgehend irreversibles Phänomen zu interpretieren, das in seiner heutigen Form nicht älter als drei bis vier Jahrzehnte ist.

Einige der angesprochenen Veränderungen schlagen sich in einer deutlichen Zunahme der ausländischen Direktinvestitionen (ADI) nieder, die als ein guter Indikator für die zunehmenden internationalen Verflechtungen der Wirtschaft gelten. Wie **Abbildung 6.2** zeigt, haben sich die ADI seit den 1980er-Jahren sehr viel dynamischer entwickelt als der Warenhandel (gemessen am Exportvolumen), der wiederum deutlich schneller zugenommen hat als die globale Wirtschaftsleistung (gemessen als Welt-BIP).

> Box 6.2

Ausländische Direktinvestitionen (ADI)

Ausländische Direktinvestitionen (Foreign Direct Investment, FDI) sind Kapitalexporte in ein anderes Land mit dem Ziel, dort Betriebsstätten oder Tochterunternehmen zu errichten (greenfield investments) bzw. ausländische Unternehmen oder Anteile an ihnen zu erwerben (brownfield investments). Bei Joint Ventures wird mit einem Partner im Zielland gemeinsam ein neues Unternehmen gegründet. Im Unterschied zu anderen Formen grenzüberschreitender Kapitalinvestitionen, die lediglich der Geldanlage dienen (Portfolioinvestitionen), soll mit Direktinvestitionen langfristig ein entscheidender Einfluss auf Unternehmensentscheidungen an den ausländischen Standorten bzw. in den jeweiligen Tochterunternehmen gesichert werden. Statistisch werden Direktinvestitionen dadurch definiert, dass inländischen Unternehmen und Privatpersonen mindestens 10 % der Anteile am Kapital oder den Stimmrechten an ausländischen Unternehmen gehören müssen. Es werden sowohl Flüsse (flows) als auch Bestände (stocks) an Direktinvestitionen erhoben. Man unterscheidet jeweils inward investment (Investitionen von Ausländern im Inland) vom outward investment (Investitionen von Inländern im Ausland). Für die Bundesrepublik Deutschland wird die Direktinvestitionsstatistik von der Deutschen Bundesbank erhoben. International vergleichbare Daten werden vor allem von der United Nations Conference on Trade and Development (UNCTAD) gesammelt und publiziert.

Insgesamt haben sich die **internationalen Finanzmärkte** in den letzten Jahrzehnten also weitaus dynamischer entwickelt als die Gütermärkte. Ausländische Direktinvestitionen sind dabei nur ein Teilbereich der grenzüberschreitenden Finanzströme. So sind gerade Portfolioinvestitionen und Kredite, die im Unterschied zu Direktinvestitionen reine Finanztransaktionen mit dem Ziel möglichst hoher Renditen darstellen, über viele Jahre hinweg deutlich schneller gewachsen als die internationalen Kapitalströme insgesamt (Klagge 2009: 4). Zudem haben neue Finanzinstrumente, wie Derivate, die Liquidität der Finanzmärkte enorm gesteigert und deren Funktion als Triebfeder der Globalisierung gestärkt. Die mit der sogenannten Subprime-Krise in den USA ab 2007 einsetzende globale Finanzkrise, die sich rasch auf die Gütermärkte ausdehnte, hat gerade erst nachdrücklich gezeigt, welche zentrale Bedeutung den Finanzmärkten in der globalen Wirtschaft zukommt (Thomi und Oßenbrügge 2011).

Voraussetzungen der wirtschaftlichen Globalisierung | 6.1.3

Als wesentliche Voraussetzungen der Globalisierung gelten sowohl der technische Fortschritt als auch politische und institutionelle Veränderungen. **Sinkende Transportkosten** ermöglichen es, Waren zu geringen Kosten

Abb. 6.3

Entwicklung von Transport- und Kommunikationskosten seit 1930
(Index: 1930 = 100; jeweils zu konstanten Preisen)

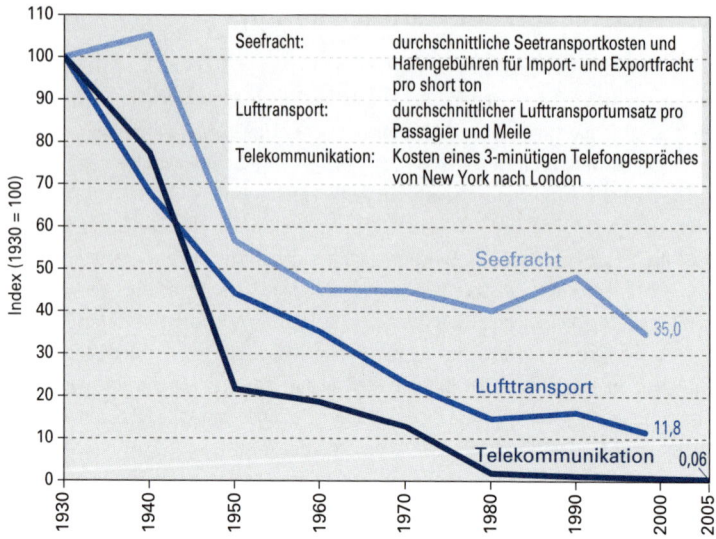

Quellen: Bundeszentrale für politische Bildung 2009 (www.bpb.de); Busse, Matthias: HWWA Discussion Paper 116; Bundesverband der Deutschen Industrie (BDI): Außenwirtschafts-Report 4/2002

über große Entfernungen zu befördern **(Abb. 6.3)**. Hierzu gehören neben dem Ausbau des Straßen- und Schienennetzes vor allem leistungsfähigere Flugverbindungen und markante Effizienzsteigerungen im Seeverkehr (Neiberger 2007, Nuhn 2007). Letztere sind ganz entscheidend mit der Einführung des standardisierten Containers Ende der 1950er-Jahre verbunden. **Container** lassen sich nicht nur gut transportieren, sie sind auch schnell und kostengünstig von einem Verkehrsträger auf einen anderen umzuladen (z. B. vom Schiff auf den Lkw oder die Bahn im kombinierten Ladeverkehr). Die Kosten des Warentransports und -umschlags konnten so erheblich reduziert werden.

Insgesamt werden heute etwa 95 % der gesamten weltweiten Tonnage auf dem Seeweg transportiert **(Abb. 6.4)**. Aber auch das Flugzeug spielt insbesondere bei leicht verderblichen Waren und solchen mit hohem Wert pro Gewichtseinheit eine zunehmende Rolle. Auf kürzeren Strecken erfüllen Lkw, die Bahn oder das Binnenschiff wichtige Transportaufgaben. Allerdings ist nicht auszuschließen, dass sich zunehmende Energiepreise und damit ebenfalls steigende Transportkosten in Zukunft auf das Wachstum des Welthandels dämpfend oder zumindest Struktur verändernd auswirken.

GLOBALISIERUNG ALS KOMPLEXER, MULTIKAUSALER PROZESS 175

Abb. 6.4

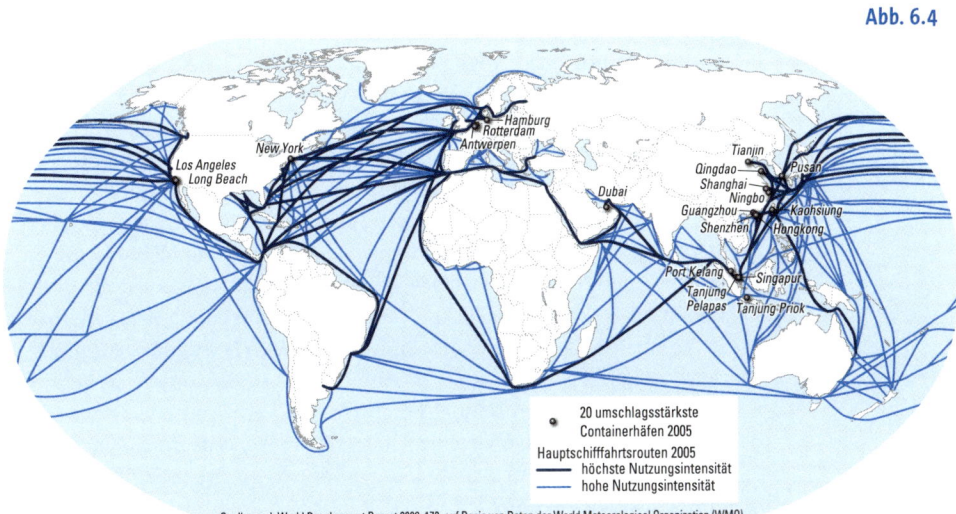

Nutzungsintensität von Schifffahrtsrouten 2005

Die **rasante Entwicklung der Informations- und Kommunikationstechnologie** erlaubt heute nicht nur den weltweiten Zugang zu Daten und Informationen sowie die nahezu ortsungebundene Abwicklung von Finanzgeschäften ohne zeitliche Verzögerung, sie ist auch eine Voraussetzung für die Steuerung immer effizienterer Logistikkonzepte. Die Kosten für die Beschaffung von Informationen und die Abwicklung von Geschäften konnten in den letzten Jahrzehnten erheblich gesenkt werden. Die Basis hierfür bilden neben immer leistungsstärkeren Endgeräten und dem Internet vor allem der Ausbau der technischen Infrastruktur der Ferndatenübertragung (z. B. geostationäre Satelliten seit Mitte der 1960er-Jahre, unterseeische Glasfaserkabel seit Mitte der 1980er-Jahre). Allerdings profitieren hiervon nicht alle Menschen und Regionen auf der Erde in gleichem Maße. Durch den ungleichen Zugang zu den neuen Informations- und Kommunikationstechnologien werden bestehende Disparitäten sogar oft weiter vertieft. Dieser Prozess wird auch als **digital divide**, also als **digitale Spaltung**, bezeichnet.

Parallel zum technischen Fortschritt wurden in den letzten Jahrzehnten zahlreiche politische Handelshemmnisse auf den Waren- und Dienstleistungsmärkten abgebaut und der internationale Kapitalverkehr erleichtert. Bei der Durchsetzung der Freihandelsdoktrin spielten **internationale Organisationen**, wie die Weltbank, der Internationale Währungsfonds (IWF) und vor allem die **World Trade Organization (WTO)** mit dem Allgemeinen Zoll- und Handelsabkommen (General Agreement on Tariffs and Trade, GATT), eine zentrale Rolle. Daneben existieren zahlreiche bilaterale sowie multilaterale regionale Freihandelsabkommen. Dazu gehören beispielsweise die NAFTA (North American Free Trade Agreement), die ASEAN (Association of Southeast Asian Nations; seit 2010 inklusive China als ACFTA, ASEAN-China Free Trade Area) sowie die weitergehende regionale Integration innerhalb des gemeinsamen Marktes der Europäischen Union (EU) mit einem freien Waren-, Dienstleistungs-, Kapital- und Personenverkehr. Zwar werden bilaterale und regionale Handelsabkommen teilweise im Widerspruch zu den weltweiten Freihandelszielen von GATT und WTO gesehen, aber diese (GATT, WTO) erlauben die Mitgliedschaft in regionalen Handelsabkommen, wenn dadurch Drittländer gegenüber dem vorherigen Zustand nicht schlechter gestellt werden. Insgesamt konnten die tarifären Handelshemmnisse in Form von Zöllen und Einfuhrquoten im grenzüberschreitenden Warenverkehr für fast alle Produkte erheblich gesenkt werden. Lag die durchschnittliche Zollbelastung bezogen auf den Warenwert weltweit Ende der 1940er-Jahre noch bei ca. 40 %, ging dieser Wert in den entwickelten Volkswirtschaften bis Ende der 1980er-Jahre auf 6 % und bis 2001 auf 3 % zurück. Beim Handel zwischen Entwicklungsländern sank das Zollniveau ebenfalls deutlich und liegt derzeit bei rund 11 % (nach Daten der UNCTAD). Allerdings steht diesen Zollsenkungen in einigen Bereichen eine Zunahme der nicht-tarifären Handelshemmnisse gegenüber. Hierzu zählen beispielsweise Subventionen für inländische Anbieter, verpflichtende Normen und Produktstandards, spezielle Zertifizierungsvorschriften, Ungleichbehandlung von Bietern in öffentlichen Vergabeverfahren oder Anti-Dumping-Verfahren. Die Rückführung dieser indirekten Behinderungen des Handels bleibt eine der zentralen Zukunftsaufgaben der WTO.

Die immer komplexeren Austauschprozesse, insbesondere von Teilen, Zwischenprodukten und Halbfertigwaren, wären ohne die weltweite **Standardisierung und Normierung** von Produkten, Produktionsabläufen bis hin zu ganzen Managementprozessen nicht denkbar. Eine zentrale Bedeutung hierfür haben internationale Normungsorganisationen wie die International Organization for Standardization (ISO), die 1947 ihre Arbeit aufnahm und ihren Sitz in Genf hat. Die ISO vereinheitlicht nationale Normen (z. B. DIN Deutsche Industrienorm, BS British Standard) in allen technischen Bereichen. Davon sind jedoch die Elektrotechnik, Elektronik sowie die Telekommunikation ausgenommen, da für diese Sparten eigene Normungsorganisationen zuständig sind. Während sich die Normung bis in die 1980er-Jahre hinein vor allem auf technische Merkmale und Maße konzentrierte, werden im Rahmen der ISO seither auch immer mehr Normen entwickelt, die ganze Managementprozesse gestalten. Dies gilt beispielsweise für das Qualitäts- (ISO 9001, seit 1987), das Umwelt- (ISO 14001, seit 1996) sowie das Informationssicherheitsmanagement (ISO/IEC 27001, seit 2005). Viele Unternehmen halten sich freiwillig an diese überwiegend privatwirtschaftlich entwickelten Normen, weil sie damit ihre Produkte auf dem Weltmarkt besser verkaufen können. So wurden beispielsweise bis Ende 2009 weltweit über eine Million Unternehmen in 178 Ländern nach der Qualitätsmanagementnorm ISO 9001 zertifiziert (ISO 2010, siehe **Kapitel 7.5**).

Box 6.3

Welthandelsorganisation (WTO World Trade Organization)

Die Welthandelsorganisation wurde 1994 gegründet und hat heute 153 Mitglieder, die gemeinsam für etwa 90 % des Welthandels verantwortlich sind. Die WTO hat ihren Sitz seit 1995 in Genf und ist die Dachorganisation für drei wichtige Vertragswerke: Das **General Agreement on Tariffs and Trade** (GATT) trat bereits 1948 in Kraft und versucht, den freien Warenhandel mithilfe von mehreren Grundprinzipien durchzusetzen, die für alle Vertragsstaaten gelten. Das Prinzip der Liberalisierung verpflichtet die Mitglieder, Handelshemmnisse kontinuierlich abzubauen, keine neuen Zölle zu verhängen, bestehende nicht zu erhöhen sowie keine Mengenkontingente für Einfuhren festzusetzen. Nach dem Prinzip der Nichtdiskriminierung sind einerseits alle Begünstigungen, die einem Mitgliedsland gegenüber eingeräumt werden, unverzüglich auch allen anderen einzuräumen (Meistbegünstigung). Die einzigen Ausnahmen gelten für Zusammenschlüsse einzelner WTO-Mitgliedsländer zu einer Zollunion (z. B. zwischen der Schweiz und Liechtenstein oder zwischen der EU und der Türkei) und für Freihandelszonen (z. B. EU, NAFTA). Zudem dürfen ausländische Produkte gegenüber inländischen nicht benachteiligt werden (Inländerbehandlung). Das Prinzip der Reziprozität scheibt vor, dass Handelserleichterungen gegenseitig zu gewähren sind; die Prinzipien der Multilateralität und der Transparenz verpflichten zur Kooperation sowie zur Offenlegung aller getroffenen Regelungen.

Das 1995 in Kraft getretene **General Agreement on Trade in Services** (GATS) trägt der wachsenden Bedeutung des grenzüberschreitenden Handels mit Dienstleistungen Rechnung. Dabei sollen insbesondere nicht-tarifäre Handelshemmnisse abgebaut werden. Die Prinzipien sind dem GATT-Abkommen ähnlich, es existieren jedoch mehr Ausnahmeregelungen, sodass eine völlige Marktöffnung in den meisten Branchen bislang noch nicht umgesetzt ist.

Das seit 1994 gültige Abkommen zu **Trade Related Aspects of Intellectual Property Rights** (TRIPS) beschäftigt sich mit dem Schutz geistigen Eigentums, also von Patenten, Urheberrechten oder Markennamen. Damit soll der Produkt- und Markenpiraterie im internationalen Handel Einhalt geboten werden. Allerdings verlaufen die Verhandlungen hierüber relativ schleppend.

Weitere, die Globalisierung begünstigende Faktoren waren das **Ende des Kalten Krieges** und die Auflösung der traditionellen Blockbildung sowie das Entstehen sogenannter **emerging markets** vor allem in Südost- und Ostasien, aber auch in Lateinamerika, der GUS und in Osteuropa. Die wichtigsten und größten dieser aufstrebenden Volkswirtschaften werden auch als BRIC-Staaten (Brasilien, Russland, Indien, China) bzw. BRICS-Staaten (einschließlich Südafrika) bezeichnet.

6.1.4 Räumliche Wirkungen der Globalisierung

Häufig wird die **Raum-Zeit-Kompression** (space time compression) als ein wesentliches Merkmal der Globalisierung genannt. Diese vor allem technologieinduzierte Komprimierung von Raum und Zeit ist im Grunde unumstritten. Aber es wäre naiv anzunehmen, dass dadurch alles und überall möglich ist und dass der Planet Erde gleichmäßig „geschrumpft" wäre. Vielmehr fallen die Vorteile des schnelleren Transports von Menschen, Waren und Dienstleistungen je nach Standort und den wirtschaftlichen Möglichkeiten der dort lebenden Menschen sehr ungleich aus. Deshalb kann von einer „flachen Erde" (Friedman 2005) oder gar einem „Ende der Geographie" (O'Brien 1992) bei genauerer Betrachtung nicht die Rede sein. Gegen die Annahme einer gleichmäßig schrumpfenden, flachen oder gar raumlosen Erde sprechen vor allem **drei zentrale Argumente**:

- Der schnelle Transport von Menschen, Waren, Dienstleistungen und Informationen ist in aller Regel auf eine linien- oder punkthafte Infrastruktur angewiesen (z.B. Eisenbahnlinien, Autobahnen, Breitbandverkabelung, Flug- und Seehäfen). Diese immer wichtiger werdende **technische Infrastruktur** differenziert die Erdoberfläche in gut und schlecht erreichbare Orte.
- Die ökonomischen Grundgesetze der **economies of scale und** der **increasing returns** gelten auch in Zeiten von Globalisierung, flexibler Spezialisierung und post-fordistischer Produktionsstrukturen. Sie fördern die räumliche Konzentration von wirtschaftlichen Tätigkeiten bzw. wirken einer Diffusion entgegen.
- Wichtige, sensible oder risikobehaftete Informationen werden auch in einer globalisierten Wirtschaft noch immer bevorzugt face-to-face ausgetauscht. **Wissen** ist oft schlecht oder gar nicht kodifizierbar und entzieht sich deshalb einer Handelbarkeit über weite Distanzen (siehe Kapitel 5.4). Innovationen erfordern die **Co-Präsenz verschiedener Akteure** an einem bestimmten Ort. Diese kann auch temporärer Natur sein (z.B. auf Messen oder Tagungen) und lässt sich teilweise auch über weitere Distanzen herstellen (z.B. durch Videokonferenzen). Dennoch

führen die Erfordernisse von Co-Präsenz oft dazu, dass Unternehmen einer Branche räumlich konzentriert vorkommen. Das gilt selbst für Wirtschaftszweige, die vorwiegend mit immateriellen Gütern handeln und aufgrund der nahezu kosten- und zeitlosen Übermittlung von Daten und Informationen eigentlich weitestgehend frei von räumlichen Zwängen sein müssten. Aber gerade wenn die Übertragung von standardisierten Informationen schnell und kostengünstig ist, lassen sich Steuerung und Kontrolle leichter zentralisieren. Letztlich steht dieser Effekt auch hinter der Entwicklung sogenannter Global Cities, die als Knotenpunkte im weltweiten Netz des Informationsaustauschs fungieren (siehe **Kapitel 6.4.3**).

Die dargelegten Argumente machen klar, warum das Bild einer gleichmäßig schrumpfenden Erde mit zunehmender Chancengleichheit und einer halbwegs gerechten Wohlstandsverteilung auch in Zeiten der Globalisierung weitgehend illusorisch bleibt. So wird auch verständlich, warum viele Wissenschaftler die Globalisierung gerade nicht als homogenisierende, sondern dezidiert als **fragmentierende Entwicklung** begreifen, die systemimmanent Gewinner und Verlierer produziert (siehe **Kap. 6.4.4**). Unabhängig von dieser Einordnung der Globalisierung nimmt der Wettbewerbsdruck für alle Beteiligten zu. Dies führt unter anderem zu einem **verschärften Standortwettbewerb**. Dabei geht es aus Sicht der etablierten Standortregionen vor allem darum, immer wieder neue Investitionen, Innovationen und wirtschaftliche Aktivitäten anzuziehen und langfristig zu binden. Nur so lässt sich auf Dauer die Erosion alter Wirtschaftszweige und deren Abwanderung an kostengünstigere Standorte aufhalten. Dabei geht es letztlich um die Schaffung und Stärkung von „sticky places in slippery space", wie es die US-amerikanische Wirtschaftsgeographin Ann Markusen (1996) treffend formuliert hat.

Inwieweit die Globalisierung für Entwicklungsländer eine Chance darstellt, bleibt umstritten. Während Skeptiker darauf hinweisen, dass vor allem die Armen der Entwicklungsländer zu den Verlierern der Globalisierung gehören sowie Umwelt- und Sozialstandards weiter unter Druck geraten, sehen andere in der Verlagerung der industriellen Produktion und verschiedener Dienstleistungen von den Ländern der Nordhalbkugel in die Staaten der Südhalbkugel eine **Chance zur Entwicklung**. China, Osteuropa und vermehrt auch Indien werden hierfür als Beispiele genannt. Weitgehend einig ist sich die Wissenschaft aber darin, dass der Art und Weise, wie die Globalisierung politisch und institutionell ausgestaltet wird, eine entscheidende Rolle für die Chancen und Risiken zukommt.

6.2 | Aktuelle räumliche Muster des Austausches von Waren, Dienstleistungen und Kapital

Die Bedeutung der Entwicklungs- und Schwellenländer im Handel mit Waren und Dienstleistungen hat in den letzten Jahren spürbar zugenommen. Dies liegt vor allem an der positiven Entwicklung der **BRICS-Staaten**, allen voran China (**Abb. 6.5 und 6.6**). Ein ähnliches Bild ergibt sich bei den ausländischen Direktinvestitionen, für die Entwicklungs- und vor allem Schwellenländer in den letzten Jahren ebenfalls zunehmend attraktiv geworden sind **(Abb. 6.7)**. Zudem treten die Volkswirtschaften Chinas oder Indiens inzwischen selbst als Großinvestoren in anderen Ländern in Erscheinung.

Auch wenn die Vormachtstellung der wirtschaftlich hoch entwickelten Länder in den letzten Jahren etwas zurückgegangen ist, konzentrieren sich die internationalen Handels- und Finanzströme nach wie vor

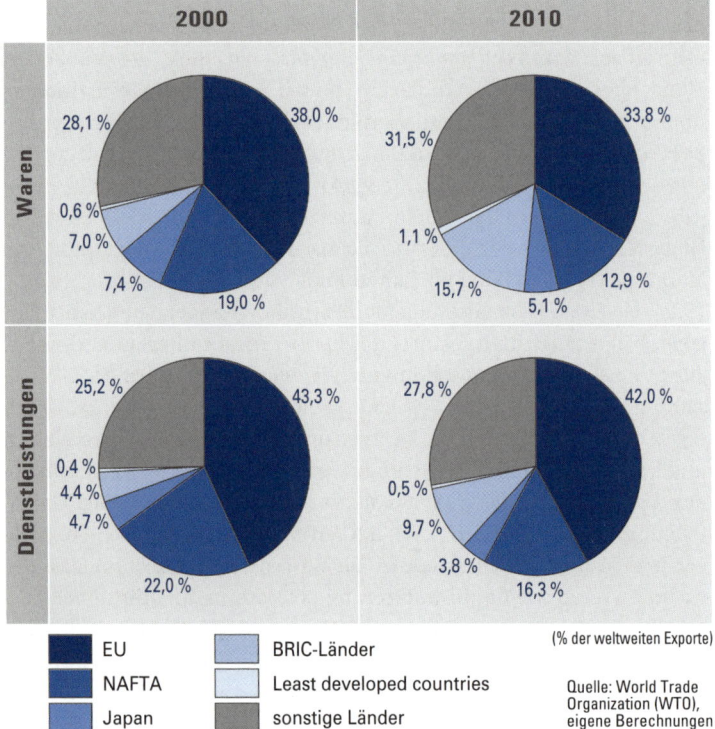

Abb. 6.5

Exporte von Waren und Dienstleistungen 2000 und 2010 nach Ländergruppen (in % der weltweiten Exporte)

Quelle: World Trade Organization (WTO), eigene Berechnungen

Abb. 6.6

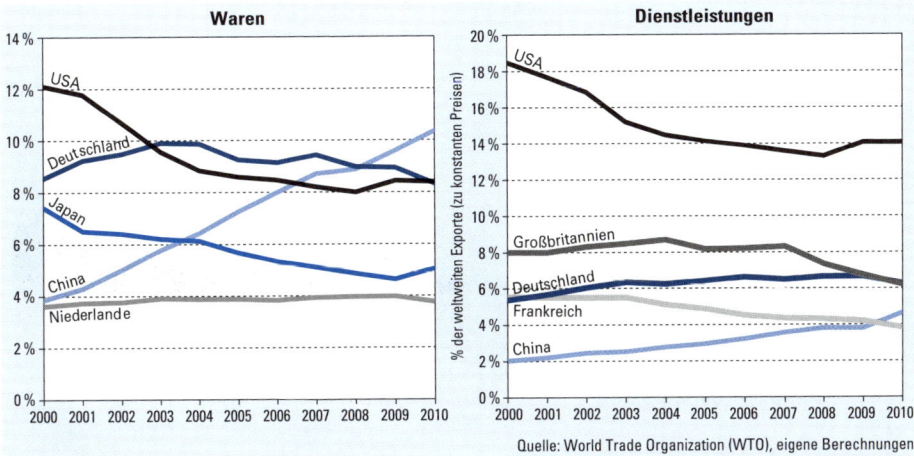

Die größten Exporteure von Waren und Dienstleistungen 2010: Entwicklung 2000–2010 in % der weltweiten Warenexporte (zu konstanten Preisen)

stark auf die Triade. Daneben ist ebenfalls eine deutliche **Regionalisierung des Waren- und Kapitalverkehrs** innerhalb von größeren Wirtschaftsblöcken festzustellen. So handeln beispielsweise die Länder der NAFTA und der EU vor allem untereinander. In der NAFTA beträgt der interne Handel etwa 50 %, in der EU sogar 67 % (Giese et al. 2011: 105). Generell sind die bedeutendsten Exporteure auch die größten Importeure von Waren und Dienstleistungen (vor allem China, USA, Deutschland). Allerdings gleichen sich die Werte der Exporte und Importe selten genau aus. Ihr Verhältnis wird in der **Handelsbilanz** dargestellt. Exportiert ein Land mehr Waren als es importiert, spricht man von einem Handelsbilanzüberschuss (z. B. China, Deutschland). Überwiegen dagegen die Importe, weist es ein Handelsbilanzdefizit auf (z. B. die USA in den meisten Jahren).

Der Austausch von Waren und Dienstleistungen zwischen Schwellen- und Entwicklungsländern einerseits und wirtschaftlich hoch entwickelten Ländern andererseits lässt sich über **Verfügbarkeitsunterschiede** (z. B. Vorkommen bestimmter Rohstoffe) **oder Unterschiede in der Ausstattung mit Produktionsfaktoren** (z. B. Unterschiede bei den Lohnkosten, beim technischen oder wissenschaftlichen Know-how, bei den klimatischen Voraussetzungen für die Landwirtschaft) in der Regel gut erklären (siehe **Kapitel 4.5.2 und 4.9**). Das aktuelle Muster des weltweiten Warenhandels zeigt aber, dass ein Großteil der Waren und Dienstleistungen zwischen Volkswirtschaften ausgetauscht wird, die eine sehr ähnliche Faktorausstattung

Abb. 6.7

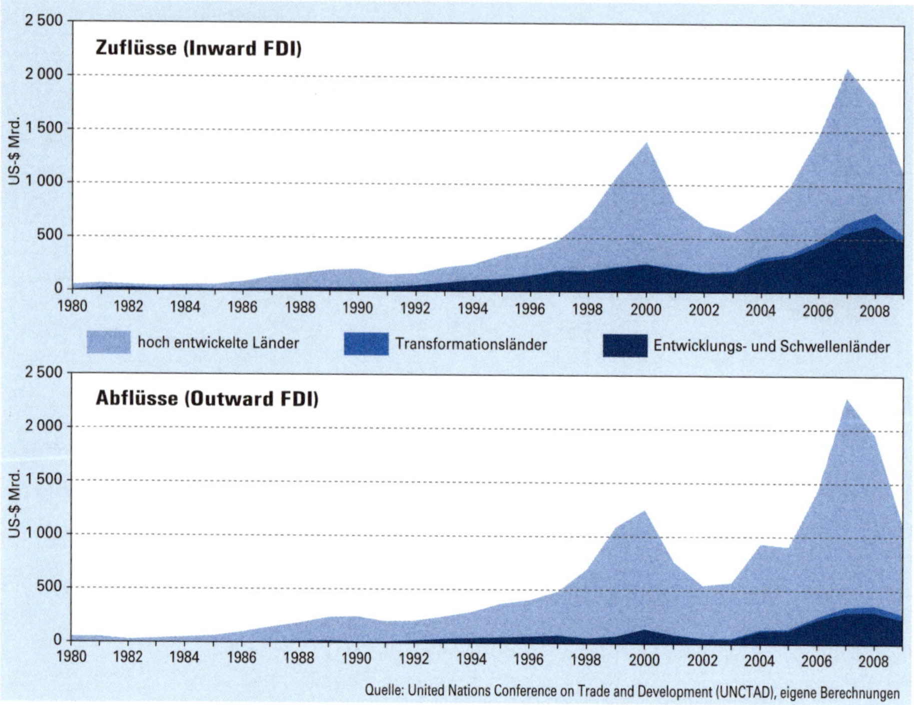

Entwicklung der ausländischen Direktinvestitionen 1980–2009 nach Ländergruppen (zu konstanten Preisen)

aufweisen. Der deutsche Warenhandel ist hierfür ein gutes Beispiel. Die wichtigsten Handelspartner Deutschlands sind mit Ausnahme von China (Rang 3) durchweg hoch entwickelte Volkswirtschaften: Frankreich (1), die Niederlande (2), die USA (4) und Italien (5). Mit diesen Ländern werden zudem oft sehr ähnliche Produkte ausgetauscht (z. B. Autos und Automobilteile, Maschinen und technische Geräte, chemische Erzeugnisse). Solche Handelsstrukturen lassen sich weder mit Verfügbarkeits- noch mit Kostenunterschieden befriedigend begründen. Eine Erklärung ergibt sich aber durch die zunehmende Bedeutung der **Produktpräferenzen** auf der Seite der Nachfrager. Diese führen dazu, dass in hoch entwickelten Volkswirtschaften eine große Vielfalt an Produkten hergestellt wird, die technisch zwar sehr ähnlich sind, sich in ihren funktionellen (Qualität, Ausstattung), ästhetischen (Design) oder symbolischen Eigenschaften (z. B. Markenname) aber unterscheiden (Neumair 2006: 206ff.). Durch den Warenhandel kann den Konsumenten eine größere Produktvielfalt angeboten werden (z. B. französische oder italienische Autos in Deutschland, spanischer oder australischer Wein in Frankreich, amerikanische oder deutsche Modeartikel in Italien). Auf der Verbraucherseite wird hierdurch neben Abwechslung vor allem der Wunsch nach Distinktion, nach Unterscheidbarkeit gegenüber anderen Menschen und Gruppen auf der Basis von Konsumentscheidungen und eines bestimmten Lebensstils befriedigt.

Transnationale Unternehmen und ihre Strategien | 6.3

Transnationale Unternehmen (TNU) sind mit ihren häufig über die gesamte Erde verteilten Standorten **zentrale Akteure der Globalisierung.** Sie gestalten durch ihre Entscheidungen die internationale Arbeitsteilung. Zudem geht von ihnen nicht nur ein Großteil des Warenhandels und der ausländischen Direktinvestitionen aus, sondern sie sind auch in erheblichem Maße für die grenzüberschreitende Diffusion von neuen Technologien, Produktionskonzepten und Marketingkonzepten verantwortlich. Nicht zuletzt nehmen sie Einfluss auf die Politik und damit die institutionelle Ausgestaltung der Globalisierung. Dies geschieht entweder direkt in Form von Lobbyarbeit oder indirekt, indem sie durch ihre wirtschaftliche Macht und die regionalwirtschaftliche Bedeutung ihrer Investitionsentscheidungen nationale und lokale Regierungen zu wirtschaftspolitischen Anpassungsmaßnahmen zwingen. Viele der weltweit größten Unternehmen erzielen heute Jahresumsätze, die das BIP vieler Nationalstaaten bei Weitem übersteigen. So sind die Umsätze der drei weltweit umsatzstärksten Konzerne Wal-Mart (Einzelhandel, Hauptsitz: USA), Royal Dutch Shell (Erdöl und Erdgas, Hauptsitz: Niederlande) und Exxon Mobil (Erdöl und Erdgas, Hauptsitz: USA) mit dem BIP von Polen, Schweden, Norwegen oder Österreich vergleichbar. Der Umsatz des größten deutschen Konzerns, Volkswagen (weltweit Rang 13), entspricht in etwa dem BIP von Chile, Pakistan oder Rumänien (Daten für 2010; Quellen: Fortune Global 500, Weltbank).

In der öffentlichen Diskussion werden Transnationale Unternehmen auch als **Global Player oder Multis** bezeichnet. Selbst in der Wissenschaft werden die Bezeichnungen Transnationale Unternehmen, Multinationale Unternehmen oder Internationale Unternehmen häufig synonym verwendet. Einige Autoren plädieren jedoch dafür, die Begriffe zu differenzieren (z. B. Bathelt und Glückler 2003). Danach sind unter **Internationalen Unternehmen** solche Firmen zu verstehen, die ausschließlich oder überwiegend in ihrem Heimatland produzieren und ihre Produkte weltweit exportieren. Viele kleinere Unternehmen entsprechen diesem Typ. **Multi-**

Box 6.4

Multinationale und Transnationale Unternehmen (MNU, TNU)

Als multinational werden jene Unternehmen bezeichnet, die Betriebsstätten in mehr als einem Staat unterhalten. Nach dieser Definition gehört hierzu ein weltweit produzierendes Großunternehmen der Chemischen Industrie **(Abb. 6.8)** ebenso wie ein mittelständischer Werkzeugmaschinenfabrikant aus Baden-Württemberg, der bestimmte Vorprodukte in der Tschechischen Republik fertigen lässt. Streng genommen zählt dazu aber auch der Handwerksbetrieb aus dem Emsland, der im niederländischen Grenzgebiet eine Zweigniederlassung gegründet hat, um den dortigen Markt besser erschließen zu können. Mit dem Begriff multinational sind in aller Regel aber größere Unternehmensstrukturen gemeint. **Multinationale Unternehmen (MNU)** haben nach heutigem Verständnis ihre Ursprünge bereits in der Kolonialzeit und waren vor allem nach dem Zweiten Weltkrieg für wichtige Zweige der Rohstoffwirtschaft, des Agrargewerbes und der Industrie prägend. Ihnen ist gemein, dass ihre internationale Expansion ihren Ausgang im Land des Stammsitzes nahm, dem das Unternehmen auch heute noch zugeordnet werden kann (z. B. Nestlé/Schweiz, Bayer/Deutschland, Ford/USA, Sony/Japan).

Im Zuge der beschleunigten Globalisierung der Wirtschaft seit den 1980er-Jahren wurde in Abgrenzung hierzu der Begriff des **Transnationalen Unternehmens (TNU)** eingeführt. Er bezeichnet jene Multinationalen Unternehmen, deren Stammland nicht mehr eindeutig identifiziert werden kann bzw. deren Hauptsitz mit mehr als einem Land in Verbindung gebracht wird. Sie entstehen oft durch Fusion von Unternehmen oder Übernahmen (Zademach und Rodríguez-Pose 2009). Die mittlerweile aufgelöste Fusion der deutschen Daimler AG mit dem US-amerikanischen Chrysler-Konzern galt von 1998 bis 2007 als Inbegriff des Transnationalen Unternehmens. In der Eisen- und Stahlindustrie führte 2006 der Zusammenschluss der europäischen Arcelor-Gruppe mit dem indischen Mittal-Konzern zum Weltmarktführer Arcelor-Mittal – einem Unternehmen, das seinen nominellen Hauptsitz in Luxemburg hat, seine Geschäfte de facto aber von London aus führt und über den hohen Aktienanteil der Familie Lakshmi Mittal sehr stark mit Indien verbunden ist. Transnationalen Unternehmen wird aufgrund ihrer Genese und Struktur gelegentlich unterstellt, über eine geringere Loyalität (z. B. arbeitsmarktpolitisch) gegenüber einem Herkunftsland zu verfügen als ein Multinationales Unternehmen mit eindeutigem Stammsitz.

nationale Unternehmen unterhalten dagegen Produktionsstätten in verschiedenen Ländern, steuern diese aber weitgehend hierarchisch von ihrem Heimatland aus. **Transnationale Unternehmen** verfügen nicht nur über Produktionsstätten in zahlreichen Ländern, die über ein global organisiertes Produktionssystem miteinander verbunden sind, sondern haben auch wichtige Koordinations- und Steuerungsaufgaben weitgehend dezentralisiert. Im angelsächsischen Sprachgebrauch wird transnational

Abb. 6.8

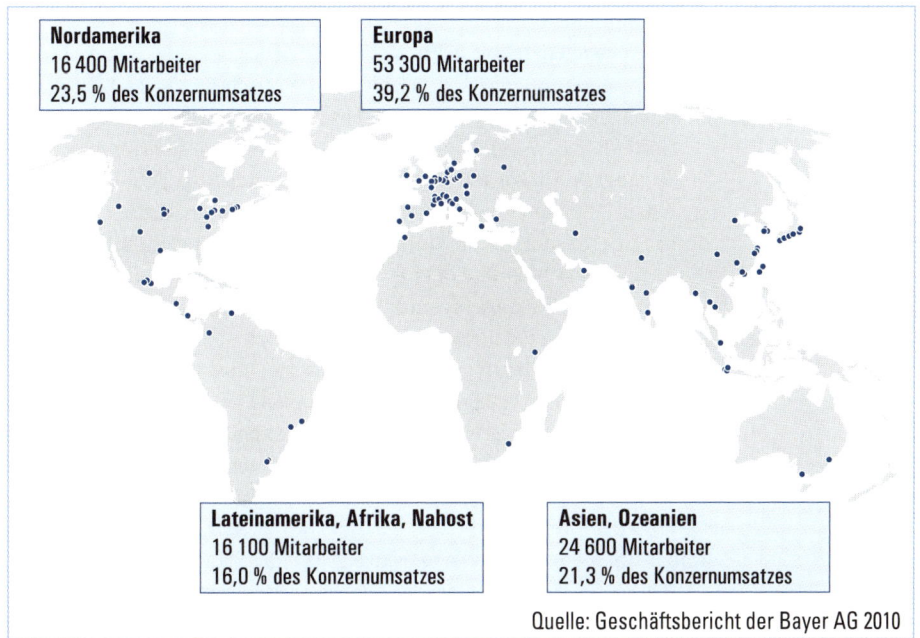

Quelle: Geschäftsbericht der Bayer AG 2010

Wichtige weltweite Unternehmensstandorte der Bayer AG 2010

corporation (TNC) allerdings oft als Sammelbegriff für alle international aktiven Unternehmen verwendet (Schamp 2008a: 363). In diesem Sinne werden nachfolgend sowie im gesamten vorliegenden Lehrwerk unter Transnationalen Unternehmen alle Firmen verstanden, die in verschiedenen Ländern Standorte unterhalten.

Die **Motive für Unternehmen, Standorte in anderen Ländern aufzubauen** und dort Tochterunternehmen zu gründen, sind im Einzelnen vielfältig. Die wesentlichen Beweggründe lassen sie sich in vier größeren Gruppen zusammenfassen, die allerdings in der Praxis nicht immer scharf voneinander zu trennen sind (Dunning und Lundan 2008: 67ff.; Dicken 2011: 110ff.; Giese et al. 2011: 43ff.):

- **Beschaffungsorientierte Motive** (resource seeking) zielen auf die nachhaltige Sicherung von lokalisierten natürlichen Ressourcen. Dazu gehören beispielsweise Lagerstätten von mineralischen Rohstoffen und Energieträgern oder in den letzten Jahren zunehmend auch fruchtbares Agrarland (z. B. sogenanntes land grabbing in Entwicklungsländern).
- **Absatzorientierte Motive** (market seeking) haben das Ziel, die Marktposition im Ausland zu sichern und auszubauen. Teilweise wird dabei auch versucht, Handelshemmnisse, wie Zölle oder Einfuhrquoten, im

Ausland zu umgehen. Im weiteren Sinne gehören hierzu auch die Motive von Zulieferern, die ihren Hauptkunden bei der Internationalisierung folgen.
- **Kosten- und ertragsorientierte Motive** (efficiency seeking) dienen oft der Kostensenkung, die sich beispielsweise durch geringere Lohnkosten und Umweltauflagen oder ein besonders günstiges institutionelles Umfeld (z. B. Wegfall bestimmter Auflagen bei der Genforschung, Zugang zu Risikokapital) oder die Gewährung staatlicher Subventionen im Zielland ergeben können. Hierzu gehören aber auch wissensorientierte Motive, die durch den Zugang zu spezifischem Wissen helfen, neue Produkte oder Produktionsverfahren zu entwickeln (z. B. durch eine besonders gute Forschungsinfrastruktur, qualifizierte Arbeitsmärkte oder lokale Spillover-Effekte).
- **Strategische Motive** (strategic asset and capability seeking) spielen vor allem bei der Übernahme von bestehenden Unternehmen im Ausland eine Rolle. Hierdurch soll die globale Wettbewerbsfähigkeit des eigenen Unternehmens langfristig gesichert oder dessen Marktposition ausgebaut werden (z. B. durch die Übernahme eines ausländischen Konkurrenten).

Einen umfassenden Erklärungsansatz für die Strategien transnational aktiver Unternehmen liefert das **Eklektische Paradigma** des britischen Ökonomen John Dunning (1927–2009), das auch als OLI-Modell bezeichnet wird (Dunning 1981, Dunning und Lundan 2008). Hierfür hat Dunning die Entscheidungen zur Internationalisierung zahlreicher Unternehmen untersucht und unterschiedliche partialanalytische Erklärungsansätze miteinander kombiniert (daher die Bezeichnung eklektisch). Im Zentrum seiner Theorie steht die Annahme, dass sich ein Unternehmen ausgehend von der rationalen Bewertung seiner Stärken und der jeweiligen Bedingungen auf den In- und Auslandsmärkten für eine bestimmte Form der Internationalisierung entscheidet. Dem Unternehmen stehen dafür drei grundsätzliche Möglichkeiten zur Verfügung. Es kann
- seine im Inland hergestellten Produkte exportieren,
- Lizenzen zur Herstellung seiner Produkte an ausländische Produzenten verkaufen (z. B. für Patente, Gebrauchsmuster, geschützte Marken) sowie
- durch Direktinvestitionen selbst eine Produktion im Ausland aufbauen.

Nach Dunning entscheidet sich das Unternehmen für eine dieser Strategien in Abhängigkeit vom Vorhandensein folgender möglicher Vorteile:
- **Eigentumsvorteile** (ownership advantages = O) sind dann gegeben, wenn das Unternehmen über Wettbewerbsvorteile gegenüber ausländischen Konkurrenten verfügt. Dies können beispielsweise Vorteile sein,

die im technologischen oder organisatorischen Know-how, in der Unternehmensgröße, in der Beschaffung oder in einem international bekannten Markennamen liegen. Eigentumsvorteile sind eine notwendige Voraussetzung für die erfolgreiche Internationalisierung.
- **Standortvorteile** (localisation advantages = L) existieren, wenn der ausländische Standort spezifische Vorteile gegenüber dem Heimatstandort hat. Hierbei kann es sich beispielsweise um günstigere Lohnkosten, eine höhere Produktivität, eine bessere Infrastruktur, bestimmte Rohstoffvorkommen, staatliche Investitionsanreize bzw. Subventionen, die Möglichkeit zur Umgehung von Zöllen oder auch um ein besonders schnelles Marktwachstum handeln.
- **Internalisierungsvorteile** (internalisation advantages = I) sind erfüllt, wenn es für das Unternehmen günstiger ist, die Produktion bzw. die Leistungserstellung im eigenen Haus durchzuführen. Dies kann sinnvoll sein, wenn die Transaktionskosten für die Produktion durch Dritte hoch sind (z. B. Kosten für Sicherung und Durchsetzung von Eigentumsrechten, Sicherstellung bestimmter Qualitätsstandards) oder hohe Risiken bestehen (z. B. Abfluss von Know-how).

Ob und wie das Unternehmen den ausländischen Markt bearbeitet, hängt nach Dunning von der **Kombination der verschiedenen Vorteile** ab (Tab. 6.1). Sind keine Vorteile gegeben, kommt es auch nicht zur Internationalisierung. Existieren lediglich Eigentumsvorteile (O), ist die Lizenzvergabe an eines oder mehrere Fremdunternehmen im Ausland sinnvoll. Ein bekanntes Beispiel hierfür ist der US-amerikanische Getränkehersteller Coca-Cola, der auf vertraglicher Basis Lizenzen an rechtlich selbstständige Unternehmen im Ausland vergibt. Diese erlangen so das Recht, Coca-Cola-Produkte herzustellen und in einem bestimmten Gebiet zu verkaufen. Auf ähnliche Weise funktioniert Franchising, wobei einem Franchise-Nehmer die regionale Nutzung eines Geschäftskonzeptes gegen Entgelt zur Verfügung gestellt wird (z. B. McDonalds sowie andere Anbieter der Systemgastrono-

Tab. 6.1 Entscheidungsmatrix für die Bearbeitung ausländischer Märkte nach J. Dunning (Quelle: eigene Darstellung nach Dunning 1981: 32)

Eigentumsvorteile	Internalisierungsvorteile	Standortvorteile	Form der Markbearbeitung
nein	nein	nein	keine Internationalisierung
ja	nein	nein	Lizenz
ja	ja	nein	Export
ja	ja	ja	Direktinvestition

mie). Kommen neben den Eigentumsvorteilen noch Internalisierungsvorteile (I) hinzu, werden rationale Entscheider am Heimatstandort hergestellte Produkte ins Ausland exportieren. Nur wenn alle drei OLI-Vorteile gegeben sind, wird das Unternehmen eine Internationalisierung durch Direktinvestitionen und den Aufbau von eigenen Betriebsstätten im Ausland anstreben (z. B. Mercedes-Benz Werk in Tuscaloosa/USA).

Dunnings Ansatz blieb nicht ohne Kritik. Diese bezog sich sowohl auf die in der Praxis nicht immer eindeutige Trennung zwischen den Vorteilskategorien und Internationalisierungsformen als auch darauf, dass reziproke Direktinvestitionen zwischen zwei Ländern nicht befriedigend erklärt werden können. Aber auch wenn Dunnings Eklektisches Paradigma komplexe Entscheidungsprozesse nur sehr vereinfacht und statisch abbildet, gelingt es mit diesem Ansatz dennoch, alternative Formen der unternehmerischen Internationalisierung in ein umfassendes Erklärungsgebäude zu integrieren.

Wirtschaftsgeographen haben sich im Hinblick auf Transnationale Unternehmen und ausländische Direktinvestitionen in den letzten Jahrzehnten vor allem mit deren räumlichen Formen und regionalwirtschaftlichen Auswirkungen befasst. Eine der wesentlichen Forschungsrichtungen untersucht dabei die **Standortstruktur Transnationaler Unternehmen**. Auf der Basis empirischer Studien wurden dabei vor allem **Phasen- oder Stufen-Modelle** entwickelt, die die raum-zeitliche Erschließung von Auslandsmärkten beschreiben. Danach aktivieren Unternehmen zunächst näher gelegene Auslandsmärkte, erst später und mit mehr Erfahrung werden schließlich entferntere Märkte bedient. Auch die Form der Internationalisierung folgt entsprechend der Modelle einer einfachen Phasen- bzw. Stufenabfolge von (1) Export, (2) Eröffnung eines Verkaufsbüros, (3) Aufbau einer eigenen Produktion im Ausland bis zur (4) zunehmenden Übertragung von Funktionen und Kompetenzen an die Standorte im Ausland. Obwohl die Stufen-Modelle die Internationalisierung vieler kleinerer und mittlerer Unternehmen (KMU) in groben Zügen beschreiben können, bilden sie die in der Realität doch sehr **komplexen und vielfältigen Prozessen** letztlich nur stark vereinfacht ab. So überspringen beispielsweise viele Unternehmen einzelne Stufen und suchen unmittelbar den Zugang zu bestimmten Auslandsmärkten und Produktionsräumen. Außerdem ist für Unternehmen die institutionelle oder kulturelle Nähe (z. B. ähnliche Wirtschafts- und Rechtsordnungen, gemeinsame Sprache) meist entscheidender als die rein metrische Distanz.

Ein weniger deterministisches und die komplexe Wirklichkeit besser abbildendes Modell stammt von dem britischen Wirtschaftsgeographen Peter Dicken (geb. 1938). Es basiert zwar ebenfalls auf der Vorstellung einer Stufenfolge der Internationalisierung, sieht aber ausdrücklich par-

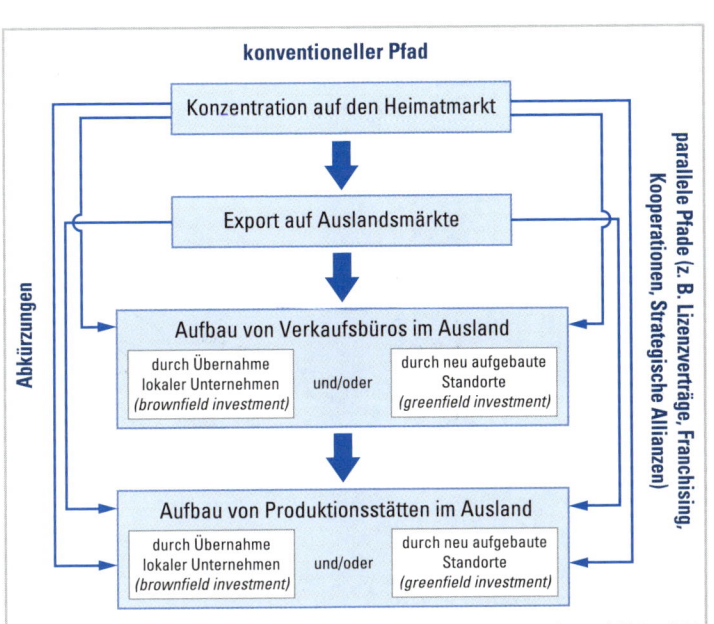

Abb. 6.9

Pfade der Internationalisierung von Unternehmen nach P. Dicken

allele bzw. alternative Pfade und das Überspringen einzelner Stufen vor (Dicken 2011: 118; **Abb. 6.9**).

Jüngere wirtschaftsgeographische Studien beschäftigen sich auch mit der Frage, wie Transnationale Unternehmen koordiniert werden bzw. welche **internen Organisationsstrukturen** diese aufweisen. Grundsätzlich kann dabei zwischen hierarchischen und heterarchischen Organisationsstrukturen unterschieden werden. Bei der **Hierarchie** sind Steuerung und Kontrolle der Unternehmensabläufe weitgehend in der Zentrale konzentriert, alle anderen Standorte führen nur nachrangige oder rein operative Tätigkeiten aus (z. B. Zweigwerke mit ausschließlich einfachen Fertigungsaufgaben, sogenannte verlängerte Werkbänke). Der andere Idealtyp wäre die **Heterarchie**, bei der in einer netzwerkartigen Struktur Entscheidungskompetenzen und Verantwortlichkeiten zwischen den verschiedenen Unternehmensteilen und -standorten aufgeteilt werden. Selbstverständlich sind in der Realität vor allem Organisationsstrukturen zwischen diesen Extremen zu finden. Außerdem lässt sich mit zunehmendem Kompetenzgewinn der ausländischen Standorte in vielen Unternehmen auch eine Entwicklung von anfänglich stark hierarchischen hin zu heterarchischen und vernetzten Strukturen feststellen.

Abb. 6.10

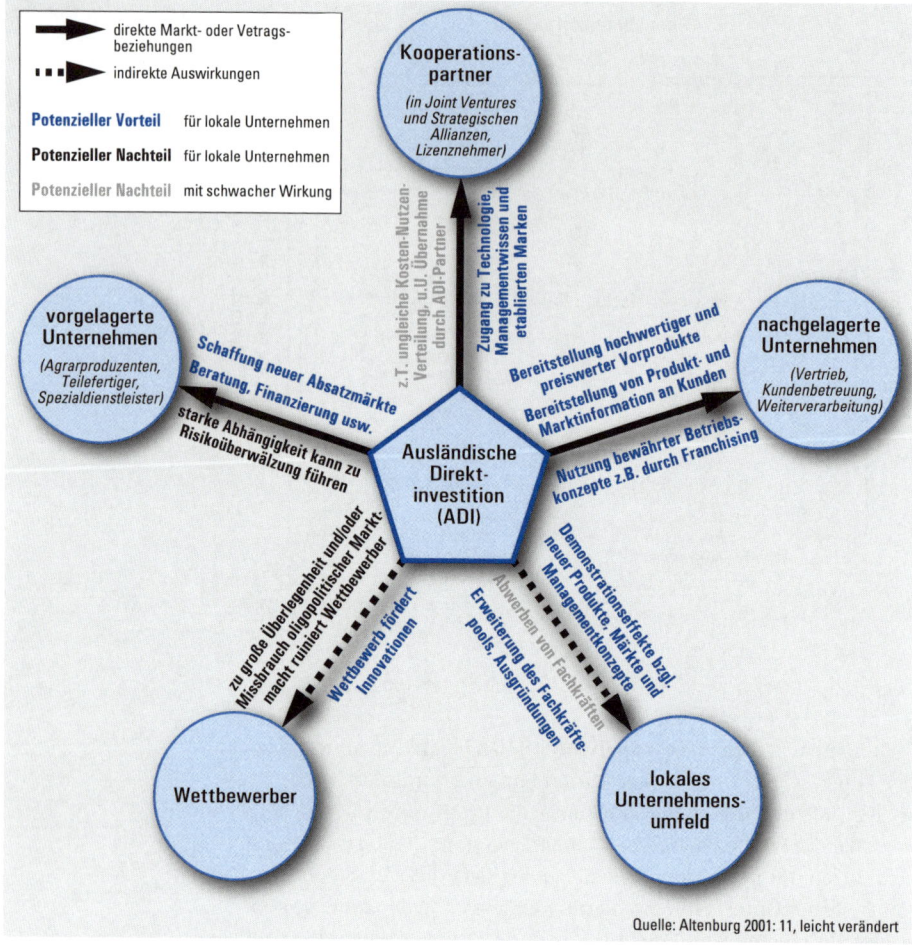

Chancen und Risiken von Direktinvestitionen in Entwicklungsländern

Eng mit den Organisationsstrukturen Transnationaler Unternehmen ist die Frage verknüpft, welche regionalwirtschaftlichen Auswirkungen deren Aktivitäten sowohl in den Heimat- als auch in den Zielländern haben. Die nachfolgenden Themen beschäftigen die Wirtschaftsgeographie in diesem Zusammenhang:
- die Folgen des möglichen Arbeitsplatzabbaus in der Stammregion, wenn Produktionskapazitäten und Wertschöpfung ins Ausland verla-

gert werden (dabei darf aber nicht übersehen werden, dass die Internationalisierung von Unternehmen sehr häufig hilft, deren Wettbewerbsfähigkeit und damit Arbeitsplätze am Heimatstandort langfristig zu sichern)
- die Auswirkungen von Schließungen verlängerter Werkbänke in wirtschaftlich benachteiligten Regionen, wenn deren Kapazitäten im Produktions- oder Unternehmensverbund irgendwann nicht mehr benötigt werden (auch verbunden mit Fragen der regionalen Fremdbestimmung durch Entscheidungen, die in weit entfernten Unternehmenszentralen fallen)
- die regionalökonomischen Wirkungen von Direktinvestitionen und neuen Betriebsstätten in den Zielregionen, insbesondere im Hinblick auf Nachfragesteigerung für die lokale Zulieferindustrie und unternehmensorientierte Dienstleister (neue Arbeitsplätze und Einkommensmöglichkeiten) sowie das mögliche technologische upgrading der lokalen Wirtschaft aufgrund der Einführung neuer Produktionsverfahren und Produkte
- die Chancen und Risiken der Aktivitäten Transnationaler Unternehmen und ausländischer Direktinvestitionen speziell in Entwicklungsländern **(Abb. 6.10)**; früher galt die Betrachtung hierbei überwiegend den ökonomischen und sozialen Folgen, in den letzten Jahren wurde sie zunehmend auf die natürliche Umwelt sowie ökologische Problemlagen ausgedehnt (siehe **Kapitel 7.4**).

Räumliche Folgen der Globalisierung | 6.4

Im folgenden Abschnitt werden beispielhaft einige der wichtigsten regionalen Folgen des Globalisierungsprozesses näher betrachtet.

Neue Industrieländer Asiens | 6.4.1

Die neuen Industrieländer Asiens gelten auf der Erde als diejenigen Regionen, die von der wirtschaftlichen Globalisierung am offenkundigsten profitieren, allen voran China und Indien. Zuvor hatten bereits andere Volkswirtschaften – teilweise im „Windschatten" des japanischen Erfolgsmodells – in zahlreichen Produktsparten Anschluss an die internationale Konkurrenz gefunden. Insbesondere die sogenannten **Tigerstaaten** Hongkong (damals noch Britische Kronkolonie mit eigenstaatlicher Souveränität in Wirtschaftsfragen), Singapur, Südkorea und Taiwan konnten über die 1980er-Jahre leistungsfähige Industriezweige aufbauen, die nicht nur von komparativen Kostenvorteilen profitierten, sondern auch

Box 6.5

Das Modell der Fluggänse

Das Fluggänsemodell (englisch: flying geese, japanisch: ganko keitai) wurde von dem japanischen Ökonomen Akamatsu Kaname (1896–1974) bereits in den 1930er-Jahren entwickelt (Kaname 1962). Es wurde später vor allem durch die Arbeiten von Kiyoshi Kojima zu einem Leitbild für die Industrialisierung zahlreicher asiatischer Länder (Kojima 1978). Dieses beschreibt metaphorisch **Japans erfolgreiche Volkswirtschaft als „Leitgans"** in einem V-förmig fliegenden Wildgänseschwarm. Analog zu den Prinzipien dieses Formationsflugs gibt Japan dabei nicht nur die Richtung bzw. den ökonomischen Entwicklungspfad vor, sondern ermöglicht es den nachfolgenden Staaten, die (aerodynamischen) Vorteile der Formation zu nutzen. Mit einem gewissen Zeitverzug, so die Grundaussage des Modells, sollten auch die übrigen Staaten Asiens eine dem japanischen Vorbild vergleichbare, aber zeitlich beschleunigte Entwicklung erfahren, in der sie von den technologischen, organisatorischen und institutionellen Erfahrungen Japans profitieren.

Zwar haben die heute als industrialisiert geltenden Länder Asiens Entwicklungspfade eingeschlagen, die teilweise deutlich vom japanischen Modell der sukzessiven Importsubstitution abweichen (z. B. Singapur als Finanz- und Handelsplatz). Hinsichtlich der allgemeinen Entwicklungsdynamik besitzt das Fluggänsemodell jedoch weiterhin eine gewisse Erklärungskraft (Giese et al. 2011: 117 ff.).

---

zunehmend eigene Produkte entwickelten. So zählt beispielsweise Südkorea heute in den Bereichen Unterhaltungs- und Büroelektronik sowie im Automobilbau zusammen mit Japan zu den führenden Anbietern auf dem Weltmarkt.

Nach dem Vorbild der ursprünglichen Tigerstaaten konnten später auch andere Volkswirtschaften Südostasiens, wie Malaysia, Thailand, Indonesien und die Philippinen, Erfolge bei der industriellen Entwicklung verzeichnen (Hassler 2009, Revilla Diez und Kiese 2006). Diese Länder wurden vor allem in den 1980er- und 1990er-Jahren auch als Pantherstaaten bezeichnet. Inzwischen ist der Begriff der Tigerstaaten jedoch für eine größere Zahl von asiatischen Schwellenländern gebräuchlich, die vom Globalisierungsprozess profitieren und zunehmend Anschluss an die Industrieländer finden (neben den bisher genannten z. B. auch Vietnam). Noch dynamischer und – angesichts der großen Binnenmärkte – auch strukturell anders verlief in den letzten zwei bis drei Jahrzehnten die **Entwicklung in China und Indien**, den beiden bevölkerungsreichsten Ländern der Erde. Ihr Gewicht als zunehmend international integrierte Produktions- und Dienstleistungsstandorte bleibt dabei nicht auf ihre quantitative Bedeutung für die globalen Warenströme beschränkt. So sind sie heute selbst Herkunftsland oder Stammsitz transnational agierender

Großunternehmen mit eigenen Marken und Produktreihen. Damit üben diese Länder ihrerseits Macht auf ausländische Standorte und Märkte aus. So ist der auf Haushaltselektronik spezialisierte chinesische Haier-Konzern inzwischen in fast allen westlichen Industrieländern vertreten und zählt zu den weltweit größten Anbietern innerhalb seines Produktsegments. Aufsehen erregte im Jahr 2005 auch die Übernahme der PC-Sparte des US-amerikanischen Computerherstellers IBM durch den chinesischen Konkurrenten Lenovo, der seitdem weltweit als drittgrößter Computerhersteller rangiert.

Auch die lange Zeit von nordamerikanischen und europäischen Industriekonzernen angeführte Stahlindustrie wird heute von asiatischen Unternehmen dominiert **(Tabelle 6.2)**. Bei der erstplatzierten Arcelor-Mittal-Holding handelt es sich um ein Transnationales Unternehmen, das nominell den Stammsitz des ursprünglich europäischen Arcelor-Konglomerats in Luxemburg behalten hat; seit der Fusion mit der Mittal-Gruppe im Jahr 2006 sind jedoch die Mehrheitsanteile im indischen Besitz **(siehe Kapitel 6.3)**.

Interessant ist in diesem Zusammenhang nicht nur die Vormachtstellung der asiatischen Stahlkonzerne, sondern auch die **Entwicklung der internationalen Stahlmärkte**. Wie auf anderen Rohstoffmärkten (z. B. für Agrarprodukte, Edelmetalle, Kohle) macht sich die steigende Nachfrage aus den rasant wachsenden Volkswirtschaften Asiens in zunehmenden Absatzmengen und entsprechenden Preisanstiegen bemerkbar. So haben die

Die weltgrößten Stahlproduzenten 2010 (Quelle: World Steel Association 2011) | Tab. 6.2

Rang	Unternehmen	Jahresproduktion [Mio. metrische t]	Hauptsitz
1	Arcelor-Mittal	98,2	Luxemburg
2	Baosteel	37,0	China
3	Posco	35,4	Südkorea
4	Nippon Steel	35,0	Japan
5	JFE	31,1	Japan
6	Jiangsu Shagang	23,2	China
7	Tata Steel	23,2	Indien
8	U.S. Steel	22,3	USA
9	Ansteel	22,1	China
10	Gerdau	18,7	Brasilien

Abb. 6.11

Entwicklung der Rohstahlproduktion, -nachfrage und -preise 1980–2010

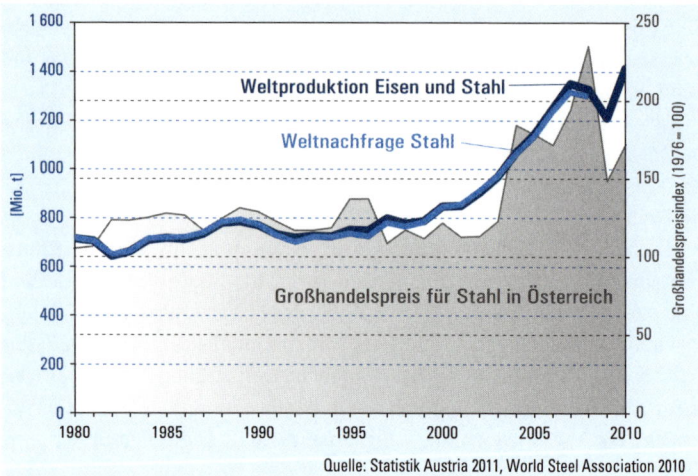

Stahlpreise, abgesehen von einem Rückgang um das Krisenjahr 2008/2009, seit den 1990er-Jahren eine stetige, teilweise steile Aufwärtsentwicklung erfahren **(Abb. 6.11)**. Aktuelle Prognosen gehen von einem weiterhin starken Anstieg der Nachfrage vor allem in China aus, das derzeit alleine mehr als ein Viertel der Weltproduktion verbraucht. Eine Folge dieser starken Nachfrage ist die ebenfalls gute Auslastung der Produktionsstätten in den „alten" Industrieländern.

Die hohen Investitionen in den Infrastrukturausbau, die zu dieser Preisentwicklung beitragen (z.B. Baustahl), haben China und Indien zu wichtigen Absatzmärkten auch für die europäische Wirtschaft werden lassen. Mindestens so interessant ist jedoch die neu entstehende private Nachfrage angesichts der hohen Einwohnerzahlen und der aufkommenden neuen Mittelschicht, die als sehr konsumorientiert gilt und verstärkt auch hochpreisige Güter nachfragt. So hat beispielsweise Audi im Jahr 2011 erstmals mehr Fahrzeuge in China verkauft als in Deutschland, das bisher als wichtigster Absatzmarkt galt. Beide Märkte machen jeweils etwa ein Viertel des Jahresabsatzes der Marke aus (Frankfurter Allgemeine Zeitung vom 6.7.2011).

Auch im Technologie- und Dienstleistungsbereich finden die Schwellenländer zunehmend Anschluss an die Weltmärkte (Fromhold-Eisebith 2001, Liefner und Zeng 2008). Insbesondere der IT-Boom in Indien mit Schwerpunkt in Bangalore hat dazu geführt, dass indische Softwareentwickler und andere EDV-Dienstleister heute international anerkannt und

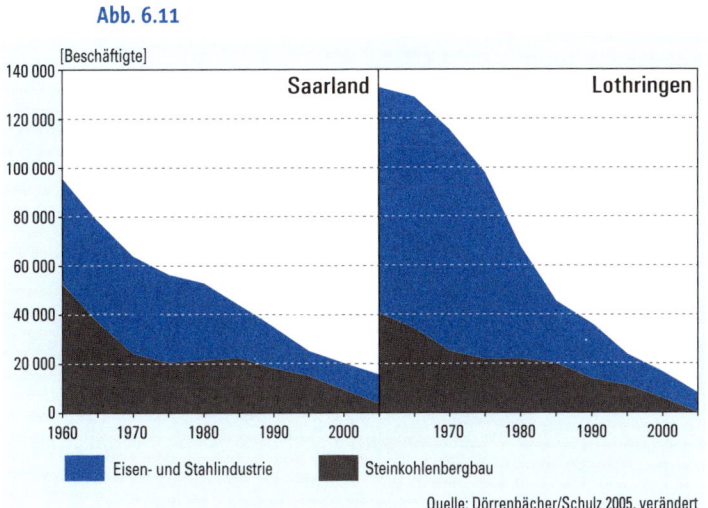

Abb. 6.12

Rückgang der Eisen- und Stahlindustrie sowie des Steinkohlenbergbaus in Lothringen und im Saarland 1960–2005

erfolgreich sind. Ähnliche Entwicklungen zeichnen sich in China (vor allem Peking und Shanghai) ab, in beiden Fällen werden sie durch die Investitionen von Remigranten begünstigt.

Deindustrialisierungsprozesse in alten Industrieräumen | 6.4.2

Der rapide Aufschwung in den neu industrialisierten Weltregionen blieb nicht ohne Folgen für die traditionellen Industriestandorte. Für Studierende der Wirtschaftsgeographie, die in einem westeuropäischen Industrieland aufgewachsen sind, zeigen sich Globalisierungsfolgen unmittelbar „vor der Haustür" nicht nur in veränderten Preis-, Konsum- und Mobilitätsmustern (z. B. Ferntourismus), sondern vielfach auch in den Veränderungen der Industriestruktur ihrer Heimatregion. Zwar ist der als **Deindustrialisierung** bezeichnete Niedergang der Standorte in den traditionellen Industrierevieren (Ruhrgebiet, Saarland, Halle-Leipzig) mit ihren ehemals vorherrschenden Großbetrieben am deutlichsten sichtbar **(Abb. 6.12)**, aber auch die kleinbetrieblichen Strukturen im ländlichen Raum haben vor allem seit den 1980er-Jahren die Aufgabe wichtiger Produktionsstätten erlebt (z. B. in Oberfranken oder im niederösterreichischen Waldviertel). Die lokalen Folgen beschränkten sich dabei nicht nur auf die unmittelbar entfallenen Arbeitsplätze, die städtebaulichen Herausforderungen sowie die ökologischen Probleme (Altlasten) der Industriebrachen. Auch nachgeordnete Zulieferunternehmen, abhängige

Dienstleister inklusive des lokalen Einzelhandels oder die regionalen Immobilienmärkte wurden häufig in Mitleidenschaft gezogen. Nicht zuletzt sind damit vielfältige soziale Probleme (Abwanderung, Privatinsolvenzen, Störung des Gemein- und Vereinswesens usw.) verbunden. Bei den größeren Standortagglomerationen kommen Imageprobleme hinzu, die einem Standort langfristig schaden können.

Es wäre sicher eine Verkürzung, die Deindustrialisierungstendenzen einzig als Globalisierungsfolge zu interpretieren. Auch strukturelle Probleme, Modernisierungsrückstände sowie unternehmerische und politische Fehlentscheidungen haben vielfach dazu beigetragen, dass Wandlungsprozesse und sich verändernde Nachfragemuster nicht frühzeitig erkannt und neue Aktivitäten oder Branchen nicht rechtzeitig gefördert wurden (siehe negativer lock-in in **Kapitel 5**). Viele der zurzeit erfolgreicheren Schlüsselbranchen haben demgegenüber ihre wichtigsten Standorte außerhalb der alten Industrieregionen. Nun lässt sich jedoch nicht pauschal urteilen, dass alle frühindustrialisierten Regionen heute als Problemregionen mit Deindustrialisierung zu kämpfen hätten. Im Gegenteil, viele der kleinen und mittelgroßen Industrieunternehmen beispielsweise in den deutschen Mittelgebirgsregionen zählen als **hidden champions** innerhalb ihrer Branche zu den Weltmarktführern. Sie behaupten ihre internationale Wettbewerbsfähigkeit – häufig als Familienunternehmen bereits über mehrere Generationen – trotz oder teilweise Dank der Globalisierung, die ihnen neue und wachsende Exportmärkte eröffnete. Die zweifellos nachweisbare Tendenz der Deindustrialisierung in vielen angestammten Industrieländern ist daher nicht gleichzusetzen mit einem unumkehrbaren Übergang zu einem postindustriellen Regime, wie dies

Tab. 6.3 Sektorale Wirtschaftsstruktur in ausgewählten Ländern 2010 (in %)
(Quellen: USA: Bureau of Labor Statistics, Bureau of Economic Anaysis;
GB: Office for National Statistics; FR, IT, DE: Eurostat)

Indikator	USA	GB	Frankreich (2009)	Italien	Deutschland
Anteil Arbeitsplätze					
Industrie	10,8	10,7	13,0	18,0	19,0
Dienstleistungen	86,4	79,3	74,2	68,8	72,0
Anteil BIP					
Industrie	18,2	15,7	12,5	19,4	23,7
Dienstleistungen	74,6	77,5	80,3	72,8	71,3

Abb. 6.13

Flatted Factory in Hongkong

in den Medien und von Wirtschaftsberatern gerne im Zusammenhang mit der Tertiärisierung formuliert wird. Weiterhin findet in allen klassischen Industrieländern in unterschiedlich starkem Maße industrielle Produktion statt, die aufgrund ihrer Sekundäreffekte für andere Branchen zu den wichtigen Pfeilern der jeweiligen Volks- und Regionalwirtschaften gehört. Wie in **Kapitel 1** bereits ausgeführt, sind sinkende Arbeitsmarktanteile des Produzierenden Gewerbes zum Teil auch auf statistische Zuordnungen zurückzuführen und somit nicht zwangsläufig ein Beleg für den grundlegenden Wandel der Wirtschaftsstruktur. Selbst in Großbritannien, dem im Zusammenhang mit der Finanz- und Wirtschaftskrise eine zu einseitige Dienstleistungsorientierung vorgehalten wurde, beträgt der Anteil der industriellen Wertschöpfung noch 16 % des BIP und liegt damit im Bereich anderer Industrieländer (**Tab. 6.3**).

Außerdem ist das Phänomen der Deindustrialisierung keineswegs auf die traditionellen Industrieländer beschränkt. Auch jüngere Industriestandorte, wie Hongkong, unterliegen einem sichtbaren Strukturwandel. Die ehemals typischen sweat shops, d. h. enge innerstädtische Fabrikgebäude, sind dort heute weitaus seltener zu finden als vor der Rückgabe der Kronkolonie an die Volksrepublik (1997) und dem in den 1990er-Jahren einsetzenden Industrialisierungsboom in Festlandchina. Viele der alten Fabrikgebäude (aufgrund der Mehrgeschossigkeit auch flatted factories genannt) **(Abb. 6.13)** mussten entweder Neubauten für Wohn- und Dienstleistungsnutzungen weichen oder wurden umgenutzt, während die Produktion mehr und mehr in die benachbarten Sonderwirtschaftszonen um Shenzhen und Dongguan verlagert wurde. Verglichen mit einigen stark von der Deindustrialisierung getroffenen Regionen in den USA (Detroit, Pittsburgh) oder Europa (Liverpool, Nord-Pas-de-Calais, Ruhrgebiet) herrscht in diesen Räumen jedoch immer noch eine starke Entwicklungsdynamik vor, weil wachsende Sektoren die Arbeitsplatzverluste in der einfachen Industrieproduktion auffangen können. Tendenziell ergeben sich dadurch weniger soziale Problemlagen durch Arbeitsplatzverluste. Hier stehen vielmehr **städtebauliche Fragen** im Vordergrund. So gibt es mittlerweile eine intensive Debatte über industriehistorische und kulturlandschaftliche Aspekte im Zusammenhang mit dem Erhalt oder Nichterhalt baulicher Zeugen der frühen Industrialisierungsphase dieser noch relativ jungen Industriestandorte (Soyez und Li 2009).

6.4.3 Globalisierung von Stadtregionen

Neben den neuen Industrieländern in Asien und Lateinamerika gelten auf der regionalen Ebene insbesondere die Großstadtregionen oder Metropolen als Kristallisationspunkte der wirtschaftlichen und auch sozialen Globalisierung. Seit die niederländische, in den USA lebende Soziologin Saskia Sassen (geb. 1949) den medienwirksamen Begriff der **Global City** geprägt hat, gibt es eine intensive wissenschaftliche Auseinandersetzung mit globalen Städtehierarchien sowie entsprechenden Bewertungskriterien und Analysekonzepten. Nach Sassen haben sich die Städte New York, London und Tokio zu den herausragenden wirtschaftlichen Entscheidungs- und Kontrollzentren entwickelt. Dort konzentrieren sich vor allem die Akteure der Finanzwirtschaft (Banken, Börsen, Finanzdienstleister). Charakteristisch ist auch die Präsenz von Hauptsitzen Transnationaler Unternehmen sowie die Dichte an – teilweise selbst global agierenden – wissensintensiven und unternehmensorientierten Dienstleistern (z. B. Rechtsanwaltskanzleien, Steuerberater, Wirtschaftsprüfer, Werbeagenturen). Als besonders relevant gilt die auch als FIRE bezeichnete Gruppe von Dienstleistern aus den Bereichen Finanzen (F), Versicherungen (I = insurance) und Immobilienwirtschaft (RE = real estate). Global Cities sind

Box 6.6

Global Cities – World Cities – Megacities – Metropolregionen

Saskia Sassen (1991) hat mit ihrer Städteeinordnung eine allgemeine Debatte über **Global Cities** ausgelöst, aber auch Kritik durch ihre Fokussierung auf nur drei Städte geerntet. In der Folge haben sich insbesondere Jon Beaverstock und Peter Taylor sowie das von ihnen geleitete Globalization and World Cities (GaWC) Research Network mit Hauptsitz im englischen Loughborough intensiv mit den Möglichkeiten befasst, das Städtesystem der Erde nach Globalisierungsindikatoren zu klassifizieren und somit Aufschluss über die internationale Zentralität oder die globalwirtschaftliche Bedeutung von Städten bzw. Stadtregionen zu erlangen. Basierend auf dem weniger vorbelasteten Begriff der **World Cities** wenden die Forscher eine Reihe von statischen und dynamischen Indikatoren an, wobei der Fokus auf der Präsenz von Hauptstandorten der weltweit wichtigsten Unternehmen ausgewählter Dienstleistungsbranchen liegt. Das Ergebnis ist eine Einordnung in Gruppen sogenannter Alpha-, Beta- und Gamma-World Cities, die sich weiter untergliedern lassen. Innerhalb der ersten Gruppe (41 Städte) werden nur zwei der höchsten Kategorie A++ zugeordnet: New York und London. Tokio teilt sich die zweite Kategorie A+ mit sieben weiteren Städten, darunter Paris und Mailand. Frankfurt, Wien und Zürich finden sich in der Gruppe A- (Taylor et al. 2001, GaWC 2008 sowie **Abb. 6.14**). Je nachdem, welche Indikatoren zugrunde gelegt und wie sie gewichtet werden, verschieben sich solche Rankings, auch in den Arbeiten der GaWC-Gruppe. Grundsätzlich gilt jedoch, dass New York und London immer in der höchsten Kategorie zu finden sind.

Nicht zu verwechseln mit den Global und World Cities sind die Begriffe **Megacities** oder **Megastädte**. Diese definieren Stadtregionen auf Grundlage ihrer Einwohnerzahl (in der Regel über 5 Millionen Einwohner) und zum Teil ihrer speziellen Problemlagen (Infrastruktur, öffentliche Gesundheit, Umweltaspekte etc.), nicht aber über ihre funktionale Bedeutung für das globale Wirtschaftsgeschehen (Kraas und Mertins 2008).

In zahlreichen europäischen Ländern existiert zudem der Begriff der **Metropolregionen**. Dabei handelt es sich jedoch eher um eine raumordnerische Zielkategorie als um einen analytischen Begriff, wenngleich einige der zur Beschreibung von Metropolität genutzten Indikatoren den Datensätzen der World Cities-Systematik ähneln (Blotevogel 2010).

also nicht nur Knotenpunkte weltweiter Wirtschaftsaktivitäten (Kommandozentralen), sondern auch wichtige Standorte für die Produktion von Dienstleistungen, Wissen und Innovationen. Sie nehmen damit im globalen Städtesystem eine Sonderstellung ein, die nicht nur durch reine Größeneffekte zu erklären ist (Sassen 1991).

Über deren unmittelbare weltwirtschaftliche Bedeutung hinaus zeigt Sassen am Beispiel der Entwicklung von New York, London und Tokio auf, wie die Globalisierung nicht nur die ökonomische, sondern vor allem

Abb. 6.14

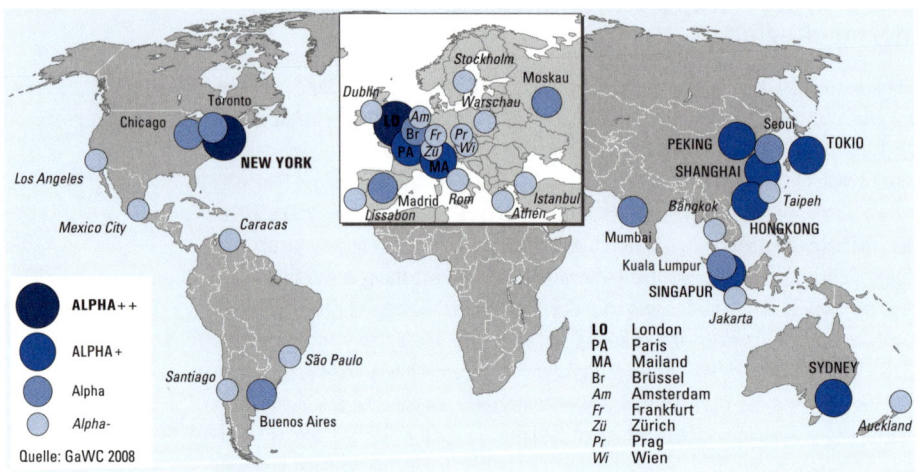

World Cities-Klassifikation 2008 (nur Alpha-Kategorien)

auch die physische, demographische und soziale Struktur der Städte geprägt hat. Diese Phänomene sind tendenziell übertragbar auf viele andere Metropolen. Zu den wichtigsten Befunden zählen hierbei:

- Die Entstehung von hoch verdichteten Bürostandorten sowohl in den Innenstadtlagen (CBD) als auch in **neuen Dienstleistungszentren am Stadtrand (edge cities)**. Diese zeichnen sich durch eine globalisierte Architektur und Formensprache aus und heben sich deutlich von umliegenden Stadtteilen ab. Ähnliches gilt für die Entwicklung von exklusiven Wohnstandorten, inklusive der **Gentrifizierung** alter Bausubstanz sowie geschlossener Wohnkomplexe (gated communities).
- Ein hoher Anteil von zugewanderten Einwohnern aus allen Teilen der Welt erzeugt nicht nur einen kosmopoliten Charakter, sondern führt auch zur Ausbildung **Transnationaler Sozialer Räume**. Dieses Konzept beschreibt die Tatsache, dass viele Migranten sich nicht nur verschiedenen Kulturkreisen zugehörig fühlen und hybride Identitätsmuster ausbilden, sondern durch ihre sozialen Alltagspraktiken und Symbolsysteme gleichzeitig zwei oder mehr verschiedenen sozialräumlichen Einheiten oder Lebenswelten angehören (Pries 1996). Einen solchen transnationalen Raum spannt beispielsweise ein mexikanischer Arbeitsmigrant auf, der in New York arbeitet, überwiegend spanisch spricht, mehrfach jährlich in seinen Heimatort reist, wöchentlich mit der Familie telefoniert und regelmäßig Geld nach Mexiko transferiert.

Box 6.7

Globale Eliten – Neue Argonauten – Neue Kreative

Im Zusammenhang mit Globalisierungsprozessen werden vor allem auch hoch qualifizierte Arbeitskräfte international mobiler. Ihre Erwerbsbiographien sind dementsprechend gekennzeichnet von häufigen Standortwechseln, interkultureller Erfahrung und meist überdurchschnittlichen Fremdsprachenkenntnissen. Sie werden daher auch als **Globale Eliten** bezeichnet. Bei einem Teil von ihnen handelt es sich um Unternehmensgründer, die auf der Basis ihrer im Ausland gesammelten Erfahrungen und unter Beibehaltung der dort entwickelten Netzwerke im Heimatland erfolgreich Firmen aufbauen. Dabei geht es nicht nur um einen einseitigen Wissenstransfer (z. B. von einem Industrie- in ein Schwellenland durch klassische Re-Migration von Eliten als sogenannter brain gain), sondern um dauerhafte Interaktionen und Austauschbeziehungen zwischen den Standorten (brain circulation), aus denen Innovationen resultieren können. In Anspielung auf die griechische Mythologie werden diese „reisenden" Unternehmer auch **neue Argonauten** genannt (Saxenian 2006). In der Stadtforschung, vor allem aber in der Wirtschaftspolitik und im Stadtmarketing, erfreut sich zudem der Begriff der **Neuen Kreativen** (new creative class) großer Beliebtheit. Florida (2002) verweist auf die Rolle der hoch qualifizierten Berufsgruppen (talents) als Leistungsträger der Wissensökonomie und schreibt ihnen für die Prosperität einer Stadtregion entscheidende Bedeutung zu. Städte sollten sich demnach darum bemühen, möglichst viele dieser Beschäftigten und Unternehmer anzuziehen bzw. am Standort zu halten. Zu den Kritikpunkten an Floridas Ansatz zählt neben dem umstrittenen Klassenbegriff auch, dass er den Bereich der Kreativen in seinen empirischen Studien sehr weit fasst und beispielsweise auch klassische Ingenieure oder EDV-Techniker mit einbezieht.

Ebenso wichtig sind in diesem Kontext aber auch die sogenannten Globalen Eliten.
- Die **dynamische Entwicklung auf den Immobilienmärkten** schlägt sich in rasant steigenden Preisen für Wohnimmobilien sowie in vielfach hoch spekulativen Investitionen in neue Büroimmobilien nieder. Letztere sind ihrerseits Ausdruck von Globalisierungsprozessen in der Finanzwirtschaft und der wachsenden Bedeutung internationaler Fondsgesellschaften, die ihr Kapital vorzugsweise in diese renditeträchtigen Standorte investieren (Heeg 2009, Scharmanski 2009). Durch die hohe Investitionsdynamik in Phasen starker Nachfrage kommt es vielfach zum Aufbau von Überkapazitäten. Daran schließen sich meist mehrjährige Phasen zurückhaltender Investitionstätigkeit an. Die so entstehenden **Immobilienzyklen** verlaufen zwar regional oft unterschiedlich, für Büroimmobilienmärkte ist jedoch eine gewisse Konvergenz oder globale Synchronität zu beobachten (Pomogajko und Voigtländer 2011).

- Eine besondere Bedeutung wird – über die eigentliche Global City-Debatte hinausgehend – den Kulturökonomien beigemessen, also den Kulturschaffenden und Medien, der Unterhaltungsbranche, den Galerien und Museen, den Verlagen sowie der Filmwirtschaft, die für das Stadtimage von großer Bedeutung sind. Kulturelle Attraktivität wird im Standortmarketing mitunter gezielt inszeniert, etwa durch besonders auffällige Museumsbauten von Star-Architekten (starchitecture).

Die Arbeiten von Sassen und anderen Fachvertretern zeigen auch die sozialen Kehrseiten dieser Entwicklungen. Unter den Stichworten der **Dualen Stadt** und der Fragmentierung weisen zahlreiche Studien auf die wachsende Kluft zwischen den vorgenannten Eliten und den Normal- oder Geringverdienenden hin. Bedingt durch die teilweise großen Einkommensunterschiede drückt sich diese Kluft auch in einer zunehmenden räumlichen Segregation der Wohnbevölkerung aus.

6.4.4 Fragmentierende Entwicklung und Informalität

Wie die vorherigen Abschnitte gezeigt haben, wirkt sich die Globalisierung auf der Ebene der Regionen und auch der Individuen sehr unterschiedlich aus – sie produziert sowohl Gewinner als auch Verlierer, sowohl Aufsteiger als auch Absteiger. Eine gebräuchliche Metapher für diese Verschärfung der sozialen und räumlichen Entwicklungsunter-

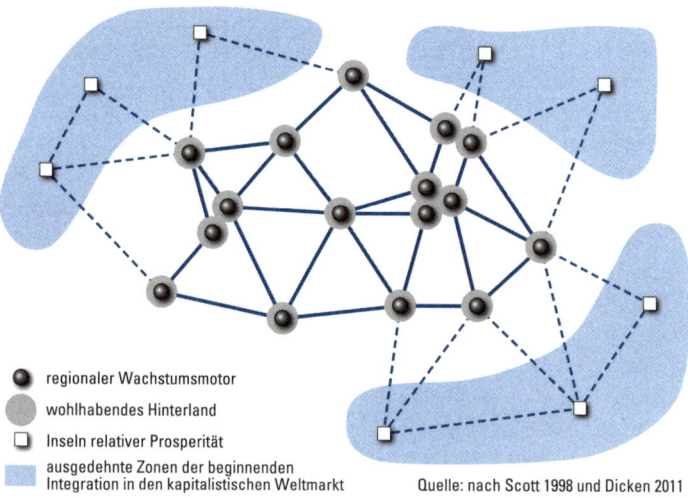

Abb. 6.15

Die Weltwirtschaft als miteinander verbundene Wachstumsinseln

- regionaler Wachstumsmotor
- wohlhabendes Hinterland
- Inseln relativer Prosperität
- ausgedehnte Zonen der beginnenden Integration in den kapitalistischen Weltmarkt

Quelle: nach Scott 1998 und Dicken 2011

schiede ist die der **Fragmentierenden Entwicklung**. Bezugnehmend auf die Vorstellungen des strukturellen Imperialismus nach Robert Galtung und Osvaldo Sunkel (siehe **Kap. 4.5.7**) geht es dabei weniger um den großräumigen Nord-Süd-Gegensatz, sondern vielmehr um die zunehmend kleinräumige Differenzierung zwischen Gewinner- und Verliererregionen im Norden und im Süden. Die Globalisierung wird somit als ein Prozess verstanden, der weltweit die wirtschaftlichen und sozialen Gegensätze weiter verschärft und vielerorts neue Armut produziert. Ein häufig verwendetes Bild, das diese Diagnose beschreibt, ist das der **Inseln des Reichtums in einem Meer von Armut** (Scholz 2002: 8). So wird das räumliche Muster der heutigen Weltwirtschaft auch als Archipel bezeichnet (Veltz 1996). Die Inseln des Wohlstands – wirtschaftlich dynamische Metropolen mit ihrem Hinterland – sind dabei intensiv miteinander vernetzt **(Abb. 6.15)**.

Eine relativ umfassende Theorie der Fragmentierenden Entwicklung hat der Geograph Fred Scholz (geb. 1939) vorgelegt (Scholz 2002, 2004). Sie kennzeichnet modellhaft Raumtypen bzw. Raumfragmente, die von der Globalisierung unmittelbar betroffen sind und sich als Inseln des – zumindest relativen – Reichtums über das sogenannte Meer der Armut (bei Scholz auch Neue Peripherie, Neuer Süden oder ausgegrenzte „Restwelt" genannt) erheben **(Abb. 6.16)**.

Die **Globalen Orte** sind nach Scholz die Schaltstellen der Weltwirtschaft. Hierzu zählen zum einen die Kommandozentralen der Finanzwirtschaft,

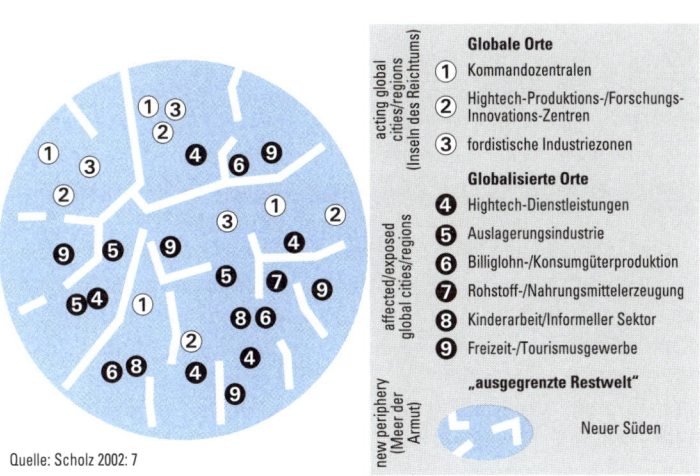

Abb. 6.16

Modell der globalen Fragmentierung nach Fred Scholz

Quelle: Scholz 2002: 7

der wissensbasierten Dienstleistungen und der Transnationalen Unternehmen (z. B. New York, London, Tokio, Singapur, Frankfurt). Globale Orte sind aber auch die Zentren der Hightech-Industrie (z. B. Silicon Valley, Cambridge, München) sowie die alten fordistischen Industriezonen der technisch anspruchsvollen Massenproduktion (z. B. Wolfsburg, Turin, Nagoya).

Mit den dominierenden Globalen Orten funktional eng verbunden, diesen aber hierarchisch nachgeordnet und letztlich von ihnen abhängig, sind die **Globalisierten Orte**. Zu dieser Gruppe zählen:
- Zentren der aus den Globalen Orten ausgelagerten Hightech-Dienstleistungen wie Bangalore in Indien oder Offshore-Finanzzentren wie die Kayman-Inseln
- Räume, die von Auslagerungsindustrien (z. B. Mexikos Grenzregion zu den USA, Pearl River Delta in Südchina) sowie vom Billiglohnsektor und der einfachen Konsumgüterproduktion (z. B. Dhaka in Bangladesch) dominiert werden
- exportorientierte Bergbau- und Agrarregionen (z. B. Pilbara-Region in Westaustralien, Copper Belt in Sambia, Großraum Lagos in Nigeria, Teile des inneren Brasiliens)
- Regionen des internationalen Freizeit- und Tourismusgewerbes (z. B. Küstenregionen in Thailand, Kenia, Dominikanische Republik)
- zumindest teilweise international verflochtene Konzentrationen von informeller Arbeit und Kinderarbeit

Von den Globalen und Globalisierten Orten räumlich, funktional und physiognomisch abgesetzt befindet sich die ausgegrenzte **Neue Peripherie**. Diese partizipiert nicht an den möglichen Segnungen der Globalisierung. Große Teile Afrikas, Asiens und Lateinamerikas lassen sich so charakterisieren. Aber auch im Globalen Norden entstehen zunehmend von der weltwirtschaftlichen Dynamik abgekoppelte, marginalisierte Gebiete. Die Bevölkerung der Neuen Peripherie ist aus Sicht des globalen Wirtschaftssystems gleich dreifach überflüssig: Als Arbeitskräfte werden sie nicht benötigt, als Konsumenten spielen sie keine Rolle und die Erzeugnisse, die sie herstellen, werden nicht gebraucht (Scholz 2002: 8).

Die beschriebenen Raumfragmente haben keinen statischen Charakter. Vielmehr sind auch die Globalen Orte, vor allem aber die Globalisierten Orte aufgrund der Wettbewerbslogik der Globalisierung immer der **latenten Gefahr des Abstiegs** ausgesetzt. Gleichermaßen eröffnet sich auch für einige (wenige) Gebiete der „Restwelt" mitunter die Möglichkeit, zu Globalisierten Orten aufzusteigen. Allerdings sind solche Aufstiege nach Scholz fast immer zufällig, weil entsprechende Impulse und Entscheidungen oft weniger von lokalen als vielmehr von den Akteuren in den Kommandozentren ausgehen.

Dhaka/Bangladesch: Luxuswohnkomplexe und Hüttensiedlungen in unmittelbarer Nachbarschaft

Die Theorie der Fragmentierenden Entwicklung stellt anschaulich dar, dass der globale Wettbewerb räumliche sowie sozial-ökonomische Differenzen eher verstärkt als abschwächt und nicht Staaten als Ganzes, sondern nur bestimmte Orte oder Regionen sowie einzelne Bevölkerungsgruppen von der Globalisierung profitieren. Außerdem leistet sie eine sehr anschauliche Typisierung der raumstrukturellen Folgen der Globalisierung. Kritik erntete die Theorie der Fragmentierenden Entwicklung vor allem aufgrund ihres überwiegend deskriptiven Charakters und des nicht unproblematischen Armutskonzepts, das zwischen absoluter Armut im Globalen Süden und relativer Armut im Globalen Norden zumindest prinzipiell nicht unterscheidet. Die materiellen Lebensbedingungen in marginalisierten Räumen des Nordens und Südens sind aber nicht wirklich vergleichbar, weil staatliche Transferleistungen und regionalpolitische Interventionen in wohlhabenden Ländern ein Mindestniveau an Einkommen und Entwicklungschancen sichern. Letztlich unterschätzt die Theorie der Fragmentierenden Entwicklung tendenziell sowohl die gestaltende Rolle des Staates als auch die ökonomischen Sicker- und Ausbreitungseffekte.

Eine erhebliche Bedeutung hat die Idee der sozialräumlichen Fragmentierung in der Stadtgeographie und insbesondere in der Megastadt-Forschung erlangt. **Der Einfluss der Globalisierung drückt sich** hier **häufig in einem kleinräumigen Mosaik von völlig gegensätzlichen Stadtfragmenten aus.** Dieses Mosaikmuster finden sich zwar auch in Großstädten des Nordens, ist aber in den Megastädten des Südens deutlicher ausgeprägt. Global integrierte Stadtfragmente, wie moderne Bürokomplexe, ummauerte Luxuswohnanlagen (gated communities) oder Fabrikzonen der modernen Konsumgüterproduktion, finden sich hier oft in unmittelbarer Nachbarschaft zu baufälligen und dicht besiedelten Hüttensiedlungen mit minimaler Infrastruktur. Globalisierte Orte und die „Restwelt" stoßen oft auf engstem Raum aufeinander **(Abb. 6.17)**.

Allerdings lässt sich aus den krassen physiognomischen Gegensätzen nicht immer eine ebenso scharfe funktionale Fragmentierung ableiten. So können die Bewohner der Hüttensiedlungen durchaus in exportorientierten Industriebetrieben arbeiten. Oder sie finden Beschäftigung als Hausangestellte, Rikscha-Fahrer, Müllsammler oder Straßenverkäufer in den globalisierten Stadtfragmenten und profitieren so, wenn auch in bescheidenem Ausmaß, ebenfalls von deren wirtschaftlicher Dynamik. In vielen Metropolen des Südens schafft die Globalisierung aufgrund der steigenden lokalen Nachfrage nach einfachen Dienstleistungen einen Markt für informelle Beschäftigung. Aber auch in die Produktion von Gütern für den weltweiten Markt können informelle Kleinbetriebe als Zulieferer oder Subunternehmer eingebunden sein.

Die Diskussion um **Informelle Ökonomien** ist deutlich älter als das Konzept der Fragmentierung und spielt in der Entwicklungsökonomie seit vielen Jahrzehnten eine prominente Rolle. Auf der Basis vorangehender Überlegungen zu dualen Ökonomien entstand in den frühen 1970er-Jahren das **Konzept des Informellen Sektors**, der vor allem als ein Resultat von Beschäftigungsproblemen in den von starken Bevölkerungszunahmen gekennzeichneten Metropolen der Entwicklungsländer gesehen wurde. Weil der Formelle Sektor für die vielen Menschen nicht genug Arbeits- und Ausbildungsplätze bieten kann – so die zentrale These – sind diese darauf angewiesen, ihren Lebensunterhalt selbstständig und außerhalb geregelter Beschäftigungsverhältnisse zu verdienen. Zum Informellen Sektor bzw. zur Informellen Ökonomie werden danach alle nicht angemeldeten und nicht offiziell registrierten ökonomischen Tätigkeiten gezählt, die in der Regel durch kleine Betriebsgrößen, arbeitsintensive Produktion, geringe Qualifikationsanforderungen und Eintrittsbarrieren, die Verwendung einfacher Technologien und relativ geringe Einkommen gekennzeichnet sind. Der Begriff des Informellen Sektors zielt dabei stärker auf die Charakteristika der Unternehmen, derjenige der Informellen Ökonomie vor allem auf die Beschäftigungsverhältnisse ab (Castells und Portes 1989).

Während die Existenz von Informalität in den 1970er-Jahren meist ausschließlich als Problem gesehen wurde, das im Sinne der nachholenden Entwicklung möglichst schnell durch Industrialisierung überwunden werden sollte, betonen heute viele Wissenschaftler auch die **positiven Wirkungen Informeller Ökonomien** (z. B. Maloney 2004). So bieten informelle Tätigkeiten gerade aufgrund ihrer hohen Arbeitsintensität Beschäftigungs- und Einkommensmöglichkeiten für eine große Zahl von Menschen mit geringer Qualifikation und weisen zudem oft ein hohes Maß an Kreativität und Flexibilität auf. Sie sind nicht selten erstaunlich resilient gegenüber externen Schocks, fördern das Unternehmertum und befriedigen die Nachfrage nach einfachen, kostengünstigen Gütern und Dienstleistungen. So setzte sich in den letzten Jahren die Auffassung durch, dass informelle Strukturen weder ein reines Übergangsphänomen im Entwicklungsprozess darstellen noch in der Praxis immer klar von formellen Tätigkeiten zu trennen sind. Vielmehr existieren zahlreiche Mischformen und fließende Übergänge und zwar nicht nur in Entwicklungsländern, sondern auch im entwickelten Norden (hier z. B. als Nachbarschaftshilfe sowie negativer konnotiert als Schattenwirtschaft bzw. Schwarzarbeit). Entsprechend lässt sich **Informalität** auch **als eine spezifische Art der Produktionsorganisation** bzw. als ein Set ökonomischer und sozialer Praktiken interpretieren, die auf der Basis institutioneller Arrangements formelle Strukturen ergänzen, ausfüllen oder partiell ersetzen.

Globale Ketten der Wertschöpfung und Produktionsnetzwerke | 6.5

Entsprechend ihrer traditionellen Perspektiven untersuchte die Wirtschaftsgeographie internationale Verflechtungen zunächst als Austauschbeziehungen zwischen Nationen **(Kapitel 6.2)** oder innerhalb von integrierten Transnationalen Unternehmen **(Kapitel 6.3)**. Diese Betrachtungsweisen stoßen aber angesichts **immer komplexerer Formen der Produktionsorganisation** an Grenzen. Insbesondere lassen sich Wertschöpfungsprozesse, an denen viele rechtlich unabhängige Unternehmen in verschiedenen Ländern beteiligt sind, damit nicht mehr befriedigend erfassen, beschreiben und analysieren. Eine alternative Perspektive auf die internationale Arbeitsteilung bieten die **Kettenansätze**, die in der wirtschaftsgeographischen Forschung in den letzten Jahren stark an Bedeutung gewonnen haben (Schamp 2008b). Der Grundgedanke ist dabei, den Weg eines Produktes und seiner wesentlichen Bestandteile schrittweise entlang eines arbeitsteiligen Wertschöpfungsprozesses von der Rohstoffextraktion über verschiedene Stufen der Produktion bis hin zur Auslieferung an den

Abb. 6.18

Fabrik für die Herstellung von Jeans im Umland von Dhaka/Bangladesch

Konsumenten nachzuvollziehen. In der Regel sind an einer solchen Waren- oder Wertschöpfungskette mehrere rechtlich selbstständige Unternehmen aus unterschiedlichen Branchen und Ländern beteiligt.

6.5.1 | Filières und Globale Warenketten

Ein relativ frühes, von französischen Ökonomen in den 1970er-Jahren entwickeltes Konzept zur Analyse des Weges eins Gutes durch verschiedene Stufen der Produktion, Weiterverarbeitung und Distribution ist das der **filière**. Dabei steht die Vorstellung eines linearen Materialdurchflusses im Zentrum, der in **diskrete Segmente** unterteilt werden kann. Diese Segmente sind jeweils durch einen Dreischritt von Input, Transformation und Output gekennzeichnet. An den Schnittstellen zwischen den Segmenten entstehen potenziell Märkte, während innerhalb der Segmente hierarchische Koordinationsmechanismen und integrierte Unternehmen bestimmend sind (Kulke 2007). Der Ansatz der filières eignet sich gut dazu, Warenflüsse analytisch zu strukturieren sowie deren geographische Ausdehnung zu erfassen. Allerdings stößt das lineare Modell rasch an Grenzen, wenn komplexe industrielle Produktionsprozesse mit vielen Einzelteilen und einer großen Zahl verarbeiteter Rohstoffe untersucht werden sollen. Deshalb wurde das filière-Konzept bislang vorwiegend zur

> Box 6.8

Warenkette und Transportwege einer Jeans

Bereits wenig komplexe Produkte legen bei ihrer Herstellung weite Wege zurück und durchlaufen mehrere Unternehmen und Produktionsstufen. Dies lässt sich am Beispiel einer Jeans veranschaulichen, die in einem Warenhaus in Frankreich über den Ladentisch geht (Browne et al. 2005). Die Baumwolle für diese Jeans wird bei Samarkand in Usbekistan angebaut. Nach der Ernte wird diese per Bahn und Schiff über Port Abbas/ Iran und Mumbai nach Indien geliefert und in Nagpur gesponnen, gewebt und gefärbt. Anschließend werden die Stoffbahnen in gerollter Form per Lastkraftwagen zu einer Fabrik in Dhaka/Bangladesch gebracht, wo sie zur Hose vernäht, ausgerüstet und veredelt werden. Diese Fabrik verarbeitet parallel auch südindische Baumwolle aus der Nähe von Chennai, die in Ahmedabad gesponnen, gewebt und gefärbt wird. Von Dhaka gehen die fertigen und verpackten Jeans per Bahn im Container nach Chittagong, von wo sie auf dem Seeweg zunächst nach Singapur gebracht werden. Dort werden die Container auf ein größeres Schiff umgeladen, nach Le Havre transportiert und dann mit dem Binnenschiff über die Seine zu einem großen Zentrallager in der Nähe von Paris gebracht. Von diesem Lager aus werden mit Lastkraftwagen Warenhäuser in ganz Frankreich beliefert. Die gesamte seit der Baumwollernte zurückgelegte Wegstrecke beträgt damit 27 200 oder 23 400 km, je nachdem, ob für die Jeans usbekische oder indische Baumwolle verarbeitet wurde. Bei dieser Aufstellung sind die Wege und Wertschöpfungsstufen der in Dhaka an die Jeans angebrachten Reisverschlüsse und Knöpfe sowie die in Nagpur und Ahmedabad benutzten Färbestoffe und die dafür notwendigen Rohmaterialien (Kupfer und Zink für Knöpfe und Reisverschlüsse, Bimsstein für das Stonewashing usw.) noch gar nicht berücksichtigt. Das Design der Jeans stammt aus Europa ebenso wie das zum Färben benutzte synthetische Indigo.

▲

Analyse relativ einfach strukturierter Produkte der Agrarwirtschaft und der daran anschließenden Nahrungsmittelindustrie verwendet.

Deutlich nachhaltiger hat sich das Konzept der **Globalen Warenkette** (Global Commodity Chain GCC) auf die Wirtschaftsgeographie ausgewirkt. Dieser Ansatz wurde Anfang der 1990er-Jahren von Sozialwissenschaftlern um den US-amerikanischen Soziologen Gary Gereffi entwickelt (Gereffi und Korzeniewicz 1994). Ausgangspunkt war die Beobachtung, dass immer mehr Produkte für den Konsum im Norden von Produzenten im Globalen Süden hergestellt werden (z. B. Bekleidung, Lederprodukte, Spielwaren, elektronische Geräte, Schnittblumen). Ausgehend von der Frage, ob die neue internationale Arbeitsteilung eine Chance für die Produzenten in Entwicklungsländern darstellt oder diese langfristig in eine abhängige Position drängt, wurden von Gereffi und seinen Kollegen zwei Grundtypen von Globalen Warenketten identifiziert (Abb. 6.19). Dabei handelt es sich einerseits um produzentendominierte (producer driven chains), anderseits um käuferdominierte Ketten (buyer driven chains). Bei der **produzentendominierten Kette** liegt die Macht zur Steuerung der gesamten Warenkette bei den Produzenten. Dies sind in der Regel große Unternehmen, die über besondere technologische Kompetenzen und kapitalintensive Produktionsverfahren verfügen. Typische Branchen, in denen dieser Kettentypus vorherrscht, sind die Automobil-, die Luftfahrt- und die Halbleiterindustrie.

Bei der **käuferdominierten Kette** haben die eigentlichen Produzenten der Ware keine Möglichkeit, die von ihnen hergestellten Produkte selbst an die Konsumenten im Globalen Norden zu verkaufen, weil sie weder über etablierte Markennamen noch über eigene Vertriebskanäle verfügen. Da sie keinen unmittelbaren Zugang zum Endverbraucher haben, sind sie von **Leitunternehmen (lead firms)** im Norden abhängig. Bei diesen handelt es sich in der Regel um große werbeintensive Markenanbieter oder Einzelhandelsunternehmen, die die gesamte Warenkette steuern und die Vertragskonditionen gegenüber den Zulieferern weitgehend diktieren können. In vielen Fällen stammen von ihnen auch das Design und die Blaupausen der Produkte. Aufgrund ihrer geringen spezifischen Kompetenzen und dem starken Wettbewerb um Aufträge können die Produzenten vom Leitunternehmen schnell und unproblematisch ausgetauscht werden, wenn sie preisliche oder qualitative Vorgaben nicht mehr erfüllen (können). So sind die käuferdominierten Ketten von einer ausgeprägten **Machtasymmetrie** geprägt, die den Produzenten im Globalen Süden nur wenig Chancen zur selbstständigen Weiterentwicklung und zum Kompetenzgewinn gibt. Bekleidung, Schuhe und Sportartikel sowie Nahrungs- und Genussmittel sind typische Produkte, bei denen die Leitunternehmen durch ihre Verhandlungsmacht die gesamte Kette dominieren und einen Großteil der gesamten Wertschöpfung auf sich vereinigen. Die Produzenten und ihre Standortregionen sind dabei im Extremfall einem sogenannten **race to the bottom** ausgesetzt, bei dem Arbeits-, Sozial- und Umweltstandards aufgrund der intensiven Konkurrenz immer weiter herabgesetzt werden. Auch die Entlohnung der Arbeitskräfte bleibt gering.

Vier Dimensionen sind für Globale Warenketten kennzeichnend (Gereffi und Korzeniewicz 1994, Gereffi 1995). Sie besitzen:
- eine Input-Output-Struktur, die sowohl tangible (Rohstoffe, Halbfertigprodukte) als auch als intangible Ströme (Information, Wissen) umfasst, die im Prozess der Wertschöpfung miteinander verknüpft sind;
- eine Governance-Struktur, die bestimmt, wie und von wem die Kette gesteuert wird und wie Ressourcen und Wertschöpfung innerhalb der Kette verteilt werden;

- eine räumliche Struktur (territoriality), die sich vor allem in räumlicher Konzentration oder Dispersion der Kette und ihrer Glieder ausdrückt;
- ein institutionelles Gefüge, in welches die Ketten eingebettet sind und das auf der Ebene von Regionen, Nationalstaaten und internationalen Regelungen einen Referenzrahmen für das Zusammenspiel der Kettenglieder setzt.

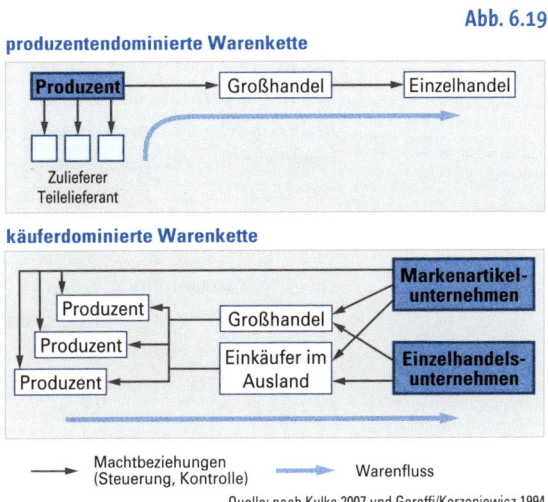

Abb. 6.19

Das Modell der Globalen Warenkette

Das Konzept der Globalen Warenketten hat in der Wirtschaftsgeographie großen Widerhall gefunden und zahlreiche empirische Arbeiten angeregt. Zudem hat es das Verständnis für den Globalisierungsprozess und seine räumlichen Auswirkungen erweitert. Dennoch wurde an dem Ansatz auch Kritik geübt. Diese bezieht sich zum einen auf den Begriff der „Kette" an sich, die eine einfache lineare, sequenzielle Abfolge der einzelnen Wertschöpfungsstufen impliziert, obwohl in der Realität häufig netzwerkartige Strukturen vorherrschen. Eng damit verbunden ist die Kritik, dass die Bedeutung des institutionellen Umfeldes zwar theoretisch angesprochen wird, in den empirischen Analysen dann aber oft keine ausreichende Berücksichtigung erfährt (Bair 2005). Zum anderen wird die dichotome Einteilung in käufer- und produzentendominierte Warenketten trotz ihres unbestritten hohen didaktischen Wertes der komplexen Realität nicht gerecht, weil sie weder die Zwischenstufen zwischen den Extremen noch Prozesse des Kompetenzgewinns oder Kompetenzverlusts angemessen abbilden kann. Diese kritische Bewertung führte in den letzten Jahren zu zwei wesentlichen Weiterentwicklungen der Kettenansätze. Hierzu zählen die stärker differenzierte Typologie der Globalen Wertschöpfungsketten von Gereffi, Humphrey und Sturgeon (2005) sowie das Konzept der Globalen Produktionsnetzwerke, das die institutionelle Einbettung der Unternehmen besonders betont (Henderson et al. 2002).

6.5.2 Globale Wertschöpfungsketten und Koordination

Gereffi, Humphrey und Sturgeon (2005) präzisieren in ihrer fünfstufigen Typologie von **Globalen Wertschöpfungsketten** (Global Value Chains, GVC) insbesondere die Formen der Koordination zwischen Leitunternehmen und ihren unmittelbaren Zulieferern (Abb. 6.20). Dabei greifen sie auf die theoretischen Überlegungen des Transaktionskostenansatzes zurück. Die beiden Extremvarianten umfassen einerseits die **reinen Marktbeziehungen** und andererseits die vollständige Hierarchie. Bei den Marktbeziehungen werden die Preise für standardisierte Güter zwischen den Anbietern und Nachfragern einer Leistung immer wieder neu verhandelt (klassischer Außenhandel), dabei kommt es zu keinen längerfristigen Bindungen. Demgegenüber werden die vollständig **hierarchischen Beziehungen** von integrierten Transnationalen Unternehmen bestimmt, die alle Wertschöpfungsstufen innerhalb der eigenen Organisation durchführen (Intra-Unternehmenshandel, Internationalisierung über ausländische Direktinvestitionen). Zwischen diesen Extremtypen existieren **relationale Beziehungen**, bei denen die Leitunternehmen zwar den Zugang zu den Endkunden und Konsumenten kontrollieren, hinsichtlich der Produktion und Entwicklung jedoch auf die spezifischen Kompetenzen ihrer Lieferanten angewiesen sind. Aufgrund dieser gegenseitigen Abhängigkeit gehen sie langfristige Bindungen ein, entwickeln gemeinsam Produkte und pflegen enge, auf gegenseitigem Vertrauen basierende Beziehungen mit ihren Zulieferern. Aufgrund der Komplexität und/oder der geringen Standardisierbarkeit der Produkte sind die Inhalte der Transaktionen ex ante nicht oder nur in geringem Maße schriftlich fixierbar. Diese Form der Zusammenarbeit findet sich häufig bei (wissensintensiven) Dienstleistungen sowie bei Produkten in anspruchsvollen Nischenmärkten. **Modulare Beziehungen** sind häufig bei der Herstellung komplexer und technisch hochwertiger Güter zu finden (z.B. Automobil-, Luftfahrtindustrie). Modular bedeutet hier, dass das Leitunternehmen mehrere Schlüsselproduzenten oder Systemzulieferer längerfristig vertraglich an sich bindet. Diese liefern komplexe Module an das Leitunternehmen und koordinieren ihrerseits wiederum ihre Vorlieferanten. Dies kann in einer starren Pyramidenform oder auch in flexibleren, netzwerkartigen Strukturen stattfinden. Der Typ der **gebundenen Beziehungen** entspricht in etwa der käuferdominierten Warenkette. Die gebundenen Zulieferer (captive suppliers) sind zwar de jure selbstständig, de facto aber ökonomisch weitgehend von einem mächtigen Leitunternehmen abhängig.

Welche Form der Governance in einer Wertschöpfungskette im Einzelnen vorliegt oder welche Form der Koordination ein Leitunternehmen anstrebt, wird davon bestimmt, wie komplex die entsprechenden Trans-

GLOBALE KETTEN DER WERTSCHÖPFUNG UND PRODUKTIONSNETZWERKE

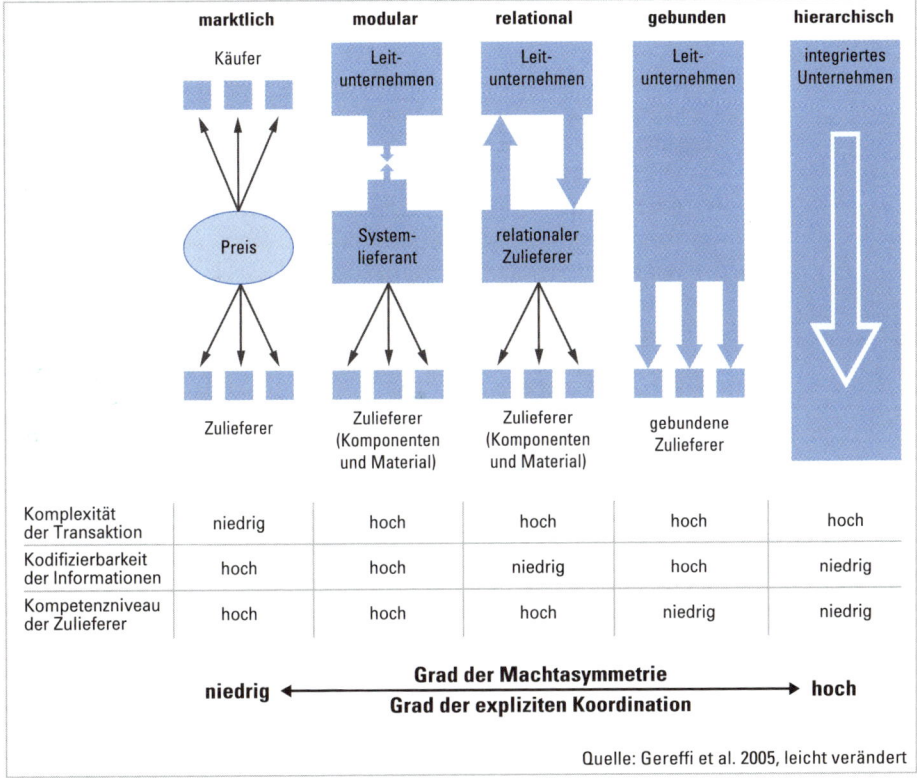

Abb. 6.20 Typen der Koordination in Globalen Wertschöpfungsketten

aktionen sind, wie gut sich deren Inhalte kodifizieren bzw. festschreiben lassen und wie hoch das Kompetenzniveau der Zulieferer ist.

Ein wesentlicher Vorteil des Analyserahmens der Globalen Wertschöpfungskette gegenüber dem der Globalen Warenkette ist, dass sich damit Entwicklungen von einer in eine andere Governance-Form besser erfassen lassen. Tatsächlich können Gereffi, Humphrey und Sturgeon (2005) solche Veränderungen empirisch nachweisen. So stellen sie beispielsweise bei der Fahrradherstellung einen Übergang von hierarchischen zu marktlichen, bei Teilen der ostasiatischen Bekleidungsproduktion einen Übergang von gebundenen zu relationalen sowie bei der US-Elektronikindustrie einen Übergang von hierarchischen zu modular strukturierten Wertschöpfungsketten fest. Grundsätzlich führt die Einführung verbindlicher Normen, also eine weitgehende **Standardisierung** von Produkten, Dienstleistungen und Managementsystemen, immer zu erweiterten Möglichkeiten für eine marktliche Koordination (bessere Kodifizierbarkeit, geringere Komplexität der Transaktion, verringerte Transaktionskosten).

Humphrey und Schmitz (2002) nennen vier grundsätzliche Möglichkeiten, wie Produzenten in Globalen Wertschöpfungsketten durch **upgrading** ihre Position verbessern können:

- effizientere Gestaltung der Produktionsprozesse durch Reorganisation oder Anwendung neuer Technologien (process upgrading)
- Erweiterung des Produktspektrums und Aufbau neuer Produktlinien mit höherer Wertschöpfung (product upgrading)
- Übernahme zusätzlicher Funktionen durch Eindringen in andere Wertschöpfungsstufen, beispielsweise statt reiner Produktion auch Vermarktung und/oder Produktentwicklung (functional upgrading)
- Erschließung neuer Märkte durch Produktdiversifizierung beispielsweise über den Einstieg in verwandte Technologiebereiche (inter-sectoral upgrading)

Allerdings zeigen empirische Studien, dass Produzenten in Entwicklungsländern das für upgrading-Prozesse notwendige Know-how ohne **externe Unterstützung** nur schwer erwerben können. Eine solche externe Unterstützung kann beispielsweise durch Leitunternehmen gewährt werden. So kann ein process upgrading bei den Zulieferern durchaus im Eigeninteresse der Leitunternehmen liegen, wenn dadurch die Produktqualität erhöht oder Kosten gesenkt werden können. Andere Quellen externer Unterstützung können die staatliche Innovations- und Technologiepolitik sowie die internationale Entwicklungszusammenarbeit sein. Inwieweit auch Veränderungen der Konsumpräferenzen im Globalen Norden mittel- und langfristig zu Verbesserungen der Produktionsbedingungen im Süden führen, ist eine spannende Frage, zu der in den nächsten Jahren weitere interessante Forschungsergebnisse zu erwarten sind (z. B. Fairtrade-Bewegung, Öko-Labels oder Sozialstandards).

6.5.3 Globale Produktionsnetzwerke

Das Konzept der **Globalen Produktionsnetzwerke** (Global Production Networks, GPN) wurde in den letzten Jahren vor allem von der sogenannten Manchester-Schule der Wirtschaftsgeographie entwickelt (Henderson et al. 2002, Hess und Yeung 2006). Es soll wesentliche Schwächen der Ansätze zu den Warenketten und Wertschöpfungsketten überwinden. Hierbei werden insbesondere die zu geringe Berücksichtigung der Einbettung von Unternehmen in ihr institutionelles und territoriales Umfeld sowie allgemein die Vernachlässigung räumlicher Zusammenhänge jenseits einer Einteilung in Nord (Zentrum) und Süd (Peripherie) aufgegriffen. In der Literatur zu Wertschöpfungsketten wird zwar anerkannt, dass auch andere Akteure einen Einfluss auf die Ausgestaltung von Governance-Strukturen und Koordinationsmechanismen haben, die detaillierten Analysen konzentrieren sich aber vorwiegend auf die Beziehungen zwischen den Unternehmen.

Dem Modell einer linearen vertikalen Kette stellt der Ansatz der Globalen Produktionsnetzwerke deshalb eine **komplexere Netzwerkstruktur** entgegen, innerhalb der Produkte entwickelt, hergestellt und vermarktet werden. Die vertikalen Austauschbeziehungen zwischen Unternehmen sind in diese Netzwerkstruktur eingebunden. Diese berücksichtigt neben Unternehmen aber auch weitere Akteure (z. B. Staat, Gewerkschaften, Konsumenten, NGOs) und integriert zudem explizit **horizontale Beziehungen (Abb. 6.21)**. Die Einbeziehung von Nicht-Unternehmensakteuren wird auch dadurch deutlich, dass im Ansatz der Globalen Produktionsnetzwerke von drei unterschiedlichen **Machteinflüssen** ausgegangen wird, die die ökonomischen Austauschbeziehungen maßgeblich gestalten (Henderson et al. 2002: 450f.). Neben der unternehmerischen Macht (corporate power), die

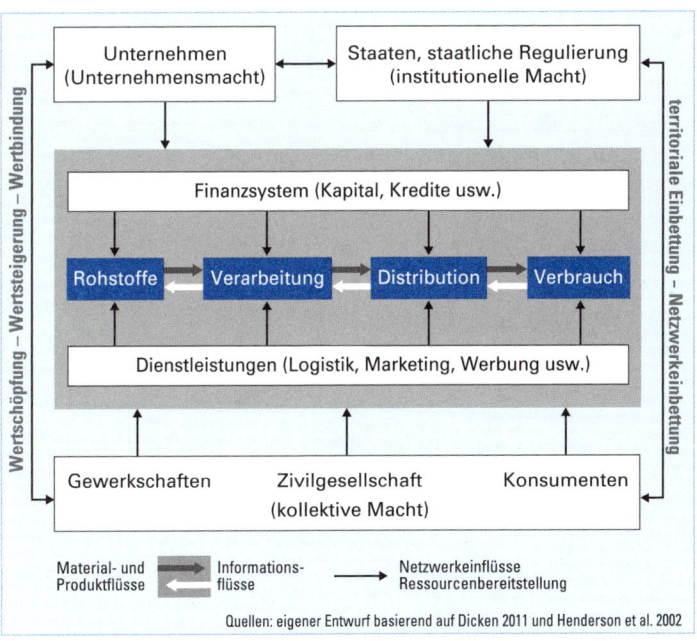

Abb. 6.21

Akteure und Verbindungen im Globalen Produktionsnetzwerk

ähnliche Wirkungen wie die Governance in den Waren- und Wertschöpfungskettenansätzen hat, zählt dazu die **Macht der staatlichen und suprastaatlichen Organisationen (institutional power)** sowie die **kollektive Macht gesellschaftlicher Akteure** wie NGOs oder Gewerkschaften **(collective power)**. **Neben Macht (power) sind Wert (value) und Einbettung (embeddedness) zentrale analytische Kategorien.** Unter „Wert" wird sowohl der Prozess der Wertschöpfung durch die Unternehmen als auch die Wertsteigerung aufgrund des Technologie- und Wissenstransfers innerhalb der Netzwerke sowie die Wertbindung in konkreten räumlich-regionalen Zusammenhängen verstanden. Eingebettet sind die Akteure in das Netzwerk, darüber hinaus aber auch territorial in die sozialen, politischen und kulturellen Bedingungen an ihrem Standort. Da die Beziehungen in Globalen Produktionsnetzwerken Grenzen überschreiten, stellen sie **Verbindungen zwischen verschiedenen nationalen und subnationalen Territorien** her, die durch verschiedene institutionelle Bedingungen geprägt sind.

Die Globalen Produktionsnetzwerke stellen zweifellos eine **heuristisch plausible Erweiterung der Waren- und Wertschöpfungskettenansätze** dar. Allerdings wird dies mit einer Zunahme an Komplexität und der Gefahr eines Verlusts an analytischer Schärfe und eingeschränkter Operationalisierbarkeit erkauft. Der Ansatz ist noch zu jung und es liegen noch zu wenige empirische Umsetzungen für eine kritische Wertung vor. Auch ist die theoretisch-konzeptionelle Diskussion noch nicht abgeschlossen (siehe z. B. Coe et al. 2008). Bisherige empirische Arbeiten lassen vermuten, dass etwa der Einfluss staatlicher Politik auf internationale ökonomische Verflechtungsstrukturen mit dem Ansatz der Globalen Produktionsnetzwerke gut untersucht werden kann. Allerdings zeigen die bisherigen Studien auch, dass es empirisch nur schwer gelingt, den komplexen institutionellen Kontext tatsächlich umfassend und systematisch in die Untersuchung internationaler wirtschaftlicher Zusammenhänge einzubeziehen. Insofern könnten mit einer Kombination aus Wertschöpfungsketten- und Stakeholder-Ansätzen zumindest für einige Fragestellungen durchaus vergleichbare oder sogar analytisch überzeugendere Ergebnisse erzielt werden.

Fragen

1. Warum handelt es sich bei der Globalisierung um ein neues Phänomen?
2. Nennen Sie die wichtigsten Voraussetzungen für den Prozess der wirtschaftlichen Globalisierung.
3. Warum werden nicht alle Weltregionen gleichermaßen von der Globalisierung erfasst?
4. Welche Motive haben Unternehmen für die Internationalisierung ihrer Aktivitäten und welche grundsätzlichen Möglichkeiten stehen ihnen dafür zur Verfügung?

5. Welche globalen Auswirkungen gehen mit der raschen Industrialisierung Süd- und Ostasiens einher?
6. Nennen Sie die wesentlichen Folgen der Deindustrialisierung in Westeuropa.
7. Was versteht man unter einer Global City, was unter einer World City?
8. Welche Globalisierungsphänomene sind in großen Städten besonders auffällig?
9. Erläutern Sie das Konzept der Fragmentierenden Entwicklung und nennen Sie Beispiele.
10. Erläutern Sie die Unterschiede zwischen Globalen Warenketten und Globalen Wertschöpfungsketten.
11. Was versteht man im Kontext von Globalen Wertschöpfungsketten unter upgrading und welche Formen sind hier möglich?
12. Charakterisieren Sie die Grundzüge des Modells der Globalen Produktionsnetze (auch im Unterschied zu Waren- und Wertschöpfungsketten).

Weiterführende Literatur

Backhaus, N. (2009): Globalisierung. Westermann, Braunschweig.

Dicken, P. (2011): Global Shift. Mapping the Changing Contours of the World Economy. 6. Aufl., Guilford Press, New York/London.

Giese, E., Mossig, I. und Schröder, H. (2011): Globalisierung der Wirtschaft. UTB 3449. Schöningh, Paderborn.

Hahn, B. (2009): Welthandel: Geschichte – Konzepte – Perspektiven. Spektrum, Heidelberg.

Themenheft Globale Wertschöpfungsketten der Geographischen Rundschau 2008, Jahrgang 60, Heft 9.

7 | Wirtschaftliche Entwicklung und natürliche Umwelt

Inhalt

Wirtschaftliche Prozesse und die natürliche Umwelt sind auf vielfältige Weise miteinander verknüpft. Die Analyse dieser Verknüpfungen und insbesondere die Suche nach Wegen zur Verminderung von Ressourcenverbrauch und anthropogener Belastung des Naturhaushalts sind wichtige Zukunftsaufgaben der Forschung. In den letzten Jahren wurden von der Wirtschaftsgeographie sowohl Fragen auf der Ebene von einzelnen Unternehmen als auch Problemstellungen auf der Makroebene von Staaten und Weltregionen bearbeitet. Dabei spielen Ströme von Materie und Energie eine wichtige Rolle, mehr aber noch die Frage nach institutionellen Rahmenbedingungen sowie ökonomischer und politischer Macht. Letztlich ist der Zustand der natürlichen Umwelt vor allem ein Ergebnis gesellschaftlicher Aushandlungsprozesse, also einer breit verstandenen Umweltgovernance, und ein Spiegel des Zustands gesellschaftlicher Institutionen.

Die Umweltorientierte Wirtschaftsgeographie hat sich aber noch nicht vollständig als Subdisziplin etabliert, sondern stellt eher eine Sammelbezeichnung für unterschiedliche konzeptionelle Ansätze und empirische Fallstudien dar, die sich mit Umweltaspekten aus wirtschaftsräumlicher Perspektive befassen.

Wirtschaftliche Tätigkeiten sind auf vielfältige Weise mit dem Naturhaushalt bzw. der physischen Umwelt verbunden. So **erfüllt die Natur** für den wirtschaftenden Menschen **zahlreiche Funktionen**. Sie dient

- als Quelle von Ressourcen (Versorgungs- und Produktionsfunktion),
- als Aufnahmemedium für Abfälle und Schadstoffe (Trägerfunktion),
- als Standort für wirtschaftliche Aktivitäten (Standortfunktion),
- als Konsumgut und Erholungsraum (Erholungs- und Konsumfunktion) sowie
- zur Bewahrung und Stabilisierung des ökologischen Gleichgewichts (Regelungsfunktion).

Produktion und Konsum haben die Erde bereits erheblich umgestaltet und belasten den Naturhaushalt in immer stärkerem Maße. So wird zunehmend deutlich, dass die Übernutzung der natürlichen Ressourcen eine Veränderung wirtschaftlicher Strukturen notwendig macht. In diesem Zusammenhang ist auch die Wirtschaftsgeographie gefordert, theoretische Konzepte, empirische Forschungsergebnisse und praktische Handlungsanweisungen beizusteuern, die den Wandel ermöglichen. Erste Ansätze hierzu sind in den letzten Jahren entstanden.

Umweltperspektive in der Wirtschaftsgeographie | 7.1

Seit Ende der 1990er-Jahre widmet sich die wirtschaftsgeographische Forschung zunehmend dem Fragenkomplex Umwelt und Wirtschaft. Andere Teildisziplinen der Geographie haben sich bereits viel früher an der Debatte über nachhaltige Entwicklung beteiligt. In der Wirtschaftsgeographie ist dies noch ein relativ junger Zweig, der im deutschsprachigen Raum unter der Bezeichnung **Umweltorientierte Wirtschaftsgeographie** firmiert (Soyez und Schulz 2002, 2008; Braun et al. 2003; Hayter 2008; Bridge 2008). Dabei handelt es sich nicht um eine etablierte Subdisziplin (wie etwa die Einzelhandelsgeographie als anerkanntes Teilgebiet der

Box 7.1

Anthropozän und Ökosystemdienstleistungen

Der in Wissenschaft und Medien derzeit sehr populäre Begriff des **Anthropozäns** geht auf den niederländischen Atmosphärenchemiker und Nobelpreisgewinner Paul Crutzen (geb. 1933) zurück. Er vertritt die These, dass seit dem späten 18. Jahrhundert in Folge der Industrialisierung der menschliche Einfluss auf die biochemischen Kreisläufe so stark geworden ist, dass dieser die natürlichen Faktoren übertrifft. Er hält es deshalb für geboten, den Begriff Holozän für das gegenwärtige geologische Zeitalter um eine Bezeichnung, die den dominanten anthropogenen Einfluss zum Ausdruck bringt, zu ergänzen (Crutzen 2002, Ehlers 2008).

Der Begriff der **Ökosystemdienstleistungen** (ecosystem services) ist ebenfalls in einem überwiegend naturwissenschaftlichen Umfeld entstanden und bezeichnet Leistungen, die die ökologischen Systeme für den wirtschaftenden Menschen erbringen (Millennium Ecosystem Assessment 2005). Hierzu zählen bereitstellende (z. B. Wasser, Nahrung, genetische Ressourcen), regulierende (z. B. Kohlenstoffbindung, Selbstregulation des Klimas, natürlicher Schutz vor Überschwemmungen), kulturelle (z. B. Erholung oder ästhetische Befriedigung) sowie unterstützende Dienstleistungen (z. B Bodenneubildung, Nährstoffkreisläufe).

Wirtschaftsgeographie), sondern um eine Sammelbezeichnung für Konzepte und empirische Untersuchungen, die sich Umweltaspekten aus wirtschaftsräumlicher Sicht nähern. Das thematische Spektrum umfasst dabei sowohl Studien über einzelne Unternehmen (etwa betriebliches Umweltmanagement), regionale Betrachtungen von Unternehmensnetzwerken und ihren institutionellen Rahmenbedingungen (z. B. überbetriebliches Stoffstrommanagement), Analysen regionaler Politikern (z. B. im Zusammenhang mit spezifischen Rahmenbedingungen für Umweltinnovationen) sowie transnationale bzw. globale Perspektiven (z. B. im Zusammenhang mit Umweltaspekten in globalen Wertschöpfungsketten). Auf internationaler Ebene wird dieses Teilgebiet der Wirtschaftsgeographie (environmental economic geography) inzwischen als eines der zukunftsträchtigsten Arbeitsfelder identifiziert (Aoyama et al. 2011: 116) und findet auch in neueren Lehrbüchern Berücksichtigung (siehe Hayter und Patchell 2011, Leyshon et al. 2011).

Anders als bei den Nachbardisziplinen, die Umweltaspekte in der Wirtschaft aus wirtschaftswissenschaftlicher, ingenieurtechnischer, naturwissenschaftlich-ökologischer, soziologischer, psychologischer oder pädagogischer Perspektive beleuchten, stehen in der Wirtschaftsgeographie die **räumlichen Ausprägungen** dieser Phänomene bzw. der von ihnen bewirkte

Box 7.2

Nachhaltige Entwicklung

Nachhaltige Entwicklung (sustainable development) befriedigt die Bedürfnisse der Gegenwart, ohne zu risikieren, dass zukünftige Generationen ihre eigenen Bedürfnisse nicht befriedigen können. Mit dieser Definition ging der Begriff in den sogenannten Brundtland-Bericht ein, der 1987 im Auftrag der Vereinten Nationen von einer Kommission für Umwelt und Entwicklung erstellt wurde (World Commission on Environment and Development 1987). Auf dem Erdgipfel von Rio de Janeiro 1992 wurde die Nachhaltige Entwicklung schließlich als internationales Leitprinzip der Staatengemeinschaft verankert. Der Begriff der Nachhaltigkeit ist heute weit verbreitet und weist verschiedene Bedeutungen auf. Vor allem in der Politik ist oft von einem Nachhaltigkeitsdreieck die Rede, in dem ein Ausgleich zwischen ökologischen, ökonomischen und sozialen Entwicklungszielen erfolgen soll. Aus ökologischer Sicht ist mit Nachhaltigkeit zumeist gemeint, dass erneuerbare natürliche Ressourcen (z. B. Wälder, Böden) nicht über ihre Neubildungsrate hinaus beansprucht werden dürfen, mit nicht erneuerbaren Ressourcen (z. B. Bodenschätze, fossile Energieträger) möglichst schonend umgegangen wird und Emissionen die Aufnahmekapazität des Naturhaushalts nicht dauerhaft überschreiten. Allerdings gestaltet es sich schwierig, hierfür konkrete Indikatoren und Schwellenwerte zu definieren.

räumliche Wandel im Vordergrund. Dabei spielen die vielfältigen Wechselwirkungen zwischen den vorgenannten Teilaspekten eine besondere Rolle. Die wirtschaftsgeographische Position kann hier einen ganzheitlichen, Sektoren übergreifenden Einblick in vernetzte Zusammenhänge bieten und diese über räumliche Aspekte konzeptionell fassen.

Industrielle Unternehmen und Wirtschaftssysteme aus stofflich-energetischer Perspektive | 7.2

Ein nahe liegender wirtschaftsgeographischer Zugang zu Fragen der Umweltrelevanz von vor allem industriellen Unternehmen eröffnet sich über die im Produktionsprozess genutzten physischen Ressourcen sowie die vom Produktionsprozess ausgehenden Auswirkungen auf den Naturhaushalt. Klassische **Input-Output-Modelle** ermöglichen beispielsweise ein systematisches Abbild des Stoff- und Energieumsatzes in einem Produktionsbetrieb **(Abb. 7.1)**. Dabei stehen aus geographischer Sicht jedoch nicht allein die verbrauchten Ressourcen, behandelten Stoffmengen, deren potenzielle ökologische Bedeutung sowie deren monetärer Gegenwert im Mittelpunkt des Interesses. Vielmehr werden die **räumlichen Muster** der mit dem Produktionsprozess einhergehenden Verflechtungen, Abhängigkeiten und Problemlagen betrachtet. Damit sind nicht nur unmittelbare räumliche Bezüge wie die umweltbelastende Förderung von Bodenschätzen in Afrika und ihre Verarbeitung in Europa gemeint. Es werden auch

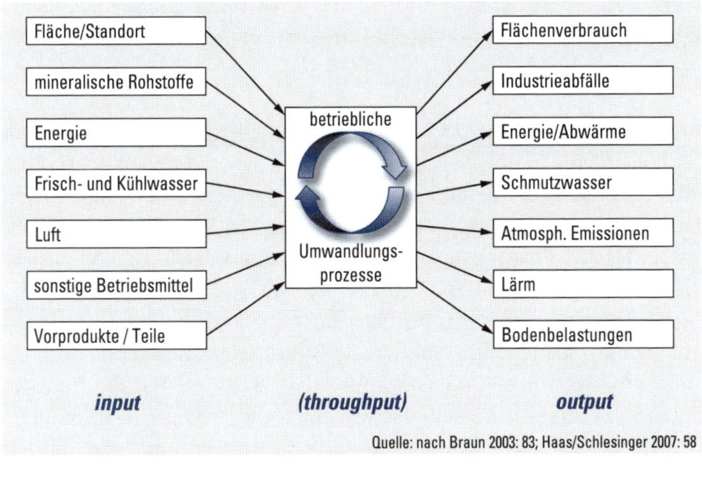

Abb. 7.1

Einfaches Input-Output-Modell des umweltrelevanten Stoff- und Energieumsatzes im Betrieb

input: Fläche/Standort, mineralische Rohstoffe, Energie, Frisch- und Kühlwasser, Luft, sonstige Betriebsmittel, Vorprodukte / Teile

(throughput): betriebliche Umwandlungsprozesse

output: Flächenverbrauch, Industrieabfälle, Energie/Abwärme, Schmutzwasser, Atmosph. Emissionen, Lärm, Bodenbelastungen

Quelle: nach Braun 2003: 83; Haas/Schlesinger 2007: 58

Box 7.3

Industrieller Metabolismus

In Analogie zum biologischen Metabolismus bzw. Stoffwechsel der lebenden Zelle dient das Konzept des Industriellen Metabolismus seit den 1960er-Jahren als Analyseinstrument zur Erfassung der Material- und Energieströme in Wirtschaftssystemen, um in der Folge deren Umweltwirkung einschätzen und geeignete politische Steuerungsmaßnahmen ableiten zu können. Das Konzept des Industriellen Metabolismus wird dem Theoriestrang der Industriellen Ökologie (industrial ecology) zugerechnet, die Wirtschaftsunternehmen, aber auch staatliche und zivilgesellschaftliche Akteure als Organismen eines Gesamtsystems betrachtet. Die Natur wird dabei als Vorbild für die Gestaltung ökonomisch-technischer Abläufe gesehen (z. B. Recycling nach dem Vorbild geschlossener Stoffkreisläufe im Naturhaushalt). Empirische Zugänge sind auf unterschiedlichen räumlichen Ebenen möglich (globales Wirtschaftssystem, Volkswirtschaft, Region/Stadt, Wassereinzugsgebiet). Methodisch liegt das Hauptproblem in der Identifizierung und adäquaten Erfassung aller relevanten Material- und Energieströme sowie in der Entwicklung geeigneter Monitoring-Instrumente (Ayres und Simonis 1994). Konzeptionell wird an dem Ansatz eine Vernachlässigung räumlicher, vor allem aber sozialer, kultureller und politischer Kontexte kritisiert. Eine aus geographischer Sicht besonders interessante Forschungsrichtung innerhalb der industrial ecology bzw. des damit verbundenen sozialökologischen Ansatzes ist derjenige der sozial-metabolischen Regime (Fischer-Kowalski und Haberl 2007). Danach lassen sich einzelne Wirtschafts- oder Zivilisationsstufen entsprechenden metabolischen Regimen des Energie- und Stoffumsatzes zuordnen. Dabei wird eine möglichst präzise Quantifizierung des Verbrauchs an Energie angestrebt, der von Jäger- und Sammlergesellschaften über die Agrargesellschaften (neolithische Revolution) bis hin zu einer auf der Nutzung fossiler Rohstoffe basierenden Industriegesellschaft (Industrielle Revolution) immer weiter zunimmt (**Tab. 7.1**). Aus diesen retrospektiv-historischen Analysen leitet sich unmittelbar die Frage ab, wie ein neues sozial-metabolisches Regime einer nachhaltig wirtschaftenden Gesellschaft aussehen kann.

---

komplexere Zusammenhänge beleuchtet, zu denen beispielsweise die mit der Rohstoffgewinnung verbundenen politischen und militärischen Konflikte (z. B. Abbau der seltenen und für die Herstellung von Mobiltelefonen verwendeten Coltan-Erze in der Demokratischen Republik Kongo), mittelbare Flächennutzungskonflikte und Nahrungsmittelkrisen im Zusammenhang mit Agrotreibstoffen (z. B. die Tortilla-Krise in Mexiko) oder auch Imageverluste der europäischen Papierindustrie im Zusammenhang mit forstwirtschaftlichen Praktiken in West-Kanada gehören.

Einen übergeordneten konzeptionellen Rahmen für die Betrachtung von Energie- und Stoffumsätzen liefert die Ökologische Ökonomik. Dabei handelt es sich um eine Reihe von interdisziplinär motivierten

Jährlicher Energieverbrauch pro Kopf und Jahr in sozial-metabolischen Regimen | Tab. 7.1
(Quelle: Weisz 2007)

sozial-metabolisches Regime	Energieverbrauch pro Kopf und Jahr
physiologisches Minimum	3,5 Gigajoule (GJ)
Jäger und Sammler	10–20 GJ (Faktor 3–6 über dem physiologischen Minimum)
Agrargesellschaften	60–80 GJ (ca. Faktor 20 über dem physiologischen Minimum)
Industriegesellschaft	210–450 GJ (ca. Faktor 100 über dem physiologischen Minimum)

Forschungsansätzen und Modellen, die sich klar von der neoklassisch geprägten Umweltökonomik abgrenzen (Überblick in Daly 1996, Costanza et al. 2001).

Die in der neoklassischen Ökonomik vorgenommene, kategorische Trennung zwischen menschlichem Wirtschaften einerseits und natürlicher Umwelt andererseits hat dazu geführt, dass – mit Ausnahme von handelbaren Rohstoffen – Naturgüter trotz ihrer Beanspruchung und Beeinträchtigung nicht als endlich und damit nicht als knappe Güter betrachtet wurden. Die **Umweltökonomik** als der mit Umweltfragen befasste Teilbereich der neoklassischen Ökonomie hält prinzipiell an der Trennung zwischen Wirtschaft und Natur fest. Ihr Verdienst besteht jedoch darin, dass sie eine plausible Erklärung dafür liefern kann, warum individuell-rational handelnde Unternehmen die Naturgüter systematisch übernutzen. Außerdem wurden in ihrem Rahmen Instrumente und Methoden entwickelt, die es erlauben, Umweltschäden, den Verlust an intakten Naturräumen oder auch umweltbedingte Gesundheitskosten zumindest näherungsweise zu erfassen, zu bewerten und in Modellrechnungen einzubeziehen; man spricht hier von der **Internalisierung externer Kosten**.

Im Gegensatz zur neoklassischen Umweltökonomik, die den Verzehr an Umweltgütern aus gesamtgesellschaftlicher Sicht zu optimieren versucht, vertritt die **Ökologische Ökonomik** die These, „dass die Entwicklung der Wirtschaft [...] in eine Ära eingetreten ist, in der das verbleibende Naturkapital den begrenzenden Faktor darstellt" (Costanza et al. 2001: 101). Das Maß der möglichen Umweltbelastung ist danach also physikalisch vorgegeben und nicht Resultat eines gesellschaftlichen Optimierungsprozesses. Natur wird so zum integralen Bestandteil ökonomischer Modellüberlegungen, wobei im Mittelpunkt Aspekte der Begrenztheit von Ressourcen sowie der ökologischen und ökonomischen Tragfähigkeit stehen. Die Ökologische Ökonomik betrachtet damit die Welt aus einer systemischen Perspektive, wobei das ökonomische Subsystem in ein endliches globales Ökosystem eingebettet ist, das eine ultimative Wachstumsgrenze darstellt **(Abb. 7.2)**.

Box 7.4

Umweltökonomik

Die Umweltökonomik betrachtet die Belastung und Zerstörung der natürlichen Umwelt vor allem als gesamtgesellschaftliches Effizienzproblem bzw. als eine Folge von Marktversagen und einer entsprechenden Fehlallokation knapper Ressourcen. Dabei geht sie davon aus, dass die (übermäßige) Umweltbelastung auf negative externe Effekte (negative Externalitäten) der Wirtschaftstätigkeit zurückzuführen ist. So belasten etwa Industrieunternehmen die natürliche Umwelt durch Schadstoffemissionen und Abfälle, ohne die Gesellschaft, die die Kosten hierfür in Form schlechter Umweltqualität, Nutzenverzicht und erhöhter Gesundheitskosten zu tragen hat, dafür angemessen zu entschädigen. Die natürliche Umwelt besitzt dabei den Charakter eines öffentlichen Gutes bzw. Kollektivgutes. Für öffentliche Güter (z. B. reine Luft, saubere Flüsse und Seen) existieren keine Marktpreise, weil von ihrer Nutzung niemand ausgeschlossen werden kann. Unternehmen können diese Güter deshalb nutzen, ohne dafür zu zahlen. Sie sind aus eigenem Antrieb nicht bereit, in die Verminderung von Abgasemissionen, Abfällen oder Abwässer zu investieren, weil die damit möglicherweise zu erzielenden Umweltverbesserungen nicht nur ihnen selbst, sondern genauso allen anderen zugutekommen. Aus gesamtgesellschaftlicher Sicht führen die individuell rationalen Verhaltensweisen der Unternehmen (und der Konsumenten, die die so hergestellten günstigen Güter kaufen) aber letztlich dazu, dass die knappen Umweltgüter nicht dort eingesetzt werden, wo sie den größten Nutzen stiften. Sie werden vielmehr systematisch übernutzt (sogenanntes Allmende-Problem bzw. -Dilemma). Damit sind die gesamtgesellschaftlichen Schäden durch die Umweltzerstörung höher als der Nutzen, der aus dem Verzehr der Naturgüter gezogen wird. Die Umweltökonomik kann ebenfalls aufzeigen, welche grundsätzlichen Möglichkeiten bestehen, die negativen externen Effekte zu internalisieren, d. h. die Nutzung der Naturgüter mit Preisen zu versehen und so die Umweltverschmutzung für die Verursacher in Form von Kosten abzubilden. Eine vollständige Internalisierung scheitert allerdings an methodischen Schwierigkeiten, die eine umfassende Monetarisierung der Umweltkosten letztlich unmöglich machen. Dessen ungeachtet wurden aber umweltpolitische Instrumente entwickelt, die entsprechend eines gesellschaftlich erwünschten Umweltzustands eine zumindest teilweise Internalisierung der Umweltkosten ermöglichen. Neben den klassischen ordnungsrechtlichen Instrumenten des Staates (Festlegung von Grenzwerten, Auflagen, Verbote, vorgeschriebene Technologien) sind dies vor allem sogenannte ökonomische Instrumente wie Umweltabgaben (Preissteuerung) oder handelbare Emissionszertifikate (Mengensteuerung). In den letzten Jahren haben diese ökonomischen Instrumente, mit denen der Schutz der Umwelt zu den geringstmöglichen Kosten erreicht werden soll, in der nationalen und internationalen Umwelt- und Klimapolitik erheblich an Bedeutung gewonnen (z. B. Öko- und Kohlenstoffsteuern, EU-Emissionshandel für Kohlendioxid).

Anders als bei den Gesetzmäßigkeiten der Thermodynamik angenommen, handelt es sich beim System Erde jedoch nicht um ein geschlossenes System, da von außen ständig Sonnenenergie zugeführt wird und (in geringerem Umfang) Wärmestrahlung die Atmosphäre verlässt. Gleichwohl weist das Entropiegesetz auf ein grundsätzliches Problem der Transformierbarkeit von einmal verbrauchter Arbeitsenergie hin. Dieses Prinzip

Abb. 7.2

Das ökonomische Subsystem als Teil des endlichen globalen Ökosystems

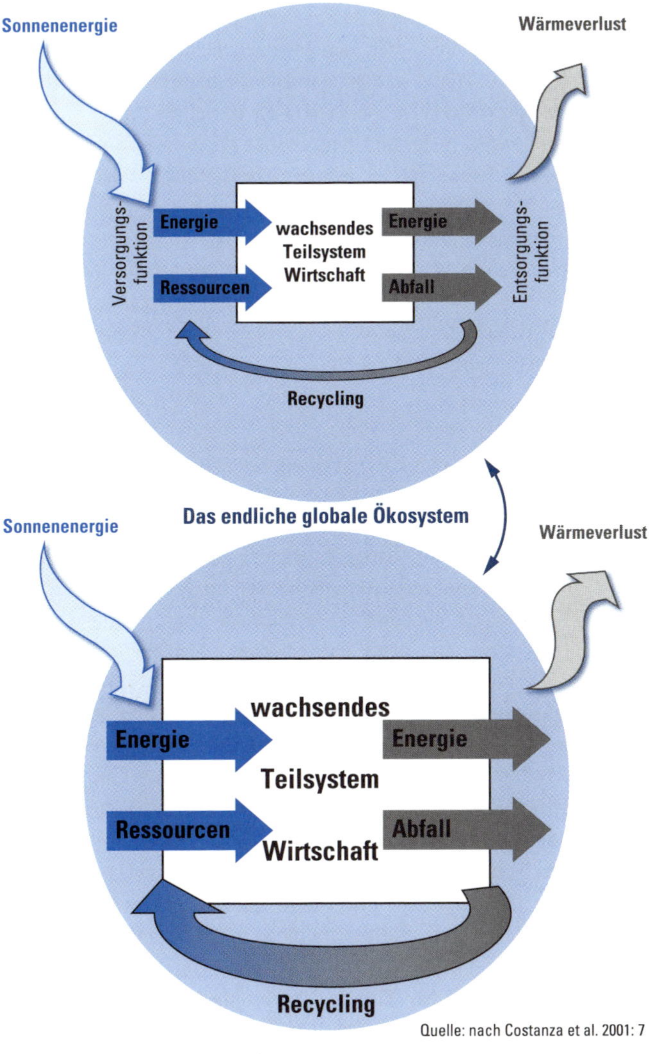

Quelle: nach Costanza et al. 2001: 7

Box 7.5

Prinzipien der Thermodynamik

Ein zentraler Denkansatz der Ökologischen Ökonomik fußt auf den physikalischen Prinzipien der Thermodynamik, die von Nicolas Léonard Sadi Carnot (1796–1832) und später Rudolf Clausius (1822–1888) im Zusammenhang mit der Dampfkraft formuliert wurden. Diese besagen zum einen, dass in einem geschlossenen System die Energiemenge konstant ist und Energie weder geschaffen noch vernichtet werden kann (1. Hauptsatz der Thermodynamik). Der 2. Hauptsatz der Thermodynamik verweist auf die Tatsache, dass thermische Energie nicht beliebig in andere Energieformen umgewandelt werden kann, weshalb die nutzbare Energie – trotz konstanter Gesamtenergiemenge – im Laufe der Zeit abnimmt. Letzteres Prinzip wird auch als Entropie bezeichnet und beschreibt die abnehmende Verfügbarkeit von Energie, da nicht alle thermische Energie in Arbeitsenergie umgewandelt werden kann. Wird beispielsweise die in einem Kohlekraftwerk erzeugte Elektrizität oder Fernwärme zum Beheizen eines Gebäudes benutzt, wird die von den Heizkörpern ausstrahlende thermische Energie so verteilt, dass sie nicht mehr in Arbeitsenergie zurückverwandelt werden kann. Weder kann ein wärmerer Körper die Energie eines kälteren Körpers aufnehmen, noch kann mit den geringen Wärmemengen anderweitig einsetzbare Arbeitsenergie (z. B. Turbinenantrieb durch Wasserdampf) erzeugt werden. Die tatsächlich verfügbare Energiemenge nimmt demnach in einem geschlossenen System kontinuierlich ab.

lässt sich in gewisser Weise auch auf Rohstoffe und Arbeitsmaterialien anwenden, da auch mit **Recyclingprozessen** in der Regel Verluste hinsichtlich des später wieder verfügbaren Materials einhergehen (sogenanntes downcycling). Die Ökologische Ökonomik geht daher von einer faktischen Endlichkeit materieller und energetischer Ressourcen im System Erde aus und fordert Wirtschaftsweisen, die den Prozess der Entropiezunahme verlangsamen. Angestrebt wird eine **steady state economy**. Darunter ist ein Wirtschaftssystem zu verstehen, in dem sich Energie- und Materialverbrauch mit Recycling und Energierückgewinnung die Waage halten. Ein Schritt in diese Richtung stellt die sogenannte **Effizienzrevolution** dar, eine Strategie der organisatorischen und technologischen Optimierung von Energie- und Materialverbräuchen in Produktion und Konsum. Besonders prominent sind in diesem Rahmen etwa die Arbeiten des Umweltwissenschaftlers Amory Lovins (geb. 1947) sowie der Juristin und Sozialwissenschaftlerin Hunter Lovins (geb. 1950), die unter dem Leitbild „Faktor 4" eine Effizienzsteigerung propagieren, die bei halbiertem Naturverbrauch einen verdoppelten Wohlstand in Aussicht stellt (Weizsäcker et al. 1995).

Das Wuppertal-Institut für Klima, Umwelt und Energie hat daran anknüpfend das Prinzip der **Dematerialisierung** entwickelt, das einen mög-

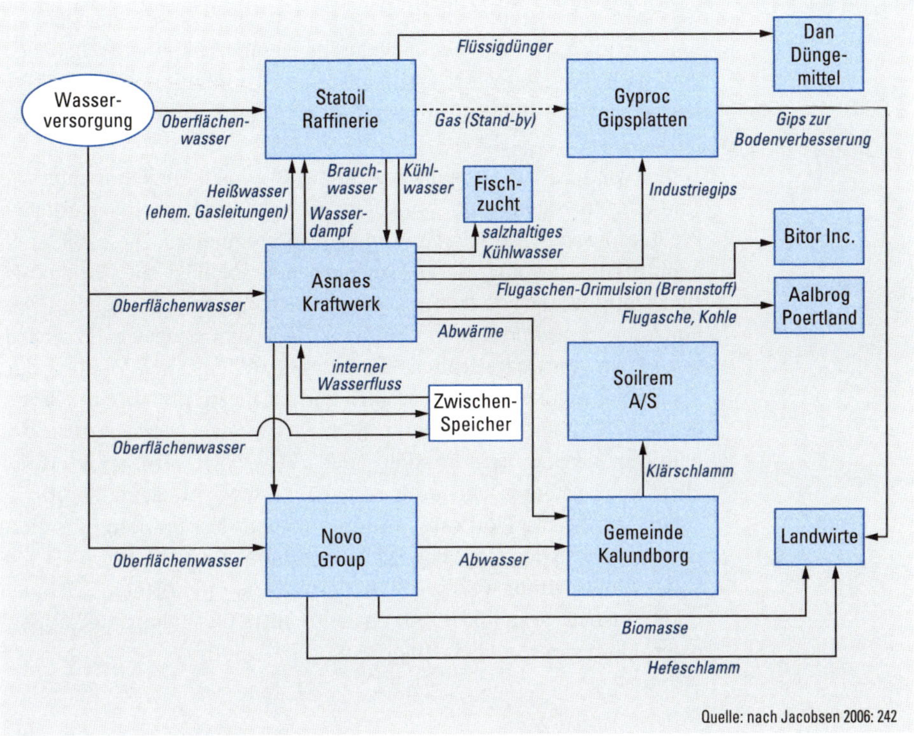

Beispiel für überbetriebliches Stoffstrommanagement: Industrial Symbiosis in Kalundborg (Dänemark)

lichst niedrigen Materialeinsatz und verringerte Stoffströme fördert. Als Bewertungsmaßstab für die Materialintensität von Konsumgütern wurde hierzu der MIPS-Indikator (material input per service unit) eingeführt (Schmidt-Bleek 1994). Dieser lässt sich als sogenannter **Ökologischer Rucksack** sowohl auf der einzelbetrieblichen (Mikro-)Ebene als auch für ganze Volkswirtschaften (Makroebene) einsetzen. Während der Ökologische Rucksack den mit einem Gut verbundenen gesamten Materialaufwand (z. B. Materialbewegungen zur Ressourcenextraktion und zum Ausbau der Infrastruktur, Bodenerosion) als Masse (z. B. in Kilogramm oder Tonnen) erfasst, bildet der **Ökologische Fußabdruck** den Verbrauch natürlicher Ressourcen in Flächeneinheiten ab (Wackernagel und Beyers 2010). Der Ökologische Fußabdruck bezeichnet so die hypothetische Fläche, die dauerhaft benötigt wird, um die durch menschliche Aktivitäten oder für einen bestimmten Lebens- und Konsumstil benötigten Rohstoffe bereitzustellen und die Abfälle aufzunehmen. Für einen durchschnittlichen Deutschen sind dies derzeit etwa 5 ha, für einen US-Amerikaner 8 ha und für einen Inder knapp 1 ha. In jüngerer Zeit haben sowohl der Ökologische Rucksack als auch der Ökologische Fußabdruck in wirtschaftsgeographische Analysen des Warenhandels und der internationalen Arbeitsteilung Einzug gehalten (Bringezu und Schütz 2010, Dittrich 2010a, Lipke 2010; siehe auch **Kapitel 7.4**).

Aus wirtschaftsgeographischer Perspektive von besonderem Interesse sind effizienzorientierte Anpassungsreaktionen in der wirtschaftlichen Produktionsweise und deren räumliche Konsequenzen. Diese beginnen beim produktionsintegrierten Umweltschutz (ökologisches Produktdesign, Optimierung von Produktionsabläufen oder Recyclingfähigkeit von Konsumgütern) und führen zu überbetrieblichen **Konzepten des systemischen Stoffstrommanagements (SSM)**. Letztere stellen einen Versuch dar, Energieüberschüsse, Restmaterialien und Abfälle im Umfeld eines Betriebes in benachbarten Betrieben weiterzuverwenden. Dieses Prinzip, das häufig in sogenannten Öko-Industrieparks verfolgt wird, erfordert vor allem eine systematische Stoffstromanalyse sowie effiziente Koordinierungsinstrumente (Software, Kommunikation, Moderation), um diese potenziellen Synergien tatsächlich ausschöpfen zu können **(Abb. 7.3)**. Unter Einbeziehung von privaten Haushalten, öffentlichen Gebäuden und Infrastrukturen findet SSM vermehrt auch Anwendung auf kommunaler und regionaler Ebene (IfaS 2008).

7.3 | Mehrebenensystem der Umweltgovernance

Der Umweltorientierten Wirtschaftsgeographie als noch jungem Feld der Wirtschaftsgeographie fehlt noch eine kohärente und originäre theoretische Basis. Sie umfasst bislang ein breites Spektrum an Ansätzen, thematischen Ausrichtungen und konzeptionellen Bezügen. Das im Folgenden vorgestellte **Mehrebenenmodell der Umweltgovernance** liefert einen ersten übergeordneten Bezugsrahmen, der die vielfältigen Ebenen und Sektoren übergreifenden Zusammenhänge zu systematisieren hilft.

Das in **Abbildung 7.4** dargestellte Modell versucht, die Komplexität dieser Wechselwirkungen zu illustrieren. Es basiert auf drei Grundannahmen:
- Umweltaspekte im Zusammenhang mit wirtschaftlichen Aktivitäten, wie Produktion, Transport oder Handel, können nicht isoliert betrachtet werden, sondern sind immer in ein spezifisches politisches und gesellschaftliches Umfeld eingebettet und damit **Sphären übergreifend** angelegt. Dieses Umfeld stellt nicht nur die Rahmenbedingungen für

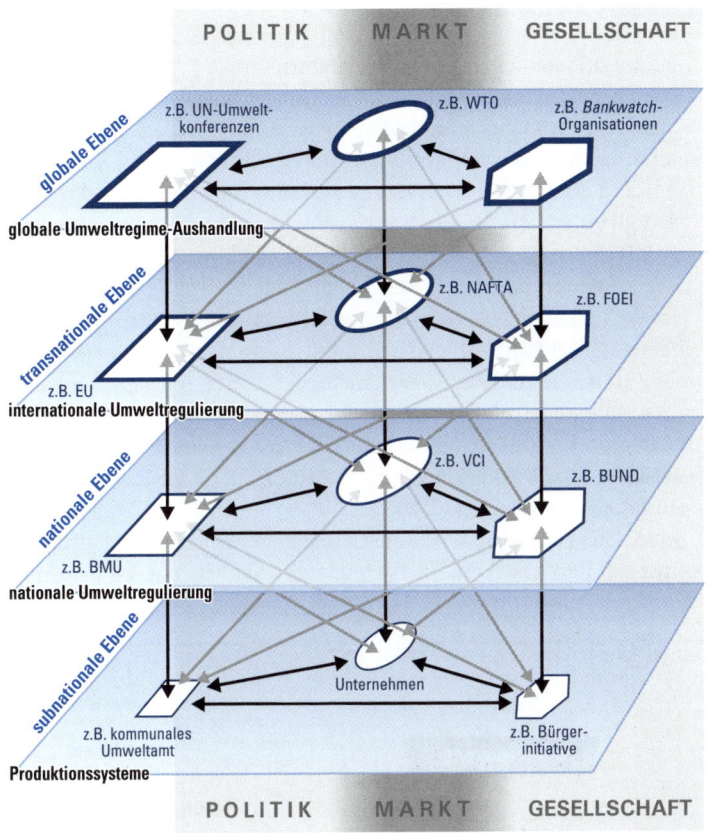

Abb. 7.4
Mehrebenenmodell der Umweltgovernance

Quelle: Braun et al. 2003: 234, leicht verändert

wirtschaftliche Prozesse (z. B. gesetzliche Regelungen). Die Vertreter der einzelnen Sphären interagieren auch wechselseitig miteinander, wenn beispielsweise Gewerkschaften oder Umweltverbände mit Industrieunternehmen verhandeln oder wenn wirtschaftliche Lobbygruppen versuchen, auf politische Gesetzesinitiativen Einfluss zu nehmen.
- Neben diesem Querschnittscharakter ökonomischer Zusammenhänge stehen in der Regel auch **mehrere Maßstabsebenen** miteinander in Beziehung, wenn beispielsweise die Empfehlungen eines nationalen Branchenverbandes Auswirkungen auf die Produktionsweisen eines lokalen Unternehmens zeigen oder wenn lokale Bürgerinitiativen Beistand bei nationalen oder internationalen Umweltverbänden suchen. Hier-

bei treten zumeist auch Kombinationen von Sphären und Ebenen übergreifenden Interaktionen auf, etwa in der Debatte um Klimaschutzziele zwischen der EU-Umweltpolitik und nationalen Industrieorganisationen und Interessenvertretern.

- Die Ebenen übergreifenden Muster sind nicht nur als Ergebnis von Strukturen und Zuständigkeiten zu verstehen, sondern können mitunter auch als bewusst gewählte Strategie interpretiert werden. Dies ist dann der Fall, wenn ein Akteur (z. B. eine regionale Umweltorganisation) unter Umgehung primär zuständiger Verwaltungsstellen und Politikebenen gezielt versucht, auf höheren Maßstabsebenen (z. B. bei der EU-Kommission) politisch auf die Rahmenbedingungen vor Ort Einfluss zu nehmen (auch **scale jumping** nach Smith 1993).

Bei dem Mehrebenenmodell der Umweltgovernance handelt sich nicht um ein starres räumliches Hierarchiemodell, sondern lediglich um eine heuristische Konstruktion zur analytischen Differenzierung zwischen Akteursgruppen und Aktivitätsbereichen. Aus Lesbarkeitsgründen sind in **Abbildung 7.4** nur einige mögliche Beziehungen mit Pfeilen angedeutet (ausführlicher in Braun et al. 2003).

Im Kontext mit den Wechselwirkungen zwischen wirtschaftlichen, politischen und gesellschaftlichen Akteuren sei hier auf die institutio-

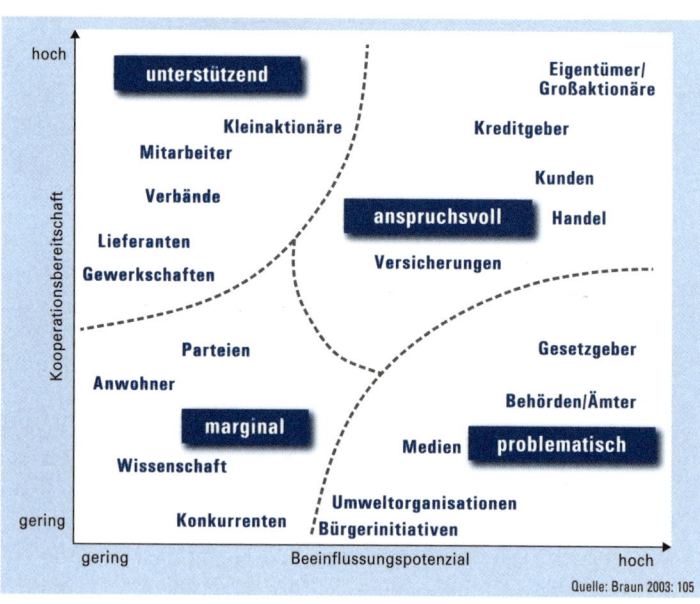

Abb. 7.5

Umweltbezogene Anspruchsgruppen von Unternehmen, klassifiziert nach ihrem Beeinflussungspotenzial und ihrer Kooperationsbereitschaft

Quelle: Braun 2003: 105

nelle Perspektive in **Kapitel 5** verwiesen. Diese werden in der Umweltorientierten Wirtschaftsgeographie oft mit dem ebenfalls in **Kapitel 5** bereits vorgestellten **Stakeholder-Ansatz** konzeptionell gefasst. Mit Blick auf den betrieblichen Umweltschutz lässt sich so beispielsweise eine Klassifizierung der relevanten Anspruchsgruppen vornehmen (Braun 2003: 104ff.). In Abhängigkeit von der jeweiligen Kooperationsbereitschaft und dem Beeinflussungspotenzial kann dabei zwischen unterstützenden, anspruchsvollen, problematischen und marginalen Anspruchsgruppen unterschieden werden **(Abb. 7.5)**.

Die von Landwirtschaft, Industrie und Dienstleistungsgewerbe sowie dem Verkehr und der zunehmenden Flächeninanspruchnahme ausgehenden Umweltschäden sind durch zahlreiche Studien aus verschiedenen wissenschaftlichen Disziplinen gut dokumentiert. Dies gilt sowohl für die lokale Ebene als auch für globale Umweltprobleme wie zum Beispiel die zunehmenden Kohlendioxid-Emissionen in Verbindung mit den anthropogenen Ursachen des Klimawandels. Die Umweltorientierte Wirtschaftsgeographie sieht ihre Aufgaben deshalb weniger in der Beschreibung von Umweltproblemen selbst. Sie widmet sich vielmehr den folgenden Fragen:

- Wie und unter welchen institutionellen Bedingungen die von wirtschaftlichen Aktivitäten ausgehenden Umweltbelastungen entstehen und vermindert werden können.
- Welche Anreize und Hindernisse für Unternehmen und Konsumenten zur Verbesserung des Umweltschutzes existieren.
- Inwieweit der Umweltschutz positive ökonomische Wirkungen auf lokaler, regionaler, nationaler und internationaler Ebene entfalten kann.

Entsprechend dem oben beschriebenen Mehrebenenmodell der Umweltgovernance spielen dabei Fragen des Maßstabs und des Zusammenhangs zwischen lokalen und globalen Prozessen sowie die Frage der Institutionen eine zentrale Rolle.

Zwei Themenkreise, mit denen sich die Umweltorientierte Wirtschaftsgeographie in den letzten Jahren beschäftigt hat, sollen in den folgenden Abschnitten genauer dargestellt werden. Dabei handelt es sich einerseits um die Frage nach dem Zusammenhang zwischen Umweltbelastung und der wirtschaftlichen Entwicklung auf der Makroebene **(Kapitel 7.4)** und anderseits um den Aspekt des Umweltmanagements in Unternehmen und Wertschöpfungsketten sowie der lokalen bzw. regionalen Wirkungen, die hiervon ausgehen **(Kapitel 7.5)**.

7.4 | Wirtschaftliche Entwicklung und Umweltbelastung auf der Makroebene

Der Zusammenhang zwischen wirtschaftlicher Entwicklung bzw. wirtschaftlichem Wachstum und der Belastung der natürlichen Umwelt ist offensichtlich. Ein Mehr an Produktion und Konsum bedingt in einer von fossilen Brennstoffen und anderen nicht erneuerbarer Ressourcen abhängigen Wirtschaft zumeist auch ein Mehr an Ressourcenverbrauch und Emissionen. Allerdings zeigen empirische Analysen, dass wirtschaftliches Wachstum und Umweltbelastung keineswegs in einem einfachen linearen Zusammenhang stehen. Vielmehr kann es bei einem zunehmenden ökonomischen und technischen Entwicklungsstand von Volkswirtschaften auch zu **umweltentlastenden Effekten** kommen. Unmittelbar beobachtbar ist dies an dem im Vergleich zu den 1960er-und 1970er-Jahren in

---

Box 7.6

Entwicklung der Energie- und Rohstoffproduktivität in Deutschland

In Deutschland stieg sowohl die Energie- als auch die Rohstoffproduktivität in den letzten beiden Jahrzehnten deutlich an **(Abb. 7.6)**. Die Energieproduktivität ist definiert als BIP pro Einheit Primärenergieverbrauch, die Rohstoffproduktivität als BIP pro Tonne abiotischem Primärmaterial; zu Letzterem zählen die im Inland entnommenen Rohstoffe sowie importierte abiotische Materialien in Form von Rohstoffen sowie Halb- und Fertigwaren. Es kam aber nicht nur zu Effizienzgewinnen, sondern auch zu absoluten Einsparungen an Energie und Rohstoffen, wenngleich diese aufgrund des über den gesamten Betrachtungszeitraum ansteigenden BIP moderater ausfielen. Die Gründe für diese positive Entwicklung vor allem seit 2006 liegen in Bezug auf den Energieverbrauch nicht zuletzt in den Fortschritten bei der Wärmedämmung von Gebäuden und den Energieeinsparungen privater Haushalte aufgrund der gestiegenen Energiekosten. Dagegen sind in der Industrie und im Verkehr die Energieverbräuche trotz den Effizienzgewinnen in den meisten Jahren angestiegen (2000–2008: Industrie + 9 %, Verkehr + 8 %). Beim Rohstoffverbrauch sind die Einsparungen einerseits auf den wirtschaftlichen Strukturwandel zurückzuführen. Andererseits wird der Materialbedarf der deutschen Wirtschaft zunehmend durch Importe gedeckt. Unter Berücksichtigung des gesamten Primärrohstoffbedarfs der importierten Halbfertig- und Fertigwaren in ihren Herkunftsländern fielen die Fortschritte bei der Rohstoffproduktivität und beim Rohstoffverbrauch deutlich geringer aus als dies in Abb. 7.6 dargestellt ist. Unabhängig hiervon zeigen die Zahlen, dass die ambitionierten Ziele der Bundesregierung – Verdopplung der Energie- und der Rohstoffproduktivität bis 2020 (bezogen auf 1990 bzw. 1994) – nicht zu erreichen sind, wenn das bisherige Entwicklungstempo beibehalten wird (Statistisches Bundesamt 2010).

Abb. 7.6

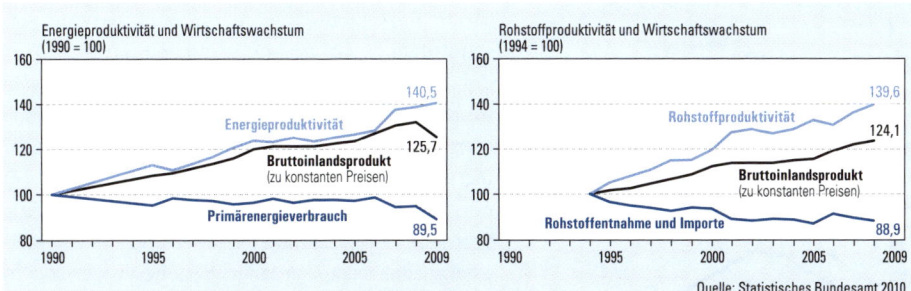

Entwicklung der Energie- und Rohstoffproduktivität in Deutschland

europäischen Ländern wieder deutlich verbesserten Zustand der Binnengewässer oder der Luftqualität in den Städten.

Am Beispiel von Deutschland lässt sich zeigen, dass es mit steigendem Wohlstandsniveau auch generell zu Effizienz- bzw. Produktivitätsgewinnen bei der Inanspruchnahme von Naturgütern sowie zu einer zumindest teilweisen Entkopplung von Wirtschaftswachstum und Ressourceninanspruchnahme kommen kann. Ähnliches gilt auch für viele andere wirtschaftlich hoch entwickelte Länder.

Der Zusammenhang zwischen Wirtschaftswachstum, zunehmendem materiellen Wohlstand und Umweltbelastung wurde in den letzten Jahren vor allem unter dem Stichwort **Environmental Kuznets Curve (EKC)** diskutiert (z. B. Alstine und Neumayer 2010, Braun 2003, Cole und Neumayer 2005). Benannt wurde die EKC in Anlehnung an ältere Arbeiten von Simon Kuznets, der in Bezug auf den Zusammenhang zwischen Einkommenshöhe und -verteilung einen ähnlichen Kurvenverlauf entdeckte (siehe Kapitel 4.7.3). Dem Modell der EKC zufolge gehen Volkswirtschaften im Laufe des wirtschaftlichen Entwicklungsprozesses nach zunächst steigender Umweltbelastung ab einem **ersten Wendepunkt (Effizienzwende)** immer effizienter mit Umweltgütern um (Abb. 7.7). Die Grenzbelastung nimmt ab, das heißt jede zusätzliche Einheit BIP wird mit immer weniger zusätzlichem Verzehr an Umweltgütern erreicht. Dies kann zumindest theoretisch so weit führen, dass mit zunehmendem Wirtschaftswachstum sogar ein **zweiter Wendepunkt** erreicht wird, ab dem jede weitere Steigerung der Wirtschaftsleistung die Umwelt auch absolut entlastet **(Wohlstandswende)**. Die umweltentlastenden Effekte der Wirtschafts- bzw. Wohlstandsentwicklung sind durchaus plausibel zu begründen. So geht das Wirtschaftswachstum in den wohlhabenden Volkswirtschaften in aller Regel mit einem umweltentlastenden Strukturwandel einher. Relativ saubere

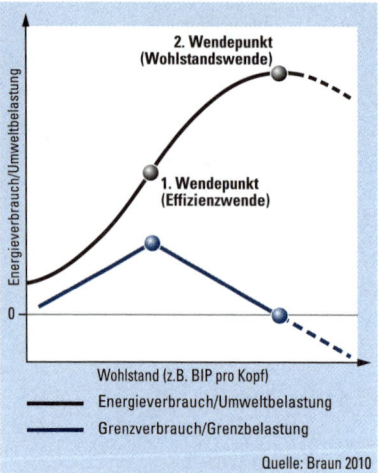

Abb. 7.7

Idealtypischer Verlauf der Environmental Kuznets Curve

Dienstleistungen (intersektoraler Strukturwandel) und Hightech-Industrien (intrasektoraler Strukturwandel) ersetzen dabei energieintensive und verschmutzende Grundstoffindustrien. Zudem führt der durch den globalen Wettbewerb ausgelöste Innovationsdruck zu einer ständigen Modernisierung des Produktionskapitals. Dadurch werden fortwährend alte durch neue, effizientere Maschinen und Anlagen ersetzt. Zudem verbrauchen viele Produkte weniger Rohmaterialien und auch **Umweltschutzmaßnahmen** werden mit höherem Volkseinkommen immer leichter finanzierbar.

Empirisch lässt sich der erste Wendepunkt (Effizienzwende) in den wohlhabenden Volkswirtschaften für die meisten verfügbaren Umweltbelastungsindikatoren gut nachvollziehen. Auch einige Schwellenländer haben die Effizienzwende bereits durchlaufen. Bislang haben aber nur sehr wenige Volkswirtschaften auf der Welt ein Wohlstandsniveau erreicht, ab dem auch mit absoluten Umweltentlastungen gerechnet werden kann. Zudem können Effizienzverbesserungen gerade in sehr wohlhabenden Volkswirtschaften schlicht durch ein höheres Konsumniveau überkompensiert werden (sogenannter Rebound-Effekt). Empirisch nachweisen lässt sich die Wohlstandswende deshalb bislang nur für wenige Länder und dort auch nur für wenige Luft- und Wasserschadstoffe, die in den letzten Jahrzehnten im Zentrum der umweltpolitischen Bemühungen standen (vor allem Schwefeloxide, Fluorchlorkohlenwasserstoffe, Staubpartikel-Emissionen). Die Verpflichtungen aus dem Kyoto-Protokoll zum Klimaschutz haben in einigen Unterzeichnerländern auch zu einer spürbaren Absenkung der CO_2-Emissionen geführt (z. B. Dänemark, Deutschland, Großbritannien, Schweden), obwohl die Emissionen weltweit – mit Ausnahme des Rezessionsjahres 2008/2009 – weiter kräftig angestiegen sind **(Abb. 7.8)**. Für andere Indikatoren, wie den Energieverbrauch im Verkehr oder die Flächeninanspruchnahme durch Siedlungen und Straßen, lassen sich auch in den hoch entwickelten Volkswirtschaften keine umweltentlastenden Tendenzen feststellen. Eine vollständige Entkoppelung des Wirtschaftswachstums von der Umweltbelastung konnte bislang in keinem Land der Erde erreicht werden.

Grundsätzlich stellt sich die Frage, ob die Umweltverbesserungen in den hoch entwickelten Volkswirtschaften nicht durch Verschlechterungen in Entwicklungs- und Schwellenländern erkauft werden, indem etwa verschmutzende Industrien in diese ausgelagert werden. Aus dieser Perspektive könnte die Verbesserung des Umweltzustands in den wohlhabenden Ländern des Nordens sogar zu einer fortschreitenden Degradation im Süden führen (Cole 2004). Diese Aspekte eines möglicherweise ökologisch ungleichen Tauschs sind seitens der Wirtschaftsgeographie in jüngster Zeit systematisch erforscht worden (Dittrich 2010a, Lipke 2010). Monika Dittrich hat hierfür die Daten von **physischen Handelsbilanzen**, die den Warenaustausch zwischen Staaten anhand der Masse der transportierten Materialien erfassen, mit dem **Konzept des Ökologischen Rucksacks** verknüpft. Ihre Berechnungen zeigen, dass durch den Warenhandel in der Summe tatsächlich Umweltlasten in Richtung der Entwick-

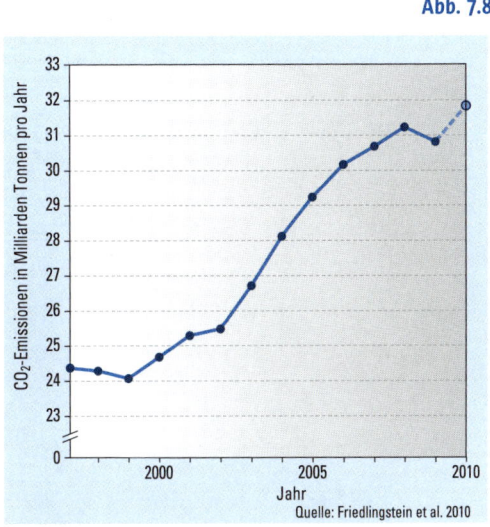

Abb. 7.8

Weltweite CO_2-Emissionen aus Verbrennungsprozessen und der Zementproduktion 1997–2010

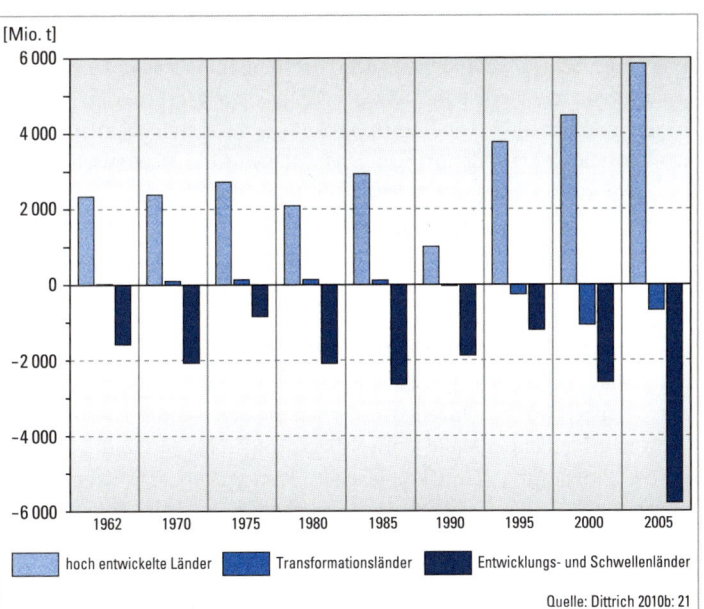

Abb. 7.9

Handelsbilanzen Ökologischer Rucksäcke nach Ländergruppen 1962–2005

Abb. 7.10

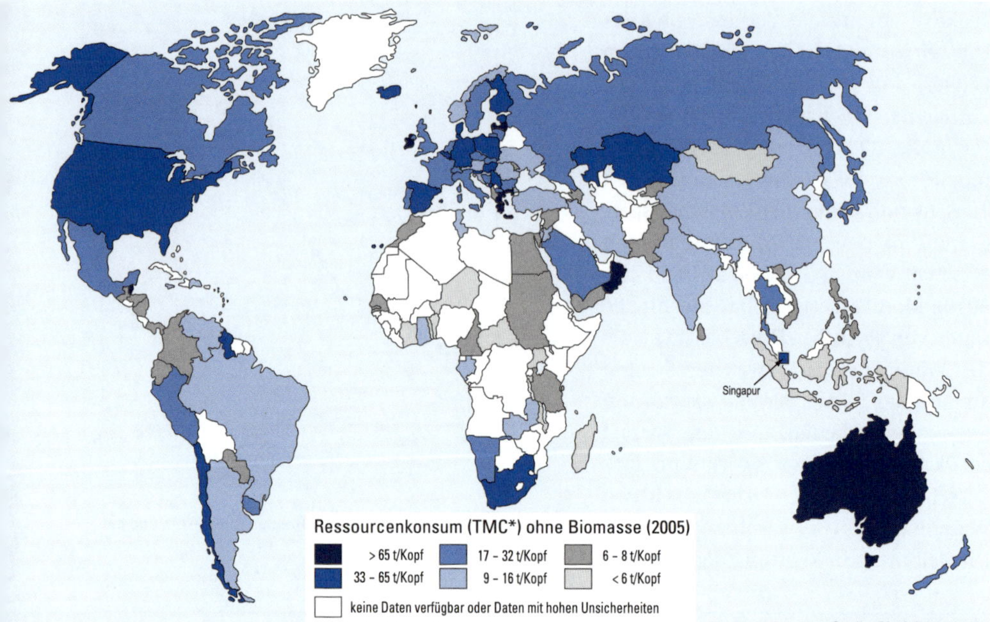

Ressourcenkonsum (TMC*) ohne Biomasse (2005)
- \> 65 t/Kopf
- 33 – 65 t/Kopf
- 17 – 32 t/Kopf
- 9 – 16 t/Kopf
- 6 – 8 t/Kopf
- < 6 t/Kopf
- keine Daten verfügbar oder Daten mit hohen Unsicherheiten

* TMC = Total Material Consumption

Quelle: Dittrich 2010b: 23

Ressourcenverbrauch pro Kopf (ohne Biomasse) nach Ländern 2005

lungs- und Schwellenländer verlagert werden. In **Abbildung 7.9** ist dieser Zusammenhang dargestellt. Dabei weisen positive Werte darauf hin, dass in der entsprechenden Ländergruppe ökologische Lasten über den Warenhandel auf andere Ländergruppen abgewälzt wurden (Ökologischer Rucksack Importe > Ökologischer Rucksack Exporte). Negative Werte kennzeichnen eine Übernahme von ökologischen Lasten aus den anderen Ländergruppen (Ökologischer Rucksack Importe < Ökologischer Rucksack Exporte). Allerdings ist das Bild auf der Ebene einzelner Länder keineswegs einheitlich. Einerseits übernehmen auch einige hoch entwickelte, aber von Ressourcenexporten abhängige Volkswirtschaften (z. B. Australien, Kanada) kontinuierlich Umweltlasten von außen. Andererseits verlagern beispielsweise Schwellenländer wie Mexiko oder China inzwischen selbst in erheblichem Maße Umweltbelastungen ins Ausland.

Die Berechnung der Ökologischen Rucksäcke des Warenhandels erlaubt es auch, den gesamten **Ressourcenkonsum** bzw. die Total Material Consumption (TMC) einzelner Volkswirtschaften abzuschätzen. Dabei sind alle Verbräuche von nicht nachwachsenden Materialien (Metalle, Mineralien, fossile Brennstoffe) sowie deren Ökologische Rucksäcke berücksichtigt – unabhängig davon, ob die Materialien auf dem eigenen Territorium gewonnen oder importiert wurden **(Abb. 7.10)**. Der Natur- und Umweltwissenschaftler Friedrich Schmidt-Bleck (2009) geht davon aus, dass bis zum Jahre 2050 weltweit ein Verbrauchsniveau von etwa 6 Tonnen pro Kopf erreicht werden sollte, um global ein langfristig ökologisch nachhaltiges Wirtschaften zu gewährleisten. Fast alle Länder der Erde liegen gegenwärtig sehr deutlich über diesem Maß.

Analysen auf der Makroebene, die ganze Länder und Ländergruppen mit Daten auf einem hohen Aggregationsniveau untersuchen, geben einen Einblick in grundlegende Zusammenhänge. Allerdings werden dabei oft lokale und regionale Spezifika überdeckt. Zudem bleiben die Akteursebenen unberücksichtigt, auf denen Umweltbelastungen entstehen und diese insbesondere auch reduziert werden können: bei den Konsumenten, in Unternehmen sowie innerhalb von Wertschöpfungsketten und Produktionsnetzwerken.

Umweltmanagement in Unternehmen und Wertschöpfungsketten | 7.5

Während die Ebene der Konsumentscheidungen von der Wirtschaftsgeographie bislang relativ selten bearbeitet wurde (z. B. Ermann 2006), stand das Umweltmanagement von Unternehmen und innerhalb von Wertschöpfungsketten in den letzten Jahren im Fokus der Betrachtung.

Kosten und Nutzen des Umweltschutzes aus Unternehmenssicht | 7.5.1

Einfache neoklassische Modellvorstellungen gehen davon aus, dass sich Unternehmen nur insoweit für den Umweltschutz engagieren als sie daraus einen unmittelbaren Gewinnvorteil ziehen können und die Umweltgüter nicht als Kollektivgüter kostenfrei oder zu relativ geringen Kosten zur Verfügung stehen. Danach kostet der Umweltschutz vor allem Geld und wirkt sich entsprechend nachteilig auf den Unternehmenserfolg aus. Zwischen Umweltschutz auf der einen und wirtschaftlichem Erfolg auf der anderen Seite besteht nach dieser Vorstellung also ein negativer Zusammenhang. Folglich würden Unternehmen aus eigenen Stücken gar nicht oder nur auf dem geringstmöglichen Niveau in den Erhalt der natürlichen Umwelt investieren. Bestenfalls wäre dann der Staat für die Internalisierung der negativen externen Effekte verantwortlich.

Allerdings liefern Studien insbesondere aus der Betriebswirtschaftslehre auch Argumente und Belege für eine positivere Einschätzung des Zusammenhangs zwischen Umweltschutz und Unternehmenserfolg.

Einen der prominentesten Vertreter hat diese eher optimistische Sichtweise in Michael E. Porter, dessen Diamant-Modell zur Wettbewerbsfähigkeit bereits in **Kapitel 5.5.2** vorgestellt wurde. Die sogenannte **Porter-Hypothese** geht erstens davon aus, dass eine strenge nationale Umweltpolitik die einheimischen Unternehmen zu besonderen Leistungen und Innovationen anhält (z. B. besonders umweltgerechte Produkte, neue Produktionsverfahren), die diesen einen Wettbewerbsvorsprung auf dem internationalen Markt verschaffen. Zweitens zahlt sich für die Unternehmen auch unabhängig von Interventionen der staatlichen Umweltpolitik eine innovative umweltschutzorientierte Strategie aus, weil sich dadurch Kosten reduzieren lassen (z. B. für Roh- und Energiestoffe) und/oder umweltgerechtere Produkte neue Marktchancen eröffnen. Nicht zuletzt sind auf diese Weise in vielen Ländern neue, in hohem Maße beschäftigungs- und exportrelevante Wirtschaftszweige entstanden, vor allem in der Umweltschutzindustrie und den Umweltdienstleistungen. Deshalb spricht Vieles dafür, den Umweltschutz nicht mehr nur einseitig als Restriktion für wirtschaftliche Tätigkeiten zu interpretieren, sondern ihn unter den Vorzeichen von **Innovations- und Wettbewerbsfähigkeit** zu sehen (Braun 2003: 83ff.). Allerdings wäre die Annahme kaum realistisch, dass jedes beliebige Maß an Umweltschutzaktivitäten den Unternehmenserfolg immer weiter steigert. Realitätsnäher ist ein Zusammenhang, wie er modellhaft in **Abbildung 7.11** als partiell positiv dargestellt ist. Danach wirkt sich ein zusätzliches Engagement im Umweltschutz zunächst positiv auf den wirtschaftlichen Erfolg aus. Allerdings ist dies mit einem sinkenden Grenznutzen verbunden, weil weitere Verbesserungen im Umweltschutz mit einem zunehmenden Maß an bereits realisierten Fortschritten immer schwerer zu erzielen sind (siehe auch Ertragsgesetz in **Kapitel 4.5.1**). Wird der optimale Punkt A überschritten, verursachen weitere Verbesserungen Nettokosten, das heißt sie kosten mehr als sie einsparen bzw. an zusätzlichen Erträgen einbringen und vermindern damit die Profitabilität des Unternehmens. Allerdings verändert sich dieses Bild, wenn die rein statische Betrachtungsweise aufgegeben wird. Verbessert sich im Zeitverlauf das Kosten/Nutzen-Verhältnis des Umweltschutzes, lohnen sich weitere Anstrengungen. Dies kann etwa geschehen, wenn neue Technologien die Kosten des Umweltschutzes verringern, veränderte Präferenzen der Konsumenten besonders umweltfreundliche Unternehmen und Produkte begünstigen oder umweltpolitische Interventionen des Staates das Nachfrage- und Preisgefüge beeinflussen.

Ein aktiver Umweltschutz und Umweltinnovationen können aus Unternehmenssicht also durchaus als Investition in die Zukunft gesehen werden. Insbesondere für Unternehmen, die frühzeitig umweltfreundliche Produkte oder Produktvarianten entwickeln, ergeben sich hierdurch Chancen, sogenannte early mover-Vorteile oder **Pioniergewinne** zu erzielen. Zur Unterstützung von vor allem industriellen Unternehmen auf den Gebieten des Umweltmanagements und des Umweltschutzes sind in den letzten Jahren spezialisierte Dienstleister entstanden. Aufgrund ihrer wachsenden Bedeutung wurden diese von Christian Schulz (2005) als „**Agenten des Wandels**" bezeichnet. Zudem gibt es auf regionaler oder lokaler Ebene immer mehr **Kooperationsnetzwerke** im betrieblichen Umweltschutz (Störmer 2001), in denen häufig auch Kommunen und andere Gebietskörperschaften als Partner beteiligt sind (z. B. lokale ÖKOPROFIT-Initiativen, Umweltpakt Bayern).

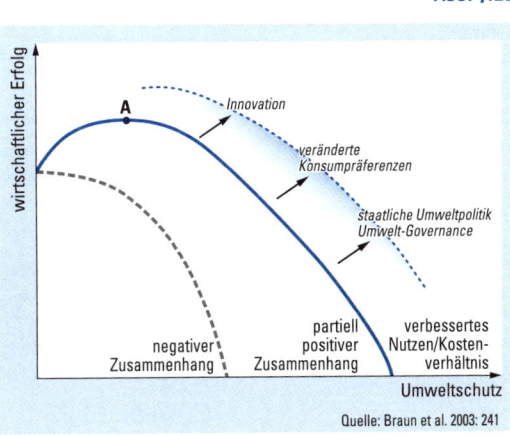

Abb. 7.11

Umweltschutz und wirtschaftlicher Erfolg aus Sicht des Unternehmens

Empirische Studien zeigen häufig einen positiven Zusammenhang zwischen betrieblichem Umweltschutz und Unternehmenserfolg (Überblick in Braun 2003: 134ff.). Allerdings handelt es sich dabei oft um Einzelfallstudien besonders erfolgreicher Unternehmen, während Negativbeispiele sehr viel seltener untersucht werden. Jedoch weisen auch breiter angelegte, jeweils eine große Zahl von Unternehmen abdeckende statistische Analysen auf einen positiven Zusammenhang hin. Dabei ist aber die Richtung der Kausalbeziehung oft nur schwer bestimmbar. So kann es durchaus sein, dass der betriebliche Umweltschutz und ein aktives Umweltmanagement tatsächlich positive Auswirkungen auf die langfristige Ertragskraft von Unternehmen haben. Eine andere Argumentationskette ist aber ebenfalls plausibel: Moderne, innovative Unternehmen sind besonders erfolgreich. Und gerade weil sie modern und innovativ sind, engagieren sie sich (neben anderen Bereichen) auch überdurchschnittlich in Umweltschutz und -management.

Neue Formen der Regulation: Standards und freiwillige Selbstverpflichtungen | 7.5.2

Im deutschsprachigen Raum, aber auch in anderen Ländern, wurde das Interesse der Wirtschaftsgeographie am betrieblichen Umweltmanagement nicht zuletzt durch institutionelle Änderungen im Bereich der Europäischen Umweltpolitik und der internationalen Normung ausgelöst. Speziell erfolgte dies durch die Verordnung des Rates der Europäi-

Abb. 7.12

Aufbau eines Umweltmanagementsystems in Unternehmen

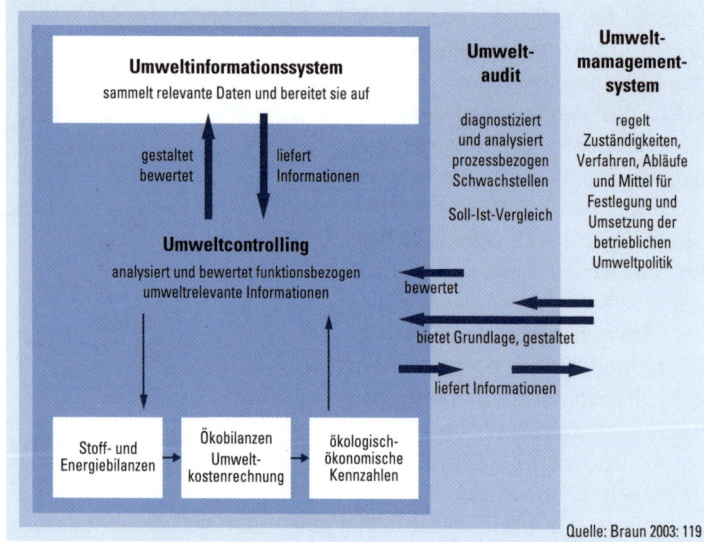

schen Gemeinschaften zum Environmental Management and Audit Scheme (EMAS) 1993 sowie die Veröffentlichung des global gültigen Umweltmanagementstandards 14001 durch die International Organization for Standardization (ISO) 1996. Die beiden Systeme haben entscheidend dazu beigetragen, das Umweltmanagement in Unternehmen zu verankern und deren Umweltschutzanstrengungen zu systematisieren. Die Beteiligung erfolgt auf freiwilliger Basis, wird aber extern zertifiziert (third party certification). So erfüllen Umweltmanagementstandards aus Sicht der Unternehmen zwei wesentliche Funktionen: Zum einen macht die Zertifizierung Unternehmen mit besonderen Leistungen im Umweltschutz auch in einem globalisierten Markt nach außen hin leicht erkennbar. Zum anderen bündeln sie Informationen über gute Managementpraktiken und helfen dadurch, die betriebliche Umweltleistung kontinuierlich zu verbessern. Die entsprechenden Umweltmanagementsysteme helfen, Arbeitsabläufe sowie Stoff- und Energieflüsse zu optimieren und mögliche Schwachstellen aufzudecken **(Abb. 7.12)**. Damit werden sie als eine wesentliche Voraussetzung für den Übergang von einem rein nachsorgenden End-of-pipe-Umweltschutz zu einem integrierten Umweltschutz gesehen. Letzterer ist darauf ausgerichtet, umweltschädliche Substanzen erst gar nicht entstehen zu lassen.

Studien zur **Diffusion von Umweltmanagementstandards** in der Wirtschaft haben gezeigt, dass diese sich räumlich schnell verbreiten und in relativ kurzer Zeit von immer mehr Unternehmen in verschiedenen Branchen übernommen werden (Perkins und Neumayer 2010). Dabei ist die weltweit gültige ISO 14001 auch innerhalb Europas deutlich erfolgreicher als das EMAS-System. Ende 2009 waren weltweit bereits 223 000 Unternehmen in 159 Ländern nach dem Umweltmanagementstandard ISO 14001 zertifiziert (1999 noch 14 000 Unternehmen, 84 Länder). Dabei ist in den letzten Jahren der Anteil der Schwellen- und Entwicklungsländer deutlich gestiegen. So ist China derzeit das Land mit den meisten zertifizierten

Box 7.7

Globale Umwelt- und Sozialstandards

Neben der ISO 14001 haben in den letzten Jahren auch andere Standards und Normen an Bedeutung gewonnen, mit denen Unternehmen im Rahmen ihrer Unternehmensverantwortung (Corporate Social Responsibility CSR) freiwillig bestimmte Verpflichtungen im Umweltschutz und im sozialen Bereich eingehen. Als die wichtigsten gelten der von den Vereinten Nationen getragene Global Compact (Menschenrechte, Arbeitsschutz, Umweltschutz, Korruptionsbekämpfung) sowie der von der international tätigen NGO Social Accountability International (SAI) entwickelte Sozialstandard SA 8000 (Menschenrechte, Arbeitsschutz). Daneben existiert eine große Zahl branchenspezifischer Standards wie etwa das Responsible Care-Programm der Chemischen Industrie (Umwelt-, Arbeitsschutz) oder der GlobalGAP (Global Good Agricultural Practice) im Bereich der Nahrungsmittelherstellung (gute Agrarpraxis, Lebensmittelsicherheit). Weiterhin engagieren sich Unternehmen zunehmend in sogenannten Multi-Stakeholder-Initiativen, in denen Firmenvertreter eng mit NGOs zusammenarbeiten, um gemeinsam weltweite Standards für den Umwelt- und Arbeitsschutz zu entwickeln (z. B. Fair Wear Foundation in der Bekleidungsindustrie, Forest Stewardship Council in der Forstwirtschaft).

Neben Prozessstandards, die vor allem die Art der Herstellung von Waren und Dienstleistungen regeln und eher für den Austausch zwischen Unternehmen bedeutsam sind, haben in den letzten Jahrzehnten auch Produktkennzeichnungen an Bedeutung gewonnen, die gegenüber dem Verbraucher unmittelbar an der Ladentheke bestimmte qualitative Merkmale der Produkte signalisieren und gegebenenfalls einen höheren Preis rechtfertigen sollen. Hierzu zählen beispielsweise das Bio-Label der EU oder die privatwirtschaftlich organisierten Produktzeichen „Bioland" und „Naturland" für die Nahrungsmittelproduktion, der Ökotex-Standard 100 für Bekleidung, der Blaue Engel für eine große Vielzahl von Produkten mit Ausnahme von Lebensmitteln oder das Fairtrade-Siegel für Produkte aus Entwicklungsländern. Produktstandards spielen insbesondere für sogenannte Vertrauensgüter (credence goods) eine Rolle. Das sind Güter, deren Qualitätsmerkmale der Verbraucher weder beim Kauf noch danach sicher feststellen kann (z. B. Schadstoffgehalte, umweltgerechte Produktion, fair organisierte Wertschöpfungsketten).

Unternehmen (55 000). Während Europa und Nordamerika 1999 noch fast drei Fünftel aller Zertifikate auf sich vereinigen konnten, ist deren Anteil bis 2009 auf rund 43 % zurückgegangen. Dagegen stieg der Anteil Ost- und Südostasiens im gleichen Zeitraum von 31 % auf über 50 % an (ISO 2010). Neben den Tochterunternehmen transnationaler Konzerne tragen hierzu auch immer stärker inländische Unternehmen bei. Letztere sind oft in globale Wertschöpfungsketten eingebunden und werden von ihren Kunden angehalten, neben Qualitäts- auch Umweltmanagementstandards umzusetzen. Damit sichern sich diese Kunden ab, die ihrerseits wieder durch ihre Kunden, Konsumenten oder staatliche Regelungen zu umweltgerechten Produktionsweisen gezwungen werden. Dies trägt zu einem Prozess bei, der auch als **greening of supply chains** oder als „Ergrünen" von Wertschöpfungsketten bezeichnet wird.

Die zunehmende Bedeutung der ISO 14001 und anderer international gültiger Standards und Normen kennzeichnen einen Trend in Richtung einer **freiwilligen privaten (Selbst-)Regulierung im Umweltschutz**. Dieser ist einerseits eng mit der Globalisierung der Wirtschaftsbeziehungen verbunden, stellt andererseits aber auch eine Reaktion auf die Regulierungs- und Kontrolldefizite des Staates sowie die wachsende Macht von Konsumenten und gesellschaftlichen Stakeholdern dar. Die Verbraucher achten zunehmend auch auf die Bedingungen, unter denen die von ihnen konsumierten Waren hergestellt werden. Medien und NGOs greifen Umweltskandale oder skandalöse Arbeitsbedingungen auf und machen diese zum Gegenstand von Berichten und Kampagnen. Dabei sind die zivilgesellschaftlichen Gruppen international immer besser vernetzt und in der Lage, Themen und Meinungen über große Distanzen hinweg zu transportieren (Soyez 1997). Produkt- oder Markenboykotts oder auch einfach nur ein schlechtes öffentliches Image werden so zu Risiken für die Unternehmen – insbesondere wenn sie groß und daher öffentlich gut sichtbar sind oder über bekannte Markennamen verfügen. Letztlich beeinflusst die öffentliche Meinung auch die Politik und die staatliche Regulation. CSR-Initiativen, Umweltkommunikation (z. B. über Umwelt- oder Nachhaltigkeitsberichte, Umwelterklärungen) sowie die Einhaltung von Umwelt- und Sozialstandards sind deshalb auch Strategien zur unternehmerischen **Risikominimierung**.

Die zunehmende Bedeutung der auf freiwillige Selbstverpflichtung setzenden Politikinstrumente und privaten Standards stoßen ebenso wie die CSR-Aktivitäten von Unternehmen auf Kritik. So wird zum einen bemängelt, dass Standards von Unternehmen oft nur formal adaptiert würden, de facto damit aber nicht immer Verbesserungen einhergingen. Auch die externen Zertifizierungen werden oft als rein formale Überprüfung von Dokumenten kritisiert. Ähnliches wird auch bei den ökologisch ausgerichteten Produktzeichen beklagt, wobei hier die für Konsumenten verwirrend große Anzahl von konkurrierenden Labels mit jeweils sehr unterschiedlichen Anforderungen ein zusätzliches Problem darstellt. Ein weiterer Kritikpunkt beispielsweise am GlobalGAP bezieht sich auf die Ausgrenzung von Kleinbauern in Entwicklungsländern, die sich zeit- und kostenintensive Zertifizierungsprozesse oft nicht leisten können und deshalb aus Wertschöpfungsketten ausgeschlossen werden (z. B. Ouma 2010).

Globale Wertschöpfungsketten und Umweltproblematik | 7.5.3

Die Nord-Süd-Dimension der Umweltproblematik und insbesondere die Frage der Verlagerung von Umweltlasten wurde bereits in **Kapitel 7.4** angesprochen. Die Umweltorientierte Wirtschaftsgeographie hat dieser Thematik aber nicht nur im Rahmen von Analysen des zwischenstaatlichen Warenhandels Raum gewidmet, sondern auch in Verbindung mit Wertschöpfungsketten und Produktionsnetzwerken. Dabei steht vor allem die Frage im Vordergrund, ob die Globalisierung und insbesondere die Einbindung von Produzenten in Entwicklungs- und Schwellenländern in Globale Wertschöpfungsketten zu einem race to the bottom (zunehmende Herabsetzung von Arbeits-, Sozial- und Umweltstandards) und der Entstehung von pollution havens (Verschmutzungsoasen) oder vielmehr zu systematischen umweltbezogenen upgrading-Prozessen führt (Angel und Rock 2005, Braun 2010, Dietsche 2011, Perkins 2007).

Die **pollution haven-Hypothese** geht davon aus, dass verschmutzende Industrien mehr und mehr in Entwicklungs- und Schwellenländer verlagert werden und sich dort nicht selten regional stark konzentrieren. Dies erfolgt zum einen aufgrund einer sogenannten Industrieflucht als Folge der verschärften Umweltgesetzgebung in den hoch entwickelten Ländern. Zum anderen tendieren Politiker und Unternehmen in den Entwicklungsländern dazu, einen hohen Grad an lokaler Umweltverschmutzung zu tolerieren, um den Standort für verschmutzende Industrien attraktiv zu machen. Da sowohl die Länder als auch die einzelnen Produzenten in starker Konkurrenz zueinander stehen, werden die Umweltstandards im Zeitverlauf immer weiter abgesenkt (race to the bottom).

Jedoch lassen sich in den Ländern des Globalen Südens parallel auch ökologische Modernisierungsprozesse beobachten. Die entsprechende **environmental upgrading-Hypothese** (Modernisierungshypothese) geht von einem schrittweisen Kompetenzerwerb der Produzenten im Süden aus, der erst durch die Einbindung in Globale Wertschöpfungsketten und Produktionsnetzwerke ermöglicht wird. Gründe hierfür können Umweltschutzmaßnahmen oder -standards sein, die Leitunternehmen aus dem globalen Norden in den von ihnen dominierten Wertschöpfungsketten durchsetzen, weil sie selbst auf ihren Hauptabsatzmärkten dem Druck zunehmend kritischer Konsumenten, Medien und Umweltgruppen ausgesetzt sind (greening of supply chains). Modernisierungsprozesse können aber auch durch Transnationale Unternehmen angestoßen werden, wenn diese über ihre Tochterunternehmen neue Umweltschutztechnologien und ressourceneffizientere Produktionsmethoden in die Länder des globalen Südens bringen.

Die bisherigen empirischen Befunde sind im Hinblick auf diese konkurrierenden Hypothesen nicht eindeutig. Abgesehen von wenigen Ausnahmen spielte die verschärfte Umweltpolitik in den westlichen Industrieländern für die Auslagerung von Produktionskapazitäten in Entwicklungs- und Schwellenländer offenbar keine entscheidende Rolle. Andere Motive wie geringere Arbeitskosten oder die Möglichkeit zur Erschließung neuer Märkte sind hierfür meist wichtiger. Ist eine systematische Industrieflucht damit empirisch kaum belegbar, hat die Suche nach pollution havens in den Ländern des globalen Südens bislang eher gemischte Befunde ergeben. Während einige Studien, insbesondere auf

Abb. 7.13

Umweltzerstörung durch die Lederindustrie in Nordindien, Einleitung kontaminierten Abwassers in den Ganges

der nationalen Ebene, keine Belege für das Entstehen von großräumigen pollution havens im globalen Süden finden, lassen sich auf der Ebene regionaler oder lokaler Fallstudien durchaus dramatische Beispiele für Konzentrationen von extrem umweltbelastender und gesundheitsgefährdender Produktion identifizieren. Dies zeigt sich beispielsweise in Konzentrationen der Leder-, Bekleidungs- und Chemieindustrie und des Recyclings von Müll und Elektroschrott, zum Teil aber auch in Gebieten mit dominierender Land- und Forstwirtschaft.

Sehr häufig sind die Produzenten in diesen Regionen als abhängige Zulieferer (captive suppliers) in Globale Wertschöpfungsketten eingebunden und unterliegen einem starken Preisdruck. Dies verhindert, dass bei diesen Zulieferern ein durchgreifendes umweltbezogenes upgrading stattfinden kann. Allerdings lassen sich in einigen Globalen Wertschöpfungsketten und Produktionsnetzwerken auch deutliche ökologische Modernisierungsprozesse feststellen. Diese drücken sich beispielsweise darin aus, dass Unternehmen in den Ländern des Globalen Südens in den letzten Jahren verstärkt Umweltmanagementstandards wie ISO 14001

Box 7.8
Politische Ökologie und Sustainable Livelihood-Ansatz

Die **Politische Ökologie**, an deren Entwicklung vor allem die Geographische Entwicklungsforschung in den letzten Jahren maßgeblich beteiligt war, betrachtet negative Umweltveränderungen vor allem im Zusammenhang mit politischer und ökonomischer Macht, Konflikten um die Nutzung von Ressourcen sowie ungleichen Verfügungsrechten (Krings 2008). Entsprechend wird im Rahmen der Politischen Ökologie Umweltzerstörung vor allem als das Resultat eines ungleichen Zugangs zu Ressourcen oder mangelnder Umweltgerechtigkeit interpretiert. Mit der Politischen Ökologie ist der **Sustainable Livelihood-Ansatz** eng verbunden. Dieser geht davon aus, dass Menschen zur Sicherung ihres Lebensunterhalts auf verschiedene Kapitalformen oder livelihood assets zurückgreifen. Neben Finanz- (Ersparnisse, Geldvermögen, monetäre Einkommen usw.), Sach- (individuelles Sacheigentum sowie nutzbare Infrastruktur), Human- (Wissen, Kenntnisse, Fähigkeit zur Arbeit) und Sozialkapital (soziale Beziehungen und Netzwerke) zählt hierzu auch das Naturkapital wie Ackerland oder Vieh. Negative Umweltveränderungen wie eine langfristige Degradation der Böden, aber auch kurzfristige Schocks wie Überschwemmungen, Erdbeben oder andere extreme Naturereignisse machen benachteiligte Menschen verwundbar und gefährden deren ohnehin knappe livelihood assets. Eine weitere Übernutzung natürlicher Ressourcen ist oft die Folge. Während sich die Politische Ökologie lange Zeit nahezu ausschließlich auf Analysen im Entwicklungskontext konzentrierte, nimmt sie sich in jüngster Zeit auch Umweltkonflikten in den hoch entwickelten Volkswirtschaften an (z. B. urban political economy).

einführt haben. Auch sind Töchter ausländischer Unternehmen in Entwicklungsländern meist weniger verschmutzend als inländische Betriebe der gleichen Branche. Zudem ist der Strukturwandel hin zu relativ umweltschonenderen Hightech-Produkten und -Dienstleistungen auch in vielen Regionen der Schwellenländer bereits weit fortgeschritten. Dies gilt etwa für einige Regionen in Indien, aber auch für China und viele südostasiatische Länder.

Die Erforschung von großräumigen oder lokalen Verlagerungen von Umweltlasten ist keinesfalls abgeschlossen und wird die Wirtschaftsgeographie in den nächsten Jahren sicher noch weiter beschäftigen. Es soll hier aber abschließend darauf hingewiesen werden, dass durchaus auch wirtschaftsgeographisch relevante Ansätze zur Erforschung von Umweltproblemen in den Ländern des globalen Südens existieren, die sich nicht primär auf die Analyse von Wertschöpfungsketten, Produktionsnetzwerken oder Handelsverflechtungen beziehen. Ein besonders nennenswerter Ansatz hierzu ist die Politische Ökologie, der als Analyserahmen für die Ressourcenkonflikte sowie für die Erforschung der Übernutzung lokaler und regionaler Ökosysteme bis hin zu Naturrisiken, Naturkatastrophen und den Folgen des Klimawandels eine große Bedeutung zukommt.

7.6 | Neue Wachstumspfade – neue Wachstumsparadigmen?

Die Mehrzahl der im vorliegenden Lehrbuch dargestellten wirtschaftsgeographischen Ansätze bleibt entweder dem traditionellen Wachstumsparadigma verhaftet oder steht ihm zumindest neutral gegenüber. Die gegenwärtigen Debatten über Klimawandel und Peak Oil, Nahrungsmittelkrisen sowie Ressourcenkonflikte um Rohstoffe und Trinkwasser zeigen aber, dass bei einer weiter wachsenden Weltbevölkerung und steigenden Konsumansprüchen in den Entwicklungs- und Schwellenländern neue Leitbilder für die wirtschaftliche Entwicklung nötig sind. Die Suche nach einem neuen Leitbild beginnt mit der Frage, wie wirtschaftlicher Erfolg und gesellschaftlicher Wohlstand bewertet und gemessen wird. Bereits in **Kapitel 4** wurde auf die Unzulänglichkeiten etablierter Entwicklungsindikatoren (z. B. Bruttoinlandsprodukt) aufmerksam gemacht und auf alternative Entwicklungsindikatoren (z. B. Inequality-adjusted Human Development Index) hingewiesen. Im Kontext der Ökologischen Ökonomik wurde in den 1980er-Jahren ein erster wirtschaftsbezogener Nachhaltigkeitsindex entwickelt, der **Index of Sustainable Economics Welfare** – ISEW (Daly und Cobb 1989). Dieser baut auf den Berechnungsverfahren alternativer Wohlstandsindizes, die im Gegensatz zum BIP soziale Verteilungsaspekte berücksichtigen, auf. Er ergänzt deren Berechnung um

Daten zur Luft- und Wasserverschmutzung, zu Lärmemissionen sowie zum Ressourcen-, Flächen- und Landschaftsverbrauch. Ferner fließen Pendlerzahlen, Autounfälle, Urbanisierungsprozesse sowie langfristige Kosten für Umweltschäden mit ein. Auch der Wert unbezahlter Hausarbeit wird geschätzt (Costanza et al. 2001: 156f.). Der ISEW wurde zunächst für die USA und schließlich für eine Reihe vor allem westeuropäischer Länder berechnet. Zunehmend wird er auch auf regionale oder lokale Kontexte angewendet, konnte sich aber bisher nicht als offiziell anerkannter und von statistischen Ämtern unterstützter Index etablieren.

Dennoch gibt es inzwischen eine breite Debatte über die Berechnung „grüner BIP" oder sogenannter Ökoinlandsprodukte, nicht zuletzt ausgehend von rasch wachsenden Volkswirtschaften wie China. Hierzu können Ansätze der **Umweltökonomischen Gesamtrechnung (UGR)** dienen, die in ihrer Logik eng mit der Volkswirtschaftlichen Gesamtrechnung verwandt sind (siehe **Kap. 4.2**). Sie sollen langfristig die Wertminderung des Naturvermögens aufgrund wirtschaftlicher Tätigkeiten umfassend in Geldwerten abbilden. In Deutschland veröffentlicht das Statistische Bundesamt auf der Basis der bisher bestehenden Elemente der UGR alle zwei Jahre einen Bericht zur Nachhaltigen Entwicklung, in dem wesentliche Umweltindikatoren dargestellt werden (Statistisches Bundesamt 2010).

Die oben bereits angesprochenen Strategien zur Effizienzsteigerung in Produktion und Konsum durch optimierten Einsatz von Energie, Fläche und Material gelten trotz einiger Teilerfolge als gescheiterter Versuch, das Wirtschaftswachstum von der Entwicklung der Energie- und Ressourcenverbräuche vollständig abzukoppeln und langfristig ein ökologisch nachhaltiges Wachstum zu erreichen. Auch wenn die Daten der meisten Länder Effizienzsteigerungen nachweisen, nimmt der Ressourcenverbrauch weltweit zu. Nicht zuletzt werden in vielen Fällen Effizienzgewinne (z.B. verbesserte Antriebssysteme in Fahrzeugen) durch Konsumansprüche (z.B. schwerere, schnellere Fahrzeuge) wieder „aufgefressen", sodass die absoluten Verbräuche weiter steigen (Rebound-Effekt).

Vor diesem Hintergrund werden derzeit vor allem **Aspekte der Suffizienz** diskutiert. Darunter ist die Frage zu verstehen, inwiefern eine andere Form der Entkoppelung, nämlich die des Wirtschaftswachstums vom Wohlfahrtszuwachs, möglich und messbar ist. Dabei geht es um material- und ressourcenschonendere Lebensstile ebenso wie um Fragen der Umverteilung des Wohlstands innerhalb von Gesellschaften. Vor allem der konsumkritische französische Ökonom Serge Latouche (geb. 1940) hat in diesem Kontext das Schlagwort der **décroissance bzw. de-growth** geprägt (Wachstumsrücknahme bzw. Minuswachstum). Er diskutiert Modelle, die auf der Basis gesellschaftlicher Solidarität Wohlstand und

Zufriedenheit bei gleichzeitig sinkendem materiellen Konsum ermöglichen sollen (Latouche 2006).

Aus wirtschaftsgeographischer Perspektive wird es – unabhängig von der Durchsetzungsfähigkeit dieses oder anderer Alternativmodelle zum herkömmlichen Wachstumsparadigma – von großem Interesse sein, die potenziellen räumlichen Konsequenzen sich wandelnder Konsummuster, Produktpräferenzen und Produktionssysteme (inklusive Transport und Distribution) zu untersuchen. Zum Beispiel deutet die wachsende Zahl von europäischen Gemeinden und Regionen, die auf eine autonome Energieversorgung unter verstärktem Rückgriff auf erneuerbare Energien und Einsparkonzepte setzen, räumliche Dezentralisierungstendenzen an. Diese könnten weitreichende Folgen für Produktionsstandorte, Versorgungsnetze und Marktstrukturen der Energiewirtschaft haben (ausführlicher: Brücher 2009).

Fragen

1. Erläutern Sie wesentliche Grundzüge und Unterschiede der Umweltökonomik und der Ökologischen Ökonomik.
2. Welche Vorteile bietet das überbetriebliche Stoffstrommanagement? Diskutieren Sie mögliche Probleme und Herausforderungen.
3. Erläutern Sie die Bezeichnungen Ökologischer Rucksack und Ökologischer Fußabdruck.
4. Was umschreibt in der Wirtschaftsgeographie der Begriff Umweltgovernance?
5. Von welchen Annahmen geht die Environmental Kuznets Curve aus? Wie lassen sich Verbesserungen im Umweltschutz bei steigendem Wohlstand begründen?
6. Inwiefern kann sich das Engagement im Umweltschutz aus Unternehmenssicht vorteilhaft auswirken?
7. Welche Funktion erfüllen Umweltmanagementstandards in einer globalisierten Wirtschaft?
8. Was besagt die pollution haven-Hypothese sowie die environmental upgrading-Hypothese? Wie lassen sich diese begründen?
9. Definieren Sie die Begriffe Effizienz und Suffizienz im Zusammenhang mit Ressourcenverbrauch und Nachhaltigkeitsaspekten.

Weiterführende Literatur

Braun, B. (2010): Welthandel und Umwelt: Konzepte, Befunde und Probleme. Geographische Rundschau 62, 4, 4–11.

Braun, B., Schulz, C. und Soyez, D. (2003): Konzepte und Leitthemen einer ökologischen Modernisierung der Wirtschaftsgeographie. Zeitschrift für Wirtschaftsgeographie 47, 3–4, 231–248.

Bridge, G. (2008): Environmental Economic Geography: A Sympathetic Critique. Geoforum 39, 1, 76–81.

Hayter, R. (2008): Environmental Economic Geography. Geography Compass 2, 3, 831–850.

Soyez, D. und Schulz, C. (2008): Facets of an Emerging Environmental Economic Geography (EEG). Geoforum 39, 1, 17–19.

Abschließende Betrachtung und Perspektiven der Wirtschaftsgeographie | 8

Rückblick auf die vorhergehenden Kapitel | 8.1

Hauptanliegen dieses einführenden Lehrbuchs war es, neben den **etablierten** Konzepten der Wirtschaftsgeographie **und** ihrer Nachbardisziplinen Einblicke in **jüngere Theorieansätze** zu geben. Zudem wurden in **Kapitel 6** (Globalisierung) und **7** (Wirtschaft und Umwelt) Themen vorgestellt, die in deutschsprachigen Basislehrbüchern der Wirtschaftsgeographie bisher allenfalls am Rande Beachtung fanden. Auch die Nord-Süd-Dimension der wirtschaftlichen Entwicklung wurde ausführlicher thematisiert als in zahlreichen anderen Lehrwerken der Wirtschaftsgeographie. Allerdings war es in dem gebotenen Umfang nicht möglich, alle wichtigen Themenfelder der aktuellen Forschung explizit aufzugreifen, wie etwa die Geographie der Arbeit, des Konsums, der Energiewirtschaft oder der Agrarwirtschaft. Auch Immobilienmärkte, der Einzelhandel oder der Tourismus konnten nur teilweise angesprochen werden. Dies ist nicht zuletzt dem Entschluss geschuldet, das Buch entlang grundlegender konzeptioneller Ansätze aufzubauen und auf eine klassische sektorale Systematik weitgehend zu verzichten. Aber auch die Darstellung der theoretischen Ansätze musste zwangsläufig lückenhaft bleiben. So konnten lediglich die wichtigsten Konzepte der zeitgenössischen Wirtschaftsgeographie in kompakter Form illustriert werden.

Abschließende Definition | 8.2

Bei der Lektüre des Lehrbuchs wurde deutlich, dass die Wirtschaftsgeographie heute einen sehr dynamischen und vielgestaltigen Teilbereich der Geographie darstellt. Zu Beginn des ersten Kapitels wurde versprochen, dass trotz dieser konzeptionellen und paradigmatischen Vielgestaltigkeit am Ende des Lehrwerkes eine Definition der Wirtschaftsgeographie geliefert wird. Als Zusammenfassung der in diesem Buch dargestellten Ausführungen lässt sich Wirtschaftsgeographie wie folgt definieren:

Bei der Wirtschaftsgeographie handelt es sich um eine Teildisziplin der Geographie, die sich aus einer räumlichen Perspektive auf unterschiedlichen Maßstabsebenen mit der **Beschreibung, Analyse und Erklärung von wirtschaftlichen Tätigkeiten des Produzierens, Tauschens, Verteilens und Konsumierens von Gütern und Dienstleistungen** sowie mit den hierfür relevanten sozio-institutionellen Kontexten und Implikationen für die natürliche Umwelt beschäftigt.

Dieser notgedrungen allgemeinen und breiten Definition werden wohl die meisten der derzeit aktiven Wirtschaftsgeographen zustimmen können. Dies gilt auch für die Implikation, dass die Wirtschaftsgeographie, wie auch die Geographie insgesamt, nicht primär über einen exklusiven Forschungsgegenstand, sondern über ihre spezifische Forschungsperspektive definiert ist. Dass innerhalb einer solchen Definition aber dennoch Platz für eine Vielzahl von durchaus unterschiedlichen paradigmatischen Ansätzen und konzeptionellen Bezügen besteht (und bestehen muss), haben die vorhergehenden Kapitel dieses Buchs gezeigt.

8.3 | Zukunftsfelder wirtschaftsgeographischer Forschung

Abschließend soll auf einige sich derzeit abzeichnende Debatten in der Wirtschaftsgeographie hingewiesen werden, denen zukünftig eine größere Bedeutung zukommen könnte. Eine internationale Gruppe von Wirtschaftsgeographen hat jüngst eine Reihe solcher Zukunftsfelder identifiziert (Aoyama et al. 2011).

Hierzu zählt vor allem die sogenannte **Finanzialisierung**, welche die immer größere Dominanz der globalen Finanzmärkte über die traditionellen Märkte für industrielle, bergbauliche und landwirtschaftliche Produkte oder Immobilien sowie in Politik und Gesellschaft insgesamt anspricht (Pike und Pollard 2010). Die Tragweite dieses Prozesses wurde nicht zuletzt durch die globale Finanzkrise 2008/2009, ihr rasches Übergreifen auf die Realwirtschaft und die langfristigen politischen Folgen für die Schuldenkrise in der Euro-Zone und den USA deutlich. Von ähnlich fundamentaler Bedeutung wie die Finanzialisierung ist der Prozess der **digitalen Durchdringung** aller Lebens- und Wirtschaftsbereiche, die eine Debatte um digitale Räume und die sogenannten digital properties (digitales Eigentum) ausgelöst hat. Digitale Daten und Informationen haben heute keine territoriale Bindung mehr und können nahezu überall und parallel von vielen Menschen genutzt werden. Somit transformieren sie sehr grundlegend die ökonomischen Austauschbeziehungen sowie Netzwerke, Machtstrukturen und Prinzipien der Arbeitsteilung. Ein weiteres Feld, das die Wirtschaftsgeographie in der Zukunft mehr beschäftigen wird, sind die bereits in **Kapitel 7.6** angesprochenen **neuen Wachstumspara-**

digmen, die eine langfristige ökologisch nachhaltige Entwicklung ermöglichen. Die Umweltorientierte Wirtschaftsgeographie bietet hierzu erste Ansätze, wird aber in Zukunft konzeptionell weiterentwickelt werden müssen.

Vor dem Hintergrund der anhaltenden Globalisierungsdynamik, des weltweiten Klima- und Umweltwandels, der in zahlreichen Ländern eingeleiteten Energiewende, der jüngsten Finanz- und Wirtschaftskrisen, der angespannten Rohstoffmärkte und wachsenden Nutzungskonflikte fehlt es der Wirtschaftsgeographie sicher nicht an relevanten Themen, die mit einer spezifisch räumlichen Perspektive aufgegriffen werden können und müssen. Allerdings werden für die Weiterentwicklung der Wirtschaftsgeographie nicht nur auf den ersten Blick gesellschaftlich bedeutende Themenfelder eine Rolle spielen, sondern auch die Frage, welche Paradigmen die Wirtschaftsgeographie verfolgt und wo sie sich wissenschaftstheoretisch verortet. Nachdem sich die Wirtschaftsgeographie seit den 1950er-Jahren vor allem gegenüber den Wirtschaftswissenschaften geöffnet hat und in den 1980er- und 1990er-Jahren gegenüber den weiteren Sozialwissenschaften, ist in den letzten Jahren neben der Berücksichtigung ökologischer Fragestellungen auch eine Öffnung hin zu kulturwissenschaftlichen Konzepten festzustellen. Diese konzeptionelle Erweiterung ging mit dem zunehmenden Einsatz sozial- und kulturwissenschaftlicher Arbeitsmethoden einher. Vor allem qualitative Verfahren der Inhalts- und Diskursanalyse, aber auch Erhebungsmethoden wie Gruppendiskussionen oder Delphi-Verfahren werden heute vielfach eingesetzt und an wirtschaftsgeographische Fragestellungen angepasst. Als ein Resultat des sogenannten **cultural turn**, also der **Öffnung der Wirtschaftsgeographie in Richtung kulturwissenschaftlicher Ansätze**, ist in den letzten Jahren eine lebhafte Debatte entstanden, die die Existenz von Märkten für die ökonomische Analyse nicht mehr als quasi gegeben annimmt. Vielmehr gehen die entsprechenden Ansätze der Frage nach, wie und warum marktförmiges Handeln überhaupt entsteht und Märkte gemacht werden (Konzept der Performativität, Berndt und Boeckler 2010).

Arbeitsmärkte für Wirtschaftsgeographen | 8.4

Unabhängig von konzeptionellen Debatten wird sich die Wirtschaftsgeographie auch in Zukunft an ihren Beiträgen für die wirtschaftliche, politische und planerische Praxis messen lassen müssen. Die politisch-planerischen Implikationen sowohl der wirtschaftsgeographischen Theorien und Modelle als auch empirischer Studien sind in vielen Fällen offensichtlich. Dies schafft die Möglichkeit, auf der Basis wissenschaftlicher Analysen fundierte **Handlungsempfehlungen für Entscheidungsträger in Wirtschaft, Politik und Planung** auszusprechen. Zudem ergibt sich hieraus für Wirtschaftsgeographen ein Arbeitsmarkt außerhalb von Forschung und akademischer Lehre.

Wirtschaftsgeographen arbeiten heute entsprechend der thematischen Breite ihrer Ausbildung in sehr unterschiedlichen Kontexten. Das Spektrum reicht von der traditionellen Standortanalyse und -entwicklung für Großunternehmen des Einzelhandels über die Raumbeobachtung für die Landesplanung, die Entwicklung regionaler Strategien für den Fremdenverkehr bis hin zu Tätigkeiten in der öffentlichen Verwaltung, in Kammern, Wirtschaftsverbänden und anderen Nichtregierungsorganisationen. Zunehmend sind Wirtschaftsgeographen auch in Umweltschutz und Umweltmanagement, der Immobilienentwicklung sowie im Stadt- und Regionalmarketing anzutreffen. Darüber hinaus bewähren sie sich in großen Unternehmensberatungen, internationalen Organisationen sowie in der Entwicklungszusammenarbeit.

In der Berufspraxis kommt Wirtschaftsgeographen die Verknüpfung aus theoretisch-konzeptionellem Basiswissen, einer soliden Methodenausbildung sowie der Fähigkeit, vernetzt und Sektoren übergreifend zu denken und räumliche Wechselwirkungen zu antizipieren, vielfach zugute.

Weiterführende Literatur

Aoyama, Y., Berndt, C., Benner, C., Coe, N. M., Engelen, E., Essletzbichler, J., Glassman, J., Glückler, J., Grote, M., Jones, A., Leichenko, R., Leslie, D., Lindner, P., Lorenzen, M., Mansfield, B., Murphy, J. T., Pollard, J., Power, D., Stam, E., Wójcik, D. und Zook, M. (2011): Emerging Themes in Economic Geography: Outcomes of the Economic Geography 2010 Workshop. Economic Geography 87, 2, 111–126.

Berndt, C. und Glückler, J. (Hrsg.) (2006): Denkanstöße zu einer anderen Geographie der Ökonomie. transcript, Bielefeld.

Literaturverzeichnis

Alonso, W. (1960): A Theory of the Urban Land Market. Papers and Proceedings of the Regional Science Association 6, 149–157.

Alstine, J. van und Neumayer, E. (2010): The Environmental Kuznets Curve. In: Gallagher, K. P. (Hrsg.): Handbook on Trade and the Environment, 49–59. Edward Elgar, Cheltenham.

Altenburg, T. (2001): Ausländische Direktinvestitionen und technologische Lernprozesse in Entwicklungsländern. Geographische Rundschau 53, 7–8, 10–15.

Amin, A. und Cohendet, P. (2004): Architectures of Knowledge. Firms, Capabilities and Communities. Oxford University Press, Oxford.

Amin, A. und Thrift, N. (1992): Neo-Marshallian Nodes in Global Networks. International Journal of Urban and Regional Research 16, 4, 571–587.

Angel, D. und Rock, M. T. (2005): Global Standards and the Environmental Performance of Industry. Environment and Planning A 37, 11, 1903–1918.

Aoyama, Y., Berndt, C., Benner, C., Coe, N. M., Engelen, E., Essletzbichler, J., Glassman, J., Glückler, J., Grote, M., Jones, A., Leichenko, R., Leslie, D., Lindner, P., Lorenzen, M., Mansfield, B., Murphy, J. T., Pollard, J., Power, D., Stam, E., Wójcik, D. und Zook, M. (2011): Emerging Themes in Economic Geography: Outcomes of the Economic Geography 2010 Workshop. Economic Geography 87, 2, 111–126.

Aoyama, Y. und Murphy, J. T., Hanson, S. (2011): Key Concepts in Economic Geography. Sage, London.

Auty, R. M. (1993): Sustaining Development in Mineral Economies: The Resource Curse Thesis. Routledge, London.

Ayres R. U. und Simonis, U. E. (Hrsg.) (1994): Industrial Metabolism. Restructuring for Sustainable Development. United Nations University Press, Tokyo/New York/Paris.

Backhaus, N. (2009): Globalisierung. Westermann, Braunschweig.

Bair, J. (2005): Global Capitalism and Commodity Chains: Looking Back, Going Forward. Competition & Change 9, 2, 153–180.

Barnes, T. J. (1993): A Geographical Appreciation of Harold A. Innis. The Canadian Geographer 37, 4, 352–364.

Bartels, D. (1968): Zur wissenschaftstheoretischen Grundlegung einer Geographie des Menschen. Beihefte Erdkundliches Wissen 19, Steiner Wiesbaden.

Bathelt, H. (1994): Die Bedeutung der Regulationstheorie in der Wirtschaftsgeographischen Forschung. Geographische Zeitschrift 82, 2, 63–90.

Bathelt, H. (2001): Warum Paul Krugmans Geographical Economics keine neue Wirtschaftsgeographie ist! Die Erde 132, 2, 107–118.

Bathelt, H. und Glückler, J. (2003): Wirtschaftsgeographie. Ökonomische Beziehungen in räumlicher Perspektive. 2. Aufl., UTB 8217. Ulmer, Stuttgart.

BBR Bundesamt für Bauwesen und Raumordnung (2000): Karte der Zentralen Orte. http://www.bbsr.bund.de/cln_015/nn_22518/BBSR/DE/Raumentwicklung/Raumentwicklung-Deutschland/InfrastrukturDaseinsvorsorge/Fachbeitraege/ZentraleOrte/03_DatenKarten-Graphiken.html (18.08.2011).

Beck, U. (1997): Was ist Globalisierung? Irrtümer des Globalismus – Antworten auf Globalisierung. Suhrkamp, Frankfurt am Main.

Berndt, C. und Boeckler, M. (2010): Geographies of Markets: Materials, Morals and Monsters in Motion. Progress in Human Geography 35, 4, 559–567.

Berndt, C. und Glückler, J. (Hrsg.) (2006): Denkanstöße zu einer anderen Geographie der Ökonomie. transcript, Bielefeld.

Blotevogel, H. H. (Hrsg.) (2002): Fortentwicklung des Zentrale-Orte-Konzepts. Forschungs- und Sitzungsberichte der ARL 217. Akademie für Raumforschung und Landesplanung, Hannover.

Blotevogel, H. H. (2010): Raumordnung und Metropolregionen: Geographische Rundschau 62, 11, 4–12.

Boschma, R. A. (1994): Looking Through a Window of Locational Opportunity. A Long Term Spatial Analysis of Techno-industrial Upheavals in Great Britain and Belgium. Tinbergen Institute Research Series 75. Thesis Publishers, Amsterdam.

Boschma, R. A. (2005): Proximity and Innovation: A Critical Assessment. Regional Studies 39, 1, 61–74.

Boschma, R. A. und Frenken, K. (2011): The Emerging Empirics of Evolutionary Economic Geography. Journal of Economic Geography 11, 2, 295–307.

Boschma, R. A. und Lambooy, J. G. (2004): Evolutionary Economics and Economic Geography. Journal of Evolutionary Economics 9, 4, 411–429.

Boschma, R. A. und Wenting, R. (2007): The Spatial Evolution of the British Automobile Industry: Does Location Matter? Industry and Corporate Change 16, 2, 213–238.

Boyer, R. und Saillard, Y. (2002, Hrsg.): Théorie de la régulation: l'état des savoirs. La Découverte, Paris.

Braakmann, A. (2010): Zur Wachstums- und Wohlfahrtsmessung. Die Vorschläge der Stiglitz-Sen-Fitoussi-Kommission und der Initiative „BIP und mehr". Wirtschaft und Statistik 7/2010, 609–614.

Braun, B. (2003): Unternehmen zwischen ökologischen und ökonomischen Zielen. Konzepte, Akteure und Chancen des industriellen Umweltmanagements aus wirtschaftsgeographischer Sicht. Wirtschaftsgeographie 25. LIT, Münster/Hamburg/London.

Braun, B. (2010): Welthandel und Umwelt: Konzepte, Befunde und Probleme. Geographische Rundschau 62, 4, 4–11.

Braun, B. und Dietsche, C. (2009): Unternehmensnetzwerke und Stakeholderansprüche im Handel mit Entwicklungsländern. In: Kühlmann, T. M. und Haas, H.-D. (Hrsg.): Internationales Risikomanagement – Auslandserfolg durch grenzüberschreitende Netzwerke. Oldenbourg, München, 247–276.

Braun, B., Schulz, C. und Soyez, D. (2003): Konzepte und Leitthemen einer ökologischen Modernisierung der Wirtschaftsgeographie. Zeitschrift für Wirtschaftsgeographie 47, 3–4, 231–248.

Bridge, G. (2008): Environmental Economic Geography: A Sympathetic Critique. Geoforum 39, 1, 76–81.

Bringezu, S. und Schütz, H. (2010): Der „ökologische Rucksack" im globalen Handel. Geographische Rundschau 62, 4, 12–17.

Browne, M., Rizet, C., Anderson, S., Allen, J. und Keïta, B. (2005): Life Cycle Assessment in the Supply Chain: A Review and Case Study. Transport Reviews, 25, 6, 761–782.

Brücher, W. (1982): Industriegeographie. Westermann, Braunschweig.

Brücher, W. (2009): Energiegeographie. Wechselwirkung zwischen Ressourcen, Raum und Politik. Bornträger, Berlin/Stuttgart.

Bryson, J. R. und Daniels, P. W. (2007): The Handbook of Service Industries. Edward Elgar, Cheltenham.

Castells, M. und Portes, A. (1989): World Underneath: The Origins, Dynamics, and Effects of the Informal Economy. In: Portes, A., Castells, M. und Benton L. A. (Hrsg.): The Informal Economy: Studies in Advanced and Less Developed Countries. Johns Hopkins University Press, Baltimore, 11–37.

Christaller, W. (1933): Die zentralen Orte in Süddeutschland. Eine ökonomisch-geographische Untersuchung über die Gesetzmäßigkeit der Verbreitung und Entwicklung der Siedlungen mit städtischer Funktion. Jena (reproduziert 1980 Wissenschaftliche Buchgesellschaft, Darmstadt).

Christopherson, S., Michie, J. und Tyler, P. (2010): Regional Resilience: Theoretical and Empirical Perspectives. Cambridge Journal of Regions, Economy and Society 2010, 3, 3–10.

Coase, R. H. (1937): The Nature of the Firm. Economica 4, 16, 386–405.

Coe, N. M., Dicken, P. und Hess, M. (2008): Global Production Networks: Realizing the Potential. Journal of Economic Geography 8, 3, 271–295.

Cole, M. A. und Neumayer, E. (2005): Environmental Policy and the Environmental Kuznets Curve: Can Developing Countries Escape the Detrimental Consequences of Economic Growth? In: Dauvergne, P. (Hrsg.): International Handbook of Environmental Politics. Edward Elgar, Cheltenham/Northampton, 298–318.

Commons, J. R. (1924): Legal Foundations of Capitalism. Macmillan, New York.

Cooke, P. (2008): Regional Innovation Systems, Clean Technology & Jacobian Cluster-Platform Policies. Regional Science Policy & Practice, 1, 1, 23–45.

Costanza, R., Cumberland, J., Daly, H., Goodland, R. und Noorgard, R. (2001): Einführung in die Ökologische Ökonomik. UTB 2190. Lucius & Lucius, Stuttgart.

Crutzen, P. J. (2002): Geology of Mankind. Nature 415, 741, 23.

Daly, H. E. und Cobb, J. B. (1989): For the Common Good. Beacon Press, Boston.

Daly, H. E. (1996): Beyond Growth. Beacon Press, Boston.

Dei Ottati, G. (2009): Italian Industrial Districts and the Dual Chinese Challenge. In: Johanson, G., Smyth, R. und French, R. (Hrsg.): Living Outside the Walls. The Chinese in Prato. Cambridge Scholars Publishing, Cambridge, 26–41.

Diamond, J. (1997): Guns, Germs, and Steel: The Fates of Human Societies. Norton, New York.

Dicken, P. (2011): Global Shift. Mapping the Changing Contours of the World Economy. 6. Aufl., Guilford Press, New York/London.

Dietsche, C. (2011): Umweltgovernance in globalen Wertschöpfungsketten: Umweltschutz und Qualitätssicherung im Handel mit tropischen Garnelen und Ledererzeugnissen. Wirtschaftsgeographie 48. LIT, Münster/Hamburg/London.

DiMaggio, P. J. und Powell, W. W. (1983): The Iron Cage Revisited: Institutional Isomorphism and Collective Rationality in Organizational Fields. American Sociological Review 48, 2, 147–160.

Dittrich, M. (2010a): Physische Handelsbilanzen: Verlagert der Norden Umweltbelastungen in den Süden? Kölner Geographische Arbeiten 91. Geographisches Institut der Universität zu Köln, Köln.

Dittrich, M. (2010b): Verlagert der Norden Umweltbelastungen in den Süden? Von physischen Handelsbilanzen im Globalen Handel und ökologischen Rucksäcken. Geographische Rundschau 62, 4, 18–24.

Dörrenbächer, H. P. und Schulz, C. (2005): Regionale Produktionskomplexe in der Automobilindustrie auch grenzüberschreitend? Das Beispiel Saarland/Lothringen. Geographische Rundschau 57, 12, 20–26.

Dunning, J. H. (1981): Explaining the International Direct Investment Position of Countries: Towards a Dynamic or Developmental Approach. Weltwirtschaftliches Archiv 117, 1, 30–64.

Dunning, J. H. und Lundan, S. M. (2008): Multinational Enterprises and the Global Economy. 2. Aufl., Edward Elgar, Cheltenham/Northampton.

Ehlers, E. (2008): Das Anthropozän. Die Erde im Zeitalter des Menschen. Wissenschaftliche Buchgesellschaft, Darmstadt.

Eich-Born M. und Hassink, R. (2005): On the Battle Between Shipbuilding Regions in Germany and South Korea. Environment and Planning A 37, 4, 635–656.

Ellger, C. (1993): Die Dienstleistung als Gegenstand der Wirtschaftsgeographie: Zur Definition des Begriffs und zu grundlegenden Aspekten der Theoriebildung. Die Erde 124, 4, 291–302.

Ermann, U. (2006): Geographien moralischen Konsums: Konstruierte Konsumenten zwischen Schnäppchenjagd und fairem Handel. Berichte zur deutschen Landeskunde 80, 2, 197–220.

Europäische Kommission (2010): In Europas Zukunft investieren. Fünfter Bericht über den wirtschaftlichen, sozialen und territorialen Zusammenhalt. Europäische Union, Brüssel.

Fischer-Kowalski, M. und Haberl, H. (Hrsg.) (2007): Socioecological Transitions and Global Change. Trajectories of Social Metabolism and Land Use. Edward Elgar, Cheltenham.

Florida, R. (2002): The Rise of the Creative Class: And How It's Transforming Work, Leisure, Community and Everyday Life. Basic Books, New York.

Florida, R. (2002): The Rise of the Creative Class: And How It's Transforming Work, Leisure, Community and Everyday Life. Basic Books, New York.

Fourastié, J. (1949): Le Grand Espoir du XXe siècle. Progrès technique, progrès économique, progrès social. Presses Universitaires de France, Paris (in deutscher Sprache 1954: Die große Hoffnung des zwanzigsten Jahrhunderts. Bund-Verlag, Köln).

Frankfurter Allgemeine Zeitung vom 06.07.2011: Audis Abhängigkeit von China wächst. http://www.faz.net/artikel/C30738/absatzrekord-audis-abhaengigkeit-von-china-waechst-30457403.html (02.08.2011).

Franz, M. (2011): Globalisierung im Einzelhandel – Akteure und ihre Machtbeziehungen. Geographische Rundschau 63, 5, 4–10.

Freeman, C. und Perez, C. (1988): Structural Crises of Adjustment: Business Cycles and Investment Behaviour. In: Dosi, G., Freeman, C., Nelson, R., Silverberg, G. und Soete, L. (Hrsg.): Technological Change and Economic Theory. Pinter Publishers, London, 38–66.

Freeman, C. und Louçã F. (2001): As Time Goes By. From the Industrial Revolutions to the Information Revolution. Oxford University Press, Oxford.

Friedlingstein, P., Houghton, R. A., Marland, G., Hackler, J., Boden, T. A., Convay, T. J., Canadell, J. G., Raupach, M. R., Ciais, P. und Le Quéré, C. (2010): Update on CO2 Emissions. Nature Geoscience 3, 12, 811–812.

Friedman, T. L. (2005): The World Is Flat: The Globalized World in the Twenty-first Century. Penguin, London.

Friedmann, J. (1966): Regional Development Policy. A Case Study of Venezuela. MIT Press, Cambridge Mass./London.

Fritsch, M. und Grotz R. (Hrsg.) (2004): Empirische Analysen zum Gründungsgeschehen in Deutschland. Physica, Heidelberg.

Fromhold-Eisebith, M. (2001): Technologieregionen in Asiens Newly Industrialized Countries: Strukturen und Beziehungssysteme am Beispiel von Bangalore, Indien und Bandung, Indonesien. Wirtschaftsgeographie 18. LIT, Münster/Hamburg/London.

Fuchs, M. (2010): Automobilindustrie. In: Kulke, E. (Hrsg.): Wirtschaftsgeographie Deutschlands. Spektrum, Heidelberg, 169–181.

Fujita, M. und Thisse J.-F. (2009): New Economic Geography: An appraisal on the occasion of Paul Krugman's 2008 Nobel Prize in Economic Sciences. Regional Science and Urban Economics 39, 2, 109–119.

Gallup, J. L., Sachs, J. D. und Mellinger A. D. (1999): Geography and Economic Development. International Regional Science Review 22, 2, 179–232.

Gereffi, G. und Korzeniewicz M. (Hrsg.) (1994): Commodity Chains and Global Development. Praeger, Westport.

Gereffi, G. (1995): Global Production Systems and Third World Development. In: Stallings, B. (Hrsg.): Global Change, Regional Response: The New International Context of Development. Cambridge University Press, Cambridge, 100–142.

Gereffi, G., Humphrey, J. und Sturgeon T. J. (2005): The Governance of Global Value Chains. Review of International Political Economy 12, 1, 78–104.

Gibbon, P. und Ponte S. (2008): Global Value Chains: From Governance to Governmentality? Economy and Society 37, 3, 365–392.

Gibbs, D. (2006): Prospects for an Environmental Economic Geography: Linking Ecological Modernization and Regulationist Approaches. Economic Geography 82, 2, 193–215.

Giddens, A. (1984): The Constitution of Society: Outline of the Theory of Structuration. University of California Press, Berkeley.

Giddens, A. (1995): Konsequenzen der Moderne. Suhrkamp, Frankfurt am Main.

Giese, E., Mossig, I. und Schröder H. (2011): Globalisierung der Wirtschaft. UTB 3449. Schöningh, Paderborn.

GaWC Global and World Cities Research Network (2008): The World According to GaWC 2008. http://www.lboro.ac.uk/gawc/world2008c.html (02.08.2011).

Glückler, J. (2001): Zur Bedeutung von Embeddedness in der Wirtschaftsgeographie. Geographische Zeitschrift, 89, 4, 211–226.

Grabher, G. (Hrsg.) (1993): The Embedded Firm. On the Socioeconomics of Industrial Networks. Routledge, London.

Granovetter, M. (1973): The Strength of Weak Ties. American Journal of Sociology 78, 6, 1360–1380.

Grotewold, A. (1959): Von Thunen in Retrospect. Economic Geography 35, 4, 346–355.

Die Gruppe von Lissabon (1997): Grenzen des Wettbewerbs. Die Globalisierung der Wirtschaft und die Zukunft der Menschheit. Luchterhand, München.

Haas, H.-D. und Schlesinger, D. M. (2007): Umweltökonomie und Ressourcenmanagement. Wissenschaftliche Buchgesellschaft, Darmstadt.

Haas, H.-D., Neumair, S.-M. und Schlesinger, D. M. (2009): Geographie der internationalen Wirtschaft. Wissenschaftliche Buchgesellschaft, Darmstadt.

Hahn, B. (2009): Welthandel: Geschichte – Konzepte – Perspektiven. Spektrum, Heidelberg.

Hall, P. A. und Soskice, D. W. (2001): Varieties of Capitalism: The Institutional Foundations of Comparative Advantage. Oxford University Press, Oxford.

Hassler, M. (2009): Variations of value creation: automobile manufacturing in Thailand. Environment and Planning A 41, 9, 2232–2247.

Hassink, R. (1997): Die Bedeutung der lernenden Region für die regionale Innovationsförderung. Geographische Zeitschrift 85, 2–3, 159–173.

Hayter, R. (1997): The Dynamics of Industrial Location. The Factory, the Firm and the Production System. John Wiley & Sons, Chichester et al.

Hayter, R. (2004): Economic Geography as Dissenting Institutionalism: The Embeddedness, Evolution and Differentiation of Regions. Geografiska Annaler 86 B, 2, 95–115.

Hayter, R. (2008): Environmental Economic Geography. Geography Compass 2, 3, 831–850.

Hayter, R. und Le Heron, R. (2002): Industrialization, Techno-economic Paradigms and the Environment. In: Hayter, R. und Le Heron, R. (Hrsg.): Knowledge, Industry and Environment. Institutions and Innovation in Territorial Perspective. Aldershot: Ashgate, 11–30.

Hayter, R. und Patchell, G. (2011): Economic Geography. An Institutional Approach. Oxford University Press, Don Mills/Ontario.

Heeg, S. (2009): Wie Phönix aus der Asche? Immobilienwirtschaftliche Forschung in der Geographie. Zeitschrift für Wirtschaftsgeographie 53, 3, 129–137.

Henderson, J., Dicken, P., Hess, M., Coe, N. und Yeung, H. Wai-Chung (2002): Global Production Networks and the Analysis of Economic Development. Review of International Political Economy 9, 3, 436–464.

Hess, M. und Yeung, H. Wai-Chung (2006): Whither Global Production Networks in Economic Geography? Past, Present, and Future. Environment and Planning A 38, 7, 1193–1204.

Hirsch, S. (1967): Location of Industry and International Competitiveness. Clarendon Press, Oxford.

Hirschmann, A. O. (1958): The Strategy of Economic Development. Yale University Press, New Haven/London.

Hodgson, G. M. (2006): What are Institutions? Journal of Economic Issues XL, 1, 1–25.

Hollingsworth, J. R. und Boyer, R. (Hrsg.) (1997): Contemporary Capitalism: The Embeddedness of Institutions. Cambridge University Press, Cambridge.

Hotelling, H. (1929): Stability in Competition. Economic Journal 39, 153, 41–57.

Humphrey, J. und Schmitz, H. (2002): How Does Insertion in Global Value Chains Affect Upgrading in Industrial Clusters? Regional Studies 36, 9, 1017–1027.

Ibert, O. (2011): Dynamische Geographien der Wissensproduktion – die Bedeutung physischer wie relationaler Distanzen in interaktiven Lernprozessen. In: Ibert, O. und Kujath, H. J. (Hrsg.): Räume der Wissensarbeit. Zur Funktion von Nähe und Distanz in der Wissensökonomie. VS Verlag, Wiesbaden, 49–69.

IfaS Institut für angewandtes Stoffstrommanagement (2008): Informationsplattform Regionales Stoffstrommanagement. IfaS, Birkenfeld.

ISO International Organization for Standardization (2010): The ISO Survey of Certifications 2009: Principal Findings. http://www.iso.org/iso/survey2009.pdf (02.08.2011)

Jacobsen, N. B. (2006): Industrial Symbiosis in Kalundborg, Denmark. A Quantitative Assessment of Economic and Environmental Aspects. Journal of Industrial Ecology 10,1 + 2, 239–255.

Jörges-Süß, K. und Süß, S. (2004): Neo-Institutionalistische Ansätze der Organisationstheorie. Das Wirtschaftsstudium 33, 316–318.

Kaname, A. (1962): A Historical Pattern of Economic Growth in Developing Countries. Developing Economies 1, 1, 3–25.

Kiese, M. (2005): Clusteransätze in der regionalen Wirtschaftsförderung. Vortrag (unveröffent-

licht), GfR/IAB-Sommerseminar, Weimar, 23./24.06.2005.

Kinder, S. (2010): Unternehmensorientierte Dienstleistungen. In: Kulke, E. (Hrsg.): Wirtschaftsgeographie Deutschlands. 2. Aufl., Spektrum, Heidelberg, 265–286.

Klagge, B. (2009): Finanzmärkte, Unternehmensfinanzierung und die aktuelle Finanzkrise. Zeitschrift für Wirtschaftsgeographie 53, 1–2, 1–13.

Kojima, K. (1978): Direct Foreign Investment: A Japanese Model of Multinational Business Operations. Croom Helm, London.

Kondratieff, N. D. (1926): Die langen Wellen der Konjunktur. Archiv für Sozialwissenschaft und Sozialpolitik 56: 573–609.

Kraas, F. und Mertins, G. (2008): Megastädte in Entwicklungsländern: Vulnerabilität, Informalität, Regier- und Steuerbarkeit. Geographische Rundschau 60, 11, 4–10.

Krätke, S. (1996): Regulationstheoretische Perspektiven in der Wirtschaftsgeographie. Zeitschrift für Wirtschaftsgeographie, 40, 1–2, 6–19.

Kraus, T. (1957): Wirtschaftsgeographie als Geographie und als Wirtschaftswissenschaft. Die Erde 88, 2, 110–119.

Krings, T. (2008): Politische Ökologie. Grundlagen und Arbeitsfelder eines geographischen Ansatzes der Mensch-Umwelt Forschung. Geographische Rundschau 60, 12, 4–9.

Krugman, P. (1991): Geography and Trade. MIT Press, Cambridge, Mass.

Krugman, P. (1995): Development, Geography, and Economic Theory. MIT Press, Cambridge, Mass.

Krugman, P. (2011): The New Economic Geography, Now Middle-aged. Regional Studies, 45, 1, 1–7.

Kulke, E. (2004): Ansätze wirtschaftsgeographischer Betrachtung von Dienstleistungen. Petermanns Geographische Mitteilungen 148, 4, 6–15.

Kulke, E. (2007): The Commodity Chain Approach in Economic Geography. Die Erde 138, 2, 117–126.

Kulke, E. (2009): Wirtschaftsgeographie. 4. Aufl., UTB 2434. Schöningh, Paderborn et al.

Kulke, E. (2010): Sektoraler Wandel der Wirtschaft. In: Kulke, E. (Hrsg.): Wirtschaftsgeographie Deutschlands. 2. Aufl., Spektrum, Heidelberg, 5–15.

Lasuén, J. R. (1969): On Growth Poles. Urban Studies 6, 2, 137–161.

Latouche, S. (2006): Le pari de la décroissance. Fayard, Paris.

Lee, H.-Y. (1989): Growth Determinants in the Core-Periphery of Korea. International Regional Science Review 12, 2, 147–163.
Leyshon, A., Lee, R., McDowell, L. und Sunley, P. (Hrsg.) (2011): The SAGE Handbook of Economic Geography. Sage, Los Angeles.
Liefner, I. und Zeng G. (2008): Cooperation Patterns of High-tech Companies in Shanghai and Beijing: Accessing External Knowledge Sources for Innovation Processes. Erdkunde 62, 3, 245–258.
Lipke, J. (2010): Ungleiche Arbeitsteilung und Entwicklung im Weltsystem. Quantifizierung von ungleichem Tausch in monetärer und ökologischer Dimension. Wvb, Berlin.
Lösch, A. (1940): Die räumliche Ordnung der Wirtschaft: Eine Untersuchung über Standort, Wirtschaftsgebiete und internationalen Handel. Fischer, Jena.
Lundvall, B.-Å. (Hrsg.) (1992): National System of Innovation: Towards a Theory of Innovation and Interactive Learning. Pinter, London.
Maier, G., Tödtling, F. und Trippl, M. (2005): Regional- und Stadtökonomik 1. Standorttheorie und Raumstruktur. 4. Aufl., Springer, Wien/New York.
Maier, G., Tödtling, F. und Trippl, M. (2006): Regional- und Stadtökonomik 2. Regionalentwicklung und Regionalpolitik. 3. Aufl., Springer, Wien/New York.
Maier, U. (2010): Carbon-Lock-in in der Automobilindustrie. In: Schüssler, F. (Hrsg.): Geographische Energieforschung. Peter Lang, Frankfurt am Main, 37–62.
Malmberg, A. und Maskell, P. (2002): The Elusive Concept of Localization Economies: Towards a Knowledge-based Theory of Spatial Clustering. Environment and Planning A 34, 3, 429–449.
Markusen, A. (1996): Sticky Places in Slippery Space: A Typology of Industrial Districts. Economic Geography 72, 3, 293–313.
Maskell, P., Bathelt, H. und Malmberg, Anders (2006): Building Global Knowledge Pipelines: The Role of Temporary Clusters. European Planning Studies 14, 8, 997–1013.
Matuschewski, A. (2006): Regional Clusters of the Information Economy in Germany. Regional Studies 40, 3, 409–422.
Mellinger, A. D., Sachs, J. D. und Gallup, J. L. (2000): Climate, Coastal Proximity and Development. In: Clark, G. L., Feldmann, M. P. und Gertler, M. S. (Hrsg.): The Oxford Handbook of Economic Geography. Oxford University Press, Oxford/New York, 169–194.

Millennium Ecosystem Assessment (2005): Ecosystems and Human Well-being: Synthesis. Island Press, Washington, DC.
Morgan, K. (1997): The Learning Region: Institutions, Innovation and Regional Renewal. Regional Studies 31, 5, 491–503.
Mossig, I. (2000): Räumliche Konzentration der Verpackungsmaschinenbau-Industrie in Westdeutschland. Eine Analyse des Gründungsgeschehens. Wirtschaftsgeographie 17. LIT, Münster/Hamburg/London.
Mossig, I. (2006): Netzwerke der Kulturökonomie: Lokale Knoten und globale Verflechtungen der Film- und Fernsehindustrie in Deutschland und den USA. Transcript, Bielefeld.
Moulaert, F. und Mehmood, A. (2010): Analysing Regional Development and Policy: A Structural-Realist Approach. Regional Studies 44, 1, 103–118.
Müller, K. (2002): Globalisierung. Campus, Frankfurt am Main.
Müller-Mahn, D. (2010): Beobachtungen zum Klimadiskurs: Neues Weltrisiko oder alter Geodeterminismus? In: Egner, H. und Pott, A. (Hrsg.): Geographische Risikoforschung. Zur Konstruktion verräumlichter Risiken und Sicherheiten. Erdkundliches Wissen 147. Steiner, Stuttgart, 95–113.
Müller-Mahn, D. und Verne, J. (2010): Geographische Entwicklungsforschung – alte Probleme, neue Perspektiven. Geographische Rundschau 62, 10, 4–11.
Myrdal, G. (1957): Economic Theory and Underdeveloped Regions. Duckworth, London.
Nefiodov, L. A. (2006): Der sechste Kondratieff. Wege zur Produktivität und Vollbeschäftigung im Zeitalter der Information. 6. Aufl., Rhein-Sieg Verlag, Sankt Augustin.
Neiberger, C. (2007): Logistikunternehmen im Globalisierungsprozess. In: Geographische Rundschau 59, 5, 22–27.
Neumair, S.-M. (2006): Theorie des Außenhandels. In: Haas, H.-D. und Neumair, S.-M.: Internationale Wirtschaft: Rahmenbedingungen, Akteure, räumliche Prozesse. Oldenbourg, München/Wien, 187–213.
Neumair, S.-M. und Werneck, T. (2006): Theorie der Direktinvestitionen. In: Haas, H.-D. und Neumair, S.-M.: Internationale Wirtschaft: Rahmenbedingungen, Akteure, räumliche Prozesse. Oldenbourg, München/Wien, 215–241.
North, D. C. (1990): Institutions, Institutional Change and Economic Performance. Cambridge University Press, Cambridge.

Nuhn, H. (2007): Globalisierung und Verkehr. Weltweit vernetzte Transportsysteme. Geographische Rundschau 59, 5, 4–12.
O'Brien, R. (1992): Global Financial Integration: The End of Geography. Royal Institution of International Affairs/Council of Foreign Relations Press, London.
O'Kelly M. und Bryan, D. (1996): Agricultural Location Theory: von Thünen's Contribution to Economic Geography. Progress in Human Geography 20, 4, 457–475.
Ouma, S. (2010): Global Standards, Local Realities: Private Agrifood Governance and the Restructuring of the Kenyan Horticulture Industry. Economic Geography 86, 2, 197–222.
Parr, J. B. (1999 a): Growth-pole Strategies in Regional Economic Planning: A Retrospective View. Part 1: Origins and Advocacy. Urban Studies, 36, 7, 1195–1215.
Parr, John B. (1999 b): Growth-pole Strategies in Regional Economic Planning: A Retrospective View. Part 2: Implementation and Outcome. Urban Studies, 36, 8, 1247–1268.
Perkins, R. (2007): Globalizing Corporate Environmentalism? Convergence and Heterogenity in Indian Industry. Studies in Comparative International Development 43, 3–4, 279–309.
Perkins, R. und Neumayer, E. (2010): Geographic Variations in the Early Diffusion of Corporate Voluntary Standards: Comparing ISO 14001 and the Global Compact. Environment and Planning A 42, 2, 347–365.
Perroux, F. (1955): Note sur la notion de pôle de croissance. Économie Appliquée 7, 1 + 2, 307–320.
Pike, A. und Pollard, J. (2010): Economic Geographies of Financialization. Economic Geography 86, 1, 29–51.
Piore, M. J. und Sabel, C. F. (1984): The Second Industrial Divide: Possibilities for Prosperity. Basic Books, New York (in deutscher Sprache 1985: Das Ende der Massenproduktion: Studie über die Requalifizierung der Arbeit und die Rückkehr der Ökonomie in die Gesellschaft. Wagenbach, Berlin).
Polanyi, M. (1966): The Tacit Dimension. Doubleday, London/New York.
Pomogajko, K. und Voigtländer, M. (2011): Zur Synchronität der Immobilienzyklen – Eine Faktoranalyse. In: IW-Trends – Vierteljahresschrift zur empirischen Wirtschaftsforschung aus dem Institut der deutschen Wirtschaft Köln 38, 1, 1–15.
Porter, M. E. (1990): The Competitive Advantage of Nations. Free Press, New York.

Porter, M. E. (1996): Competitive Advantage, Agglomeration Economies and Regional Policy. International Regional Science Review 19, 1 + 2, 85–94.
Porter, M. E. (2000): Locations, Clusters, and Company Strategy. In: Clark, G. L., Feldman, M. P. und Gertler, M. S. (Hrsg.): The Oxford Handbook of Economic Geography. Oxford University Press, Oxford, 253–274.
Pred, A. (1967) Behavior and Location: Foundations for a Geographic and Dynamic Location Theory. Part I. C.W.K. Gleerup, Lund.
Priebs, A. (1996): Städtenetze als raumordnungspolitischer Handlungsansatz – Gefährdung oder Stütze des Zentrale-Orte-Systems? Erdkunde, 50, 1, 35–45.
Pries, L. (1996): Transnationale Soziale Räume. Theoretisch-empirische Skizze am Beispiel der Arbeitswanderungen Mexiko-USA. Zeitschrift für Soziologie 25, 6, 456–472.
Rauch, T. (2009): Entwicklungspolitik. Westermann, Braunschweig.
Revilla Diez, J. und Kiese, M. (2006): Scaling Innovation in Southeast Asia: Empirical Evidence from Singapore, Penang (Malaysia) and Bangkok. Regional Studies 40, 9, 1005–1023.
Richardson, H. W. (1980): Polarization Reversal in Developing Countries. Papers of the Regional Science Association 45, 1, 67–85.
Rostow, W. W. (1960): The Stages of Economic Growth. A Non-Communist Manifesto. Cambridge University Press, Cambridge.
Sachs, J. D. (2005): The End of Poverty. How We Can Make It Happen in Our Lifetime. Penguin, London.
Sassen, S. (1991): The Global City: New York, London, Tokyo. Princeton University Press, Princeton (in deutscher Sprache 1996: Metropolen des Weltmarktes. Campus, Frankfurt am Main/New York).
Sattelberger, T. (Hrsg.) (1991): Die lernende Organisation: Konzepte für eine neue Qualität der Unternehmensentwicklung. Gabler, Wiesbaden.
Saxenian, A. (2006): The New Argonauts: Regional Advantage in a Global Economy. Harvard University Press, Cambridge, Mass.
Schamp, E. W. (1983): Grundansätze der zeitgenössischen Wirtschaftsgeographie. Geographische Rundschau 35, 2, 74–80.
Schamp, E. W. (1996): Globalisierung von Produktionsnetzen und Standortsystemen. Geographische Zeitschrift 84, 3 + 4, 205–219.
Schamp, E. W. (2000): Vernetzte Produktion. Industriegeographie aus institutioneller Perspektive. Wissenschaftliche Buchgesellschaft, Darmstadt.

Schamp, E. W. (2002): Evolution und Institution als Grundlage einer dynamischen Wirtschaftsgeographie: Die Bedeutung von externen Skalenerträgen für geographische Konzentration. Geographische Zeitschrift 90, 1, 40–51.

Schamp, E. W. (2007): Denkstile in der deutschen Wirtschaftsgeographie. Aktuelle Umbrüche seit 1970. Zeitschrift für Wirtschaftsgeographie 51, 3 + 4, 238–252.

Schamp, E. W. (Hrsg.) (2008a): Globale Verflechtungen. Handbuch des Geographieunterrichts 9. Aulis-Deubner, Köln.

Schamp E. W. (2008b): Globale Wertschöpfungsketten. Umbau von Nord-Süd-Beziehungen in der Weltwirtschaft. Geographische Rundschau 60, 9, 4–11.

Scharmanski, A. (2009): Globalisierung der Immobilienwirtschaft. Grenzüberschreitende Investitionen und lokale Markttransparenzen. Mit den Beispielen Mexiko City und Sao Paulo. Transcript, Bielefeld.

Schätzl, L. (2003): Wirtschaftsgeographie 1: Theorie. 9. Aufl., UTB 782. Schöningh Paderborn et al.

Schmidt-Bleek, F. (1994): Wieviel Umwelt braucht der Mensch? Faktor 10 – das Maß für ökologisches Wirtschaften. Birkhäuser, Berlin.

Schmidt-Bleek, F. (2009): The Earth: Natural Resources and Human Intervention. Haus Publishers, London.

Schmude, J. (2003): Standortwahl und Netzwerke von Unternehmensgründern. In: Dowling M. und Drumm, H. J. (Hrsg.): Gründungsmanagement: vom erfolgreichen Unternehmensstart zu dauerhaftem Wachstum. 2. Aufl., Springer, Berlin, 291–304.

Scholz, F. (2002): Die Theorie der „fragmentierenden Entwicklung". Geographische Rundschau 54, 10, 6–11.

Scholz, F (2004): Geographische Entwicklungsforschung. Methoden und Theorien. Borntraeger, Berlin/Stuttgart.

Schreyögg, G., von Sydow, J. und Koch J. (2003): Organisatorische Pfade – von der Pfadabhängigkeit zur Pfadkreation? In: Schreyögg, G. und von Sydow, J. (Hrsg.): Strategische Prozesse und Pfade. Managementforschung 13. Gabler, Wiesbaden, 257–294.

Schulz, C. (2005): Agenten des Wandels? Unternehmensbezogene Umweltdienstleister im industriellen Produktionssystem. Hochschulschriften zur Nachhaltigkeit 21. oekom, München.

Schulz, C., Dörrenbächer, H. P. und Liefooghe, C. (2006): Far Away, So Close? Regional Clustering of Mail Order Firms and Related Business Services in the Lille Metropolitan Area. In: Harrington, J. W. und Daniels, P. W. (Hrsg.): Knowledge-Based Services, Internationalization and Regional Development. Ashgate, Aldershot, 289–305.

Schumpeter, J. A. (1911). Theorie der wirtschaftlichen Entwicklung. Eine Untersuchung über Unternehmensgewinn, Kapital, Kredit, Zins und den Konjunkturzyklus. Duncker & Humblot, Leipzig.

Scott, A. J. und Storper, M. (1987): High Technology Industry and Regional Development. A Theoretical Critique and Reconstruction. International Social Science Journal 39, 112, 215–232.

Senge, P. M. (1990): The Fifth discipline. The Art and Practice of the Learning Organization. oubleday, New York.

Simmie, J. und Martin, R. (2010): The Economic Resilience of Regions: Towards an Evolutionary Approach. Cambridge Journal of Regions, Economy and Society 2010, 3, 27–43.

Smith, D. M. (1981): Industrial Location. An Economic Geographical Analysis. 2. Aufl., Wiley, New York et al.

Smith, N. (1993): Homeless/Global: Scaling Places. In: Bird, J., Curtis, B., Putnam, T., Robertson, G. und Tickner, L. (Hrsg.): Mapping the Futures. Routledge, London, 87–119.

Soyez, D. (1997): Raumwirksame Lobbytätigkeit. In: Graafen, R. und Tietze, W. (Hrsg.): Raumwirksame Staatstätigkeit. Festschrift für Klaus-Achim Boesler zum 65. Geburtstag. Colloquium Geographicum 23, 205–219.

Soyez, D. und Li, L. (2009): Transnationalising Heritage Valorizations in Europe and China: Addressing Their Dark Sides. In: International Conference on Heritage in Asia: Converging Forces and Conflicting Values, 8–10 January 2009, Asia Research Institute, National University of Singapore (Draft Copy, conference CD).

Soyez, D. und Schulz, C. (Hrsg.) (2002): Wirtschaftsgeographie und Umweltproblematik. Kölner Geographische Arbeiten 76. Geographisches Institut der Universität zu Köln, Köln.

Soyez, D. und Schulz, C. (2008): Facets of an Emerging Environmental Economic Geography (EEG). Geoforum 39, 1, 17–19.

Statistik Austria (2011): Index der Großhandelspreise. http://www.statistik.at/web_de/statistiken/preise/grosshandelspreisindex/index.html (02.08.2011)

Statistisches Bundesamt (2010): Nachhaltige Entwicklung in Deutschland. Indikatorenbericht 2010. Wiesbaden.

Sternberg, R. (Hrsg.) (2006): Deutsche Gründungsregionen. Wirtschaftsgeographie 38. LIT, Berlin.
Störmer, E. (2001): Ökologieorientierte Unternehmensnetzwerke. Regionale umweltinformationsorientierte Unternehmensnetzwerke als Ansatz zu einer ökologisch nachhaltigen Wirtschaftsentwicklung. Wirtschaft & Raum 8. VVF, München.
Storper, M. und Walker, R. (1989): The Capitalist Imperative. Territory, Technology, and Industrial Growth. Wiley-Blackwell, Oxford.
Storper, M. (1997): The Regional World: Territorial Development in a Global Economy. Guilford Press, New York.
Strambach, S. (1995): Wissensintensive unternehmensorientierte Dienstleistungen: Netzwerke und Interaktion. Am Beispiel des Rhein-Neckar Raumes. Wirtschaftsgeographie 6. LIT, Münster/Hamburg.
Sydow, J. von (1992): Strategische Netzwerke: Evolution und Organisation. Gabler, Wiesbaden.
Tamasy, C. (2010): Nascent Entrepreneurs and the Regional Context. International Journal of Entrepreneurship and Small Business 10, 2, 205–223.
Taylor, M., Bobe, M. und Leonard, S. (1995): The Business Enterprise, Power Networks and Environmental Change. In: Taylor, M. (Hrsg.): Environmental Change: Industry, Power and Policy. Ashgate, Avebury, 57–81.
Taylor, P., Hoyler, M., Walker, D. R. F. und Szegner, M. J. (2001): A New Mapping of the World for the New Millennium. The Geographical Journal 167, 3, 213–222.
Thirlwall, A. (2006): Growth & Development. With Special Reference to Developing Economies. 8. Aufl., Palgrave Macmillan, Basingstoke/New York.
Thomi, W. und Oßenbrügge, J. (2011): Risikofaktor Finanzmärkte. Krisen im Spannungsfeld von real- und finanzwirtschaftlichen Prozessen. Zeitschrift für Wirtschaftsgeographie 55, 1 + 2, 1–4.
Thünen, J. H. von (1875): Der isolierte Staat in Beziehung auf Landwirthschaft und Nationalökonomie. Band 1. 3. Aufl., Wiegandt, Hempel und Paren, Berlin.
Tichy, G. (2001): Regionale Kompetenzzyklen – zur Bedeutung von Produktlebenszyklus- und Clusteransätzen im regionalen Kontext. Zeitschrift für Wirtschaftsgeographie 45, 3–4, 181–201.
Truffer, B. (2008): Society, Technology, and Region: Contributions from the Social Study of Technology to Economic Geography. Environment and Planning A 40, 4, 966–985.

Unruh, G. C. (2002): Escaping Carbon Lock-in. Energy Policy 30, 4, 317–325.
Veblen, T. (1904): The Theory of Business Enterprise. Charles Scribner's Sons, New York.
Wackernagel, M. und Beyers, B. (2010): Der Ecological Footprint: Die Welt neu vermessen. Europäische Verlagsanstalt, Hamburg.
Weber, A. (1909): Über den Standort der Industrien. Erster Teil: Reine Theorie des Standorts. Mohr, Tübingen.
Weichhart, P. (2004): Paradigmenvielfalt in der Humangeographie – Neue Unübersichtlichkeit oder Multiperspektivität? In: Vielhaber, C. (Hrsg.): Fachdidaktik: alternativ – innovativ. Acht Impulse um (Schul-)Geographie und ihre Fachdidaktik neu zu denken. Materialien zur Didaktik der Geographie und Wirtschaftskunde Bd. 17), 11–19. Selbstverlag des Instituts für Geographie und Regionalforschung der Universität Wien, Wien.
Weischet, W. (1977): Die ökologische Benachteiligung der Tropen. Teubner, Stuttgart.
Weisz, H. (2007): Metabolismus von Industriegesellschaften. In: Isenmann, R. und Hauff, M. von (Hrsg.): Industrial Ecology. Mit Ökologie zukunftsorientiert wirtschaften. Spektrum, Heidelberg, 209–224.
Weizsäcker, E.-U. von, Lovins, A. und Lovins, H. (1995): Faktor vier. Doppelter Wohlstand – halbierter Naturverbrauch. Droemer Knaur, München.
Williamson, O. E. (1985): The Economic Institutions of Capitalism. Free Press, New York.
World Bank (2009): Development Report 2009: Reshaping Economic Geography. The World Bank, Washington, D.C.
World Commission on Environment and Development (1987): Our Common Future. Oxford University Press, Oxford.
World Steel Association (2010): Steel Statistics Archive. http://www.worldsteel.org/?action=stats_search&keuze=steel&country=all&from=1980&to=0 (02.08.2011).
World Steel Association (2011): 2010 Crude Steel Production over 3 Million Tonnes. http://www.worldsteel.org/pictures/programfiles/Topsteelproducers%5B1%5D%5B2%5D.pdf (02.08.2011).
Zademach, H.-M. und Rodríguez-Pose, A. (2009): Cross-border M&As and the Changing Economic Geography of Europe, European Planning Studies 17, 5, 765–789.

Sachregister

A

Agglomeration **58ff.**, **122**, 153f.
Agglomerationseffekt 42, **53f.**, **60**, 101, 107, 127
Agglomerationsnachteil 60, **110f.**
Agglomerationsvorteil 53, **60**, 96, 110f.
Agrargeographie 8, 19
Akkumulationsregime 140
Akteure
– wirtschaftliche 60
– andere 60
Allgemeines Zoll- und Handelsabkommen 175
Allmende-Problem, -Dilemma 224
Analyse
– gesamtwirtschaftliche 18, 87
– einzelwirtschaftliche 18
Angebot 21, 45, 61, 172
Anspruchsgruppe 134, 137, 231
Anthropogeographie 11
Anthropozän 219
Arbeitsintensität 207
Arbeitsmarkt 48, 60, 67, 252
– -Pooling 126
Arbeitsproduktivität 20, 95
Arbeitsteilung **21**, 72, 139, 154, 209, 250
– internationale 97, 183, 207, 228
Association of Southeast Asian Nations (ASEAN) 176
Außenhandelsspezialisierung 100
Außenhandelstheorie 75, 77, 121
– neoklassische 17
Ausbreitungseffekt 107, 205
– zentrifugaler 110
Ausländische Direktinvestitionen (ADI) 172, 180, 188, 212
Ausstrahlungseffekt 108
Automatisierung 20, 97

B

Backward linkage 107
Backwash effect 110
Ballung 28, 58, 60, 125f.
Ballungsprozess 125
Ballungsraum 60
– industrieller 60
Basic sector 103
Basisinnovation 70, 77, 79
Bedarf
– episodischer 44
– periodischer 44
Bedarfsstufe 45
Behavioral geography 13, 64
Behavioristischer Ansatz 63
Bergbau 21, 60, 92, 100
Betrieb 19
Bindung, lockere 146
Bodenpreis 36, 39, 66
Bodennutzung, landwirtschaftliche 30
Bottom-up-Ansatz 119
Bounded rationality 28, 134, 152
Brain
– circulation 201
– drain 115
– gain 201
BRIC-Staaten 178
BRICS-Staaten 178, 180
Broker firm 147
Brownfield investment 173
Brundtland-Bericht 220
Bruttoinlandsprodukt (BIP) 85, 87, 246
Bruttonationaleinkommen (BNE) 85, 87
Buyer driven chain 210

C

Captive supplier 212, 245
Central business district (CBD) 38
Cluster 132, 156
– Dimensionen 158
– Forschung 157, 163, 165
– geographischer 156
– Initiativen 163
– Pseudocluster 161
– temporärer 165
– Typologie 161
Clusterung 59
Co-Evolution 135, 154
Collective power 216
Co-Präsenz 178
Corporate governance 138
Corporate power 215
Corporate social responsibility (CSR) 241
Creative Class 67, 201
Credence good 241
Cultural turn 17, 251
Cumulative causation 108

D

Décroissance 247
Deindustrialisierung 195
Dematerialisierung 226
Dependenztheorie 82, **114f.**
Desintegration, vertikale 68, 143, 160
Dezentralisierung, intraregionale 111
Diamant-Modell 238
Dienstleister 18, **23**, 60, 65, 134, 157, 160, 191, 198, 239
Dienstleistung 21, 23
– personenbezogene 20
– unternehmensbezogene 24
– wissensintensive 22f., 198, 212
Dienstleistungsgeographie 19
Dienstleistungssektor 21f.
Dienstleistungsunternehmen 19, 22, 25
Diffusion 70, 160, 183
Digital divide 175
Digitale Räume 250
Digitale Spaltung 175
Digital Properties 250

Sachregister

Diseconomie 60
Disparität 14, 82, 90, 102, 127, 175
– regionale 85, 112, 129
Disparitätenforschung 14
Dispersion 60, 211
Dissenting institutionalism 133
Distanz, relationale 159
Diversifizierung 153, 160
Dividende, demographische 130
Downcycling 226
Dreieckshandel 170
Drei-Sektoren-Hypothese 19
Drittes Italien 155
Duale Stadt 202
Dutch disease 129

E

Early mover advantage 152
E-Commerce 69
Economies of scale 60, 142, 178
Economies of scope 141
Ecosystem service 219
Edge city 200
Effekt, externer 106, 224
Efficiency seeking 186
Effizienzrevolution 226
Effizienzwende 233
Eigentumsvorteil 186
Einbetriebsunternehmen 19
Einkommen 21, 88
Einkommenselastizität 21
Einkommenskreislauf 103
Einkommenspfad 92
Einkommensverteilung 88, 113
Einzelhandel 20, 23, 38, 42, 45, 59, 61
Einzelhandelsgeographie 19, 219
Embeddedness 148, 159, 216
– overembedded 149
– relationale 148
– strukturelle 148
Emerging market 178
Emissionshandel 224
Energieproduktivität 232
Energiewirtschaft 248, 249
Entscheidungstheoretischer Ansatz 14, 64
Entwicklung
– fragmentierende 179, 203
– nachhaltige 220
Entwicklungsforschung 101, 128, 245
Entwicklungsgleichgewicht 102
Entwicklungsindikator 89, 246

Entwicklungskorridor 108
Entwicklungsland **84**, 118, 179
Entwicklungspfad 18, 46, 68, 84, 90, 93, 110, 114, 128, 150ff., 192
Entwicklungspolitik 82, 85
Entwicklungsunterschiede **83**, 96, 110, 111, 202
Entwicklungszusammenarbeit **85**, 119, 214, 252
Entzugseffekt 78, 107
– zentripetaler 110
Environmental economic geography 220
Environmental Kuznets curve (EKC) 233
Erholungsfunktion 218
Erlös 32, 55
Erlösfunktion 55, 57
Ertragsgesetz 94
Ertragssteigerung 72
Ertragszuwachs, abnehmender 94
Euklidischer Raum 27
Europäische Union 24, 87, 176
Evolutionärer Ansatz 151
Export 118f., 128f., 180f., 188
Exportbasistheorie 103
Externalisierung 22, 24, 134
Externalität 224
Externer Effekt 106, 224

F

Face-to-face 178
Faktorbedingung 156
Faktorproportionentheorem 100
Faktorwanderung 97, 102
Filière 208
Finanzausgleich, kommunaler 110
Finanzmarkt, internationaler 173
Finanzzentrum 16
Flatted factory 197
Fluggänsemodell 192
Footloose industries 54, 67
Fordismus 139, 141
Foreign direct investment (FDI) 173
Forward linkage 107
Frachttragfähigkeit 36
Franchise-Modell 19
Franchising 187
Freihandelsabkommen 176
Freihandelslehre 170
Freihandelszone 177
Fremdenverkehrsgeographie 19
Funktionalitätskriterium 83

G

Ganko Keitai 192
Gated community 200, 206
Gebietskörperschaft 83, 239
Gender Inequality Index (GII) 90
General Agreement of Trade in Services (GATS) 177
General Agreement on Tariffs and Trade (GATT) 100, 176f.
Genres de vie 91
Gentrifizierung 40, 200
Geodeterminismus 11f.
Geographical Economics 17, 37, 91, 121, 126f.
Geographie
– des Menschen 11, 13
– des Tertiären Sektors 19
– des Welthandels 10
Gewichtsverlustmaterial 51f., 55
Gleichteilestrategie 142
Gleichwertigkeit der Lebensverhältnisse 82, 85
Global City 198, 202
Global commodity chain (GCC) 209
Globale Elite 201
Globaler Ort 203f.
Globaler Süden 9, 84, 205, 209f., 243ff.
Globales Produktionsnetzwerk 214
Globale Warenkette 209f.
Globale Wertschöpfungskette 207, 212f., 242f.
Globalisierter Ort 204ff.
Globalisierung 16, 167, 242
Globalisierungsindikator 199
Global knowledge pipeline 165
Global player 183
Global production network (GPN) 214
Global value chain (GVC) 212
Good governance 120, 138
Governance 138, 167, 210ff.
Greenfield investment 173
Greening of supply chains 242ff.
Grenzanbieter 32
Grenzproduktivität 96
Groupement Européen de Recherche sur les Milieux Innovateurs (GREMI) 163
Gründungsforschung 68

H

Handel 31, 96, 97, 176
- firmeninterner 171
Handelsbilanz 181, 235
- Defizit 181
- physische 235
- Überschuss 181
Heckscher-Ohlin-Theorem 100
Heterarchie 189
Hidden champion 196
Hierarchie 42ff., **116**, 134, 145, 189
Hightech-Standort 204, 234
Hochtechnologieregion 127
Holländische Krankheit 129
Homogenitätskriterium 83
Homo oeconomicus 13, 32
Hub firm 147
Human Development Index (HDI) 87, 88
Humangeographie 18
Humankapital 101, 121

I

Image 138, 164, 196, 242
Immobilienmarkt 196, 201, 249
Immobilienzyklen 201
Import 118f., 181, 232
Increasing returns 151, 178
Index of Sustainable Economies Welfare (ISEW) 246
Individualismus, methodologischer 21
Industrial district 147
Industrial divide 72
Industrial ecology 222
Industrialisierung 54, **70f.**, 78, 119, 170, 192
Industrie 21f.
Industriedistrikt 126, 147, 154ff., 159
Industriegeographie 8, 19
Industrieland 22, 195
Industrielle Ökologie 222
Industrielle Revolution 71, 170
Industrieller Metabolismus 222
Inequality-adjusted Human Development Index (IHDI 90
Informalität 207
Informationssicherheitsmanagement 177
Informationstechnologie 69
Informations- und Kommunikationstechnologie (IuK-Technologie) 79
Infrastrukturausstattung 66, 150

Inlandsprinzip 88
Innovation 70
- inkrementelle 71
- organisatorische 70
Innovationsfähigkeit 105, 149ff., 157
Innovationsforschung 63, 70, 75, 77
Innovationsmodell 73, 121
Innovationssystem
- lokalisiertes 163
- nationales 164
- regionales 160
- regionalisiertes 164
Innovatives Milieu 163
Input-Output-Modell 221
Institution 66, 101, 133ff.
Institutional power 216
Institutional thickness 150
Institutional turn 18
Institutionelle Dichte 150
Institutionenökonomie
- alte 133
- neue 134
Institutionentheorie 135
Intensitätsgefälle 35, 40
Interdependenz 110, 146
Internalisierung 223, 237
Internalisierungsvorteil 187
Internationale Finanzmärkte 173
Internationale Handelsbeziehungen 76
Internationaler Währungsfond (IWF) 175
Internationales Unternehmen 183
Internationalisierung **68**, 168, 186, 188
Internationalisierungsindikator 171
International Organization for Standardization (ISO) 176, 240
International Standard Industrial Classification of all Economic Activities (ISIC) 24
Internethandel 69
Invention 70
Inward Investment 173
Isodapane, kritische 53
Isolierende Abstraktion 31f., 51, 97
Isolierter Staat 31f.
Isomorphismus 135

J

Jacobs externality 160
Joint Venture 173
Just-in-sequence 144
Just-in-time 69

K

Kalifornische Schule 17
Kapital 35, 83, 91, **95ff.**, 108, 201, 245
- Akkumulation 72, 94
- Humankapital 101, 121
- Intensität 22
- Naturkapital 97, 223, 245
- Sachkapital 20, 94
- Sozialkapital 149, 245
Kapitalismus 116, 139
- Spielarten 138
Kaufkraft 42, 45, 60
Kaufkraftparität (KKP) 88
Kette
- käuferdominierte 210
- produzentendominierte 210
Knowledge-intensive producer services (KIPS) 23
Kolonialhandel 72
Kolonialisierung 10
Kommunikationsforschung 73
Kommunikationskosten 174
Komplementarität 146
Kondratieff-Zyklen 78
Konsument 21, 23, 43, 210ff., 242
Konsumentenverhalten 137, 157
Konsumfunktion 218
Konsumort 51, 52
Konsumquote 104
Kontingenz 152
Konzentrationsprozess 68
Kooperationsbeziehung 133, 147, 155, 159f., 163
Kooperationsnetzwerk 146
Kopplungsvorteil 61
Kostenfunktion 55, 56
Kostenvorteil 53, 96, 99
- komparativer 98
Kreatives Milieu 163
Kreative Zerstörung 77
Kulturelle Ökonomie der Geographie 17
Kulturstufe 91
Kuznets-Kurve 113

L

Lagerente 32, 38
Länderkunde 11
Land grabbing 185
Landnutzung 28, 30, 32, 34
Landnutzungszone 31, 34, 36, 40
Landschaftskunde 11, 15
Land-Stadt-Wanderung 112

Sachregister

Landwirtschaftliche Bodennutzung 30
Lange Welle 77
Lead firm 147, 210
Lebenszyklus 75f.
Leitunternehmen 210, 212, 214, 243
Leontief-Paradoxon 75, 100
Lernen 73f., 146, 155
– interorganisationales 74
Lernende Organisation 74
Lernende Region 164f.
Lernprozess, kollektiver 74, 164
Livelihood asset 245
Lizenz 186
Localization economies 60, 153
Localized geographical clustering 157
Lock-in 149, 153
Lokalisation 153
Lokalisiertes Material 51
Lokalisierungsvorteil 60
Loose coupling 146
Löschgut 77

M

Macht 65, 147, 183, 193, 210, 215, 218, 242, 245
Machtasymmetrie 210
Machtungleichgewicht 114
Manchester-Schule 214
Margin 56
Marginalschule 55
Markenhersteller 143
Market seeking 185
Marktgebiet 42, 49, 57
Marktinnovation 72
Marktnetz 49f.
Marktprinzip 45
Marktwirtschaft 90, 133, **138f.**
Marshallian district 147
Massengut 79
Massenproduktion 60, 76, 141, 155
– industrielle 16, 72, 139
Mechanisierung 20, 71, 97
Megastadt (Megacity) 199, 206
Mehrbetriebsunternehmen 19
Merkantilismus 170
Metropole 48, **61, 198**, 203, 206
Metropolenvorteil 61
Metropolregion 199
Migration 96, 112
Millennium Development Goals (MDG) 119

Minimalpunkt, tonnenkilometrischer 51
MIPS-Indikator 227
Modernisierungstheorie 90, 117
Monopol 60, 106
Monostruktur 160
Motorische Einheit 106
Multidimensional Poverty Index (MPI) 90
Multiplikatoreffekt 104f.
Multiplikatorkreislauf 103

N

Nachahmereffekt 64
Nachfrage **21**, 57, 60, 103, 109, 122, 126, 193, 201
Nachfragebedingung 157
Nachfragefrequenz 44
Nachhaltigkeit 105, 220
Nähe 148, 159
– institutionelle 159
– kognitive 159
– organisationale 159
– physische 159
– räumliche 159
– soziale 159
Naturdeterminismus 11
Naturgunst 12
Naturkapital 97, 223, 245
Naturraum
– Ausstattung 29, 128
– Bedingungen 27
Naturungunst 12
Neoimperialismustheorie 114
Neoklassik 63, 90
– Außenhandelstheorie 17
– Standorttheorie 29
– Wachstumstheorie 94
Neomarxismus 14
Netzwerk 48, 146ff., 164, 216
– strategisches 145
Neue Argonauten 201
New Economic Geography (NEG) 16, 121
New Urban Economics 38, 41
Non-basic sector 103
Norm 65f., 101, **133f.**, 141, 155, 176, 241
North American Free Trade Agreement (NAFTA) 170, 176, 181
Nutzenmaximierung 13
Nutzungskonkurrenz 39f.

O

Öconomie spatiale 17
Ökologie
– industrielle 222
– politische 245
Ökologische Benachteiligung der Tropen 128
Ökologische Ökonomik 222f., 226
Ökologische Modernisierung 243ff.
Ökologischer Fußabdruck 227
Ökologischer Rucksack 227, 235
Ökonometrie 15
Ökonomie
– informelle 206
– kulturelle 17
Ökonomische Neoklassik 13, 29
Ökosystemdienstleistung 219
Offshore
– Finanzzentrum 204
– Outsourcing 171
Oligopol 68, 106
OLI-Modell 186, 188
One window shopping 146
Optimizer 13, 27
Organisation 19, 175
– intermediäre 158
– lernende 74
Organisationsform 19, 147
Organisationslehre 73
Original Equipment Manufacturer (OEM) 143
Outsourcing 25
Outward investment 173
Over-Embeddedness 149

P

Paradigma 17
– eklektisches 188
– technisch-ökonomisches 80
Paradigmenwechsel 10
Patent 177
Performativität 251
Periodischer Bedarf 44
Peripherie 39, 111, 115f.
– neue 203f.
Pfadabhängigkeit 18, 70, 153
Pioniergewinn 238
Pionierunternehmen 68
Pioniervorteil 151
Polarisation
– regionale 107
– sektorale 107

Sachregister

Polarisationstheorie 90, 106
Polarisierungseffekt 110
Polarization reversal 111ff.
Pollution haven 243f.
Porter
– Cluster 157
– Diamant 156
– externality 160
– Hypothese 238
Portfolioinvestition 173
Possibilismus 11
Postfordismus 143
Primatstadt 111f.
Prinzipal-Agenten-Theorie 134
Producer driven chain 210
Produktkunde 10, 15
Produktinnovation 72, 156
Produktionsbedingung 16, 214
Produktionsfaktor 91, 97
Produktionsfunktion 94, 97
Produktionskosten **33ff.**, 51, 144
Produktionsleistung 94
Produktionsmittel 66, 72
Produktionsnetzwerk 243, 246
Produktionsorganisation 16, 207
Produktionsstandort 49, 53
Produktionssystem 25, 132, 160, 184
– globales 171
– lokales 154
– regionales 154
Produktlebenszyklus 75
Produktmerkmal 34, 49
Produktpräferenz 182, 248
Profitzyklus 75
Prozessinnovation 149
Pôles de croissance 15
Purchasing power parities (PPP) 88

Q
Qualitätsmanagementnorm 177
Qualitätsstandard 187

R
Race to the bottom 210, 243
Rationalität
– eingeschränkte 28, 134
– ökonomische 29
Raumgesetz 13
Raumordnung 42, 48
Raumstruktur 41ff., 48, 111
Raumwirtschaftslehre 13, 15
Raum-Zeit-Kompression 178

Rebound-Effekt 234, 247
Recycling 222, 226
Regelungsfunktion 218
Region 83
Regionalentwicklung 82, 93
– endogene 105
Regionalisierung 83, 181
Regionalökonomie 15
Regionalpolitik 13, 82, 85, 108
Regional science 12
Regulation 140
Regulationstheorie 65, 139
Regulationsweise 141f.
Reichweite
– äußere 43
– innere 42
Reinerlös 32, 33
Reingewichtsmaterial 51
Related variety 160
Rentenangebotskurve 38, **40f.**
Rentenkapitalismus 91
Reputation 146, 148, 155
Resilienz 154
Resource curse 129
Resource seeking 185
Ressource 66, 156
– allokative 66
– autoritative 66
– natürliche 60, 87, 97, 100, 128, 219
– physikalische 67
– strategische 73
Revolution
– industrielle 71, 170
– neolithische 222
– quantitative 13
Reziprozität 146, 177
Ricardo-Gut 77
Risikominimierung 242
Risikostreuung 69, 143, 160
Robinson-Crusoe-Modell 94
Rohstoff 10, 54, 72, 116, 125, 181, 185, 210, 222, 232, 246
Rohstoffproduktivität 232
Rückkopplung 107, 110, 114

S
Sachkapital 20, 94
Satisfizer 13, 28, 64
Scale jumping 230
Scheininnovation 72
Schifffahrtsroute 170, 175
Schlüsselbranche 78, 196

Schlüsseltechnologie 78
Schwellenland 84
Second industrial divide 72
Sektor
– informeller 206
– primärer 21
– quartärer 23
– quintärer 23
– sekundärer 21
– tertiärer 21
Selbstverstärkungseffekt 72, 106, 120
– zirkulär-kumulativer 108, 120
Semiperipherie 116
Shopping Mall 61
Sickereffekt 110
Siedlungsstruktur 111, 114
Siedlungssystem, polyzentrisches 111
Silicon Valley 9, 16,f., 60, 126, 151, 204
Simultaneous engineering 69
Skaleneffekt 60, 110, 120, **125f.**
Skalenerträge 96, 122, 124, 152
– steigende 122ff., 151f.
Sortimentsbreite 44
Sortimentstiefe 44
Sozial-metabolisches Regime 222
Sozialkapital 149, 245
Space time compression 178
Spezialisierung 61, 98, 126, 147, 154, 160
– flexible 68, 143, 145, 160
Spillover-Effekt 127, 186
– technologischer 126
Spread effect 110, 114
Städtenetz 48
Stadtfragment 206
Stadtgeographie 206
Stadtstrukturtheorie 38
Stakeholder 137f., 242
Stakeholder-Ansatz 231
Standard 74, 176, 213, 239, **241f.**
Standortagglomeration 61, 147, 155
Standortallianz 61
Standortdreieck 52
Standortentscheidung 8, 17, 55, 58f., 66f., 122ff., 127, 153
Standortfaktor 67, 157
– harter 66
– weicher 66
Standortforschung 65
Standortfunktion 218
Standortgemeinschaft 61, 126
Standortkonzentration 17, 153, 156, 161

Sachregister

Standortlehre 29, 63, 65
– industrielle 54
Standortmarketing 67, 202
Standortmuster 17f., 28, 49, 58ff., 68, 76, 135, 153
Standortregion 66, 126, 179, 210
Standorttheorie 29, 121
– behavioristische 64
– industrielle 51, 54
– neoklassische 12, 27, **29**
– strukturelle 65
Standortvorteil 187
– industrielle 54
– interdependenter 57ff.
– unternehmerischer 30, 51
Standortwettbewerb 179
Staples-Theorie 128
Stararchitecture 202
Steady state economy 226
Strategic asset and capability seeking 186
Strategische Allianz 171
Strategisches Netzwerk 145
Strong ties 147
Strukturalistischer Ansatz 14, 114ff.
Strukturation 65
Strukturationstheorie 14, 65
Struktureller Ansatz 63ff.
Struktureller Imperialismus 115f.
Strukturinnovation 72
Strukturpolitik 48, 120
Strukturwandel 9, 19ff., 54, 153, 198, 232f., 246
Stufenmodell 188
Subprime-Krise 173
Substitution 76
Suburbanisierung 111
Subvention 102, 110, 176, 186
Suffizienz 247
Sustainable development 220
Sustainable Livelihood 245
Sweat shop 198
Synergie 48, 145, 151, 157, 228
Systemisches Stoffstrommanagement (SSM) 228

T

Tacit knowledge 73, 155
Take-off 92
Terms of trade 116ff.
Tertiärisierung 25, 73, 197
Thermodynamik 226

Thünen-Gut 77
Thünen-Ring 34, 37
Tigerstaat 191
Total Material Consumption (TMC) 236
Trade Related Aspects of Intellectual Property Rights (TRIPS) 177
Trägerfunktion 218
Trajectory 151ff.
Transaktionskosten 146, 149, 187, 214
Transaktionskostenansatz 134, 145, 212
Transitionsforschung 154
Transitionsprozess 111
Transition studies 154
Transnational corporation (TNC) 185
Transnationaler sozialer Raum 200
Transnationale Unternehmen (TNU) 183f.
Transportaufwandmodell 27
Transportfähigkeit 36
Transportkosten 27, 30ff., 51, **122ff.**, 173
Triade 170, 181
Trickling-down effect 110, 114
Tropen, ökologische Benachteiligung 128

U

Ubiquitäre Materialien 51
Ubiquität 52, 55
Umweltgovernance 218, 228
– Mehrebenenmodell 228
Umweltinnovation 220, 238
Umweltkosten 224
Umweltmanagement 220, 231, **237ff.**
Umweltmanagementstandard 240, 245
Umweltökonomik 224
Umweltökonomische Gesamtrechnung (UGR) 247
Umweltpolitik 230, **238f.**, 244
Umweltschutz 228, 231, 234, **237ff.**, 252
United Nations Conference on Trade and Development (UNCTAD) 173
United Nations Development Programme (UNDP) 88
Unité motrice 106
Uno-actu-Prinzip 23
Unsicherheit 64
Unternehmen 19
– Einbetriebsunternehmen 19
– internationales 183

– lokales 147
– Mehrbetriebsunternehmen 19
– multinationales 183f.
– Pionierunternehmen 68
– transnationales 183f.
– virtuelles 146
Unternehmensnetzwerk 145, 146
Unternehmensstrategie 157
Unternehmensstruktur 157
Untraded interdepencies 149
Upgrading
– environmental 243
– functional 214
– inter-sectoral 214
– Process 214
– Product 214
Urbanisierung 72
Urbanisierungsvorteil 60

V

Verbesserungsinnovation 71, 77
Verderblichkeit 31, 34ff.
Verdichtungsraum 84
Veredelung 36
Verfahrensinnovation 72
Verflechtung, funktionale 68
Verfügbarkeitsunterschied 181
Vergleichsvorteil 61
Verhaltenstheoretischer Ansatz 13, 64
Verkehrsgeographie 19
Verkehrsprinzip 45
Verschmutzungsoase 243
Verschuldungskrise 118f.
Versorgungsprinzip 42
Vertrauensgut 241
Vertriebsinnovation 72
Verwaltungsprinzip 46
Virtuelles Unternehmen 146
Volkswirtschaft 23, 37, 82ff., 92, 129, 157, 181, 222, 232f.
Volkswirtschaftliche Gesamtrechnung (VGR) 87

W

Wachstumsdeterminante
– endogene 102
– exogene 102
Wachstumsinsel 202
Wachstumspol 12
– regionaler 107
– sektoraler 106
Wachstumstheorie

- endogene 120
- neoklassische 94
- neue 120
Warenkette 209f.
Weak ties 146
Wechselwirkungsprinzip 11
Welfare geography 14
Weltbank 175
Welthandelsorganisation 177
Weltsystemtheorie 82, 114ff.
Werkbank, verlängerte 105, 189
Wertschöpfung 116, 210, 214
Wertschöpfungskette 147, 213, 243
- globale 207, 212f., 242f.
Wertschöpfungsstufe 143ff., 154, 158, 211, 214
Wertschöpfungssystem 143
Wettbewerbsfähigkeit 16, 67, 119, 156f., 238
Wettbewerbsvorteil 149, 159
- nationaler 156

Window of locational opportunity 150
Wirtschaftsentwicklung 87, 96, 108, 118
Wirtschaftsförderung 67, 163
Wirtschaftsgeographie
- relationale 17
- umweltorientierte 17, 218f., 231, 243, 152
Wirtschaftspolitik 87, 105, 163, 201
Wirtschaftsraum 18
Wirtschaftsregion 16, 151ff., 164
Wirtschaftssektor 20, 30, 107, 122, 129
Wirtschaftsstatistik 24
Wirtschaftsstufentheorie 91
Wirtschaftswachstum 87, 105, 233, 247
Wissen 73, 160, 178
- explizites 73
- implizites 73, 155
Wissensmanagement 74
Wissensökonomie 73, 201
Wissenssoziologie 73

Wissens-Spillover 159
Wissenstransfer 73f., 146, 158f., 163, 201, 216
Wohlfahrts-Ansatz 14
Wohlstandsmessung 87
Wohlstandswende 233
World city 199
World Trade Organization (WTO) 100, 175, 177

Z
Zahlungsbereitschaft 38
Zentraler Ort 42
Zentralitätsstufe 45, 48
Zentrum-Peripherie-Modell 90, 112ff.
Zulieferer 18, 66, 76f., 126, 134, 156ff., 206, 212ff.
- gebundener 212
Zuliefererkette 159
Zulieferpyramide 143
Zulieferverflechtung 107

Bildquellen

Die Grafiken dieses Bandes wurden von Regine Spohner nach Vorlagen der Autoren und aus der zitierten Literatur erstellt. Die Quellen für die Fotos lauten wie folgt: Abb. 2.5, 2.18, 6.17, 6.18 und 7.13: B. Braun; Abb. 2.19: RWE Power; Abb. 4.6: J. Röder; Abb. 5.6: Schrägluftbild Smartville freundlicherweise zur Verfügung gestellt von der MCC/SMART France SAS; Abb. 6.13: B. Bliedtner.

Prof. Dr. Boris Braun (geb. 1962) ist Professor für Anthropogeographie mit wirtschaftsgeographischem Schwerpunkt an der Universität zu Köln. Von 1985 bis 1992 studierte er Geographie und Biologie an den Universitäten Konstanz, Bonn und Sydney. 1994 wurde er in Bonn mit einer Arbeit über die Suburbanisierung des Dienstleistungssektors in australischen Metropolen promoviert. Von 1992 bis 2002 war er an der Universität Bonn zunächst als wissenschaftlicher Mitarbeiter, später als wissenschaftlicher Assistent tätig. Die Habilitation erfolgte 2001 mit einer Schrift zum unternehmerischen Umweltmanagement in Deutschland und Großbritannien. Nach einer Vertretung der Professur für Wirtschaftsgeographie an der Universität Mannheim (2002–2003) wechselte er auf den Lehrstuhl für Kulturgeographie an der Otto-Friedrich-Universität Bamberg (2003–2007). Seit 2007 bekleidet er seine derzeitige Professur in Köln. Seine Forschungsschwerpunkte umfassen Fragen der wirtschaftlichen Globalisierung, der umweltorientierten Wirtschaftsgeographie, der Stadt- und Metropolenforschung sowie wirtschaftliche und soziale Aspekte extremer Naturereignisse und des Klimawandels. Regional konzentrieren sich seine Forschungen auf Deutschland und Westeuropa, Südasien und Australien.

Prof. Dr. Christian Schulz (geb. 1967) ist Professor für Geographie und Raumordnung an der Université du Luxembourg. Von 1988 bis 1994 studierte er Geographie und Soziologie an den Universitäten Saarbrücken, Québec und Metz. Nach der Promotion (Saarbrücken, 1997) mit einer Arbeit über grenzüberschreitende Kooperation und einer Gastdozentur an der Université de Metz (1997–1998) wechselte er an die Universität zu Köln, wo er insbesondere im Bereich der umweltorientierten Wirtschaftsgeographie lehrte und forschte. Seine Habilitationsschrift (2004) widmete sich der Branche der unternehmensbezogenen Umweltdienstleister und ihrem Einfluss auf den industriellen Wandel. Nach wirtschaftsgeographischen Vertretungsprofessuren an den Universitäten Frankfurt am Main und Duisburg-Essen erhielt er einen Ruf an die Université du Luxembourg, wo er seit April 2006 tätig ist. Seine Forschungsschwerpunkte liegen im Bereich der umweltorientierten Wirtschaftsgeographie, der nachhaltigen Regionalentwicklung sowie der grenzüberschreitenden Governance und Planung. Regional beschäftigt er sich vor allem mit Entwicklungen in Frankreich, Benelux, Deutschland und Kanada.

Bibliografische Information der Deutschen Bibliothek
Die Deutsche Bibliothek verzeichnet diese Publikationen in der Deutschen Nationalbibliografie;
detaillierte bibliografische Daten sind im Internet über http://dnb.ddb.de abrufbar.

ISBN 978-3-8252-3641-0 (UTB)
ISBN 978-3-8001-2881-5 (Ulmer)

Das Werk einschließlich aller seiner Teile ist urheberrechtlich geschützt. Jede Verwertung außerhalb der engen Grenzen des Urheberrechtsgesetzes ist ohne Zustimmung des Verlages unzulässig und strafbar. Das gilt insbesondere für Vervielfältigungen, Übersetzungen, Mikroverfilmungen und die Einspeicherung und Verarbeitung in elektronischen Systemen.

© 2012 Eugen Ulmer KG
Wollgrasweg 41, 70599 Stuttgart (Hohenheim)
E-Mail: info@ulmer.de
Internet: www.ulmer.de
Lektorat: Sabine Mann
Herstellung: Jürgen Sprenzel
Graphiken: Dr. Regine Spohner
Umschlagentwurf: Atelier Reichert, Stuttgart
Satz: r&p digitale medien, Echterdingen
Druck und Bindung: Freiburger Graphische Betriebe, Frreiburg
Printed in Germany

ISBN 978-3-8252-3641-0 (UTB-Bestellnummer)

Bevölkerungsgeographie und ihre Methoden

- Bevölkerungsverteilung und Bevölkerungsstruktur
- Räumliche Aspekte der natürlichen Bevölkerungsbewegung: Mortalität, Fertilität
- Bevölkerungsumverteilung durch Wanderungen

Das Buch beantwortet grundlegende Fragen der Bevölkerungsgeographie und ihrer Methoden. Die gewählten Beispiele bevölkerungsgeographischer Untersuchungen beziehen sich auf Räume ganz unterschiedlicher Größenordnungen: Die Einzelkapitel sind von der weltweiten Perspektive über die Ebene einzelner Staaten bis hin zur kleinräumigen Betrachtung untergliedert.

Bevölkerungsgeographie. Jürgen Bähr. 5. völlig neu bearb. Auflage 2010. 384 Seiten, 83 Abbildungen, 35 Tabellen. ISBN 978-3-8252-1249-0.

 www.utb.de

Ökonomische Beziehungen in räumlicher Perspektive

- Theorien der unternehmerischen Standortwahl und regionaler Ungleichheiten
- Institutionenökonomie, new economic sociology und Netzwerke
- Evolutionsökonomie
- Prozesse der Globalisierung und internationaler Unternehmensorganisation

Das Buch erläutert systematisch klassische und neuere Theorien der Wirtschaftsgeographie. Der erste Teil führt in die Grundkonzepte des Fachs ein. Im zweiten Teil wird die klassische Raumwirtschaftslehre dargestellt und kritisiert. Im dritten Teil des Buches werden schließlich neuere Ansätze in eine relationale Wirtschaftsgeographie eingebunden, die ein dynamisches Verständnis sozioökonomischer Strukturen und Prozesse in räumlicher Perspektive ermöglicht.

Wirtschaftsgeographie. Harald Bathelt, Johannes Glückler. 3. Auflage 2012.
Ca. 319 Seiten, 89 Abbildungen, 16 Tabellen. ISBN 978-3-8252-8492-3.

www.ulmer.de